本书出版得到

国家重点文物保护专项补助经费资助

2009～2013年

合浦汉晋墓
发掘报告 上册

编 著

广西文物保护与考古研究所
合浦县文物管理局

文物出版社

图书在版编目（CIP）数据

2009～2013 年合浦汉晋墓发掘报告／广西文物
保护与考古研究所，合浦县文物管理局编著．—北京：
文物出版社，2016.7

ISBN 978 – 7 – 5010 – 4639 – 3

Ⅰ. ①2… Ⅱ. ①广… ②合… Ⅲ. ①汉墓 – 墓葬(考古) –
发掘报告 – 合浦县②墓葬（考古）– 发掘报告 – 合浦县 –
晋代 Ⅳ. ①K878.84

中国版本图书馆 CIP 数据核字（2016）第 153282 号

2009～2013 年合浦汉晋墓发掘报告

编　　著：广西文物保护与考古研究所　合浦县文物管理局

责任编辑：杨新改
封面设计：李　红
责任印制：张道奇

出版发行：文物出版社
社　　址：北京市东直门内北小街 2 号楼
邮　　编：100007
网　　址：http：//www.wenwu.com
邮　　箱：web@ wenwu.com
经　　销：新华书店
印　　刷：北京荣宝燕泰印务有限公司
开　　本：889mm×1194mm　1/16
印　　张：37.25
版　　次：2016 年 7 月第 1 版
印　　次：2016 年 7 月第 1 次印刷
书　　号：ISBN 978 – 7 – 5010 – 4639 – 3
定　　价：480.00 元（上、下册）

An Excavation Report of the Han-Jin Period Tombs at Hepu in 2009-2013

Compiled by

Guangxi Institute of Cultural Relics Protection and Archaeology

Hepu County Administration of Cultural Relics

Cultural Relics Press

目　录

插图目录

第一章　前言

　　合浦位于广西壮族自治区南端，濒临北部湾。地理坐标为北纬 21°27′～21°55′，东经108°51′～109°46′。东北与博白县、东南与广东省廉江市相邻，西与钦州市交界，北与浦北县、灵山县接壤，南界东西两段临海，中段毗邻其所属的北海市（图一）。合浦临海的东西两段，总长356 千米①。

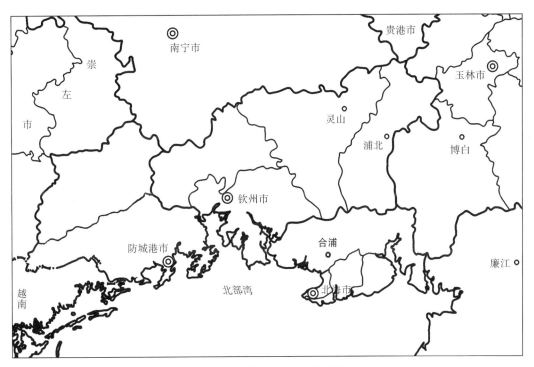

图一　合浦地理位置示意图

第一节　汉晋时期合浦的行政区划

　　合浦三代以前为百越，在禹贡之外，未入职方。秦属象郡，汉初为南越国地，元鼎六年（公元前 111 年）武帝平定南越，始设合浦郡，辖县五：徐闻、合浦、高凉、临允、朱卢。元封

---

① 合浦县志编纂委员会：《合浦县志》第 73 页，广西人民出版社，1994 年。

六年（公元前 106 年）武帝初置史，合浦郡属交趾刺史部。王莽篡位时，一度将合浦郡改为桓合郡、合浦县改为桓亭县；东汉刘秀改交趾为交州，合浦郡仍辖五县，县名及排序有所变更，为合浦、徐闻、高凉、临元、朱崖；三国时，吴改合浦郡为珠官郡，寻复为合浦郡，领县五，晋因之①。

汉代合浦县，地域广阔，按现代地理度之，大致相当于今广西北海市、钦州市的全部和防城港市、玉林市的大部及广东省廉江市等地，所辖面积为现合浦县的 10 倍以上。本书所述，仅涉及今天的行政区划。

合浦是东汉郡治，至于是否为西汉郡治，有两种意见。清代阮元修撰《广东通志》，在"郡县沿革表二"合浦郡下记作元鼎六年置，治徐闻县，后汉徙治合浦县。道光年重修的《廉州府志》，在合浦郡下也有"后汉移治"的表述。不过，雷坚引《水经注》、《通典》和《舆地纪胜》的有关记载，认为并无徙治之说②。笔者以为，《后汉书·郡国志》明确："凡县名先书者，郡治所也"，而在《汉书》中，虽无类似记述，但以多数郡县考察，首县为郡治也属常例，且在合浦一地已发掘的大量汉墓中，西汉中期墓很是零星，与郡治的地位似不相称，存在"后汉移治"的可能性很大。不过，在广东省的雷州半岛，除徐闻外，开展的考古工作还相对较少。因此，要得出最终的结论，还有赖于今后的考古发现和深入研究。

第二节　发掘经过

合浦汉墓群是第六批全国重点文物保护单位，位于西门江以东的县城周围，分布面积约达 68 平方千米，地表上现存封土堆 1056 个，估算地下墓葬有近万座，是目前中国保存最好的大型墓葬群之一。合浦汉墓群的考古发掘始于 20 世纪 50 年代，迄今发掘的古墓数量已超过 1200 座，出土文物近 2 万件。从发掘的情况来看，墓葬群内的大多数古墓属汉墓，次为三国墓，少数晚至晋和南朝。

2009 年 11 月～2013 年 9 月，为配合合浦县各项基建项目，广西文物考古研究所（2012 年 10 月更名为"广西文物保护与考古研究所"）会同合浦县文物管理局、合浦县博物馆、广西师范大学文旅学院等单位对项目用地范围内勘探发现的古墓进行 16 次抢救性发掘，涉及地点 15 处（图二）。共发掘墓葬 157 座，其中汉晋墓 154 座。依时间顺序，各次发掘简述如下。

1. 合浦县公务员小区一期（09HYG）

合浦县公务员小区一期（以下简称"公务员小区一期"）位于合浦县廉州镇杨家山村委干塘村，南邻还珠南路。2009 年 11 月 10 日～12 月 29 日，历时 50 天，为配合南宁业和房产局开发公务员小区建设，对项目用地范围内发现的 24 座砖室墓进行抢救性发掘，编号 09HYGM1～M21，其中 3 座为合葬墓。参加本次发掘的人员有广西文物考古研究所谢广维、熊昭明，广西师范大学文旅学院硕士研究生富霞、李爱民、刘勇、胡章华、黎文宗，合浦县博物馆包雅莉、赖崇景、黄胜

---

① 《廉州府志》，明崇祯十年版。
② 雷坚：《广西建置沿革考录》第 99～100 页，广西人民出版社，1996 年。

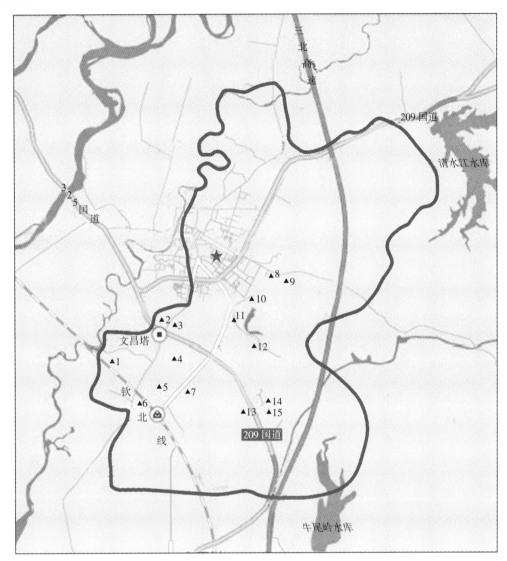

图二　发掘地点示意图
（网线内为合浦汉墓群分布范围）

1. 沿海铁路合浦段　2. 合浦电厂　3. 合浦汽车齿轮厂　4. 合浦罗屋村　5. 禁山官塘岭　6. 合浦火车站　7. 合浦县公务员小区（一、二期工程）　8. 合浦迎宾大道　9. 合浦森林公园　10. 风门岭廉州乳品厂　11. 合浦县第二炮竹厂　12. 合浦精神病院　13. 南方机械厂　14. 中站李屋村　15. 中站庞屋队

宁和技术工人石武。

2. 合浦禁山官塘岭（10HJG）

禁山官塘岭（以下简称"官塘岭"）位于合浦县禁山村委官塘村，东为还珠南路及杨家山村公务员小区，南临合浦火车站，北为罗屋村。2010 年 1 月 20 日～4 月 5 日，为配合合浦县宏强农资有限公司的仓库建设，对该地块发现的 13 座砖室墓进行抢救性发掘，编号 10HJGM1～M13。本次发掘分两个阶段，2010 年 1 月 20 日～2 月 4 日，历时 16 天，发掘 10HJGM1～M5；3 月 29 日～4 月 13 日，历时 16 天，发掘 10HJGM6～M13。参加本次发掘的人员有熊昭明及合浦县博物馆廉世明、赖崇景和技术工人石武。

3. 合浦汽车齿轮厂（10HTQ）

合浦汽车齿轮厂（以下简称"汽齿厂"）位于县城南郊，西为廉大油厂，南临凸鬼岭电厂。2010 年 7 月 3 日～8 月 8 日，历时 37 天，为配合广西华泰阳光美地住宅小区建设，对用地范围内发现的 14 座古墓进行抢救性发掘，编号 10HTQM1～M12，其中 10HTQM6 和 10HTQM12 为合葬墓（图三）。这批墓葬有木椁墓、砖室墓和晚期石室墓，以木椁墓居多，且保存相对较好。参加本次发掘的人员有广西文物考古研究所熊昭明、富霞、蒙长旺，合浦县博物馆廉世明和技术工人石武。

4. 合浦县第二炮竹厂（10/11/12HFP）

合浦县第二炮竹厂（以下简称"二炮厂"）属风门岭墓区，北为廉州镇平田村委，南为风门岭市场，东侧为养猪场，西侧为还珠南路。2010 年 12 月 19 日～2011 年 1 月 23 日及 2011 年 2 月 10 日～3 月 14 日，历时 71 天，为配合美华公司住宅小区开发项目，对用地范围内发现的 32 座古墓进行抢救性发掘，编号 10HFPM1～M4、10HFPM16、11HFPM5～M15、11HFPM17～M27、11HFPM29、11HFPM30，其中 11HFPM14 和 11HFPM30 为合葬墓。余一座 M28，由于叠压其上的建筑未及时拆除，延至 2012 年 2 月 18～24 日得以发掘，编号 12HFPM28（图四）。墓葬有土坑墓、木椁墓和砖室墓三类，以砖室墓居多，土坑墓和木椁墓多保存较好，出土遗物相对丰富。参加本次发掘的人员有熊昭明、富霞、廉世明、石武及广西师范大学硕士研究生黄秋红。

5. 廉州镇乳品厂（11HFL）

廉州镇乳品厂（以下简称"廉乳厂"）也位于风门岭墓区，东面为教导大队，西面为和丰烟花厂，南面为风门岭水库，西北面为合浦四中。2011 年 7 月 2 日～8 月 2 日，历时 32 天，为配合合浦业和房产开发项目，对用地范围内发现的 10 座古墓进行抢救性发掘，编号 11HFLM1～M4、M6～M11。这批多为砖室墓，盗扰严重。参加本次发掘的人员有熊昭明、富霞、蒙长旺、廉世明和石武。

6. 合浦精神病院（11HJY）

合浦精神病院（以下简称"精神病院"）位于合浦县东南郊，北面为风门岭水库，西南面为 209 国道。2011 年 9 月 2～15 日，历时 14 天，为配合合浦精神病院扩建工程，对该院内的 3 座砖室墓进行抢救性发掘，编号 11HJYM1～M3。参加本次发掘的人员有广西文物考古研究所熊昭明、邵天伟和技术工人石武。

7. 合浦电厂（11HD）

合浦电厂（以下简称"电厂"）位于县城南郊凸鬼岭，西为定海南路，南面是中国南方电网大楼，北面是金隆饲料厂。2011 年 10 月 10～16 日，历时 7 天，为配合合浦供电公司调度大楼项目，对项目用地范围内发现的 4 座古墓进行抢救性发掘，编号 11HDM1～M4，其中木椁墓 1 座，砖室墓 3 座。参加本次发掘的人员有熊昭明和石武。

8. 合浦迎宾大道（12HYD）

迎宾大道位于合浦县城东面，东南面为合浦森林公园。2012 年 3 月 20～29 日，历时 10 天，

图三　汽齿厂墓葬分布图

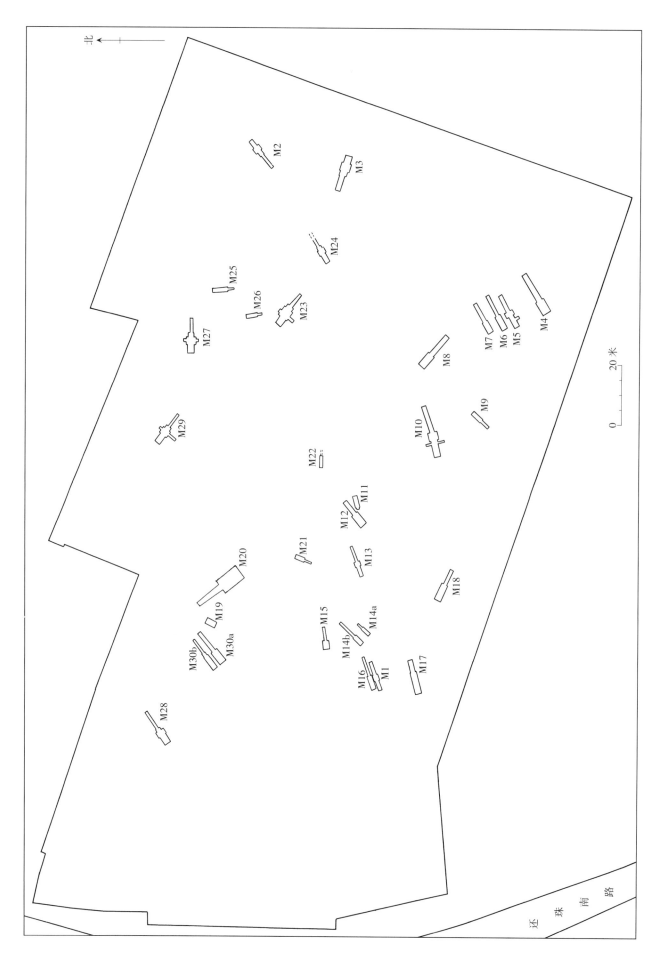

图四 二炮厂墓葬分布图

为配合迎宾大道扩建工程，对该地发现的 3 座墓葬进行抢救性发掘，编号 12HYDM1～M3。参加本次发掘的人员有熊昭明、廉世明和技术工人石清强。

9. 合浦罗屋村 （12HLW）

罗屋村位于合浦县南郊，北面为南北二级公路，东南距还珠南路约 100 米，南为公务员小区。2012 年 9 月 5～28 日，历时 24 天，为配合合浦县罗屋村工业园皮具厂建设，对项目用地内发现的 1 座土坑墓和 11 座砖室墓共 12 座古墓进行抢救性发掘，编号 12HLWM1～M11，其中 12HLWM5 为合葬墓。参加本次发掘的人员有广西文物考古研究所熊昭明、陈晓颖，合浦县博物馆廉世明，钦州市博物馆陈虞添、田心，广西师范大学硕士研究生张玉艳和技术工人石清强。

10. 沿海铁路合浦段 （12HTL）

沿海铁路合浦段（以下简称"沿海铁路"）位于合浦县廉州镇禁山村北面，2012 年 10 月 11～24 日，历时 14 天，为配合广西沿海铁路钦州至北海合浦段施工，对发现的 3 座砖室墓进行抢救性发掘，编号 12HTLM1～M3。参加本次发掘的人员有熊昭明、邵天伟和石武。

11. 中站李屋村 （12HZL）

中站李屋村（以下简称"李屋村"）位于县城东南郊，隶属于中站村委，紧邻寮尾及庞屋村墓地，东面为三北高速，西南面为 209 国道。2012 年 10 月 25 日～11 月 14 日，历时 21 天，为配合合浦县外东环路建设，对李屋村西北部发现的 5 座古墓进行抢救性发掘，编号 12HZLM1～M5。5 座均为砖室墓，历史上已遭严重盗扰。参加本次发掘的人员有广西文物保护与考古研究所熊昭明、谢广维、邵天伟，合浦县博物馆廉世明和技术工人石武。

12. 合浦森林公园 （12HS）

合浦森林公园（以下简称"森林公园"）位于合浦县城东面，北面为祥东金泰城小区，南面约 50 米为新修迎宾大道。2012 年 11 月 19～25 日，历时 7 天，为配合金泰城小区开发，对该用地范围内发现的 2 座砖室墓进行发掘，编号 12HSM1～M2。参加本次发掘的人员有熊昭明、邵天伟、石武以及广西考古培训班的全体学员。

13. 合浦县公务员小区二期 （13/14HYG）

2013 年 4 月 1 日起，为配合公务员小区二期项目建设（以下简称"公务员小区二期"），对项目用地内发现的 19 座砖室墓进行抢救性发掘，编号 13HYGM1～M17、14HYGM18，其中 13HYGM4 为合葬墓。本次发掘分前后两个阶段进行，前段自 2013 年 4 月 1 日～6 月 15 日，历时 76 天，发掘 13HYGM1～M15；后段自 2013 年 11 月 29 日～12 月 7 日，历时 9 天，发掘 13HYGM16、M17。另一座 14HYGM18，由于叠压其上的现代坟搬迁问题，一直延至 2014 年 2 月 11～13 日才得以发掘。全部墓葬均为砖室墓，盗扰严重。参加发掘的人员有熊昭明、廉世明、石武及合浦县文物管理局陈启流。

14. 南方机械厂 （13HZJ）

南方机械厂（以下简称"机械厂"）位于合浦县城东南中站委寮尾村，距县城中心约 3 千米，南北二级公路西侧。2013 年 4 月 12～28 日，历时 17 天，为配合南方机械厂建设，广西文物保护与考古研究所对发现的 7 座砖室墓进行发掘，编号 13HZJM1～M7（图五）。9 月 25～26 日，在项目建设过程中又清理了砖室墓 1 座，编号 13HZJM8。参加本次发掘的人员有谢广维和石武。

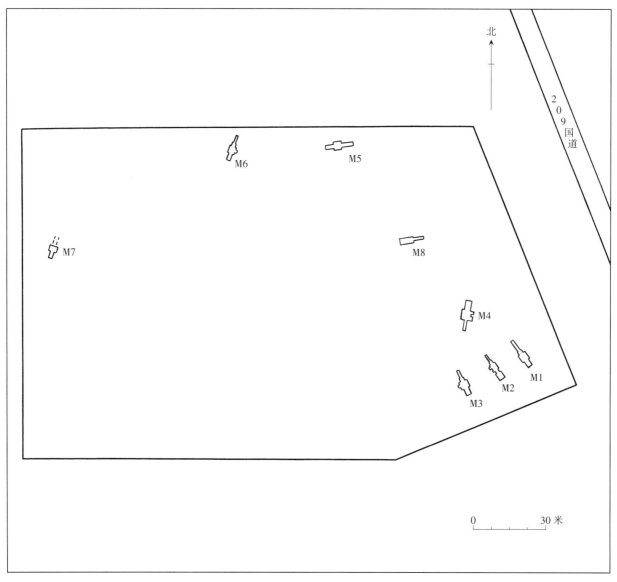

图五　机械厂墓葬分布图

15. 中站庞屋队（13HZP）

中站庞屋队（以下简称"庞屋队"）位于合浦县城东南，隶属于合浦廉州镇中站村委，距县城约 4 千米，紧邻李屋村和寮尾村两处墓地，东面为南北高速，西南面为 209 国道。2013 年 8 月 4～10 日，历时 7 天，为配合庞屋村拆迁安置回建小区规划项目，对发现的 2 座砖室墓进行清理，编号 13HZPM1、M2。墓葬均为砖室墓，已受严重盗扰。参加本次发掘的人员有熊昭明、陈启流、石武和石清强。

16. 合浦火车站（13HTL）

合浦火车站（以下简称"火车站"）位于县城南郊，墓地东面为沿海铁路合浦站货场，南面临杨家山村委，西面为中粮集团货站，北面为沿海铁路。2013 年 9 月 8～15 日，历时 8 天，对沿海铁路工程建设中发现的 3 座墓葬进行抢救性发掘，编号 13HTLM1～M3。发掘的 3 座墓葬均为直券顶砖室墓，墓葬已遭到严重盗扰，器物所剩无几。参加本次发掘的人员有熊昭明和石武。

所有发掘的出土器物，编号由发掘年份 + 发掘地点首拼 + 墓葬编号 + 器物号组成，如09HYGM1：1，其中经扰动至填土中的器物，另行编号，为和未扰动器物区分，在器物号前加"扰"字，如09HYGM1：扰1。

第三节　资料整理与报告编写

资料整理工作自 2012 年底就陆续展开，由于墓葬数量多，器物破碎较甚，修复工作量很大，耗时也相对较长。2012 年 12 月~2013 年 11 月进行开箱、清洗、修复、记录核对工作，2013 年 12 月进行器物摄影，2014 年 1 月开始器物绘图和报告编写，至年底基本完成。整个资料整理与报告编写共历时两年多。

整理过程中，综合以往划分标准，对墓葬形制进行全面、细致分析，对出土器物的型式、纹饰、胎质、用途、制作方法、定名等，力求精细翔实。为发现更多文物背后隐藏的历史信息，选取部分出土的玻璃珠、灶体和陶器样品送相关权威机构，进行化学成分等检测分析。

按墓葬年代顺序，报告将 154 座汉晋墓分为西汉晚期、东汉、三国和晋四个时期，在东汉墓下分出早、晚两期，在晋墓下又细分为西晋墓和东晋墓，对墓葬形制和出土器物进行描述，并归纳出年代特征。为便于了解合浦汉墓的演变，我们将西汉墓与东汉墓统一划分型式。考虑到这批墓葬中，完整墓葬的数量较以往多，出土遗物也相对丰富，对研究各期器物组合等相关问题价值较高，因此，本报告对这部分墓葬的形制和器物做一一介绍。另 3 座明清墓，即汽齿厂 M12a、M12b 和二炮厂 M21，不列入本报告。

资料整理和报告编写工作由熊昭明负责。参加资料整理工作的有熊昭明、广西民族博物馆富霞和合浦县文物管理局陈启流等。合浦县博物馆赖崇景、谢云昭和广西文物保护与考古研究所叶长玖等负责器物修复工作，技术工人程红坤负责器物绘图和描图工作，广西壮族自治区博物馆党春宁负责器物摄影，陈启流和吉林大学硕士研究生谢莉负责拓片。广西文物保护与考古研究所邵天伟和陈晓颖、合浦县博物馆廉世明也参加了前期的部分整理工作。

第二章 西汉晚期墓

共15座，其中9座位于汽齿厂，4座位于二炮厂，余2座分别位于电厂和廉乳厂。电厂M1，廉乳厂M2，二炮厂M4和M12，汽齿厂M2、M3、M6和M9保存相对完好，其余多遭盗扰。所有墓葬均人骨无存，葬式不明。墓葬墓向，有墓道的，以墓道所在的一端为准；无墓道的，则根据棺内出土器物推定墓主的头向为墓向（见本章附表）。

第一节 墓葬形制

15座均为木椁墓。依带墓道与否，分两型。

A型 4座。无墓道。长方形竖穴，墓底平。依墓底枕木沟形制，分三亚型。

Aa型 2座。两纵向枕木沟。属此型的有汽齿厂M2和电厂M1。

汽齿厂M2 墓口距地表深约1.2米，墓向30°。墓内填土为灰黄色杂土，夹杂较多砾石。墓室长3.7、宽2、深2.2米。墓底有两纵向枕木沟，后端抵壁，前端深入壁内，两沟相距0.94米，沟宽0.26、深0.1米。椁室范围不甚清晰，依板灰痕迹可知，棺位于墓室一侧，长2.2、宽0.82米。器物主要分布于棺的另一侧，后端为陶器，有壶、瓮、罐、四系罐、井、仓、灶、灯；前端多为小件器物，有铁钉、铁削、铁镊、铁凿、铁环首刀、砺石和玻璃珠。棺内出土铜镜1面（图六；彩版一，1）。

电厂M1 墓口距地表深1.8米，墓向310°。墓内填土为灰黄色土。墓室长4、宽2.2、深1.6米，墓底有两纵向枕木沟，前后均不抵墓壁。两沟相距1.1米，沟宽0.14、深0.04米。由于地下水常年浸泡，棺椁痕迹不清晰。器物主要集中于墓室一侧，有陶壶、陶罐、陶井、陶仓、陶灶和铜箕。另一侧出土铜碗和铜镜，应为棺室所在处（图七）。

Ab型 1座（廉乳厂M2）。两横向枕木沟。

廉乳厂M2 墓口距地表深0.8米，墓向24°。墓内填土为灰红色土。墓室长3.8、宽1.8、深2.2米。墓底有两横向枕木沟，前后相距2.44米。枕木沟两侧均不抵壁，宽0.25、深0.12米。从板灰痕迹可知，棺位于墓室中部一侧，长2、宽0.7米。陶罐和陶壶集中置于棺外一角，铜钱、铜镜、铁剑和铁削则出自棺内（图八；彩版一，2）。

Ac型 1座（汽齿厂M3）。无枕木沟。

汽齿厂M3 墓口距地表深1.7米，墓向114°。墓内填土为灰黄色土。墓室长3.2、宽2、深1米。墓底平，墓底前后壁各有两深入壁内的拱形凹窝，用以置枕木，凹窝宽0.2~0.26、深0.18~

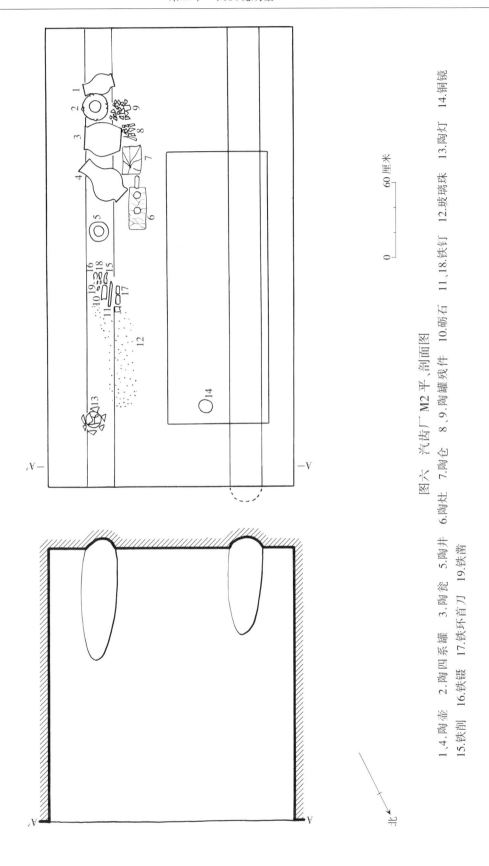

图六　汽齿厂 M2 平、剖面图

1、4.陶壶　2.陶四系罐　3.陶瓮　5.陶井　6.陶灶　7.陶仓　8,9.陶罐残件　10.砺石　11,18.铁钉　12.玻璃珠　13.陶灯　14.铜镜　15.铁削　16.铁锼　17.铁环首刀　19.铁凿

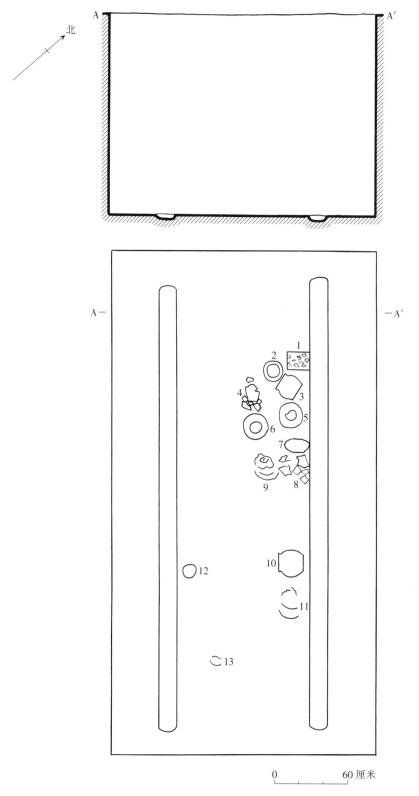

图七　电厂 M1 平、剖面图
1.陶仓　2~4、7、10.陶罐　5、6.陶壶　8.陶灶　9.陶井　11.铜盨　12.铜镜
13.铜碗残件

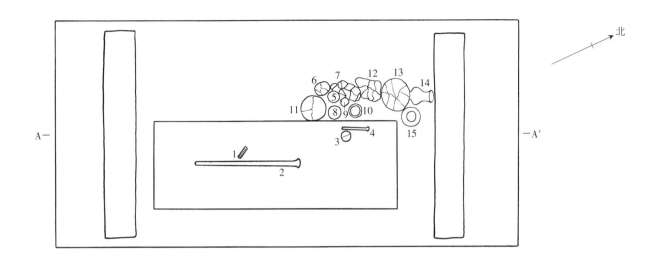

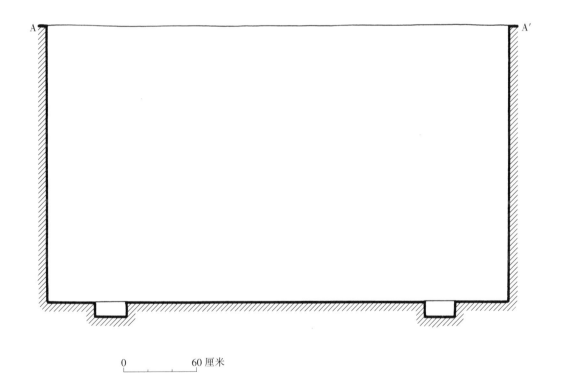

图八　廉乳厂 M2 平、剖面图

1. 铜钱　2. 铁剑　3. 铜镜　4. 铁削　5. 陶器盖　6～13. 陶罐　14、15. 陶壶

0.34、高 0.2～0.26 米。依板灰痕迹可知，棺位于墓室后端偏南侧，长 2、宽 0.8 米。椁室范围不甚清晰。器物主要分布于棺西北角，有鼎、壶、罐、提筒、井和灶等陶器，棺内出土铜钱、铁削和石黛砚（图九；彩版一，3）。

　　B 型　11 座。带斜坡式墓道。由墓道和长方形墓室两部分组成，墓底平，多有两纵向枕木沟，部分中间有横向抗木槽。依墓底结构分两式。

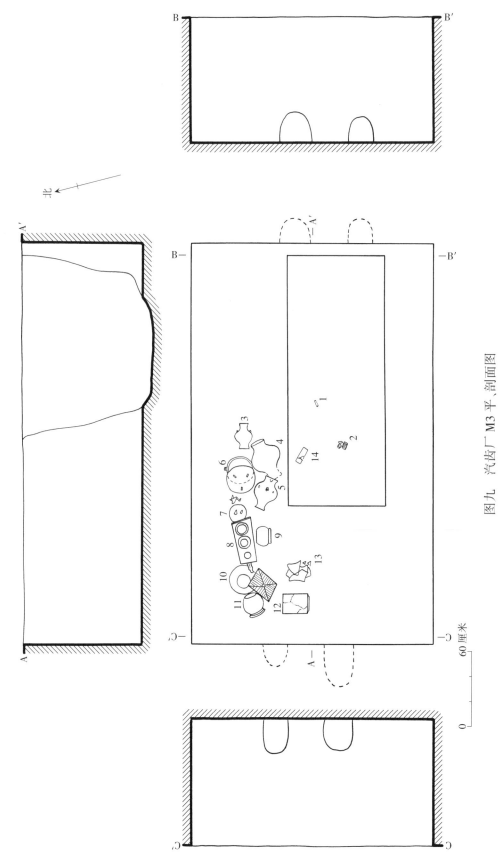

图九　汽齿厂 M3 平、剖面图

1.铁削　2.铜钱　3~5.陶壶　6.陶鼎　7.陶提筒盖　8.陶柱　9、11、13.陶罐　10.陶井　12.陶提筒　14.石黛砚

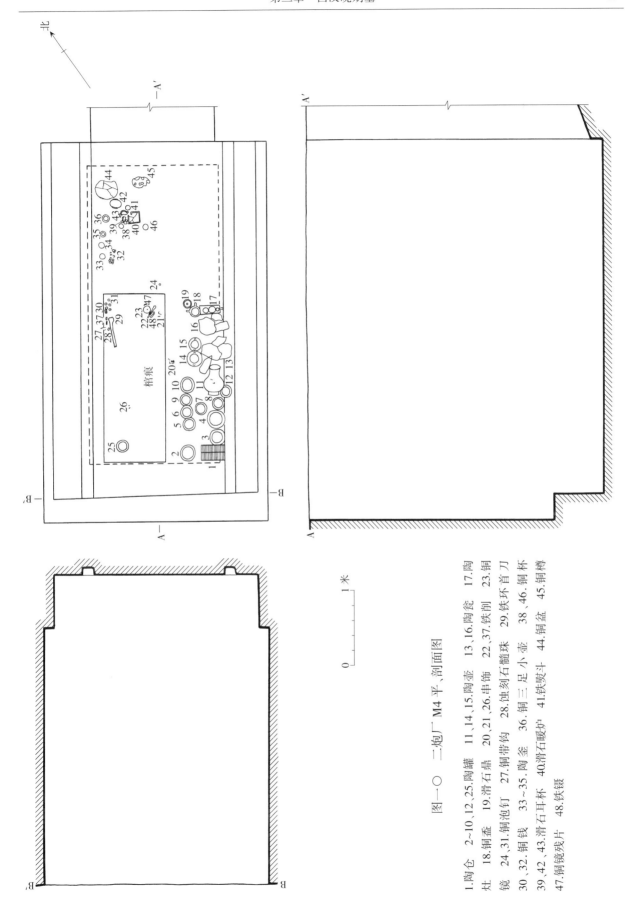

图一〇　二炮厂 M4 平、剖面图

1.陶仓　2~10、12、25.陶罐　11、14、15.陶壶　13、16.陶瓮　17.陶灶　18.铜盉　19.滑石鼎　20、21、26.串饰　22、37.铁削　23.铜镜　24、31.铜泡钉　27.铜带钩　28.蚀刻石髓珠　29.铁环首刀　30、32.铜钱　33~35.陶釜　36.陶釜　38、46.铜杯　39、42、43.滑石耳杯　40.滑石暖炉　41.铁熨斗　44.铜盆　45.铜樽　47.铜镜残片　48.铁镊

Ⅰ式　2座。墓室底部有生土二层台。属此式的有二炮厂 M4 和汽齿厂 M7。其中二炮厂 M4 墓室两侧和后壁处均有生土二层台，汽齿厂 M7 仅两侧有。

二炮厂 M4　墓口距地表深 1 米，墓向 54°。全长 15.1 米，墓道长 10.1、宽 1.7 米，坡度 21°。墓室长 5、宽 3.1、深 4.1 米。墓底低于墓道底端 0.16 米。墓室前端有封门木料朽后残留的灰痕，宽 0.16～0.2、厚约 1.35 米，墓室底部两侧及后端有生土二层台，两侧二层台宽 0.14、高 0.7 米；后端宽 0.34、高 0.7 米。墓底有两纵向枕木沟，宽 0.16、深 0.1 米。依棺椁板灰痕迹可知葬具为单棺单椁，椁室长 3.92、宽 1.8 米，棺位于椁内后端靠一侧，长 2.22、宽 0.85 米。棺一侧出土陶壶、瓿、罐、仓、灶及铜盉、滑石鼎。棺前端分布有陶釜、铜三足小壶、铜盆、铜樽、铜杯、铜钱、铁熨斗、滑石暖炉和滑石耳杯。棺内出土陶罐、铜带钩、铜钱、铜镜、铜泡钉、铁镊、铁削、铁环首刀和蚀刻石髓珠等串饰（图一〇；彩版二，1）。

汽齿厂 M7　墓口距地表深 0.6 米，墓向 54°。总长 5.7 米，墓道长 2.3、前端宽 1.2、后端宽 1.4 米，坡度 17°。墓道前段两侧有两对称柱洞，直径和深均约 0.3 米。墓室长 3.4、宽 3.1、深 1.28 米。墓室底部两侧有宽 0.4、高 0.7 米的生土二层台。墓室前后壁近底处，有伸入壁内的拱形凹窝，用以安放枕木。棺位于墓室中部略偏北侧，长 2.2、宽 1 米。椁室痕迹不甚明显。棺内出土铜器 1 件，锈蚀严重，无法辨认器形，另玛瑙、玻璃珠等串饰。墓室扰土中还发现陶壶、陶罐、陶釜和铜鼎、铜镳壶等（图一一；彩版二，2、3）。

Ⅱ式　9座。无生土二层台。属此式的有二炮厂 M12（彩版三，1）、M20、M30a（彩版三，2），汽齿厂 M4（彩版三，3）、M6a、M6b（彩版四，1）、M8（彩版四，2）、M9（彩版四，3）和 M11（彩版五）。

二炮厂 M12　墓口距地表深 0.5 米，墓向 57°。上部被现代沟打破。墓室填土为红色土，墓道填土为灰黄色土。总长 11.84 米，墓道长 6.79、宽 1.88 米，坡度 21°。墓室长 5.05、宽 2.8、深 3 米，底端低于墓道底端 0.28 米。墓室前端有封门木料朽后残存灰迹，长 1.9、宽 0.2 米。墓底有两纵向枕木沟，宽 0.22、深 0.1 米，前端不抵壁。依板灰痕迹可知为单椁双棺，椁室范围不甚清晰，两棺并列置于椁室后端，左侧棺略大，长 2.2、宽 0.86 米，右侧棺长 2.16、宽 0.62 米。器物主要分布于墓室前端，陶器有鼎、盒、瓿、罐、四系罐、壶、釜、灶、井，铜器有镳壶、行灯、盆、釜、碗、卮，另有滑石暖炉 1 件。右侧棺内出土铜钱、铁环首刀、铜刷把和铜镜，墓主应为女性；左侧棺内出土铁剑、铁削、铁钉、串饰、铜镜和铜钱，墓主应为男性（图一二；彩版三，1）。

汽齿厂 M6a　与 M6b 为同茔异穴合葬墓，两墓并列，底部有宽 0.6、高 0.46 米的生土隔墙。墓室填土为红黄色土，b 墓填土压于 a 墓之上，以此判断 a 墓下葬较早。M6a 墓口距地表深约 2 米，墓向 140°。总长 9.7 米，墓道长 4.3、宽 1.9 米，坡度 20°。墓室长 5.4、前端宽 2.8、后端宽 3.2、深 1.7 米。墓底有两纵向枕木沟，宽 0.2、深 0.14 米。因墓底地下水渗出，无法辨认棺椁范围，但从出土的铁剑、铜钱及铜镜可知，棺位于墓室后端靠隔墙一侧，墓主应为男性。棺一侧出土多为陶器，有瓿、罐、壶、碗、釜、仓、井，另有铜鼎、壶、卮和铅锡合金灶。墓室前端均为铜器，有盒、灯、三足盘、卮、熏炉、盆和耳杯（图一三；彩版四，1）。

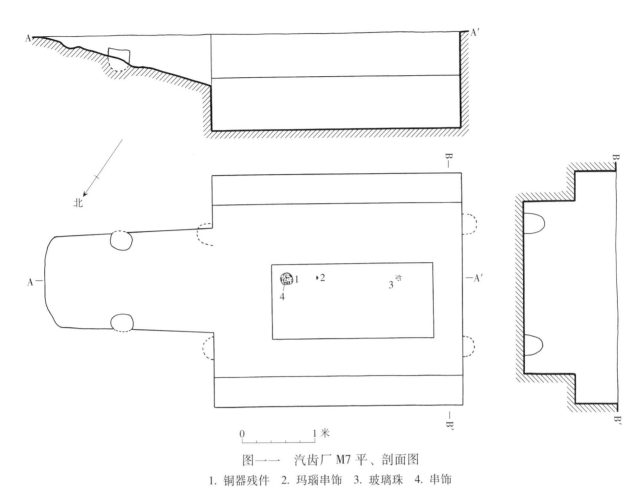

图一一　汽齿厂 M7 平、剖面图

1. 铜器残件　2. 玛瑙串饰　3. 玻璃珠　4. 串饰

汽齿厂 M6b　墓口距地表深约 2 米，墓向 140°。墓道前端被厂房围墙所压，仅发掘 5.8 米，宽 1.7 米，坡度 14°。墓室长 4.7、宽 2.7 米。墓底与 M6a 持平，有两纵向枕木沟，枕木沟宽 0.2、深 0.14 米。棺椁范围亦无法辨认，从出土玻璃珠位置可知，棺位于墓室后端靠隔墙一侧，墓主应为女性。棺一侧多置陶器，有罐、四系罐、瓮、壶、灶，陶器底部仍残存椁板，另有铜鼎、铜镶壶和铜镜。墓室前端出土铜扁壶和铜壶（图一三；彩版四，1）。

汽齿厂 M9　墓口距地表深 1.3 米，墓向 43°。总长 11.3 米。墓道前端被毁，残长 6、宽 1.5 米，坡度 27°。墓室长 5.3、宽 3、深 2.1 米。墓底有两纵向枕木沟，前端不抵壁，北侧枕木沟宽 0.08、南侧宽 0.1 米，深 0.06 米，相距 1.74 米。两枕木沟之间有 16 条宽 0.04～0.08、深 0.03 米的抗木槽。椁室四周白膏泥厚达 0.6 米，墓底亦见薄层膏泥，可知椁室原用白膏泥来封护防潮。器物散布于两枕木沟间，后端出土罐、四系罐、壶、樽、提筒、釜和灶等陶器。前端置铜器、铁器和滑石器，有铜鼎、铜壶、铜镶壶、铜提梁壶、铜釜、铜盆、铜灯、铜熏炉、铁削和滑石暖炉。器物底部有厚约 0.2 米的填土，陶器破碎严重，部分器物残块分置几处，相距甚远，应是入葬时有意打破（图一四；彩版四，3）。

汽齿厂 M11　墓口距地表深 1.25 米，墓向 322°。总长 12 米，墓道长 6.6、宽 2 米，坡度 27°，前端被一现代墓打破。墓道中部两壁有对称凹窝，宽 0.25、深 0.16 米，应用以横放木柱。墓道两侧

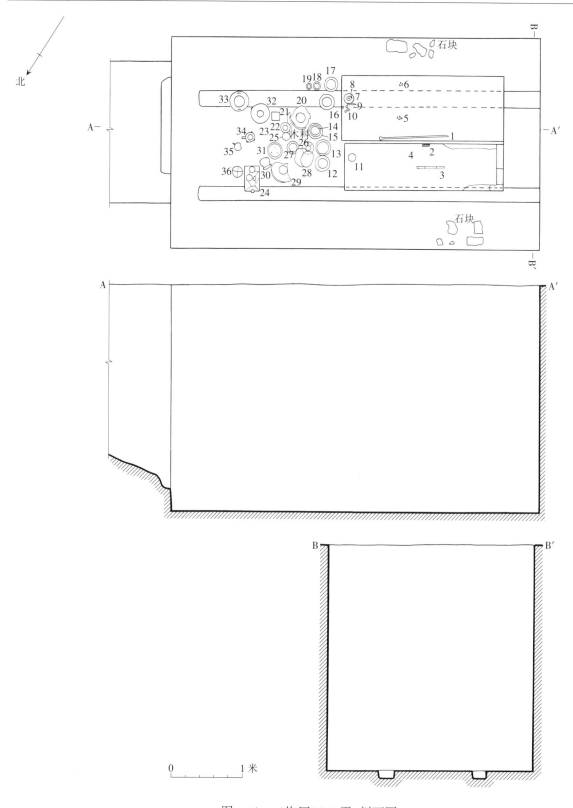

图一二　二炮厂 M12 平、剖面图

1.铁剑　2、10.铜钱　3.铁环首刀　4.铜刷把　5、6.串饰　7、11.铜镜　8.铁钉　9.铁削　12～17、27.陶罐　18、19.陶釜 20、29.铜盆　21.滑石暖炉　22.铜卮　23、25.铜碗　24.陶灶　26.陶四系罐　28.陶瓮　30.铜釜　31.陶鼎　32.陶盒 33.陶壶　34.铜镌壶　35.铜行灯　36.陶井

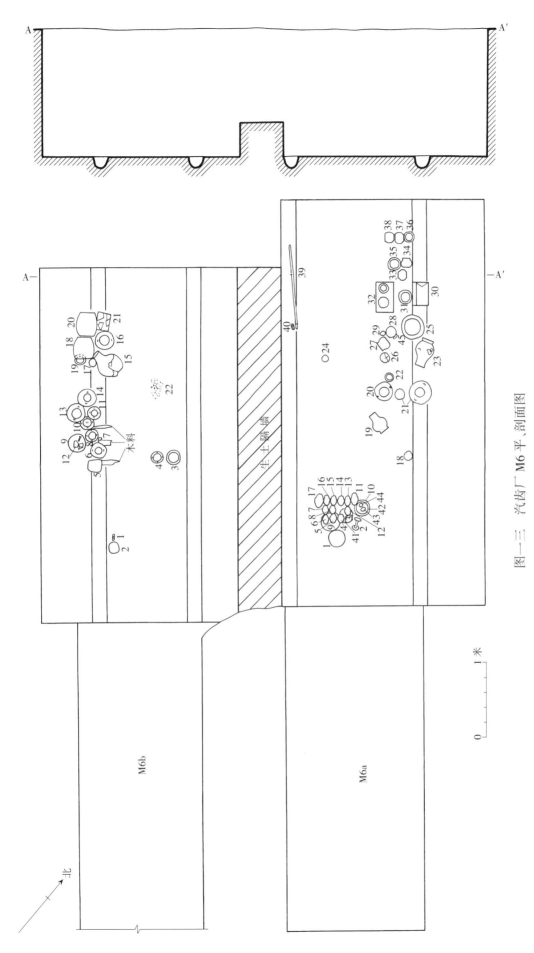

图一三 汽齿厂 M6 平、剖面图

M6a：1.铜盒 2.铜灯 3~8、11~17.铜耳杯 9、10、42.铜盆 18、43.铜匜 19、20.铜壶 21、23.陶壶 22、29.陶釜 24.铜镜 25.陶瓮 26.陶碗 27、33~38.陶罐 28.铜鼎 30.陶仓 31.陶井 32.铅锡合金灶 39.铁剑 40.铜钱 41.铜三足盘 44.铜熏炉 45.铜器足

M6b：1.铜扁壶 2.铜壶残件 3、5、17、19.陶罐 4、8、10、11.陶四系罐 6、13~16.陶壶 7.铜镜 9.铜鼎 12.铜鐎壶残件 18、20.陶瓮 21.陶灶 22.玻璃珠

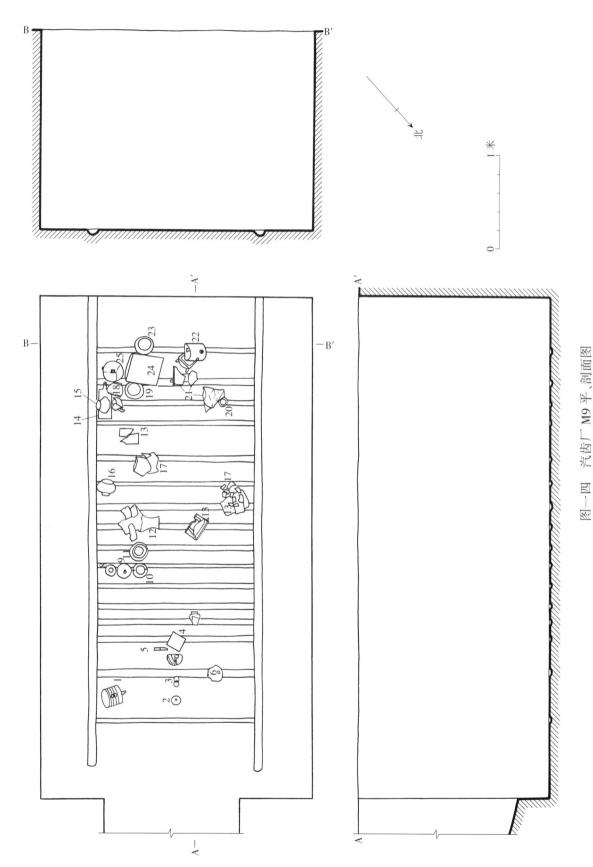

图一四 汽齿厂 M9 平、剖面图

1.铜樽 2.铜灯 3.铜熏炉 4.滑石暖炉 5.铁削 6.铜盆残件 7.铜壶 8.铜鐎壶 9.铜鼎 10.铜提梁壶 11.铜釜 12.陶壶 13、21、22、25.陶樽 14.陶灶 15~17、19、23.陶罐 18.陶四系罐 20.陶壶 24.陶提筒

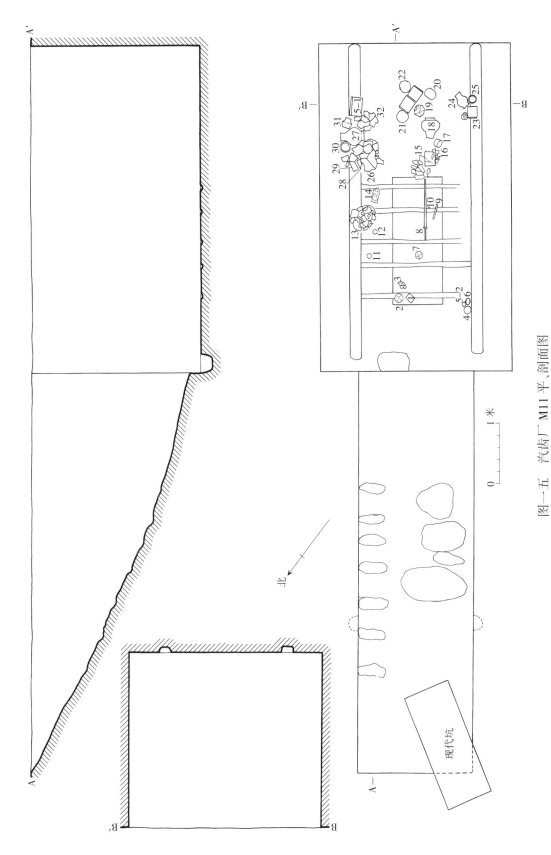

图一五　汽齿厂 M11 平、剖面图

1.滑石暖炉　2、7.铜镜　3、11、12.陶釜　4.陶碗　5.陶仓　6.陶耳杯　8.铁剑　9.铁削　10.铜印章　13.陶盒　14.铜器残件　15、21~23.陶提筒　16、17、19、20、30、32.陶罐　18、24、26、27.陶壶　25.陶盂　28.铜器残件　29.陶灶　31.陶井

有横条状凹槽，深 0.04 米。墓室长 5.4、宽 3.3、深 2.9 米，底部低于墓道底端 0.2 米。墓底有两纵向枕木沟，宽 0.2、深 0.1、间距 1.9 米，中间有横向抗木槽。墓底铺一层膏泥，椁室四周及顶部均用白膏泥封护，厚约 0.5 米。椁室范围不甚清晰，棺位于墓室中部略靠前端，长 2.1、宽 0.86 米。棺一侧和后部主要放置陶器，有罐、盒、提筒、壶、碗、盂、耳杯、井、仓、灶。棺内出土滑石暖炉、陶釜、铁剑、铁削、铜镜和铜印章。器物随葬形式同汽齿厂 M9，陶器亦破碎严重，部分器物分块置几处，为入葬时有意打破（图一五；彩版五）。

第二节　出土遗物

共计 376 件。器物种类丰富，有陶器、铜器、铅锡合金器、铁器、石器、玛瑙、玻璃、琥珀、水晶、蚀刻石髓珠等，陶器保存相对完好，铜、铁器锈蚀严重，多无法拼复。

一　陶器

217 件。胎土细腻，以灰白胎硬陶为主，烧制火候较高，轮制为主，器物制作较规整，器表多有灰褐色陶衣，外施青黄釉，多已脱落。另有少量红胎软陶罐和灰胎模型明器，烧制温度低。除 4 件不明器形外，其余器类有鼎、盒、壶、瓮、罐、四系罐、樽、提筒、灯、耳杯、盆、碗、釜、盂、熏炉、案等生活用具及井、仓、灶模型明器等。

鼎　2 件。灰白胎硬陶。子口内敛，腹部旋刮一周凸棱，平底，三蹄足。汉墓出土陶鼎依腹部形制，分三式。本期见 I 和 II 式。

I 式　1 件（10HTQM3∶6），汽齿厂 M3 出土。上腹直，下腹弧收成小平底。盖面隆起，顶部平圆。盖面等布三圆环，外圈饰多重弦纹，间以斜行箆点纹。三蹄足，较直。近口沿处折出长方形附耳，中镂空。口径 20.2、腹径 23.2、通高 20 厘米（图一六，1；彩版一二，1）。

II 式　1 件（11HFPM12∶31），二炮厂 M12 出土。折腹，较深。盖面呈半球形，中央有圆纽，外圈等布三圆纽衔环，饰两组弦纹。三蹄足，略外撇。腹部折出长方形附耳，中镂孔，孔两侧饰叶脉纹。口径 16.6、底径 13.7、通高 21.7 厘米（图一六，2；彩版二〇，1）。

盒　3 件。灰白胎硬陶。汉墓出土盒依盖面形状，分两型。本期均属 A 型。

A 型　3 件，其中汽齿厂 M9 出土 1 件残存盖面，余 2 件子母口，圈足外撇分两节。带盖，盖面隆起，顶部平圆。盖顶凸起一周高棱，盖面饰弦纹间斜行箆点纹。依腹部形制，分两式。

I 式　1 件（11HFPM12∶32），二炮厂 M12 出土。深弧腹。口径 24、足径 14、通高 20.4 厘米（图一六，3；彩版二〇，2）。

II 式　1 件（10HTQM11∶13），汽齿厂 M11 出土。腹部较鼓。盖顶纽座两侧有一组圆孔，盖面外圈较 I 式斜直。口径 20.5、足径 13.6、通高 19.2 厘米（图一六，4；彩版三四，1）。

壶　33 件。硬陶。上腹有两对称半环耳。圈足外撇，多分二节，上部收束，有对称穿孔，下部斜直。汉墓出土陶壶依口沿形制，分两型，各型依腹部形制下分式。

A 型　27 件。盘口。其中二炮厂 M30a，汽齿厂 M7、M8、M9 和 M11 出土 6 件残存口沿。口沿外、颈、肩、腹、圈足处多饰弦纹。依器形大小，可分两亚型。

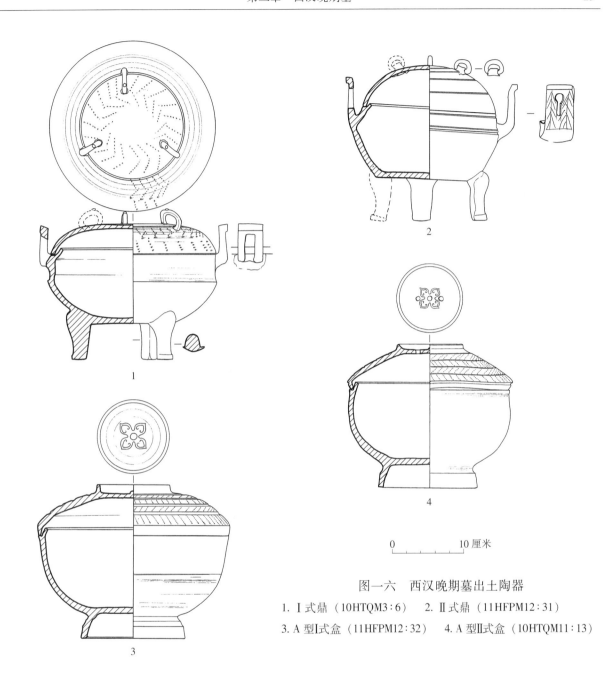

图一六　西汉晚期墓出土陶器

1. Ⅰ式鼎（10HTQM3∶6）　　2. Ⅱ式鼎（11HFPM12∶31）

3. A型Ⅰ式盒（11HFPM12∶32）　　4. A型Ⅱ式盒（10HTQM11∶13）

0　　　　　　　10厘米

Aa型　13件。灰白胎，多施青黄釉。形体较大。

Ⅰ式　6件，其中二炮厂M4出土2件，汽齿厂M6b出土3件，形制大小相近，余1件出自汽齿厂M11。均为圆鼓腹。

10HFPM4∶11，圈足外撇较明显。口沿外和颈部各饰一周弦纹，肩部饰一周宽带纹，腹部饰一组宽带纹。下腹流釉。口径14.8、腹径30.6、足径17.5、高41.4厘米（图一七，1；彩版一四，1）。

10HFPM4∶14，腹部有按压留下的浅凹窝。口沿外饰一组弦纹，颈部、耳际和圈足各饰一周弦纹，腹部饰一组弦纹。口径12.5、腹径22.8、足径13.2、高32.5厘米（图一七，2；彩版一

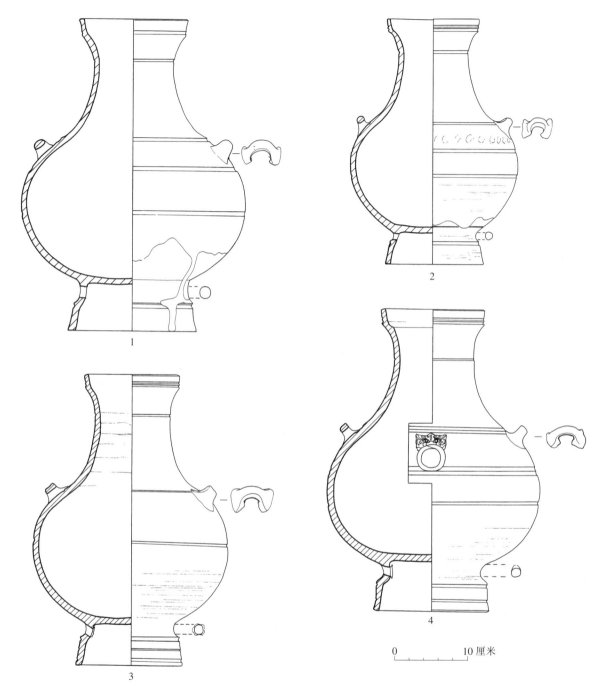

图一七　西汉晚期墓出土 Aa 型 I 式陶壶

1. 10HFPM4：11　2. 10HFPM4：14　3. 10HTQM6b：13　4. 10HTQM11：27

四，2）。

10HTQM6b：13，外有褐色陶衣，器身多处流青黄釉。口沿外饰一组弦纹，颈部、耳际和腹部各饰一周弦纹，圈足下部饰三周弦纹。口径 13、腹径 26.6、足径 14.4、高 38.7 厘米（图一七，3；彩版二八，1）。

10HTQM11：27，圈足较直，肩部有铺首衔环。口沿外和圈足饰一组弦纹，颈部饰一周弦纹，肩、腹部饰宽带纹。口径14、腹径28.8、足径15.7、高40.1厘米（图一七，4；彩版三四，2）。

　　Ⅱ式　7件，其中汽齿厂M2出土1件，汽齿厂M6b、M11和二炮厂M20各出土2件。均为扁圆腹。

　　10HTQM2：4，形体较大。外有褐色陶衣。口沿外饰一组弦纹，颈部饰一周弦纹，肩和圈足各饰一组弦纹，腹部饰两组弦纹。口径14.8、腹径30.6、足径17、高42.8厘米（图一八，1；彩版六，1）。

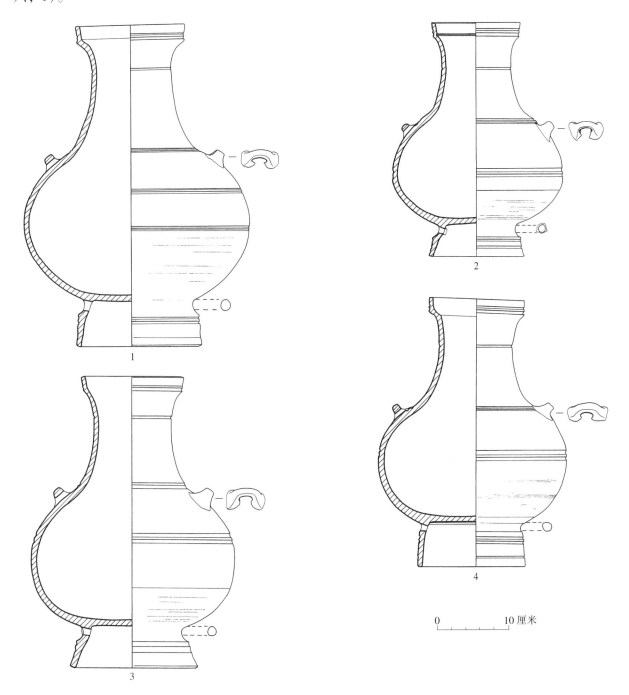

图一八　西汉晚期墓出土 Aa 型 Ⅱ 式陶壶

1. 10HTQM2：4　2. 10HTQM6b：6　3. 10HTQM6b：16　4. 11HFPM20：10

10HTQM6b：6，器形较小。圈足较矮。口沿外、肩、腹和圈足处各饰一组弦纹，颈部饰一周弦纹。口径 12.2、腹径 23.4、足径 13.1、高 31.2 厘米（图一八，2；彩版二八，2）。

10HTQM6b：16，圈足外撇明显。口沿外饰一组弦纹，颈部饰一周弦纹，肩、腹和圈足处各饰一组宽带纹。口径 14、腹径 27.8、足径 17.4、高 38.7 厘米（图一八，3；彩版二八，3）。

11HFPM20：10，圈足较直，不分节。口沿外饰一组弦纹，颈部饰一周弦纹，肩、腹部各饰一组宽带纹，圈足饰三周弦纹。口径 13、腹径 25.8、足径 14.9、高 36 厘米（图一八，4；彩版三四，3）。

Ab 型　8 件。形体小。

Ⅰ式　1 件（11HFLM2：14），廉乳厂 M2 出土。红胎，烧制温度较低。圆腹。圈足斜直不分节，颈部较直。口沿外饰一周弦纹，颈部、耳际和圈足各饰一组弦纹，肩、腹部饰一周弦纹。口径 9、腹径 18.4、足径 11.3、高 25.8 厘米（图一九，1；彩版一〇，1）。

Ⅱ式　3 件，电厂 M1、汽齿厂 M2 和廉乳厂 M2 各出土 1 件。均为圆鼓腹。

10HTQM2：1，灰白胎。圈足上部收束明显。口沿外饰一组弦纹，颈部饰一周弦纹，弦纹下方有一道竖线刻划纹，耳际旋刮一周宽带纹，圈足饰一组弦纹。口径 10.9、腹径 18.8、底径 11.2、高 26.5 厘米（图一九，2；彩版六，2）。

11HDM1：5，灰白胎。腹部略扁。口沿外饰一组弦纹，颈部饰一周弦纹，耳际旋刮一周宽带纹，圈足下部饰一组弦纹。口径 10.4、腹径 19.4、足径 11.1、高 26.2 厘米（图一九，3；彩版八，1）。

11HFLM2：15，红胎，外有灰色陶衣，烧制温度低。颈部较短，圈足变形。口沿外、颈部、耳际和圈足各饰一周弦纹，肩、腹部各饰一组弦纹。口径 9.8、腹径 19.4、足径 12.3、高 25.5 厘米（图一九，4；彩版一〇，2）。

Ⅲ式　4 件，汽齿厂 M3、汽齿厂 M11、电厂 M1 和二炮厂 M4 各出土 1 件。灰白胎。均为扁圆腹。颈部较Ⅱ式收束明显，圈足略矮。

10HTQM3：3，形体较小。颈部收束明显，圈足不分节。口沿外、颈部、耳际、腹部和圈足各饰一周弦纹。口径 7.7、腹径 16.2、足径 8.2、高 21.5 厘米（图一九，5；彩版一二，2）。

11HDM1：6，圈足不分节，上旋刮一周凹槽。口沿外饰一组弦纹，颈和腹部各饰一周弦纹。口径 10.3、腹径 19、足径 12、高 24.9 厘米（图一九，6；彩版八，2）。

10HFPM4：15，颈部略长。口沿外、颈部、下腹和圈足饰一周弦纹，耳际和腹最大径处各饰一周宽带纹。口径 10.8、腹径 20.4、足径 11.9、高 28 厘米（图一九，7；彩版一四，3）。

B 型　6 件。灰白胎。子母口。颈、肩和腹部均饰弦纹。

Ⅰ式　4 件，其中汽齿厂 M3 出土 2 件，形制、大小相同，余 2 件出自汽齿厂 M9 和二炮厂 M12。均为圆鼓腹。

10HTQM3：4，肩部有铺首衔环。颈部饰一组弦纹，肩、腹部各饰一组宽带纹，圈足下部饰三周弦纹。口径 11、腹径 24.9、足径 14、高 33 厘米（图二〇，1；彩版一二，3）。

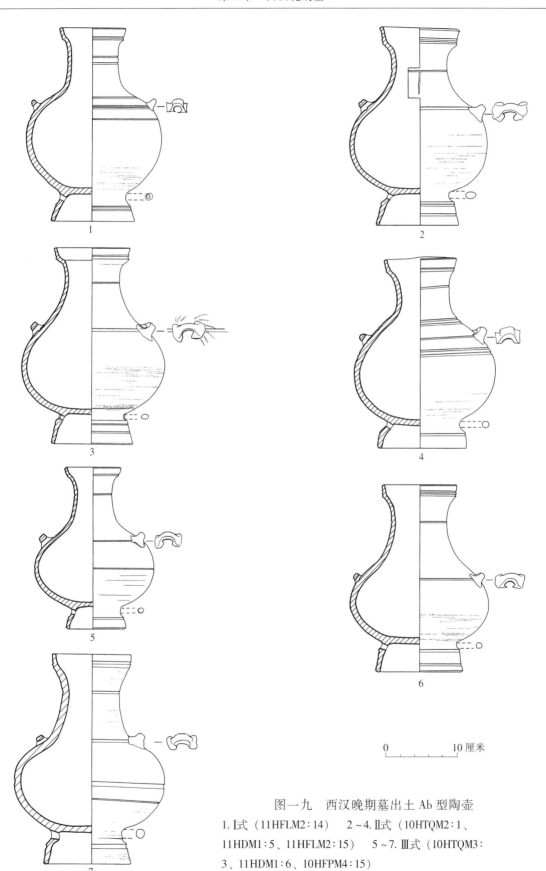

图一九 西汉晚期墓出土 Ab 型陶壶
1. Ⅰ式（11HFLM2：14） 2～4. Ⅱ式（10HTQM2：1、
11HDM1：5、11HFLM2：15） 5～7. Ⅲ式（10HTQM3：
3、11HDM1：6、10HFPM4：15）

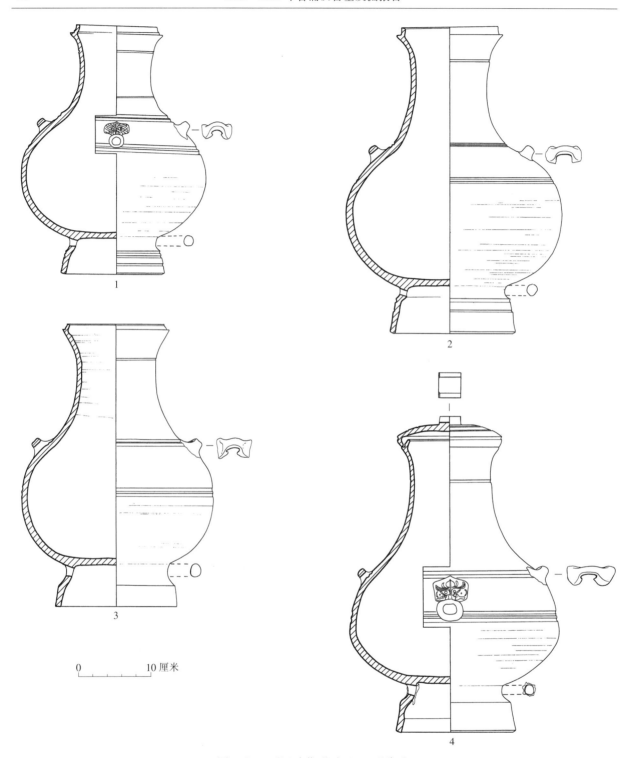

图二〇　西汉晚期墓出土 B 型陶壶

1～3. Ⅰ式（10HTQM3∶4、10HTQM9∶12、11HFPM12∶33）　　4. Ⅱ式（10HTQM6a∶23）

　　10HTQM9∶12，形体较大。颈部较长，圈足较高。颈部饰一周弦纹，肩、腹和圈足下部各饰一组弦纹。口径 13、腹径 29.1、足径 16.8、高 41.1 厘米（图二〇，2；彩版三一，1）。

　　11HFPM12∶33，颈部略粗，圈足等分两节。颈部饰一周弦纹，肩、腹部各饰一周宽带纹。口径 13.2、腹径 26.2、足径 16.6、高 37.2 厘米（图二〇，3；彩版二〇，3）。

Ⅱ式　2 件，出自汽齿厂 M6a，形制相同。扁圆腹。带盖，盖面微隆，顶部平，中央有凹形立纽。盖外圈饰一组弦纹。肩部有铺首衔环。颈部饰一周弦纹，耳际和腹部各饰一组宽带纹。

10HTQM6a：23，口径 11.3、腹径 28.3、足径 16.2、通高 42 厘米（图二〇，4；彩版二五，1）。

瓮　12 件，其中汽齿厂 M4 和二炮厂 M30a 出土 2 件残，形制不明。灰白胎硬陶。汉墓出土陶瓮依口沿形制，分三型，各型依腹部形制下分式。

A 型　6 件。沿外折。敞口，圆唇，溜肩，平底。

Ⅰ式　1 件（10HFPM4：13），二炮厂 M4 出土。圆鼓腹。平底略内凹。器身饰方格纹加菱格和圆形戳印，腹部饰一组弦纹。口径 21.9、腹径 32.1、底径 21.8、高 31.5 厘米（图二一，1；彩版一四，4）。

Ⅱ式　5 件，其中二炮厂 M4、汽齿厂 M6b 和二炮厂 M12 各出土 1 件，余 2 件出自汽齿厂 M8。均为长圆腹，最大腹径略靠上。

10HFPM4：16，短斜颈，肩部较鼓。器身饰方格纹，肩、腹部各饰一周弦纹，下腹刻划斜线纹。口径 19、腹径 28.8、底径 20.2、高 30.6 厘米（图二一，2；彩版一五，1）。

10HTQM6b：18，平底内凹。器身饰方格纹加方形戳印，肩、腹部各饰一周弦纹。口径 19.3、腹径 29.9、底径 21.2、高 32.9 厘米（图二一，3；彩版二八，4）。

11HFPM12：28，腹部略鼓。器身饰方格纹加方形戳印，肩、腹部各饰一周弦纹。口径 21.3、腹径 30.4、底径 21.2、高 31.5 厘米（图二一，4；彩版二〇，4）。

10HTQM8：扰 1，形体较大。短直颈，平底内凹。器身饰方格纹加方形戳印，腹部饰一组弦纹。口径 23.2、腹径 34.8、底径 24.8、高 38.1 厘米（图二一，5；彩版三四，4）。

B 型　1 件，汽齿厂 M6a 出土。沿外折。敞口，尖唇。汉墓出土 B 型瓮，可分五式，本期见Ⅰ式。

Ⅰ式　10HTQM6a：25，长圆腹，溜肩，平底。器身饰方格纹加方形戳印，肩部饰一周弦纹，腹部饰一组弦纹。口径 23.5、腹径 33.4、底径 24、高 35.8 厘米（图二一，6；彩版二五，2）。

C 型　3 件，汽齿厂 M2、M4 和 M6b 各出土 1 件，其中 1 件残。沿略卷，溜肩，长圆腹，最大腹居中，平底。

10HTQM2：3，肩部较鼓，平底内凹。器身饰方格纹加方形戳印，腹部饰一组弦纹，肩部有一处刻划纹。口径 19、腹径 29.4、底径 19.6、高 31.3 厘米（图二一，7；彩版六，3）。

10HTQM6b：20，器内多处流釉。平底略内凹。器身饰方格纹加菱格和圆形戳印，腹部饰一周弦纹。口径 21、腹径 29.4、底径 21.6、高 30.2 厘米（图二一，8；彩版二九，1）。

罐　88 件，其中 12 件残损严重，形制不明。多为灰白胎硬陶，少量为红色或淡红色软陶。汉墓出土陶罐依形状，可分十四型，各型下依腹部形制分式。本期见九型，依腹部形制下分式。

A 型　4 件。灰白胎硬陶。高领。敞口，溜肩，束颈，平底。

Ⅰ式　3 件，二炮厂 M30a 出土。形制、大小相近。形体较大。圆鼓腹，最大腹径居中。平唇。口沿外侧饰一组弦纹，肩、腹部饰弦纹。

11HFPM30a：扰 3，平底内凹。肩、腹部各饰一组弦纹，下腹近底处饰一周细弦纹，弦纹处刻划一道斜线。口径 15.3、腹径 27、底径 17.5、高 23.9 厘米（图二二，1）。

Ⅱ式　1 件（10HTQM11：20），汽齿厂 M11 出土。形体较小。鼓腹，最大腹径靠下。口沿较Ⅰ式低，外侧饰一周弦纹。口径 11.6、腹径 19.2、底径 13.9、高 16.1 厘米（图二二，2；彩版三五，1）。

B 型　19 件。多为灰白胎。器身较高。敞口，溜肩，平底。肩、腹部饰方格纹，多有戳印，上腹饰一周弦纹。

Ⅰ式　13 件，其中汽齿厂 M4 出土 6 件，汽齿厂 M8 和二炮厂 M12 各出土 2 件，二炮厂 M4 出土 3 件。均为长圆腹。

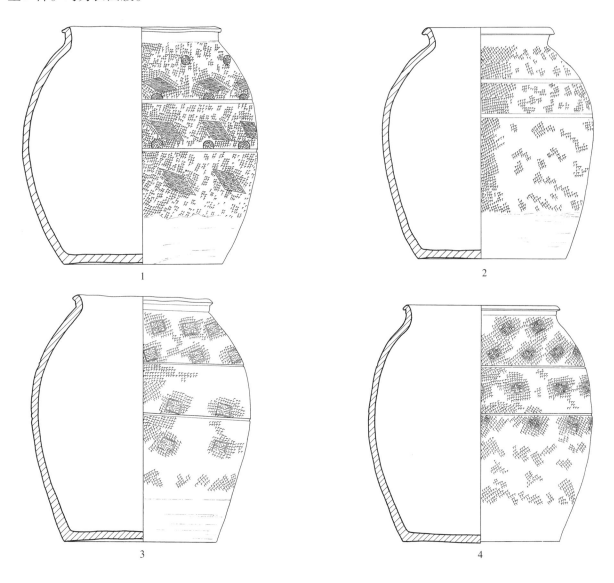

图二一　西汉晚期墓

1. A 型Ⅰ式（10HFPM4：13）　2～4. A 型Ⅱ式（10HFPM4：16、10HTQM6b：18、11HFPM12：28）

10HTQM4：1，灰白胎硬陶。卷沿，平底略内凹。器身戳印上部为圆形，下部为椭圆形。下腹近底处饰一周弦纹。口径15.7、腹径22、底径16、高18.9厘米（图二二，3；彩版三五，2）。

10HTQM4：2，灰白胎硬陶。卷沿。肩、腹部各有一周圆形戳印。口径16、腹径22.1、底径17、高18.6厘米（图二二，4；彩版三五，3）。

10HTQM8：1，灰白胎硬陶。沿外折，圆唇，腹部略下坠，平底略内凹。器身有钱纹戳印。口径15.5、腹径21.4、底径16.5、高18.6厘米（图二二，5；彩版三五，4）。

11HFPM12：12，灰胎硬陶。卷沿，腹部略鼓，平底略内凹。器身有成组的方形戳印。口径14.6、腹径21.6、底径14.2、高18.5厘米（图二二，6；彩版二一，1）。

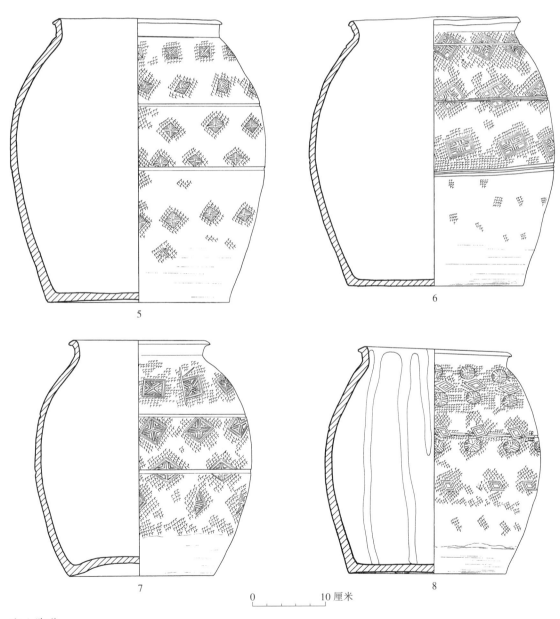

出土陶瓷

5. A型Ⅱ式（10HTQM8：扰1）　　6. B型Ⅰ式（10HTQM6a：25）　　7、8. C型（10HTQM2：3、10HTQM6b：20）

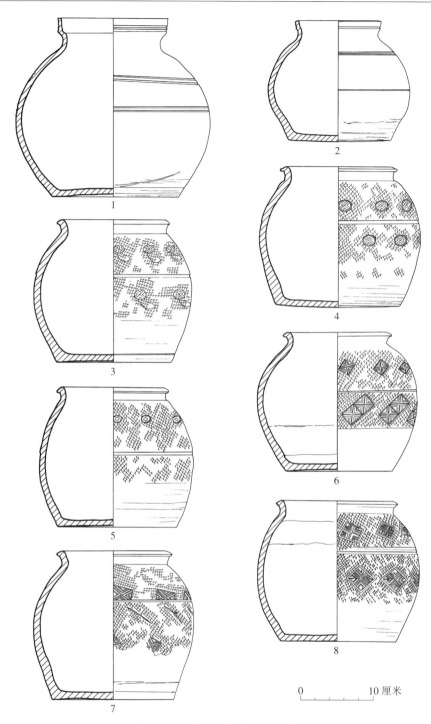

图二二　西汉晚期墓出土陶罐

1. A 型 I 式（11HFPM30a：扰 3）　2. A 型 II 式（10HTQM11：20）　3～8. B 型 I 式（10HTQM4：1、
10HTQM4：2、10HTQM8：1、11HFPM12：12、11HFPM12：13、10HFPM4：2）

11HFPM12：13，灰白胎硬陶。卷沿，颈部略高。口沿变形，器身有方形戳印，腹中部方格纹外边线拍印较深，形成平行的短斜线，下腹近底处饰一组细弦纹。口径 15.9、腹径 22、底径16.7、高 19.8 厘米（图二二，7；彩版二一，2）。

10HFPM4：2，灰白胎硬陶。圆唇，沿外折，腹部较圆。器身有方形戳印。口径 16.6、腹径 22、底径 15.6、高 18.7 厘米（图二二，8；彩版一五，2）。

10HFPM4：3，灰白胎硬陶。卷沿，肩部略鼓。器身有三角形戳印。口径 15.6、腹径 21.6、底径 16.5、高 18.3 厘米（图二三，1；彩版一五，3）。

10HFPM4：10，灰白胎硬陶。圆唇，沿外折，平底内凹。器身有圆形戳印。口径 14.2、腹径 21.4、底径 15.2、高 18.8 厘米（图二三，2；彩版一五，4）。

Ⅱ式　6 件，其中二炮厂 M12 和汽齿厂 M3 各出土 1 件，汽齿厂 M6b 和 M8 各出土 2 件。均为长鼓腹，最大腹径居中，器身较Ⅰ式高，肩部较斜。圆唇，沿外折。

11HFPM12：17，灰白胎硬陶。肩部略鼓，平底略内凹。口径 13.2、腹径 19.9、底径 13.5、高 18.5 厘米（图二三，3；彩版二一，3）。

10HTQM3：11，灰白胎硬陶。短颈略高，肩部较斜，平底略内凹。器身有方形和圆形戳印，下腹几周不连贯细弦纹。口径 13、腹径 20.3、底径 13.4、高 19.2 厘米（图二三，4；彩版一二，4）。

10HTQM6b：3，灰白胎硬陶。器身有方形戳印，方格和戳印均较大。口径 15、腹径 21.8、底径 15.5、高 19.3 厘米（图二三，5；彩版二九，2）。

10HTQM6b：5，灰白胎硬陶。腹部变形。器身有小方形戳印。口径 16.4、腹径 22.2、底径 16.9、高 21 厘米（图二三，6；彩版二九，3）。

C 型　36 件。多为灰白胎。器形矮小。敞口，圆唇或尖唇，沿外折，溜肩，平底。器身多饰方格纹。

Ⅰ式　13 件，其中汽齿厂 M3，二炮厂 M4、M12、M30a 和汽齿厂 M11 各出土 1 件，汽齿厂 M4、M6a、M6b 和 M8 各出土 2 件。圆鼓腹，最大腹径居中。

10HTQM3：9，灰白胎硬陶。圆唇，口沿变形。器身饰方格纹加钱纹戳印，腹部旋刮一周凹槽。口径 12.8、腹径 17.2、底径 12.8、高 13.9 厘米（图二三，7；彩版一三，1）。

10HFPM4：7，灰白胎硬陶。尖唇。腹部饰两组细弦纹。口径 12、腹径 16.6、底径 12.1、高 12.6 厘米（图二三，8；彩版一五，5）。

11HFPM12：27，灰白胎硬陶。圆唇，腹部略扁，平底略内凹。器身饰方格纹加菱形戳印，腹部旋刮一周凹槽。下腹方格纹外边线拍印较深，形成平行的短斜线。口径 11.6、腹径 17.1、底径 12.3、高 13.3 厘米（图二四，1；彩版二一，4）。

10HTQM6a：35，淡红胎硬陶，外有灰色陶衣。尖唇。腹部饰一周弦纹，器身饰方格纹加方形戳印，下腹近底处有三周不连贯的弦纹。口径 11.9、腹径 16.1、底径 12.5、高 12.4 厘米（图二四，2；彩版二五，3）。

10HTQM6a：36，灰白胎硬陶。尖唇。肩、腹部饰方格纹加方形戳印。口径 11.8、腹径 16.2、底径 12.1、高 12.5 厘米（图二四，3；彩版二五，4）。

10HTQM6b：17，灰白胎硬陶。器身多处流釉。尖唇。腹部旋刮一周凹槽。器身饰方格纹。口径 11.4、腹径 15.7、底径 11.6、高 11.9 厘米（图二四，4；彩版二九，4）。

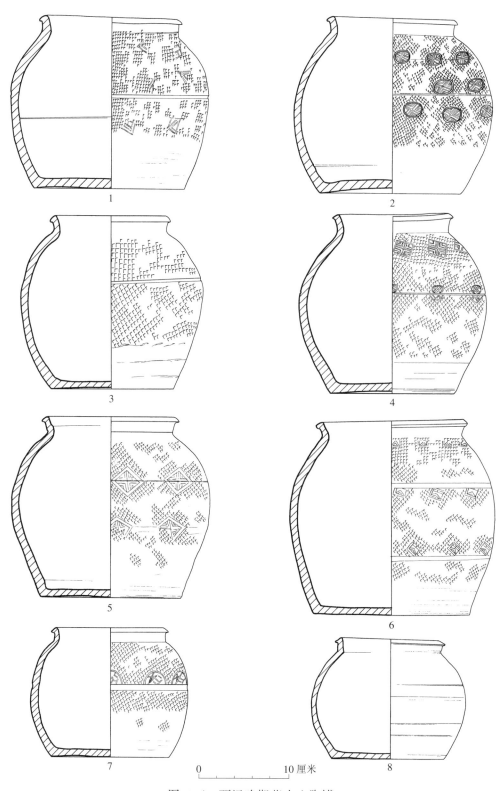

图二三　西汉晚期墓出土陶罐

1、2. B 型 I 式（10HFPM4：3、10HFPM4：10）　　3~6. B 型 II 式（11HFPM12：17、10HTQM3：
11、10HTQM6b：3、10HTQM6b：5）　　7、8. C 型 I 式（10HTQM3：9、10HFPM4：7）

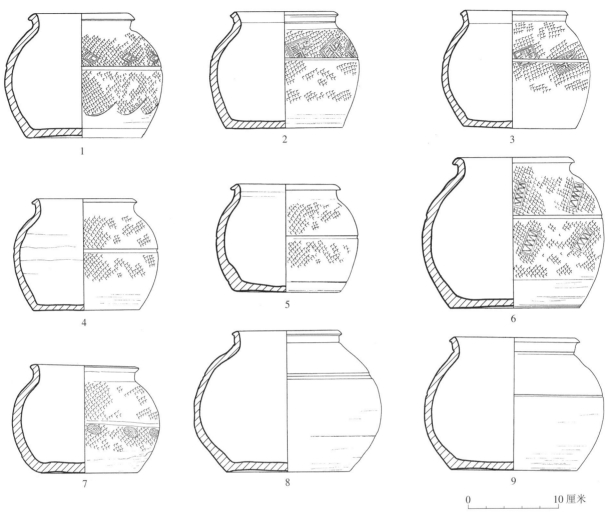

图二四　西汉晚期墓出土 C 型陶罐

1~6. Ⅰ式（11HFPM12：27、10HTQM6a：35、10HTQM6a：36、10HTQM6b：17、10HTQM6b：19、10HTQM8：3）

7~9. Ⅱ式（11HDM1：2、10HTQM9：15、10HTQM9：19）

　　10HTQM6b：19，灰白胎硬陶。腹部有两处流釉。圆唇。腹部旋刮一周凹槽，下腹近底处饰一组弦纹。口径 12、腹径 15.4、底径 11.4、高 11.5 厘米（图二四，5；彩版二九，5）。

　　10HTQM8：3，灰白胎硬陶。圆唇。腹部饰一周弦纹，器身饰方格纹加长方框戳印。口径 13.6、腹径 20.1、底径 14.2、高 16 厘米（图二四，6；彩版三五，5）。

　　Ⅱ式　17件，其中汽齿厂 M4、电厂 M1 和二炮厂 M30a 各出土 1 件，汽齿厂 M9 出土 2 件，二炮厂 M20 出土 3 件，汽齿厂 M6a 出土 4 件，二炮厂 M4 出土 5 件。均为扁圆腹，最大腹径居中。尖唇。

　　11HDM1：2，红胎软陶。器身饰方格纹加圆形戳印，腹部饰一组细弦纹。口径 11.8、腹径 16、底径 10.6、高 11.6 厘米（图二四，7；彩版八，3）。

　　10HTQM9：15，灰白胎硬陶。平底略内凹。上腹饰一组弦纹，下腹饰一周不连贯的弦纹。口径 11.9、腹径 20.3、底径 13.4、高 15 厘米（图二四，8；彩版三一，2）。

10HTQM9：19，灰白胎硬陶。口部较大，平底略内凹。腹部饰一周弦纹。口径14.2、腹径19.6、底径13.8、高14.1厘米（图二四，9；彩版三一，3）。

10HTQM6a：34，灰白胎硬陶。口沿略变形，平底略内凹。腹部旋刮一周凹槽，下腹饰不连贯的细弦纹。口径12、腹径16.4、底径12、高12.3厘米（图二五，1；彩版二五，5）。

10HTQM6a：37，灰白胎硬陶。平底略内凹。器身饰方格纹加菱形戳印，腹部旋刮一周凹槽，下腹近底处饰不连贯的细弦纹。口径12.9、腹径16.5、底径12.1、高11.9厘米（图二五，2；彩版二五，6）。

10HFPM4：5，灰白胎硬陶。平底略内凹。肩和上腹处可见垂直的修刮痕，下腹有数道不连贯的弦纹。口径12、腹径16.6、底径12.1、高12.6厘米（图二五，3；彩版一六，1）。

10HFPM4：9，灰白胎硬陶。肩部略鼓，平底略内凹。上腹饰一周弦纹，有一"X"形刻划纹。口径11.2、腹径17.2、底径12.2、高13.2厘米（图二五，4；彩版一六，2）。

Ⅲ式　6件，其中二炮厂M12出土2件，二炮厂M4、汽齿厂M6a、M9和M11各出土1件。均为扁圆腹，下坠。尖唇。肩腹间饰一周弦纹。

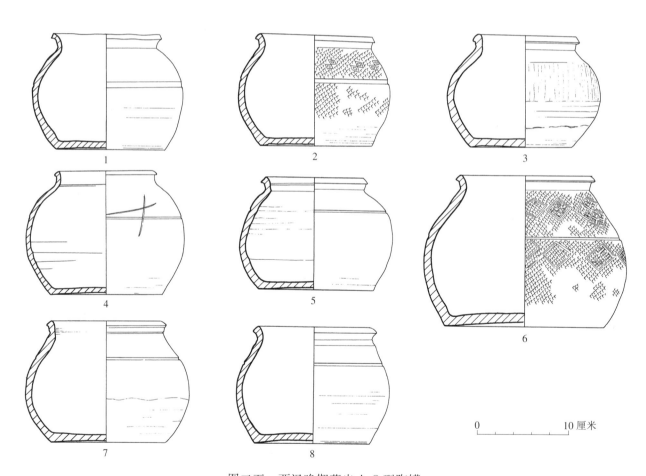

图二五　西汉晚期墓出土C型陶罐

1~4.Ⅱ式（10HTQM6a：34、10HTQM6a：37、10HFPM4：5、10HFPM4：9）　　5~8.Ⅲ式（11HFPM12：14、11HFPM12：15、10HFPM4：12、10HTQM6a：27）

11HFPM12：14，灰白胎硬陶。腹部较扁，平底略内凹。口径11.6、腹径16.7、底径12.4、高11.9厘米（图二五，5；彩版二一，5）。

11HFPM12：15，灰白胎硬陶。器形较大。平底内凹。器身饰方格纹加方形戳印。口径15.1、腹径22、底径17.3、高16厘米（图二五，6；彩版二一，6）。

10HFPM4：12，灰白胎硬陶。平底略内凹。口径11.4、腹径16.6、底径11、高12厘米（图二五，7；彩版一六，3）。

10HTQM6a：27，灰白胎硬陶。肩部较斜直，腹部略鼓，平底内凹。下腹饰不连贯的细弦纹。口径13.4、腹径16.6、底径12.5、高12.4厘米（图二五，8；彩版二六，1）。

10HTQM9：23，灰白胎硬陶。腹部较圆，平底内凹。口径13.2、腹径18.1、底径13.6、高13厘米（图二六，1；彩版三一，5）。

D型　2件，汽齿厂M9和二炮厂M12各出土1件。灰白胎硬陶。形体大。丰肩，上腹鼓，下腹弧收，平底略内凹。上腹饰一周弦纹。

11HFPM12：16，短直颈。器身饰方格纹。口径14、腹径21、底径14.6、高17.6厘米（图二六，2；彩版二二，1）。

10HTQM9：17，形体较大。下腹饰两组细弦纹，弦纹间有浅凹窝。口径13.8、腹径26.2、底径17.2、高21.8厘米（图二六，3；彩版三一，4）。

E型　2件，二炮厂M4和M20各出土1件。灰白胎硬陶。形体大。敞口，沿外折，溜肩，平底。汉墓出土E型罐可分三式，本期属Ⅰ式。

Ⅰ式　圆鼓腹。肩部鼓。

10HFPM4：4，尖唇，腹部较圆。肩、腹部各饰一周弦纹，下腹饰不连贯的细弦纹。口径14.8、腹径24.9、底径15.8、高20.7厘米（图二六，4；彩版一六，4）。

11HFPM20：12，圆唇，短直颈，平底略内凹。颈部饰一周弦纹。口径13.6、腹径22.7、底径15.8、高17.9厘米（图二六，5；彩版三五，6）。

F型　1件，汽齿厂M9出土。直口，圆唇，沿外折，溜肩，平底内凹。汉墓出土F型罐可分两式，本期属Ⅰ式。

Ⅰ式　1件（10HTQM9：16）。扁圆腹。肩、腹部各饰一周弦纹。口径9.8、腹径18.7、底径13、高14厘米（图二六，6；彩版三二，1）。

G型　2件，廉乳厂M2和电厂M1各出土1件。软陶。直口，圆唇，丰肩，平底。腹部有一周弦纹。汉墓出土G型罐可分两式，本期属Ⅰ式。上腹鼓，下腹斜收。

11HFLM2：11，红胎软陶。口径9.9、腹径20、底径11.5、高13.6厘米（图二六，7；彩版一〇，3）。

11HDM1：7，淡红胎软陶。口径7.7、腹径15.9、底径10、高9.7厘米（图二六，8；彩版八，4）。

H型　6件。烧制温度低。敞口，沿外翻较高，束颈，溜肩，平底。器身饰方格纹。

Ⅰ式　2件，汽齿厂M11出土。腹中部略鼓，最大腹径居中。圆唇。肩部饰一周弦纹。

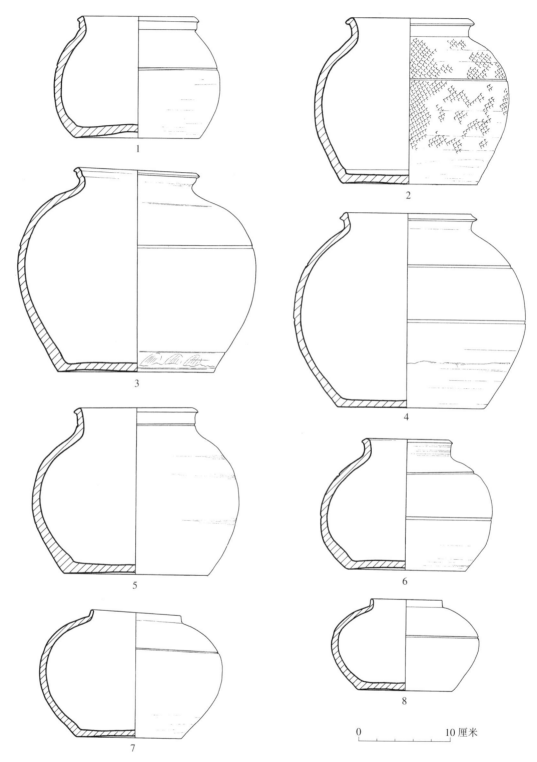

图二六　西汉晚期墓出土陶罐

1. C 型Ⅲ式（10HTQM9：23）　　2、3. D 型（11HFPM12：16、10HTQM9：17）　　4、5. E 型Ⅰ式
（10HFPM4：4、11HFPM20：12）　　6. F 型Ⅰ式（10HTQM9：16）　　7、8. G 型Ⅰ式罐（11HFLM2：
11、11HDM1：7）

10HTQM11：16，青灰胎。口径12.8、腹径15.2、底径11.5、高12.1厘米（图二七，1；彩版三六，1）。

10HTQM11：30，赭胎。口径12.5、腹径16.7、底径11.8、高13.2厘米（图二七，2；彩版三六，2）。

Ⅱ式　3件，其中汽齿厂M3出土1件，电厂M1出土2件。上腹鼓，下腹弧收。肩部有一对随意捏制的小圆纽。

10HTQM3：13，红胎软陶，外有灰色陶衣。平底略内凹。纽际饰一组弦纹，肩部有三角形刻划符号。口径15.7、腹径20.9、底径14.3、高16.9厘米（图二七，3）。

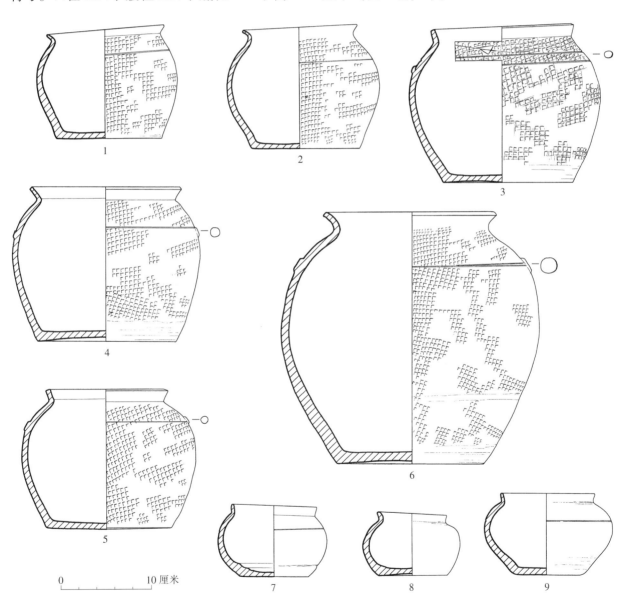

0　　　　　　　10厘米

图二七　西汉晚期墓出土陶罐

1、2. H型Ⅰ式（10HTQM11：16、10HTQM11：30）　　3~5. H型Ⅱ式（10HTQM3：13、11HDM1：3、11HDM1：10）

6. H型Ⅲ式（11HDM1：4）　　7、8. Ⅰ型Ⅰ式（11HFLM2：9、11HFLM2：10）　　9. Ⅰ型Ⅱ式（11HFLM2：8）

11HDM1：3，红黄胎软陶。尖唇，平底内凹。纽际饰一周弦纹。口径 16.5、腹径 20.4、底径 15、高 16.5 厘米（图二七，4；彩版八，5）。

11HDM1：10，红胎软陶。平唇。纽际饰一周弦纹。口径 13.3、腹径 18.9、底径 13.6、高 15 厘米（图二七，5；彩版九，1）。

Ⅲ式　1 件（11HDM1：4），电厂 M1 出土。灰胎硬陶。形体较大。肩部较鼓，长圆腹，平底内凹。肩部有一对随意捏制的小圆纽，纽际饰一周弦纹。口径 19、腹径 28.2、底径 16、高 26.9 厘米（图二七，6；彩版九，2）。

Ⅰ型　4 件，廉乳厂 M2 出土。红胎软陶。侈口，圆唇，平底。

Ⅰ式　2 件。扁圆腹。

11HFLM2：9，口较大。腹部饰一周弦纹。口径 9.3、腹径 11.9、底径 7.3、高 7.8 厘米（图二七，7；彩版一〇，4）。

11HFLM2：10，口径 7.5、腹径 10.7、底径 7.4、高 6.8 厘米（图二七，8；彩版一〇，5）。

Ⅱ式　2 件，其中 1 件口沿残。上腹鼓，下腹斜直。

11HFLM2：8，口径 10.3、腹径 13.9、底径 6.8、高 8.7 厘米（图二七，9；彩版一一，1）。

四系罐　8 件。灰白胎硬陶。肩腹间附四半环耳。汉墓出土陶四系罐，依形状不同，分两型。本期只有 A 型。

A 型　8 件。器身扁圆。依腹部形制，共分五式，本期见三式。

Ⅰ式　1 件（10HTQM2：2），汽齿厂 M2 出土。圆鼓腹，最大腹径居中。盖面微隆，中央有凹形立纽。盖外圈饰一组弦纹，间以斜行篦点纹。器敛口，斜平唇，溜肩，平底略内凹。器身饰方格纹，耳际饰一周弦纹。口径 8.2、腹径 19.1、底径 12、通高 16.3 厘米（图二八，1；彩版六，4）。

Ⅱ式　6 件，其中汽齿厂 M6b 出土 4 件，形制相近，余 2 件出自汽齿厂 M9 和二炮厂 M12。圆鼓腹下坠，最大腹径偏下。敛口，斜平唇，溜肩，平底略内凹。器身饰方格纹。

10HTQM6b：4，盖面隆起，中央有半环纽。肩部较斜。下腹方格纹外边线拍印较深，形成平行的短斜线。口径 7.6、腹径 17.4、底径 13、通高 15.6 厘米（图二八，2；彩版三〇，1）。

10HTQM6b：11，盖面微隆，中央为凹形立纽。盖外圈饰一组细弦纹。器身耳际和腹部各饰一周弦纹，腹中部有钱形戳印。口径 8.4、腹径 18.6、底径 13.7、通高 15.5 厘米（图二八，3；彩版三〇，2）。

10HTQM9：18，形体略大。器身有方形戳印，肩、下腹有短竖线刻划纹。口径 10.1、腹径 21.7、底径 16.1、高 16.1 厘米（图二八，4；彩版三二，2）。

11HFPM12：26，器身多处流釉。肩部较鼓。耳际和腹部各饰一周弦纹，下腹近底处饰一组不连贯的弦纹。口径 7.4、腹径 18.7、底径 14.8、高 13.7 厘米（图二八，5；彩版二二，2）。

Ⅲ式　1 件（11HFPM30a：扰 8），二炮厂 M30a 出土。扁圆腹。盖面圆隆，中央有凹形立纽。盖面外圈饰一组弦纹。器敛口，斜平唇，溜肩，平底略内凹。耳际和腹部各饰一周弦纹。口径 10、腹径 20.2、底径 13.7、通高 17.3 厘米（图二八，6；彩版三六，3）。

樽　4 件，汽齿厂 M9 出土。灰白胎硬陶，外有灰褐色陶衣。其中 3 件带盖，盖面圆隆，中央有凹形立纽。盖外圈饰弦纹，间以斜行篦点纹。器子母口，直腹，平底，三蹄足，足横截面呈半

图二八 西汉晚期墓出土 A 型陶四系罐

1. Ⅰ式（10HTQM2∶2） 2～5. Ⅱ式（10HTQM6b∶4、10HTQM6b∶11、10HTQM9∶18、11HFPM12∶26） 6. Ⅲ式（11HFPM30a∶扰8）

圆形。器身饰两组弦纹。汉墓出土陶樽，依器身形制，可分两型。

A 型 3件，形制相近。器身高大。上腹略收束，两侧有铺首。

10HTQM9∶13，带盖。器身较直。口径20.1、底径21.1、通高31.9厘米（图二九，1；彩版三二，3）。

10HTQM9∶25，带盖。器身下部略鼓。口径20.7、底径21.2、通高29.7厘米（图二九，2；彩版三二，4）。

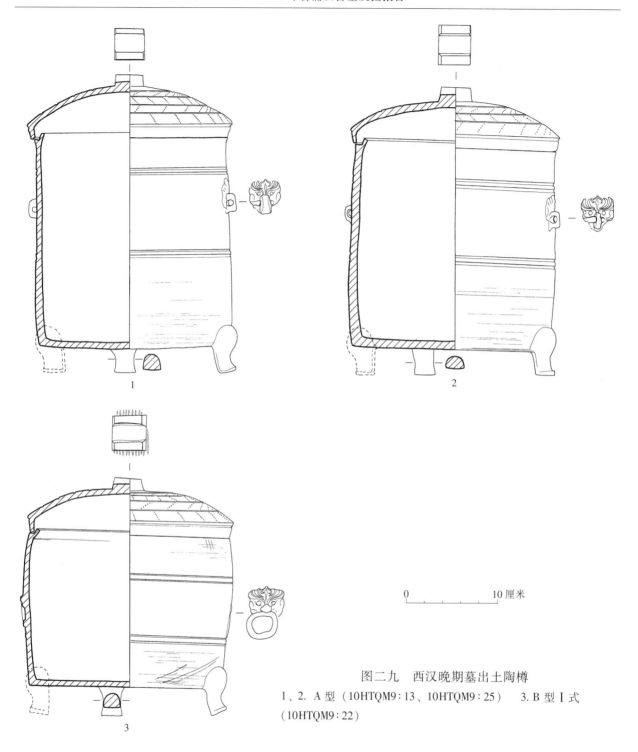

图二九　西汉晚期墓出土陶樽
1、2. A 型（10HTQM9：13、10HTQM9：25）　3. B 型 I 式
（10HTQM9：22）

　　B 型　1 件，属 I 式。器身较矮。腹部铺首有衔环。三足外撇。汉墓出土 B 型樽，依器身形制可分两式。本期仅见 I 式。

　　I 式　1 件（10HTQM9：22）。带盖。微弧腹，腹上部略鼓。口径 19.9、底径 21、通高 25.4厘米（图二九，3；彩版三三，1）。

　　提筒　7 件。硬陶，多为灰白胎。子母口，圆筒形。其中汽齿厂 M11 出土 1 件仅存器盖，余依器形大小，分两型。

A 型　1 件（10HTQM9：24），汽齿厂 M9 出土。灰白胎。器形高大。直腹，圈足。盖面圆隆，中央有凹形立纽。盖外圈饰两组弦纹，间以斜行箆点纹。器身上腹附成对的半环耳，圈足与耳相对处有穿孔。耳际饰两组弦纹。口径 23.7、底径 24、通高 44.3 厘米（图三〇，1；彩版三三，2）。

B 型　5 件。器形较小。平底。上腹有两对称半环耳，除汽齿厂 M3 出土 1 件外，余耳下近底处均压出半圆形凹穴，以扣绳带之用。汉墓出土 B 型陶提筒，依腹部形制，可分五式。本期见两式。

Ⅰ式　3 件，其中汽齿厂 M3 出土 1 件，汽齿厂 M11 出土 2 件，均为微弧腹。

10HTQM3：7＋12，灰白胎。盖面隆起，顶部较平，盖面纹饰同 A 型。器身耳际和腹部各饰一组弦纹。口径 15.5、底径 17、通高 24.8 厘米（图三〇，2；彩版一三，2）。

10HTQM11：22，淡红胎，外有灰色陶衣。盖面圆隆，中央有凹形立纽。盖外圈饰两组弦纹。器身上腹略收束。耳际和腹部各饰两组弦纹，口径 17.8、底径 19.2、通高 24.8 厘米（图三〇，3；彩版三六，4）。

Ⅱ式　2 件，汽齿厂 M11 出土。腹部略斜直，上部微收束。

10HTQM11：21，灰白胎。无盖，上腹有铺首衔环。耳际和腹部各饰两组弦纹，下腹近底处有斜线刻划纹。口径 19.4、底径 20.1、高 22.2 厘米（图三〇，4）。

10HTQM11：23，灰白胎。带盖，盖面圆隆，中央有凹形立纽。盖外圈饰两组弦纹。盖面有两处刻划文字，其中一处为"羡"，另一处无法辨识。器身耳际和腹部各饰两组弦纹，底部有不规则刻划纹。口径 15.4、底径 17.5、通高 23.4 厘米（图三〇，5；彩版三六，5）。

灯　1 件，汽齿厂 M2 出土。汉墓出土陶灯均为豆形，由灯盘、柱和座足三部分组成。依座足形制，分三型，本期属 A 型。

A 型　1 件（10HTQM2：13）。红胎，烧制温度低。饼形座足，座足径略大于灯盘径。灯盘较浅，上部直，下部折收接圆柱形把。灯盘径 12、座足径 13.2、高 12.8 厘米（图三一，1；彩版七，1）。

耳杯　1 件，汽齿厂 M11 出土。硬陶。汉墓出土陶耳杯，依器身形制，分两式。本期属Ⅰ式。

Ⅰ式　1 件（10HTQM11：6）。土黄胎。敞口，翘耳，耳与口沿之间有凸棱间隔，假圈足平底。器内及耳部髹朱漆。长 12.2、通耳宽 10.6、高 3.8 厘米（图三一，2；彩版三七，2）。

盆　1 件。灰白胎硬陶。汉墓出土盆，依腹部形制，分两型。本期属 A 型。

A 型　1 件（11HFPM20：13），二炮厂 M20 出土。深弧腹。敞口，圆唇，平底略内凹。腹部饰一组弦纹。口径 31、腹径 31.4、底径 18.5、高 13.2 厘米（图三一，3；彩版三七，1）。

碗　3 件。依底部形制，分两型。

A 型　2 件，汽齿厂 M6a 和 M11 各出土 1 件。灰白胎硬陶。圈足外撇。敞口，上腹斜直，下腹折收。

10HTQM6a：26，斜平唇，圈足分两节。口沿外和腹部各饰一组弦纹。口径 12、足径 7.4、高 7 厘米（图三二，1；彩版二六，3）。

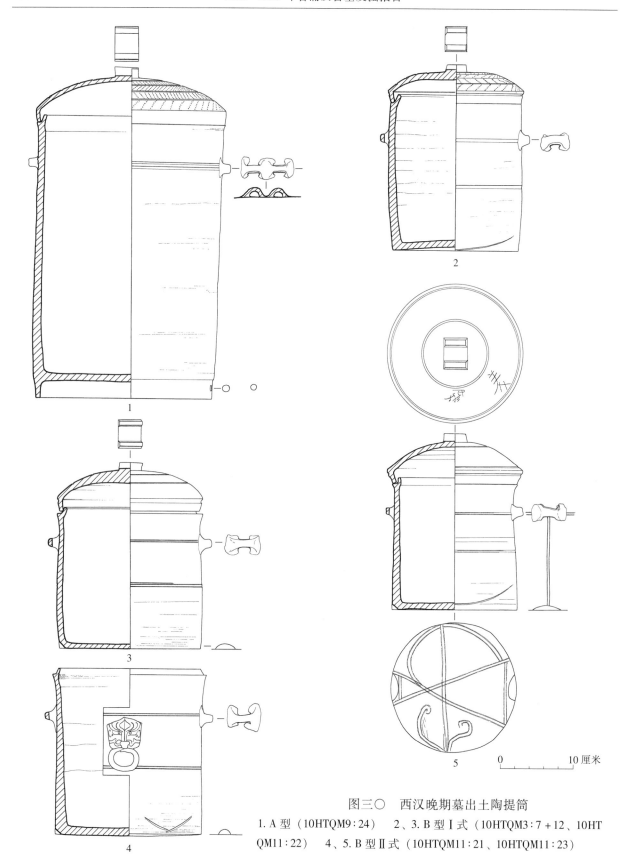

图三〇　西汉晚期墓出土陶提筒
1. A 型（10HTQM9：24）　　　2、3. B 型 I 式（10HTQM3：7 + 12、10HT
QM11：22）　　　4、5. B 型 II 式（10HTQM11：21、10HTQM11：23）

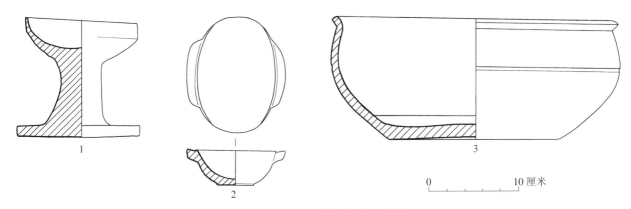

图三一　西汉晚期墓出土陶器
1. A 型灯（10HTQM2∶13）　2. I 式耳杯（10HTQM11∶6）　3. A 型盆（11HFPM20∶13）

10HTQM11∶4，圆唇，圈足较矮，不分节。口径 11.5、足径 6、高 6.1 厘米（图三二，2；彩版三七，3）。

B 型　1 件，二炮厂 M30a 出土。灰胎。假圈足。汉墓出土 B 型碗，依腹部形制，可分三式。本期见 I 式。

I 式　1 件（11HFPM30a∶扰 15）。深腹，上腹斜直，下腹弧收。敞口，平唇，沿外旋刮一周。腹部饰一组弦纹。口径 16、足径 8.4、高 8.8 厘米（图三二，3；彩版三七，4）。

釜　15 件。灰白胎硬陶。其中汽齿厂 M7 和 M11 出土 2 件残，形制不明。余依底部形制，分两型。

A 型　1 件（11HFPM20∶扰 3），二炮厂 M20 出土。圜底。敞口，圆唇，束颈，溜肩，扁圆腹。口径 6.6、腹径 9.4、高 6.2 厘米（图三二，4；彩版三七，5）。

B 型　12 件。平底。敞口，束颈，溜肩。汉墓出土 B 型陶釜依腹部形制，分四式。本期见三式。

I 式　1 件（11HFPM20∶扰 8），二炮厂 M20 出土。扁鼓腹，最大腹径居中。圆唇，平底略内凹。口径 7.9、腹径 11、底径 6.8、高 7.6 厘米（图三二，5；彩版三七，6）。

II 式　10 件，其中二炮厂 M4 出土 3 件，形制大小相近，二炮厂 M12、汽齿厂 M6a、汽齿厂 M11 各出土 2 件，余 1 件出自汽齿厂 M7。均为扁腹，下坠。

10HFPM4∶34，圆唇，平底略内凹。下腹旋刮一周凹槽。口径 5.8、腹径 7.8、底径 4.1、高 4.6 厘米（图三二，6；彩版一六，5）。

11HFPM12∶18，器形较大。圆唇，腹部较扁，下坠明显，平底略内凹。口径 7.7、腹径 11、底径 5.3、高 7.1 厘米（图三二，7；彩版二二，3）。

10HTQM6a∶22，器形较大。圆唇，腹部略圆，平底略内凹。口径 7.7、腹径 10.5、底径 5.6、高 7.3 厘米（图三二，8；彩版二六，4）。

10HTQM11∶3，外有灰褐色陶衣。腹部较扁，平底略内凹。口径 6.2、腹径 7.3、底径 4.5、高 3.9 厘米（图三二，9；彩版三七，7）。

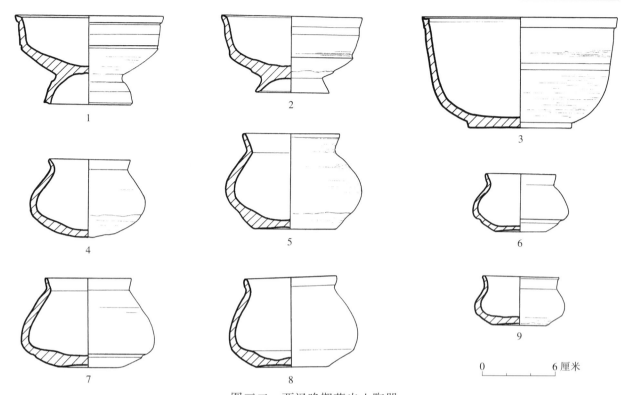

图三二　西汉晚期墓出土陶器

1、2. A 型碗（10HTQM6a：26、10HTQM11：4）　　3. B 型 I 式碗（11HFPM30a：扰 15）　　4. A 型釜（11HFPM20：扰 3）
5. B 型 I 式釜（11HFPM20：扰 8）　　6~9. B 型 II 式釜（10HFPM4：34、11HFPM12：18、10HTQM6a：22、10HTQM11：3）

10HTQM7：扰 1，斜平唇，平底略内凹。肩、腹部各饰一组弦纹，底部刻划一道弧线。口径
6.7、腹径 8.7、底径 4.9、高 6.7 厘米（图三三，1；彩版三七，8）。

Ⅲ式　1 件（10HTQM9：20），汽齿厂 M9 出土。扁折腹，腹部下坠。圆唇。口径 6.8、腹径
8.6、底径 4.5、高 6.4 厘米（图三三，2；彩版三三，3）。

盂　5 件。灰白胎硬陶。敞口，沿外翻，束颈，溜肩，平底。其中汽齿厂 M11 出土 1 件残，
形制不明。汉墓出土盂依形状不同，可分三型。本期见 A、B 型。

A 型　3 件，其中汽齿厂 M11 出土 1 件，二炮厂 M20 出土 2 件。均为扁鼓腹，下坠。

10HTQM11：25，平唇，平底略内凹。口沿外旋刮一周凹槽，肩、腹部各饰一组弦纹。口径
8.7、腹径 12.4、底径 9、高 8.3 厘米（图三三，3；彩版三八，1）。

11HFPM20：扰 1，下腹一处流釉。圆唇，平底略内凹。口径 6.5、腹径 9.4、底径 7.2、高 5.8
厘米（图三三，4；彩版三八，2）。

11HFPM20：扰 2，圆唇，腹部略圆。口径 7.1、腹径 11、底径 6.8、高 6.9 厘米（图三三，5；
彩版三八，3）。

B 型　1 件（11HFPM30a：扰 4），二炮厂 M30a 出土。扁折腹。口沿较高。口径 11.3、腹径
13.5、底径 10.2、高 8.6 厘米（图三三，6；彩版三八，4）。

熏炉　1 件（11HFPM30a：扰 18），二炮厂 M30a 出土。灰白胎硬陶，见褐色陶衣。仅存盖面

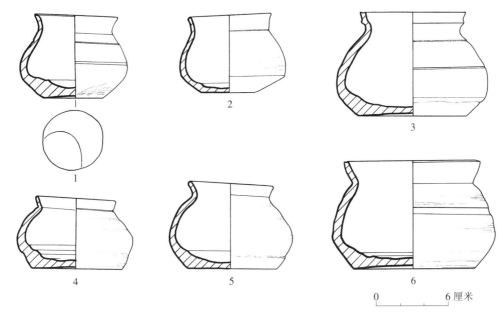

0　　　　　　6厘米

图三三　西汉晚期墓出土陶器
1. B型Ⅱ式釜（10HTQM7：扰1）　2. B型Ⅲ式釜（10HTQM9：20）　3～5. A型盂
（10HTQM11：25、11HFPM20：扰1、11HFPM20：扰2）　6. B型盂（11HFPM30a：扰4）

和承盘部分残片。盖顶有乳丁纽。承盘敞口。

案　1件（10HTQM8：扰9），汽齿厂M8出土。残存3块，形制不明。红色软陶。长方形，案沿外折。厚1.2厘米。

井　7件。硬陶，但烧制温度较低。其中汽齿厂M11出土1件仅存井栏，余依地台形制，分三型。

A型　2件。方形地台。依井栏形制，分两式。

Ⅰ式　1件（11HFPM12：36），二炮厂M12出土。红胎，外有灰黑色陶衣。方形井栏。井亭盖为伞形，盖面分四坡。栏壁斜直，上大下小。井栏上平置"井"字形架。地台上有四长方形柱础，柱础上有圆孔。井盖直径16.4、井口边长11.4、井台边长22.5、通高18.4厘米（图三四，1；彩版二二，4）。

Ⅱ式　1件（10HTQM4：扰1），汽齿厂M4出土。淡红胎。圆形井栏。井栏敞口，宽平唇，栏壁为弧形，中部鼓。栏中部饰两周弦纹，下部饰短竖线纹。井口径15、井台长24.4、宽20.8、通高13.3厘米（图三四，2；彩版三八，5）。

B型　3件。圆形地台。汉墓出土B型井，依井栏形制，共分八式。本期见三式。

Ⅰ式　1件（11HDM1：9），电厂M1出土。深灰胎。井栏较矮，口部大，上部略收束，下部直，中间附加一周锯齿状棱。井栏敞口，沿外折。井口径14.2、地台径24、高10.1厘米（图三四，4；彩版九，3）。

Ⅱ式　1件（10HTQM3：10），汽齿厂M3出土。井栏为红胎，井亭盖为灰胎，烧制温度较高。井栏上部圆鼓，下部弧收。四阿式井亭盖，饰瓦垄，正中有短脊，四垂脊斜出，四坡瓦垄相间。

图三四　西汉晚期墓出土陶井

1. A 型 I 式（11HFPM12：36）　2. A 型 II 式（10HTQM4：扰 1）　3. B 型 III 式（10HTQM6a：31）　4. B 型 I 式
（11HDM1：9）　5. B 型 II 式（10HTQM3：10）　6. C 型（10HTQM2：5）

井栏敞口，斜平唇。地台上有四长方形柱础，柱础宽大，上有圆孔。地台上刻划菱形纹。井栏中部旋刮两周凸棱，棱上饰短斜线纹。井亭盖长 24、宽 21.6、井口径 12.6、地台径 25.7、通高 19.6厘米（图三四，5；彩版一三，3）。

　　III 式　1 件（10HTQM6a：31），汽齿厂 M6a 出土。灰白胎。井栏上部斜直，下部斜收。井栏敞口，卷沿。沿上有一周弦纹。中间旋刮一周宽带纹，下部有一道弧形刻划纹。地台较窄，上有四方形柱础。井口径 12.6、栏径 17.2、地台径 19、高 14.6 厘米（图三四，3；彩版二六，2）。

C 型　1 件（10HTQM2：5），汽齿厂 M2 出土。无地台。直口，平唇。井栏呈圆柱形，中空，外围有一圈护栏高起，底平。井口径 11.7、井底径 15.7、高 9.6 厘米（图三四，6；彩版七，2）。

仓　6 件。平面作长方形。依顶部形制，分两型。

A 型　1 件（11HDM1：1），电厂 M1 出土。深灰胎，烧制温度低。悬山卷棚顶。盖顶拱背，两坡素面。仓体正面开一长方形门，门槛较高，门两侧各有一带横穿孔的扁圆突，应为加栓之用；前有走廊底板，两侧山墙顶部呈弧形，仓底附四柱足。面阔 19.8、进深 18、通高 18.4 厘米（图三五，1；彩版九，4、5）。

B 型　5 件。悬山顶。山墙顶部多有半圆形凹窝，原为烧制时为防止仓顶坯泥湿软、脊顶变形，在山墙顶端架一根圆木条以作支承，烧成后木条燃尽，脊内留有印痕，山墙顶端被压出凹窝。依顶与仓体能否分开，分两亚型。本期见 Ba 型。

Ba 型　5 件。硬陶，烧制温度多较低。顶和仓体可分开。本期均属此型。汉墓出土 Ba 型仓，依有无横廊和横廊形制，分四式，本期见两式。

Ⅰ式　1 件（10HTQM2：7），汽齿厂 M2 出土。土黄胎。无横廊，无柱足。盖顶有脊，两坡素面。仓体正面开一长方形门，有门槛。面阔 23.4、进深 15、通高 16.4 厘米（图三五，2）。

Ⅱ式　4 件，二炮厂 M4、M20，汽齿厂 M6a 和 M11 各出土 1 件，其中汽齿厂 M11 出土 1 件，仓顶缺失，仓体形制同二炮厂 M20 和汽齿厂 M6a 出土仓相近，应亦属此式。前均有走廊底板，仓底有四柱足。

10HFPM4：1，灰白胎，烧制温度高。盖顶有粗脊，两坡瓦垄排列整齐。仓体中间有隔墙，分为大小相同的两室。两室均居中开长方形门，门槛较高，右室有门扇。四面墙体刻划横直线条，表示梁架结构；两侧山墙和后墙还加划斜线以示支撑加固。面阔 26.5、进深 16.6、通高 24.8 厘米（图三五，3；彩版一六，6）。

10HTQM6a：30，灰胎。盖顶有粗脊，前后坡面筒板瓦垄相间。仓体正面居中辟门，有门扇，门槛较高。门两侧各有一带横穿孔的扁圆突，应为加栓之用。墙体斜直。四面墙体刻划横直线条，表示梁架结构。面阔 28.6、进深 19.8、通高 28 厘米（图三五，4；彩版二六，5）。

灶　10 件。烧造温度低，多属软陶。灶面均呈长方形，三灶眼。汉墓出土陶灶依灶面形制，分为六型。本期见三型。

A 型　1 件（11HDM1：8），电厂 M1 出土。灰胎软陶。灶面较宽，无额墙，无地台。柱状烟突，中空。灶门拱形，有门槛。灶面开三灶眼，中置釜甑，后置一釜。前釜敞口，圆唇，扁腹，小平底；甑敞口，平唇，釜斜直，平底，底部有圆孔；后釜敞口，圆唇，束颈，圆腹，圜底。通长 23.8、通宽 13.7、通高 12.4 厘米（图三六，1；彩版九，6）。

B 型　7 件，汽齿厂 M2、M4、M6b、M9、M11 和二炮厂 M12、M20 各出土 1 件，其中 3 件残，形制不明。灶面窄长，平面呈长方形，额墙较高。本期 B 型灶均带三灶眼，无地台，龙首形烟突。

10HTQM2：6，灰白胎软陶。灶门拱形。灶眼各置一釜，前釜上置一甑。釜敞口，圆唇，束颈，

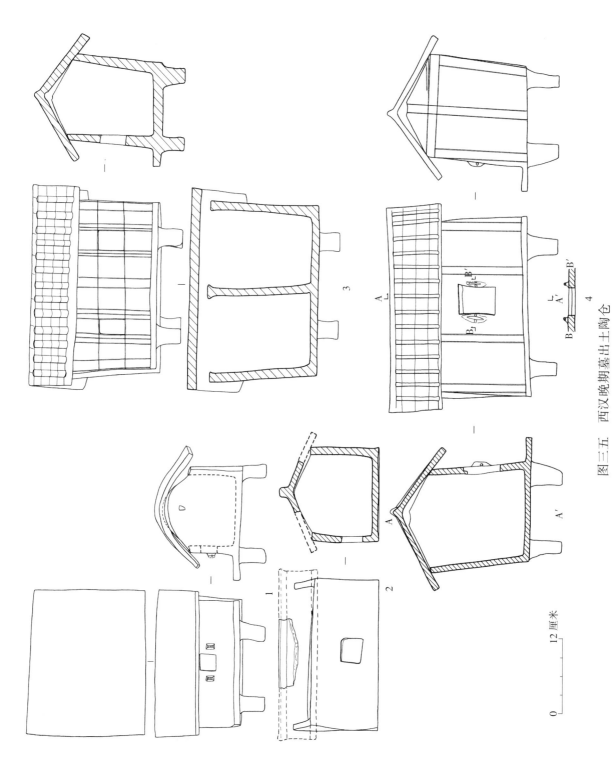

图三五　西汉晚期墓出土陶仓

1. A 型（11HDM1:1）　2.Ba 型 I 式（10HTQM2:7）　3、4. Ba 型 II 式仓（10HFPM4:1、10HTQM6a:30）

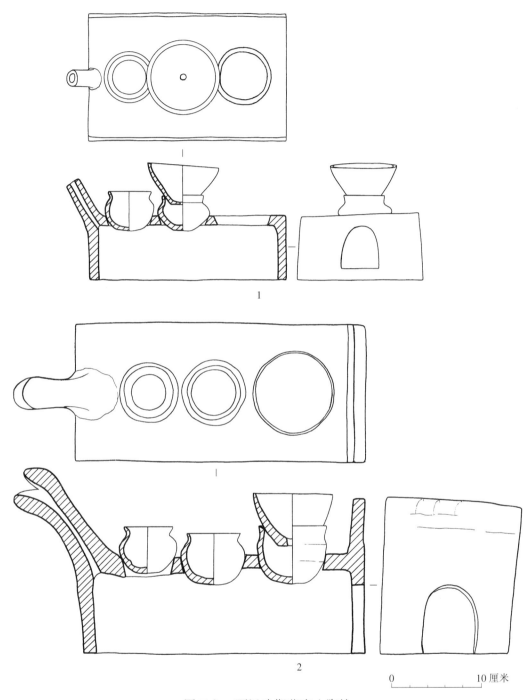

图三六　西汉晚期墓出土陶灶
1. A 型（11HDM1∶8）　　2. B 型（10HTQM2∶6）

圆腹，圈底；甑敞口，平唇，斜直腹，平底，底镂小圆孔。通长38.3、通宽14.7、通高19.8厘米
（图三六，2；彩版七，3）。

　　10HTQM9∶14，青灰胎软陶。灶门拱形。灶眼前、中各置一釜，釜敞口，圆唇，束颈，前釜扁
腹下坠，后釜扁腹，平底。通长37、通宽15、通高20.7厘米（图三七，1；彩版三三，5）。

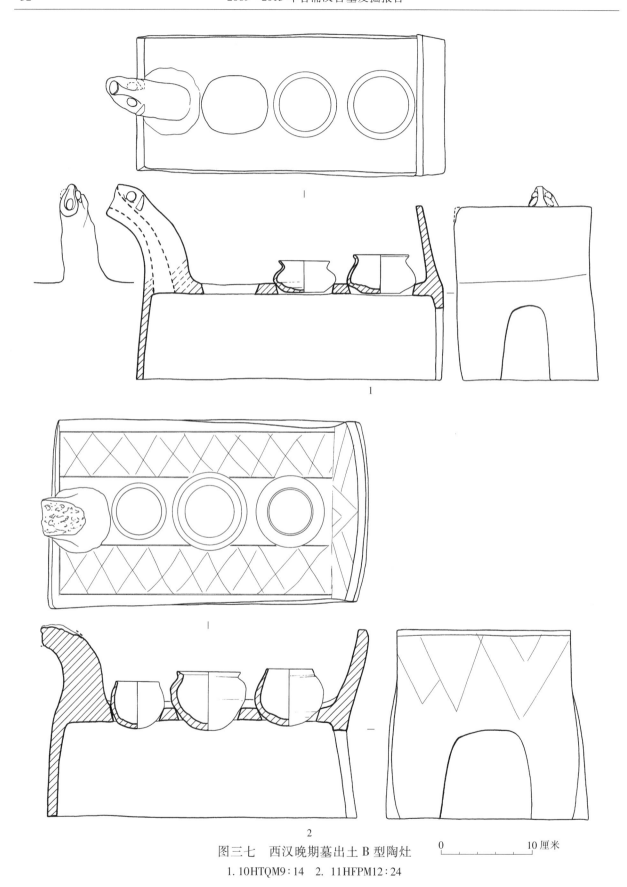

图三七　西汉晚期墓出土 B 型陶灶

1. 10HTQM9：14　2. 11HFPM12：24

11HFPM12：24，红胎软陶。灶门略呈梯形。灶面较宽，饰菱形纹。灶眼各置一釜，前、后两釜敛口，圆唇，圆腹，圜底；中间釜敞口，圆唇，上腹鼓，下腹弧收成圜底。烟突粗大。额墙刻划倒三角纹。通长35.9、通宽19、通高20.3厘米（图三七，2；彩版二二，5）。

C 型 2件，汽齿厂M3和二炮厂M4各出土1件。灶面平，两侧折角削平成斜面，额墙低，其中1件有地台。

10HTQM3：8，灰白胎，烧制温度略高。灶门长方形，有地台。灶眼前置一釜，中置釜甑。前釜敛口，平唇，溜肩，扁腹下坠，小平底；中釜盘口，束颈，溜肩，扁腹，大平底；甑敞口，平唇，深弧腹，平底略内凹，底部镂圆孔。烟突较写实，下端饰叶脉纹。灶面两侧各刻划一组直线，填菱形纹和曲线纹。通长42.8、通宽15.2、通高22厘米（图三八，1；彩版一三，4）。

10HFPM4：17，灰白胎硬陶。灶门拱形，有门槛。灶眼各置一釜，前釜上置一甑。前釜盘口，束颈，溜肩，扁折腹，平底；甑底镂小圆孔，上部残缺；中釜盘口，束颈，溜肩，扁圆腹，平底；后釜直口，圆唇，溜肩，扁圆腹，平底。烟突短小。通长28.8、通宽11.6、残高13.8厘米（图三八，2；彩版一七，1）。

器盖 3件，其中汽齿厂M6b和M11出土2件残，余1件出自廉乳厂M2。汉墓出土器盖，依盖纽形制，分五型，各型依盖沿形制下分式。本期只有A型Ⅰ式。

A 型 Ⅰ 式 1件（11HFLM2：5）。红胎，烧制温度低。盖面隆起，顶有凹形立纽，盖沿下折。口径13.3、高4厘米。

瓦 2件，均为板瓦，残，出自汽齿厂M6b和二炮厂M30a填土。

10HTQM6b：扰4，淡红色。较厚。瓦面饰绳纹。厚1.4厘米。

11HFPM30a：扰26，灰白色。较薄。瓦面饰绳纹。厚3厘米。

二 铜器

99件。锈蚀呈淡绿色，多泛白，残损严重，部分无法拼复。除5件不辨器形外，其余有鼎、盒、壶、提梁壶、扁壶、三足小壶、镶壶、簋、盉、樽、三足盘、灯、熏炉、卮、耳杯、盆、带钩、刷把、印章、泡钉、杯、碗、镜、铜钱、釜及器足。

鼎 4件。锈蚀严重，泛白。依足部形制，分两型。

A 型 1件（10HTQM9：9），汽齿厂M9出土。三矮蹄足，略外撇。盖面隆起，盖顶平圆，中央有圆纽扣环。子口敛，肩部有一周凸棱，凸棱处折出附耳，附耳上环下方，深弧腹下坠，圜底。口径13.8、腹径16.6、通高约16.7厘米（图三九，3）。

B 型 3件。三足瘦长，外撇明显。依底部形制，分两式。

Ⅰ 式 1件（10HTQM6b：9），汽齿厂M6b出土。形体较大。圜底。盖残，盖顶平圆，中央有圆纽扣环，柿蒂纹纽座。子口内敛，扁圆腹，上腹有一周凸棱，棱处折出长方形附耳，附耳窄高，中间镂空。口径约22.6、腹径25.6、通高25厘米（图三九，1）。

Ⅱ 式 2件，汽齿厂M6a和M7各出土1件。形体较小。平底。

10HTQM6a：28，残存腹部和三足。上腹有一周凸棱，附耳残存下部，为方形。足高7、腹径

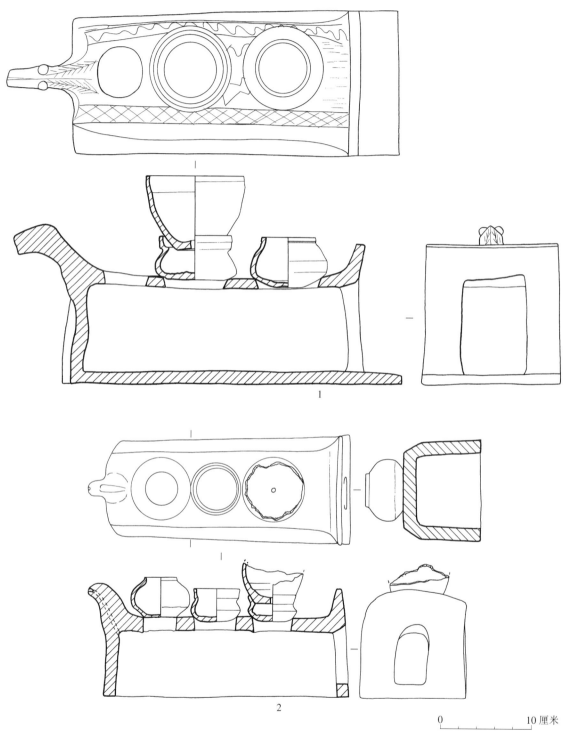

图三八　西汉晚期墓出土 C 型陶灶

1. 10HTQM3∶8　2. 10HFPM4∶17

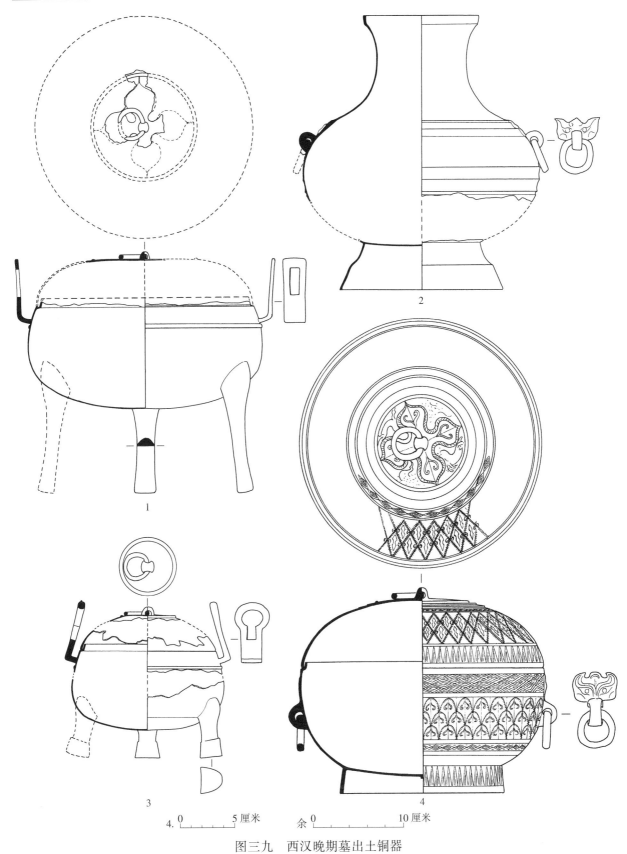

图三九 西汉晚期墓出土铜器

1. B 型 I 式鼎（10HTQM6b：9） 2. A 型壶（10HTQM6a：20） 3. A 型鼎（10HTQM9：9） 4. 盒（10HTQM6a：1）

约 11.8 厘米。

10HTQM7：扰 5，残存底部和两足。足高 6.3 厘米。

盒　1 件（10HTQM6a：1），汽齿厂 M6a 出土。锈蚀呈淡绿色，局部呈蓝色。盖面圆隆，顶部平圆，中央有圆纽衔环，柿蒂纹纽座，蒂间有四兽。盖上纽座外有一周凸棱，棱外旋刮两周宽带纹；外圈錾刻三组弦纹，间以复线菱格纹、锦纹和三角纹。子口内敛，深弧腹，圈足外撇，腹中部有一对铺首衔环。腹部饰三组弦纹，间以菱格纹、羽纹和菱格纹，圈足饰三角纹。底有条状铸缝。口径 21.6、足径 15、通高 18.5 厘米（图三九，4；彩版二七，1）。

壶　4 件。其中汽齿厂 M6b 和 M9 出土 2 件仅存底部圈足，余 2 件出自汽齿厂 M6a，形制相同。汉墓出土铜壶依大小，可分两型。本期均属 A 型，形体大。

10HTQM6a：20，盘口，束颈，扁圆腹，圈足外撇，分两节。肩部有两铺首衔环，肩、腹部各饰一组宽带纹。口径 13、腹径 26、足径 17.8、高约 29 厘米（图三九，2）。

提梁壶　2 件。依带盖与否，分两型。

A 型　1 件（10HTQM9：10），汽齿厂 M9 出土。锈蚀泛白。带盖。盖面外围平缓，中部突起，平圆，中央有圆纽。束颈，圈足外撇明显，肩部两边各有一铺首衔环，环套链锁并穿过盖侧圆环，上为璜形提梁，两端呈龙首衔环。肩部有宽带纹，圈足下有较高的范缝。口径 8.9、腹径约 15.4、足径约 12.3、通高约 24.5 厘米（图四〇，1）。

B 型　1 件（11HFPM20：4），二炮厂 M20 出土。锈蚀呈绿色。无盖。敞口，平唇，束颈，溜肩，鼓腹，圈足分两节。肩部有两铺首衔环，环套链锁，上为璜形提梁，两端呈龙首衔环。肩、腹部各饰一组宽带纹。圈足下有较长的范缝。口径 11、腹径 21.1、足径 15、高 25.9 厘米（图四〇，2；彩版三九，1）。

扁壶　1 件（10HTQM6b：1），汽齿厂 M6b 出土。表面呈酱色，内锈蚀呈绿白色。圆口，束颈，扁身，方圈足较直，下部残。颈部立一环纽。腹部饰突起的"♥"形纹。口径 3、最大腹径 8.2、圈足长 5、宽 2、残高 8.2 厘米（图四〇，3；彩版三〇，3）。

三足小壶　1 件（10HFPM4：36），二炮厂 M4 出土。盖面平，中央有纽扣圆环。敛口合盖，直短颈，扁圆腹，圜底，下附三蹄足，横截面呈半圆形。肩部有两纵向半环纽，内扣圆环。肩腹间饰一周宽带纹。口径 5.6、腹径 10.4、通高 9 厘米（图四〇，4；彩版一七，2）。

镳壶　4 件，汽齿厂 M6b、M7、M9 和二炮厂 M12 各出土 1 件。其中 3 件残，形制不明。

10HTQM7：扰 3，残存底部和把。圜底，三足斜直外撇，横截面呈三角形。把横截面呈椭圆形，内残存木柄。足高 6、把宽 1.8 厘米。

10HTQM6b：12，残存一截把，横截面呈三角形，内残存木柄。最宽 2.3 厘米。

10HTQM9：8，上部口沿残缺，束颈，扁圆腹，腹部有一周凸棱，平底，底部略突起，三足斜直，截面呈半圆形。腹径 13、底径 8.8、残高 12.9 厘米。

汉墓出土铜镳壶依带盖与否，分两型。

A 型　1 件，二炮厂 M12 出土。无盖。依足部形制，下分两式。本期属 I 式。

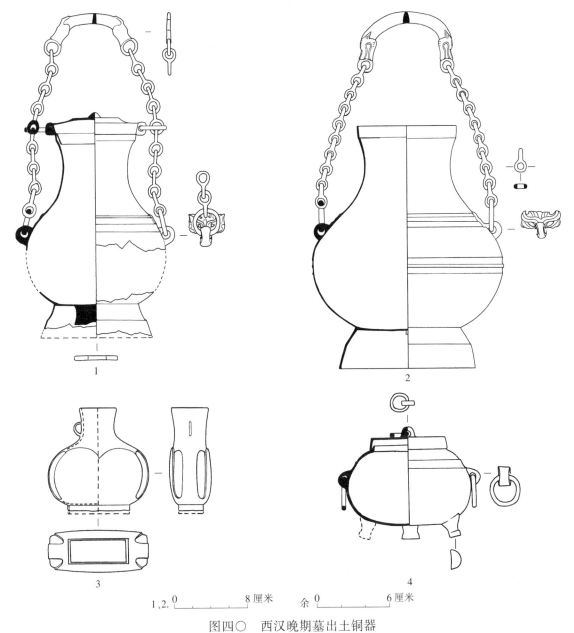

图四〇　西汉晚期墓出土铜器

1. A 型提梁壶（10HTQM9∶10）　2. B 型提梁壶（11HFPM20∶4）　3. 扁壶（10HTQM6b∶1）　4. 三足小
壶（10HFPM4∶36）

　　I式　1件（11HFPM12∶34）。斜足直，截面呈半圆形。敞口，束颈，扁圆腹，平底，底部略
突起。腹部有一周凸棱，棱间出把，把直，中空，向上翘，横截面呈多边形。器身有多处修补痕
迹，以把为中心及相对的一侧有纵向范缝。腹径11.7、残高15.8厘米（图四一，1；彩版二三，
1、2）。

　　簋　1件（11HDM1∶11），电厂 M1 出土。残存圈足和腹部部分。圈足较矮直，饰一圈三角形
纹，腹部有一周凸棱，棱处附铺首衔环。足径12.9厘米。

　　盂　1件（10HFPM4∶18），二炮厂 M4 出土。直口，扁圆腹，圜底，下附三矮足，足外撇，截面呈半圆形。肩部有枢纽可与盖扣接。流作鸟头形，张口。腹部出长方形直銎，微向上斜，中空以安木柄，銎内尚存残木一段，前端上下有对称圆孔用于加钉固定木柄。底部有烟炱痕。肩、腹部各饰一周宽带纹，腹部宽带纹上有一周凸棱。腹部有修补痕迹。口径 7.1、腹径 13.4、高 10.2 厘米（图四一，3；彩版一七，3、4）。

樽 3 件，二炮厂 M4、汽齿厂 M9 和二炮厂 M30a 各出土 1 件。依口部形制，分两型。本期属 A 型。

A 型 3 件。子口合盖，口略敛，器身直，平底，三矮蹄足。器身饰宽带纹，上部宽带纹处有两铺首衔环。

10HTQM9：1，残碎，无法拼复。盖面残，沿下折。蹄足粗。器身上下各饰一组宽带纹。口径约 19.2、底径 21.6、通高约 20.4 厘米。

10HFPM4：45，残碎，可基本拼复。蹄足瘦小。器身上下各饰一周宽带纹。口径 17、底径 17.4、高 13.6 厘米。

11HFPM30a：2，较完整。盖变形，盖面微隆，顶部平圆，中央有圆纽扣环，盖沿下折，纽外饰一周宽带纹，纹上有一周凸棱，近沿处旋刮一周凹槽。器身斜直，蹄足瘦小。器身上下各饰一组宽带纹。口径 13.2、底径 14.4、通高 15.9 厘米（图四一，4；彩版三九，3）。

三足盘 2 件，汽齿厂 M6a 和二炮厂 M30a 各出土 1 件。形制相近。

10HTQM6a：41，残存底部和三足，足中空。底径约 16、残高 6 厘米。

11HFPM30a：3，广口，宽沿外折，浅腹，平底，三蹄足外撇，足为实心。盘中心为小柿蒂纹，外圈有一大柿蒂纹，纹间有二龙二凤；其外为三组弦纹，间以菱形纹、锦纹、三角纹；口沿处饰弦纹和菱形纹。盘底有一圈突匜，三足等布其上，内圈有三条凸棱，一头与足相交，另一头则交汇于盘底中心。口径 28、通高 7.1 厘米（图四一，2；彩版三九，5）。

灯 5 件。汉墓出土铜灯依形状，分两型。

A 型 3 件，其中汽齿厂 M6a 和 M9 出土 2 件，锈蚀严重，灯盘已残；二炮厂 M20 出土 1 件完整。均为豆形。圆形灯盘，直壁，盘内有支钉，实心竹节形柄，竹节一圈圆鼓凸出，喇叭形圈足。

11HFPM20：2，灯盘内熏成黑色。器形较高。灯盘径 13、足径 16.4、高 32.7 厘米（图四二，1；彩版三九，2）。

B 型 2 件，二炮厂 M12 和 M30a 各出土 1 件。均为行灯。依足部形制，分两式。本期仅 I 式。

I 式 三蹄足。浅圆盘，直壁，平底，内有支钉。

11HFPM12：35，灯把上端残损，蹄足矮，把弯出。灯盘径 9.7、残高 3.8 厘米（图四二，2）。

11HFPM30a：1，蹄足较高，龙首形把，龙首写实，口张。龙首上錾刻羽纹、菱形纹等。灯盘径 12.7、通高 13.3 厘米（图四二，3；彩版三九，4）。

熏炉 3 件，汽齿厂 M6a、M8 和 M9 各出土 1 件。形制相同。汉墓出土铜熏炉依有无承盘，分两型。本期出土 3 件属 A 型。

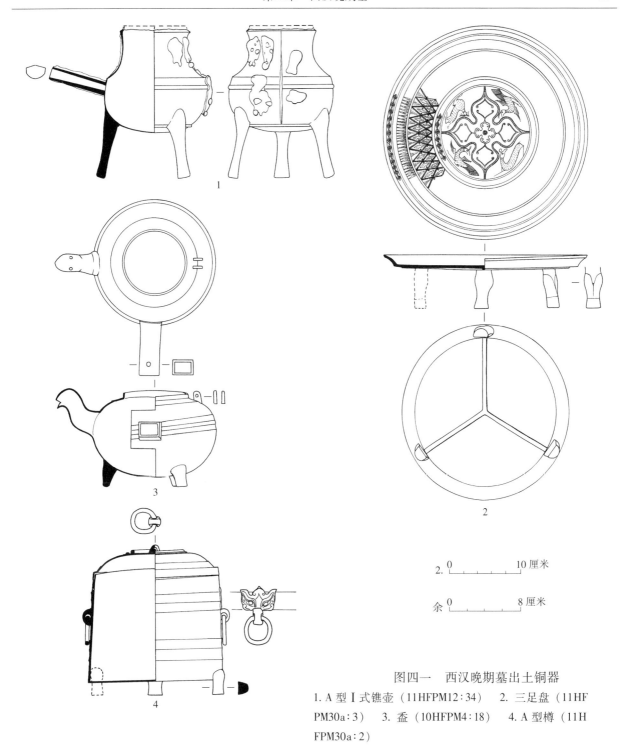

图四一　西汉晚期墓出土铜器

1. A 型 I 式鐎壶（11HFPM12∶34）　　2. 三足盘（11HF
PM30a∶3）　　3. 盉（10HFPM4∶18）　　4. A 型樽（11H
FPM30a∶2）

A 型　无承盘，由盖和炉身两部分组成。盖圆锥形，上饰突起的云纹。炉身敛口，深弧腹，腹部有一周凸棱。圆柱形把，较短，下接圆形座足，足沿下折。座足上有一周弦纹。

10HTQM6a∶44，残存盖和炉体下部。盖径 10.4、口径约 10、足径 8、残高约 18.6 厘米（图四二，4）。

10HTQM9∶3，残存炉身口沿、炉体下部及盖面部分。足底中心有柱承托，炉身一侧有圆环。

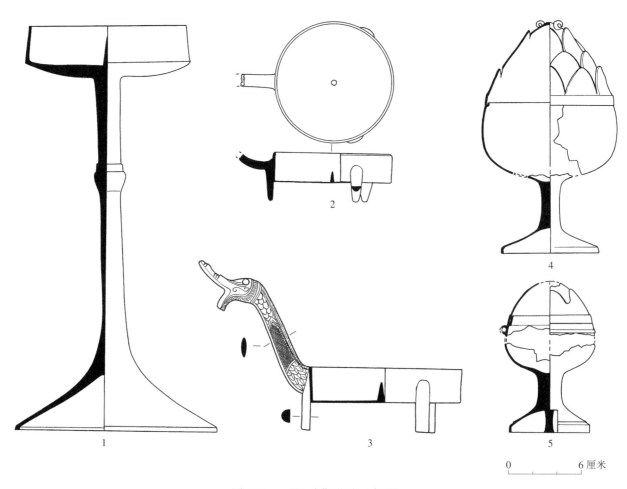

图四二　西汉晚期墓出土铜器

1. A 型灯（11HFPM20：2）　2、3. B 型Ⅰ式灯（11HFPM12：35、11HFPM30a：1）　4、5. A 型熏炉（10HTQM6a：44、
10HTQM9：3）

口径 6.2、足径 6.5、残高约 12.2 厘米（图四二，5）。

　　卮　3 件。小台足。依把形制，分两型。

　　A 型　1 件（11HFPM12：22），二炮厂 M12 出土。形体较小。环形把，把伸出一鋬。口沿残，浅弧腹。上腹饰两周凸弦纹，纹间出把。腹径 7.8、足径 4、残高 3.3 厘米（图四三，1；彩版二三，3）。

　　B 型　2 件，汽齿厂 M6a 出土。形制相同，均残。纵向半环形耳。器身上部收束，饰羽纹，下部弧收，饰菱格纹；腹部饰一周宽带纹，纹上有一周凸棱。

　　10HTQM6a：43，底径 7.3、残高 8.8 厘米（图四三，2）。

　　耳杯　13 件，汽齿厂 M6a 出土。形制相同，均有不同程度残损。敞口，翘耳，耳与口沿之间有凸棱间隔，假圈足，平底。器内及耳部髹朱漆。10HTQM6a：11，较大。长 16.9、通耳宽 12.6、高 4.7 厘米（图四三，3）；余大小相若，10HTQM6a：13，长 12.6、通耳宽 10.6、高 4.2 厘米（图四三，4）。

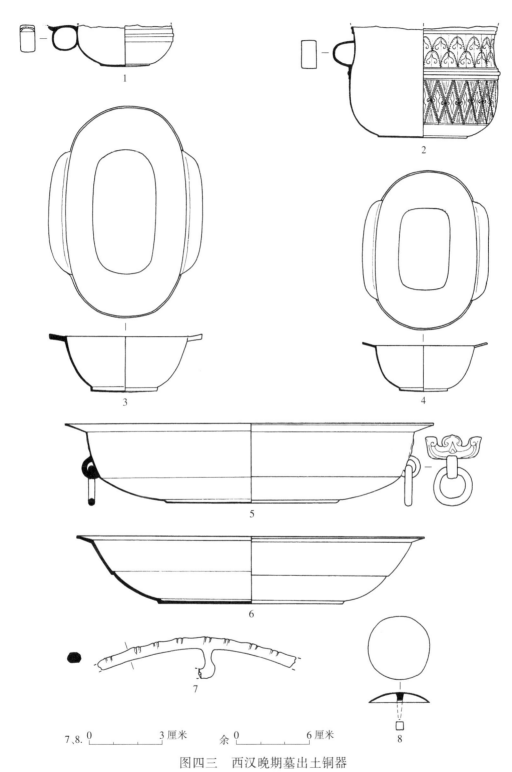

图四三　西汉晚期墓出土铜器

1. A 型卮（11HFPM12∶22）　　2. B 型卮（10HTQM6a∶43）　　3、4. 耳杯（10HTQM6a∶11、
10HTQM6a∶13）　5. A 型盆（11HFPM20∶3）　6. B 型盆（10HFPM4∶44）　7. 带钩（10HFPM4∶
27）　8. 泡钉（10HFPM4∶31）

盆 9 件。广口，折沿，宽唇，浅腹。汉墓出土铜盆，按腹部形制，可分三型。本期见两型。

A 型　7 件，其中汽齿厂 M9 和二炮厂 M20 各出土 1 件，二炮厂 M12 出土 2 件，汽齿厂 M6a 出土 3 件。其中 3 件腹部附铺首。上腹斜直，下腹内折，弧收。

11HFPM20：3，上腹附两铺首衔环，大平底。底部外圈有一周凸棱。口径 30、底径 13.4、高 6.4 厘米（图四三，5；彩版三九，6）。

10HTQM6a：9，残损。上腹附两铺首衔环，小平底凸起。口径 26.6、足径 12.2、高 5 厘米。

B 型　2 件，出自二炮厂 M4 和 M30a。腹部较 A 型略浅，上腹弧，下腹分折入，收成凸出的小平底。

10HFPM4：44，口沿及腹部变形。口径 28.3、底径 15、高 5.4 厘米（图四三，6；彩版一七，5）。

带钩 1 件（10HFPM4：27），二炮厂 M4 出土。钩首及钩扣残，形制不明，钩背隆起，呈竹节状。残长 8、钩身最大径 0.5 厘米（图四三，7；彩版一七，6）。

刷把 1 件（11HFPM12：4），二炮厂 M12 出土。残损，无法拼复。刷斗圆形，中空。柄圆柱形，实心，向外逐渐收分，尾端残。残长 6、把中宽 0.5 厘米。

印章 1 件（10HTQM11：10）。方形，印文"王恭私印"。边长 2 厘米（彩版五，2）。

泡钉 2 件，二炮厂 M4 出土。圆帽形，下有圆锥形钉。

10HFPM4：31，直径 2.5、残高 0.5 厘米（图四三，8）。

杯 2 件，二炮厂 M4 出土。残存底部。小台足。

10HFPM4：38，底径 4.2 厘米。

碗 6 件，其中汽齿厂 M6b、电厂 M1 和二炮厂 M20 出土 3 件，残碎严重，形制不明。汉墓出土铜碗，依底部形制，分两型。

A 型　3 件。平底。依腹部形制，分四式。本期见两式。

Ⅰ式　1 件（11HFPM20：5），二炮厂 M20 出土。深弧腹。敛口，尖唇，平底略内凹。上腹饰一组弦纹，间以菱格纹，每组大菱格内有小菱格，大菱格间饰羽状纹；下腹饰相对的龙纹，龙首间衔一鱼，下部龙身之间有竖菱格纹、卷云纹和羽状纹。口径 15、底径 6.4、高 9.4 厘米（图四四，1）。

Ⅱ式　2 件，二炮厂 M12 出土。形制相同。上腹收束，下腹弧收成小平底，底内凹。

11HFPM12：23，直口，平唇。口沿外饰一组细弦纹，腹部饰一周宽带纹，宽带中央有一周凸棱，底部饰同心圆圈纹。口径 11.1、底径 4.6、高 7.8 厘米（图四四，2；彩版二三，4）。

釜 2 件，汽齿厂 M9 和二炮厂 M12 各出土 1 件。形制相同。盘口，束颈，圆腹，圜底，腹部附两环耳，耳际饰一周凸棱。器身两侧有合铸范痕，经打磨平。

11HFPM12：30，口径 13.7、腹径 13.7、高 13.3 厘米（图四四，5；彩版二三，5）。

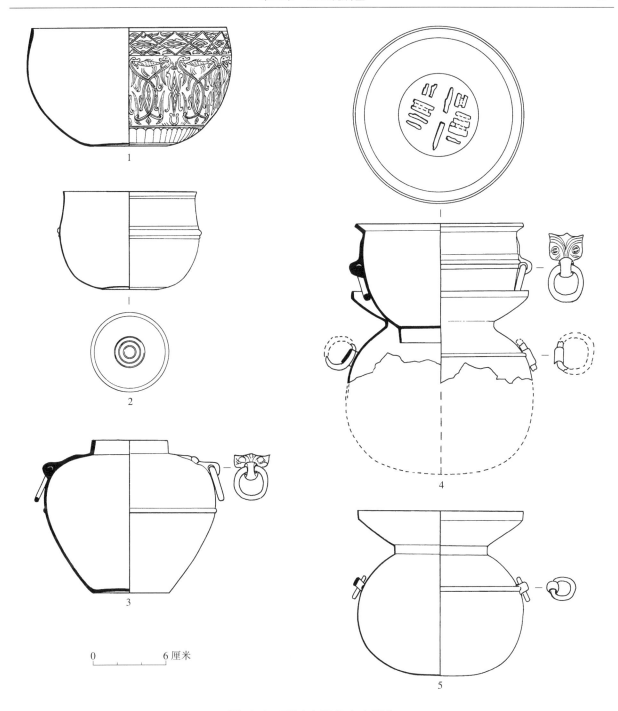

图四四　西汉晚期墓出土器物

1. A 型 I 式铜碗（11HFPM20∶5）　　2. A 型 II 式铜碗（11HFPM12∶23）　　3. 铅锡合金灶上铜釜（10HTQM6a∶32）

4. 铅锡合金灶上铜釜甑（10HTQM6a∶32）　　5. 铜釜（11HFPM12∶30）

　　镜　12 件，其中二炮厂 M4 出土 1 件，仅见一小段外缘，该墓未经盗扰，应为下葬时已残损，以示铜镜；汽齿厂 M11 和 M6b 出土 2 件，锈蚀严重，形制不明。圆形，圆纽。汉墓出土铜镜，依镜背面纹饰，共分六型。本期见五型。

　　A 型　3 件，二炮厂 M4、电厂 M1 和二炮厂 M12 各出土 1 件。均为四乳四虺镜。圆形纽座，纽座外有两周短斜线纹，间以四乳四虺纹，宽素缘。

10HFPM4：23，座外有一周凸棱，虺两侧均有小鸟。直径 10.9、缘厚 0.4 厘米（图四五，1；彩版一八，1）。

11HDM1：12，较小。虺外侧有小鸟。直径 7.7、缘厚 0.3 厘米（图四五，2）。

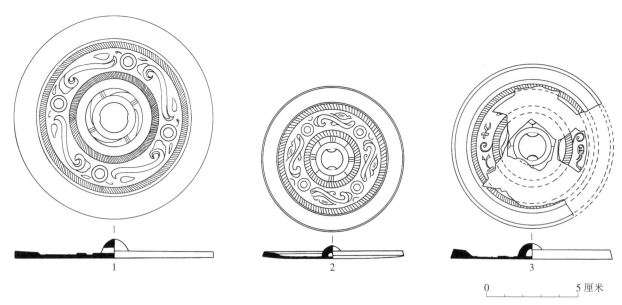

图四五　西汉晚期墓出土铜镜

1、2. A 型（10HFPM4：23、11HDM1：12）　　3. D 型（10HTQM6a：24）

11HFPM12：11，座外有一周连弧纹，虺两侧均有小鸟。直径 11、缘厚 0.5 厘米（图四六，1；彩版二四，1）。

B 型　1 件（11HFPM12：7），二炮厂 M12 出土。四乳四兽镜。连珠纹纽座，座外为两周短斜线纹，间一周凸棱。外区四乳四兽纹相间，其中一组为青龙，龙身前后有云纹；相邻一组亦为青龙，龙首前为一飞鹤，尾处为一朱雀；一组为白虎，虎首前为一小兽，尾后有一飞鹤；一组为一兽，前有一小兽，后为飞鹤。其外饰一周短斜线纹。素缘。直径 14.4、缘厚 0.5 厘米（图四六，2；彩版二四，2）。

C 型　1 件（11HFLM2：3），廉乳厂 M2 出土。长乐未央镜。圆纽座，纽外一周凸棱，外饰两周短斜线纹，间以四乳八禽鸟纹，乳丁间有两禽鸟相对，中间为铭文“长乐未央”。素缘。直径 10.9、缘厚 0.5 厘米（图四六，3；彩版一一，2）。

D 型　1 件（10HTQM6a：24），汽齿厂 M6a 出土。日光镜。残损，尚可见篆隶变体的铭文“见”、“下”、“大”三字，铭文间用“の”形符号分隔，完整铭文应为“见日之光，天下大明”。直径 8.7、缘厚 0.5 厘米（图四五，3）。

E 型　3 件，汽齿厂 M2、汽齿厂 M11 和二炮厂 M20 出土。均为昭明镜。

10HTQM11：2，较大，连珠纹纽座，座外有一周凸棱，其外为八连弧纹，再外为两周短斜线纹，间以铭文一圈，铭文为“□…以而昭而明而光而象而夫□□之而月而心而□□”，字体方整。素缘。直径 13、缘厚 0.6 厘米（图四六，4；彩版四〇，1）。

图四六　西汉晚期墓出土铜镜

1. A 型（11HFPM12∶11）　　2. B 型（11HFPM12∶7）　　3. C 型（11HFLM2∶3）　　4～6. E 型（10HTQM11∶2、
11HFPM20∶扰 6、10HTQM2∶14）

11HFPM20：扰 6，圆纽座，座外一周十二连弧纹，其外为两周短斜线纹，间以铭文一周，铭文为"内而清而质而以而昭而明□光而象而日而月"，字体方整。素缘。直径 9.9、缘厚 0.6 厘米（图四六，5）。

10HTQM2：14，残损。圆纽座，座外有一周凸棱，棱外为一周八连弧纹，再外饰两周短斜线纹，间以铭文："内而清而以而昭而□□□□象而□月而。"窄素缘。直径 9.3、缘厚 0.4 厘米（图四六，6）。

铜钱　9 串，约 308 枚。其中二炮厂 M4 出土 2 串（彩版一八，3、4），约 47 枚；二炮厂 M12 出土 2 串，约 68 枚；二炮厂 M20 出土 1 串，约 50 枚；汽齿厂 M3 出土 1 串，约 55 枚；汽齿厂 M6a 出土 1 串，53 枚；汽齿厂 M8 出土 1 串，约 5 枚；廉乳厂 M2 出土 1 串，30 枚（彩版一一，3）。本期均为五铢钱。锈蚀黏结严重，易碎。边缘有一周凸起的周郭，正方形穿，穿一面有郭，穿左右有篆书"五铢"两字。外可见包裹的细布痕，部分细布外还有一层麻布。原多用绢条穿起，孔内尚存残痕。依"五铢"两字形制，共分三型。本期见两型。

A 型　五字中间两笔较直。铢字金字头方折，较小，如一带翼箭镞，金字的四点较短；朱字头方折。依钱正面形制，分三式。

Ⅰ式　穿四周无郭。

10HFPM4：32-2，钱径 2.6、穿宽 1、外郭厚 0.2 厘米（图四七，1）。

11HFLM2：1-5，钱径 2.6、穿宽 1、外郭厚 0.2 厘米（图四七，2）。

Ⅱ式　穿上有一道郭，五字中间两笔略弯。

10HFPM4：30-1，钱径 2.5、穿宽 0.9、外郭厚 0.2 厘米（图四七，3）。

11HFLM2：1-1，钱径 2.6、穿宽 1、外郭厚 0.2 厘米（图四七，4）。

11HFLM2：1-2，钱径 2.6、穿宽 1、外郭厚 0.2 厘米（图四七，5）。

Ⅲ式　穿下有一凸起的月牙状记号。

11HFLM2：1-3，钱径 2.6、穿宽 1、外郭厚 0.2 厘米（图四七，6）。

B 型　五字中间两笔弯曲，和上下两横相接处垂直，部分上下横两端略长出；金字的四点较短，朱字头方折。依钱正面形制，分三式。

Ⅰ式　穿四周无郭。

10HFPM4：32-1，钱径 2.7、穿宽 1、外郭厚 0.2 厘米（图四七，7）。

11HFLM2：1-6，钱径 2.6、穿宽 1、外郭厚 0.2 厘米（图四七，8）。

Ⅱ式　穿上有一道郭。

10HFPM4：32-5，钱径 2.5、穿宽 1、外郭厚 0.2 厘米（图四七，9）。

10HFPM4：32-6，钱径 2.5、穿宽 0.9、外郭厚 0.2 厘米（图四七，10）。

Ⅲ式　穿下有一凸起的月牙状记号。

10HFPM4：32-4，钱径 2.6、穿宽 1、外郭厚 0.2 厘米（图四七，11）。

11HFPM12：10-2，钱径 2.6、穿宽 0.9、外郭厚 0.2 厘米（图四七，12）。

器足　1 件（10HTQM6a：45），汽齿厂 M6a 出土。斜直。高 6.1 厘米。

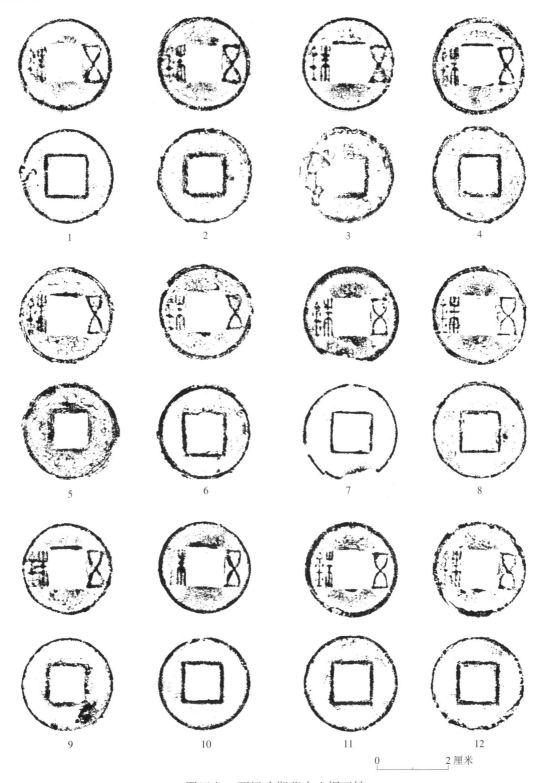

图四七　西汉晚期墓出土铜五铢

1、2. A 型 I 式（10HFPM4∶32 - 2、11HFLM2∶1 - 5）　3 ~ 5. A 型 II 式（10HFPM4∶30 - 1、11HFLM2∶1 - 1、11HFL
M2∶1 - 2）　6. A 型 III 式（11HFLM2∶1 - 3）　7、8. B 型 I 式（10HFPM4∶32 - 1、11HFLM2∶1 - 6）　9、10. B 型 II
式（10HFPM4∶32 - 5、10HFPM4∶32 - 6）　11、12. B 型 III 式（10HFPM4∶32 - 4、11HFPM12∶10 - 2）

三　铅锡合金器

灶　1件（10HTQM6a：32），汽齿厂 M6a 出土。灶体呈长方形，长40、宽24厘米。上有两灶眼，前置一铜釜，后置铜釜甑。前釜直口，圆唇，丰肩，上腹鼓，下腹斜收成小平底，肩部附一对铺首衔环，腹部饰一周凸棱，两侧及底部有合铸范痕。口径6.2、腹径14.2、底径6.3、高12.1厘米（图四四，3；彩版二七，2）。后釜甑套合，上部甑，直口，沿外翻，深腹，圈足，腹部有凸棱一周及对称的铺首衔环，底有横直镂孔作条状几何图案。口径14、足径7.1、高9.5厘米；下部釜，盘口，束颈，溜肩，肩部附一对环耳，耳际饰凸棱一周，肩部以下残缺，两侧有合范缝。口径14.6、残高7.3厘米（图四四，4；彩版二七，3、4）。经广西大学材料科学研究所检测，灶体材料成分为铅（74.96wt%）、锡（5.46wt%）、铝（2.14wt%），其余还检出氧和氯（见附录三）。

四　铁器

24件，锈蚀严重，多残断无法拼复。器类有剑、环首刀、削、熨斗、镊、盂、凿和钉。

剑　4件。两面均有木鞘痕迹，剑鞘漆皮脱落后露出布印痕。可知原以两片木片作鞘壳，以细线捆缠或者以麻布裹缠，外髹漆。依有无剑格，分两型。

A 型　1件（11HFLM2：2），廉乳厂 M2 出土。无剑格。茎扁宽，与剑身相接处无明显痕迹，环形剑首，剑身平。残长86、剑身最宽3.2厘米（图四八，1；彩版一一，4）。

B 型　3件，二炮厂 M12、汽齿厂 M6a 和汽齿厂 M11 各出土1件。均有剑格。茎扁条形，剑茎与剑身之间套有青铜剑格，剑身中脊明显。

11HFPM12：1，茎后附环形剑首。残长约88、剑身最宽3.6厘米（图四八，2；彩版二四，3）。

10HTQM6a：39，剑首残。残长113.6、剑身最宽3.6厘米（图四八，3；彩版二七，5）。

环首刀　3件。柄扁长形，末端有环首。依刀身形制，分两型。

A 型　1件（10HTQM2：17），汽齿厂 M2 出土。刀身扁平，两侧出刃。残长约43.5、刀身最宽约3.4厘米（图四八，4）。

B 型　2件，二炮厂 M4 和 M12 各出土1件。一侧宽出呈刃，前端斜收成锋。柄上所缠绳尚存，有鞘套合，鞘由两木片合成，以细线捆缠，外髹黑漆。刀锈蚀与鞘黏结。

10HFPM4：29，完整。长39.8、中宽1.1、厚0.4厘米（图四八，5；彩版一九，5）。

11HFPM12：3，前端首残。残长35、中宽2.1、厚0.7厘米（图四八，6）。

削　9件，其中二炮厂 M4 出土2件，余廉乳厂 M2、二炮厂 M12、二炮厂 M20 及汽齿厂 M2、M3、M9 和 M11 各出土1件，形制相同。柄扁条形，末端呈环首。一侧宽出呈刃，前端斜收成锋。多残损，大小相近。

11HFPM12：9，残长约16.5、中宽1.6厘米（图四八，7）。

熨斗　1件（10HFPM4：41），二炮厂 M4 出土。浅盘，平底，口沿处出折把，把末端平，呈"♥"形。盘径8.9、通高4.3厘米（图四八，8；彩版一九，1）。

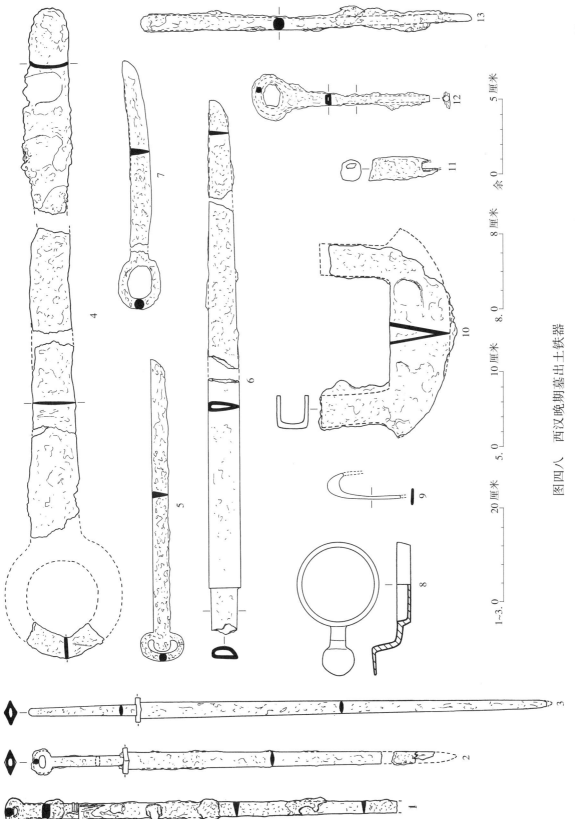

图四八　西汉晚期墓出土铁器

1. A 型剑(11HFLM2:2)　2、3.B 型剑(11HFPM12:1，10HTQM6a:39)　4. A 型环首刀(10HTQM2:17)　5、6. B 型环首刀(10HFPM4:29，11HFPM12:3)　7. 削
(11HFPM12:9)　8. 熨斗(10HFPM4:41)　9. 镞(10HFPM4:48)　10. 盾(10HFPM4:托 5)　11. 凿(10HTQM4:48)　12.B 型钉(10HTQM2:19)　13. A 型钉
(10HTQM2:11)

锔　2 件，二炮厂 M4 和汽齿厂 M2 各出土 1 件。用扁铁条对折成两股，两股同长。

10HFPM4∶48，略宽。残长 5、中宽 1.1、厚 0.2 厘米（图四八，9）。

10HTQM2∶16，残长 7.3、中宽 0.8 厘米。

舌　1 件（10HTQM4∶扰 5），汽齿厂 M4 出土。作"凹"字形，刃两边外撇，两侧有空槽。长 9.6、刃宽 13.8 厘米（图四八，10；彩版四〇，2）。

凿　1 件（10HTQM2∶19），汽齿厂 M2 出土。柄残，圆形銎，上大下小，下端收成两扁条，刃部残。残长 4.8、銎径 1.4 厘米（图四八，11）。

钉　3 件。汉墓出土铁钉，依顶部形制，分三型。本期见两型。

A 型　1 件（10HTQM2∶11），汽齿厂 M2 出土。长条形，横截面呈圆形，上粗下细，下端收尖。长 22.5、中宽 0.8 厘米（图四八，13）。

B 型　2 件，二炮厂 M12 和汽齿厂 M2 各出土 1 件。上端折成圆形或扁环形。下端尖，截面呈正方形。

11HFPM12∶8，上端为扁环。残长 6.2、中宽 0.6 厘米。

10HTQM2∶18，上端为环形，中部截面呈梯形，下端呈圆形。残长 11.8、中宽 0.5 厘米（图四八，12）。

五　石器

3 件。有石黛砚、砺石。

石黛砚　2 件，汽齿厂 M3 和二炮厂 M30a 出土各 1 件。砂岩。一面磨制光滑，一面为自然结理面，略粗糙。汉墓出土石黛砚，依形状不同，分两型。本期均属 A 型。

A 型　2 件。长方形。

10HTQM3∶14，青灰色。仅残存砚板，较薄。残长约 13、宽 4.7、厚 0.2 厘米（图四九，1）。

11HFPM30a∶7，灰色。略厚，砚上附方形研石一块。研石下方上圆，四角翘。砚面和研石底部均有朱砂。砚长 13、宽 5.3、厚 0.5 厘米，研石边长 3、高 1.5 厘米（图四九，3）。

砺石　1 件（10HTQM2∶10），汽齿厂 M2 出土。青灰色，平面呈长方形，一端残。中间因长期磨用下凹。残长 13.5、上宽 5.1、下宽 4.8、厚 2.5 厘米（图四九，2；彩版七，4）。

六　滑石器

21 件，其中二炮厂 M30a 出土 1 件（11HFPM30a∶扰 25），残损严重，形制不明。器类有鼎、钫、耳杯、暖炉、釜、盘、杯、几、仓、灶。

鼎　3 件，二炮厂 M4、M20 和 M30a 各出土 1 件，其中 1 件残存附耳，余 2 件形制相同。带盖，盖面微隆，盖下圆凸扣入口。敛口，平唇，上腹直，下腹弧收成平底，三柱形足，略外撇，截面呈多边形。上腹折出长方形附耳。加工较粗糙，盖和器身均有刮削痕迹。

10HFPM4∶19，盖顶中央为方形纽。口径 9.8、通高 13.8 厘米（图四九，4；彩版一九，3）。

11HFPM20∶8，盖顶中央为圆柱形纽。口径 10.5、通高 15.7 厘米（图四九，5；彩版四

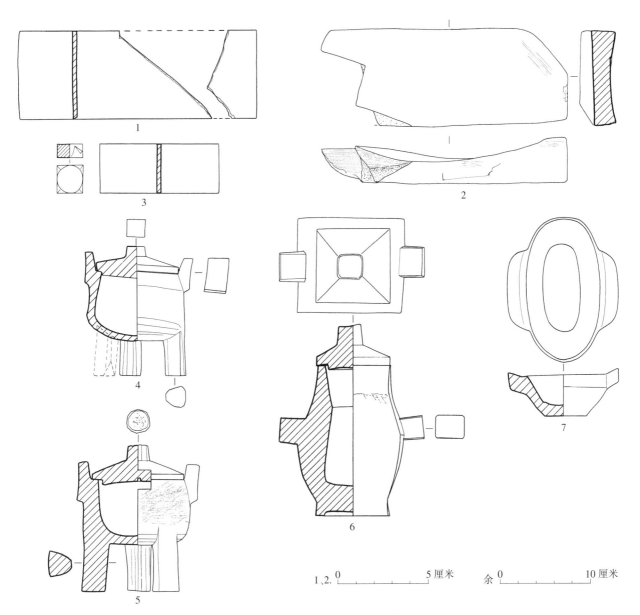

图四九　西汉晚期墓出土器物

1、3. A 型石黛砚（10HTQM3∶14、11HFPM30a∶7）　　2. 砺石（10HTQM2∶10）　　4、5. 滑石鼎（10HFPM4∶19、
11HFPM20∶8）　　6. 滑石钫（11HFPM20∶7）　　7. A 型滑石耳杯（10HFPM4∶42）

○，3）。

钫　1 件（11HFPM20∶7），二炮厂 M20 出土。带盖，盖上有方纽，四坡斜直，盖扣入口。敞口，平唇，粗颈，折腹，颈腹间两侧出方形耳，方形座足略外撇。加工较粗糙，盖和器身均有刮削痕迹。口径 7.8、最大腹径 11.2、座足边长 7.9、通高 20.5 厘米（图四九，6；彩版四○，4）。

耳杯　4 件。依耳部形制，分两型。

A 型　3 件，二炮厂 M4 出土。形制相同。翘耳，耳与口沿之间有凸棱界隔。敞口，尖唇，平底。

10HFPM4：42，长 15.2、通耳宽 12.1、高 5.1 厘米（图四九，7；彩版一九，2）。

B 型　1 件（11HFPM30a：扰 11），二炮厂 M30a 出土。残存部分。平耳。器身较浅，平底。壁厚 1.2 厘米。

暖炉　5 件。如仰斗状，平面呈长方形。敞口，平唇，斜腹，平底。汉墓出土滑石暖炉依有无耳，分两型。本期均属 A 型。

A 型　5 件，二炮厂 M4、二炮厂 M12、汽齿厂 M9、汽齿厂 M11 和二炮厂 M30a 各出土 1 件。无耳。均为敞口，下附四短足。

10HFPM4：40，器身较方。腹中部有一周凸棱。长 13.4、宽 12.6、高 6.9 厘米（图五〇，1；彩版一九，4）。

11HFPM12：21，腹中部有一周凸棱。长 10.8、宽 8.5、高 5.6 厘米（图五〇，2；彩版二四，4）。

10HTQM9：4，一侧较高，器身有刮削痕迹。长 14.6、宽 12.4、高 6.3 厘米（图五〇，3；彩版三三，4）。

11HFPM30a：4，腹部较斜。长 10.6、宽 8.7、高 5.6 厘米（图五〇，4；彩版四〇，5）。

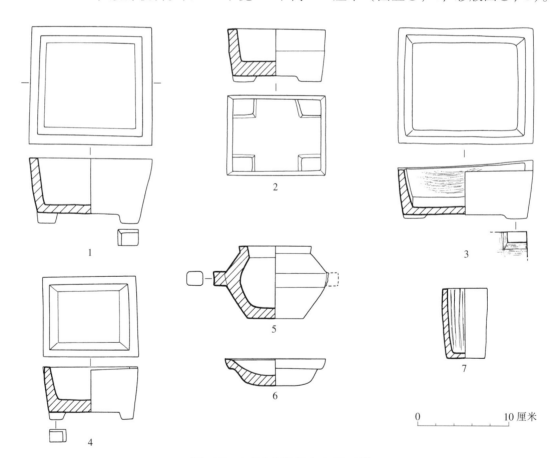

图五〇　西汉晚期墓出土滑石器

1～4. A 型暖炉（10HFPM4：40、11HFPM12：21、10HTQM9：4、11HFPM30a：4）　5. 釜（11HFPM30a：扰 12）　6. 盘（11HFPM30a：扰 14）　7. 杯（11HFPM30a：扰 13）

釜　1件（11HFPM30a：扰 12），二炮厂 M30a 出土。敞口，平唇，溜肩，折腹，下腹斜收成平底。腹部出两柱耳。口径 8.1、腹径 11.5、底径 6.1、高 7.7 厘米（图五〇，5；彩版四一，1）。

盘　1件（11HFPM30a：扰 14），二炮厂 M30a 出土。广口，平唇，外沿突出，浅腹，平底较厚。口径 11.1、底径 5.6、高 3 厘米（图五〇，6；彩版四一，2）。

杯　2件，二炮厂 M30a 出土。形制相同。敞口，平唇，杯身斜直，平底。

11HFPM30a：扰 13，口径 4.9、底径 4.2、高 7.5 厘米（图五〇，7；彩版四一，3）。

几　1件（11HFPM30a：扰 10），二炮厂 M30a 出土。残存一端，有栏挡，斜高出，平底突出。宽 10.1、高 6.8 厘米。

仓　1件（11HFPM30a：扰 24），二炮厂 M30a 出土。残存部分，可见前端伸出的走廊底板和两柱足。

灶　1件（11HFPM30a：扰 23），二炮厂 M30a 出土。残存灶面部分，可见灶眼和釜残片。

七　珠饰品

11 件（串）。有玛瑙、玻璃、琥珀、水晶和蚀刻石髓珠。

串饰　7 组。

二炮厂 M4 出土 3 串。10HFPM4：20，共 10 颗（彩版一八，2），其中蚀刻石髓珠 1 颗，深棕色，圆榄形，有纵穿孔，中部大块露白，现条纹，长 3.8、最大径 0.9 厘米（图五一，1）；玛瑙 5 颗，有纵穿孔，圆榄形 3 颗，橘红色，较大 1 颗长 1.7、最大径 0.7 厘米（图五一，2）；较小 2 颗，长 1.1、最大径 0.6 厘米（图五一，3）；系领形 2 颗，橘黄色，两端束收，其一长 1、最大径 0.5 厘米（图五一，4），另一长 0.8 厘米（图五一，5）；琥珀珠 2 颗，扁圆形，1 颗为朱红色，1 颗为灰褐色，长 0.6、圆径 0.6~0.7 厘米（图五一，6）；水晶珠 1 颗，透明，圆榄形，对穿孔，长 1.3、径 0.7 厘米（图五一，11）；玻璃珠 1 颗，深蓝色。10HFPM4：21，共 3 颗（彩版一八，5），均为珰形饰，亚腰形，两端等大，穿孔。其一材质为玛瑙，橘红色，长 2.1、一端径 0.9、腰径 0.7 厘米（图五一，12），余 2 件为琥珀，已碎，原长 2.7、一端径 0.9 厘米。10HFPM4：26，2 颗（彩版一八，6），其中系领状玛瑙珠 1 颗，橘黄色，两端束收，长 0.8、最大径 0.5 厘米；琥珀珠 1 颗，鸽子形，已裂为两半，有横穿孔，长 1.4、中宽 0.6 厘米。

二炮厂 M12 出土 2 串。11HFPM12：5，共 4 颗（彩版二四，6）。玛瑙珠 1 颗，圆形，橘黄色，径 0.5 厘米（图五一，13）；玉片 1，平面呈梯形，白色，上穿小孔，长 1.5、小头宽 0.5、大头宽 0.9、厚 0.4 厘米（图五一，14）；琥珀珠 1 颗，半圆形，深褐色，底平，中部有横穿孔，长 0.9、底径 1.1 厘米；水晶珠 1 颗，六面榄形，透明，有纵圆孔，长 1.3、最宽 0.9、中厚 0.4 厘米（图五一，7）。11HFPM12：6，共 4 颗（彩版二四，5）。玻璃珠 2 颗，扁圆形，其中一颗为浅绿色，残损，另一颗为深绿色，圆径 0.7、长 0.6 厘米（图五一，10）；蚀刻石髓珠 2 颗，圆榄形，中部有白色条纹或带纹，较大一颗为棕色，长 1.8、最大径 0.7 厘米（图五一，8），另一颗较小，浅茶色，长 1.3、最大径 0.7 厘米（图五一，9）。

汽齿厂 M7 出土 2 串，10HTQM7：2（彩版四一，4），为 2 颗玛瑙珠，其一为圆形，橘红色，

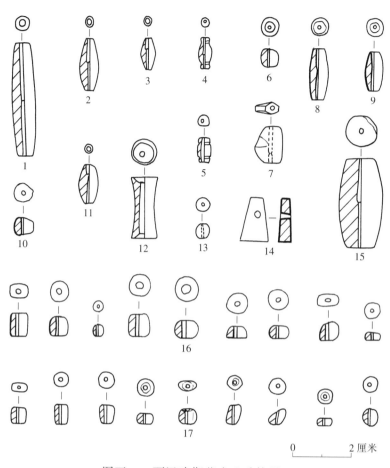

图五一　西汉晚期墓出土珠饰品

1. 蚀刻石髓珠（10HFPM4:20-1）　2、3. 玛瑙珠（10HFPM4:20-2、10HFPM4:20-3）　4、5. 玛瑙系领珠
（10HFPM4:20-4、10HFPM4:20-5）　6. 琥珀珠（10HFPM4:20-6）　7～9、13. 玛瑙珠（11HFPM12:5-
3、11HFPM12:6-2、11HFPM12:6-3、11HFPM12:5-1）　11. 水晶珠（10HFPM4:20-7）　12. 玛瑙珰饰
（10HFPM4:21-1）　14. 玉片（11HFPM12:5-2）　10、16、17. 玻璃珠（11HFPM12:6-1、10HTQM2:12、
10HTQM6b:22）　15. 蚀刻石髓珠（10HFPM4:28）

径0.9厘米；另一为圆榄形，浅茶色，中间为白色，两端有白色条纹，最大径0.6、长1.6厘米。
10HTQM7:4（彩版四一，5、6），白色透明水晶珠2颗，其一圆形，径1.4厘米，另一颗已破碎；
榄形玛瑙珠1颗，橘红色，有纵穿孔，长2.5、最宽1.7、中厚0.9厘米；琥珀珰形饰1颗，亚腰
形，长2.8、一端径0.7厘米；玻璃龟形饰1枚，淡青色，有横穿孔，长0.7厘米；玻璃串珠约
3000颗，扁圆形，穿孔，颗粒细小，有铜红色和黑褐色等，其中铜红色珠保存较好，余易碎，直
径有0.1、0.2和0.3厘米三种。

蚀刻石髓珠　1件（10HFPM4:28）。位于棺内前端靠北侧。深棕色，圆榄形，有纵穿孔，两
端偏乳白色。长3、最大径1.4厘米（图五一，15；彩版一八，7）。

玻璃珠　3串。

汽齿厂M2出土1串，散落于棺南侧。10HTQM2:12，共421颗（图五一，16；彩版七，5）。
其中33颗较小，蓝色，扁圆形，径0.5～0.6、厚0.3～0.6厘米。余388颗较大，深蓝色，其中

74 颗透明。长圆形 33 颗,径 0.6～0.8、厚 0.7～0.8 厘米;扁圆形 355 颗,径 0.5～0.9、厚 0.4～0.7 厘米。

汽齿厂 M6b 出土 1 串,位于墓室中部略靠后,两枕木沟之间。10HTQM6b:22,共 306 颗(图五一,17;彩版三〇,4)。深蓝色,其中 4 颗透明。长圆形 23 颗,径 0.5～0.6、厚 0.6～0.7 厘米;余为扁圆形,径 0.4～0.8、厚 0.3～0.6 厘米。

汽齿厂 M7 出土 1 串,位于棺内西南侧。10HTQM7:3,共 8 颗,其中铜红珠 1 颗,余为深蓝色珠。长圆形。径 0.3～0.4、厚 0.4～0.5 厘米。

第三节　年代特征

合浦于元鼎六年(公元前 111 年)始设郡县,在岭南汉墓的分期体系中,以此为界,之前划为西汉早期;汉武帝元封元年(公元前 110 年)至元、成之际,前后约 80 年划为西汉中期。近年,考古工作者通过对合浦县城东北约 11 千米的大浪古城及其北面土墩墓的发掘,初步认为西汉早期及西汉中期的前段,合浦地区发现的墓葬面貌仍是以越文化为主[①]。"汉式墓葬"出现在西汉中期后段,但在合浦发掘的 1200 多座汉墓中,中期墓葬仍很少,见诸报告的仅风门岭 M27 一座[②]。西汉中期汉代海上丝绸之路开通后,合浦成为汉王朝对外贸易的重要港口,经过数十年的发展,自西汉晚期起,合浦进入一个繁荣时期。西汉晚期墓葬年代上限紧接西汉中期,下限至建武初年,前后约 50 年。本期墓葬发现的总量大大超出前期,已发掘的望牛岭 M1[③]、堂排汉墓[④]以及风门岭 M26[⑤] 等大中型墓葬,年代均属西汉晚期。

本期合浦未见广州汉墓常见的双层分室或双层横前堂的类型,均为竖穴木椁墓,其中大部分带斜坡式墓道,墓底有纵向或横向枕木沟,或墓室前后壁有凹窝用以置枕木。少量大中型墓用膏泥密封防潮,保存相对较好,随葬品丰富。本期两座合葬墓分属同穴合葬、异穴合葬,而中原地区除帝、王等等级较高的大墓外,同期均为同穴合葬,显示出合浦一地合葬墓形制演变的滞后。

陶器组合多为瓮、罐和井仓灶模型明器,其中井仓灶组合不甚完备,部分墓葬是井灶或仓灶组合。仿铜陶礼器中,壶最常见,而鼎盒很少,更没有钫出现。本期部分随葬器物形体较大,如陶壶、提筒、樽等。一些陶器烧制温度较低,器形较小,为红色或红黄色软陶,应为明器。汽齿厂 M9 和 M11 还发现打碎陶器分葬几处的现象,考古界称"碎物葬"。这种葬俗早在史前墓葬中已

① 广西文物保护与考古研究所、合浦县博物馆:《广西合浦县大浪古城址的发掘》,广西文物保护与考古研究所:《广西合浦县双坟墩土墩墓发掘简报》,《考古》2016 年第 4 期。
② 广西壮族自治区文物工作队、合浦县博物馆:《合浦风门岭汉墓——2003～2005 年发掘报告》,科学出版社,2006 年。
③ 广西壮族自治区文物考古写作小组:《广西合浦西汉木椁墓》,《考古》1972 年第 5 期。
④ 广西壮族自治区文物工作队:《广西合浦县堂排汉墓发掘简报》,《文物资料丛刊》4,文物出版社,1981 年。
⑤ 广西壮族自治区文物工作队、合浦县博物馆:《合浦风门岭汉墓——2003～2005 年发掘报告》,科学出版社,2006 年。

出现①，商周至秦汉时期在越族地区仍较普遍，在广西元龙坡战国墓②以及贺州凤凰岭③、桂平大塘城④等地汉墓中也有发现。

　　本期出土的铜器种类丰富，均为生活用具等，未见兵器。铜器多出自中型墓，三足盘、盒、三足小壶等器物多錾刻花纹，繁缛精致。有约半数墓葬出土五铢钱。铜镜有日光镜、昭明镜、长乐未央镜、四乳四虺镜和四乳四兽镜，其中四乳四虺镜较小，长乐未央镜为合浦首次发现。铁器多为剑、削等，数量更少；滑石器在本期整体数量较少，仅二炮厂 M4、M12、M20 和 M30a 以及汽齿厂 M9、M11 等出土，其中二炮厂 M30a 种类略多。约一半墓葬出土有珠饰品，包括玻璃、蚀刻石髓珠、琥珀、玛瑙、水晶等串饰。灶模型明器采用铅锡合金，在岭南汉墓中也是首次发现。

　　这批墓葬中，电厂 M1、廉乳厂 M2、汽齿厂 M2 和 M3，属无墓道的木椁墓，墓葬规模较小，随葬器物以陶器为主，铜器多见铜镜和铜钱，电厂 M1、廉乳厂 M2 和汽齿厂 M3 为壶、罐组合，不见瓿。出土陶器多为软陶，烧制温度低，其中 G、H、I 型罐同凤门岭 M27 出土双耳罐陶质、陶色相近，H 型罐同凤门岭 M27 出土的 A、B、C 型双耳罐形制相近。这 4 座墓葬，年代可能较其余 11 座略早。

① 黄卫东：《史前碎物葬》，《中原文物》2003 年第 2 期。

② 广西壮族自治区文物工作队等：《广西武鸣马头元龙坡墓葬发掘简报》，《文物》1988 年第 12 期。

③ 广西文物保护与考古研究所、贺州市博物馆：《贺州凤凰岭古墓群发掘报告》，《广西考古文集》（第五辑）第 242 页，科学出版社，2013 年。

④ 广西文物考古研究所、桂平市博物馆：《桂平大塘城遗址汉墓发掘报告》，《广西考古文集》（第四辑）第 254 页，科学出版社，2010 年。

（长度单位：米）

附表　西汉晚期墓墓记表

墓号	墓向	墓葬结构								随葬器物*			
		封土		墓道		墓室		葬具	其他	陶器	铜器	铁器	其他
		高	直径	宽	坡度	前长×宽－深	后长×宽－深						
汽齿厂（10HTQ）M2	30°	无		无		3.7×2－2.2		单棺单椁	Aa型木椁墓底部有两纵向枕木沟	Aa型Ⅱ式壶、Ab型Ⅱ式壶、C型瓮、罐残件2、A型Ⅰ式四系罐、A型灯、C型井、Ba型Ⅰ式仓、B型灶	E型镜	A型环首刀、A型钉、B型钉、削、镞、凿	砺石、玻璃珠
汽齿厂 M3	114°	无		无		3.2×2－1		单棺单椁	Ac型木椁墓室前端近墓室后端处有伸入壁内的拱形凹槽，用以置枕木	Ⅰ式鼎、Ab型Ⅲ式壶、B型Ⅰ式罐2、B型Ⅰ式罐、H型Ⅱ式罐、B型Ⅰ式提筒、B型Ⅱ式井、C型灶	铜钱（五铢钱，55枚）	削	A型石黛砚
汽齿厂 M4	42°	无		1.8	17°	6×3.8－3		单棺单椁	B型Ⅱ式木椁墓底部有两纵向枕木沟	C型瓮、B型Ⅰ式罐5、C型Ⅰ式罐2、C型Ⅱ式罐、扰土：瓮残片、B型Ⅰ式罐、A型Ⅱ式井、B型灶		扰土：耙	

* "随葬器物"栏中，器物后未注明件数者为1件，下同。

续附表

墓号	墓向	封土		墓道		墓室		葬具	其他	随葬器物			
		高	直径	宽	坡度	前长×宽—深	后长×宽—深			陶器	铜器	铁器	其他
汽齿厂 M6a	140°	无		1.9	19°	5.4×2.8—1.7		单棺单椁	B型Ⅱ式木椁墓 底部有两纵向枕木沟	B型Ⅱ式壶2、B型Ⅰ式瓮、C型Ⅰ式罐2、B型Ⅲ式罐、C型Ⅱ式罐、A、C型Ⅲ式碗、B型Ⅱ式釜、B型Ⅲ式井2、Ba型Ⅲ式仓	B型Ⅱ式盒、A型壶2、A型盆2、三足盘、A型熏炉、A型灯、B型卮2、B型耳杯13、D型镜、铜器足、铜镜（五铢钱，53枚）	B型剑	铅锡合金灶
汽齿厂 M6b	140°	无		1.7	23°	4.7×2.7—1.7		单棺单椁	B型Ⅱ式木椁墓 底部有两纵向枕木沟	Aa型Ⅱ式壶3、Aa型Ⅱ式瓮、C型盒、B型Ⅱ式罐2、C型Ⅱ式罐、A型Ⅱ式四系罐4、B型灶；扰土：器盖、瓦片、陶片	B型Ⅰ式鼎、壶残件、镶壶残件、镜残件；扰土：碗残件		玻璃珠
汽齿厂 M7	54°	无		1.2/1.4	17°	3.4×3.1—1.28		单棺单椁	B型Ⅰ式木椁墓 墓室两侧有生土二层台，前后壁近底部有伸入壁内的拱形凹槽，用以置放枕木	扰土：A型壶残片、B型Ⅱ式罐残件、B型釜、金残件	残件；扰土：B型Ⅱ式鼎、镶壶残件		串饰2、玻璃珠

续附表

墓号	墓向	墓葬结构								随葬器物			
		封土		墓道		墓室		葬具	其他	陶器	铜器	铁器	其他
		高	直径	宽	坡度	前长×宽—深	后长×宽—深						
汽齿厂 M8	47°	无		2.1	23°	6×3.9—2.4		单棺单椁	B型Ⅱ式木椁墓底部有两向纵枕木沟，两沟间有横向抗木槽	B型Ⅰ式罐，B型Ⅱ式罐2，C型Ⅰ式罐2 扰土：A型壶残件，B型Ⅰ式罐，罐残件2，A型Ⅱ式盒2，案	A型熏炉 扰土：铜钱（五铢钱，5枚），残件		
汽齿厂 M9	43°	无		1.5	15°	5.3×3—2.1		单棺单椁	B型Ⅱ式木椁墓底部有两向纵枕木沟，两沟间有横向抗木槽	B型Ⅰ式壶，C型Ⅱ式罐，C型Ⅲ式罐，D型罐，F型Ⅰ式罐，A型Ⅱ式四系罐，A型提筒，B型Ⅱ式樽，A型樽3，B型Ⅲ式樽，B型Ⅲ式釜，B型灶，A型灶 扰土：A型盒，A型壶残片2	A型鼎、壶残件，A型提梁壶，镶壶残件，A型樽，A型盆，A型熏炉，A型灯	削	A型滑石暖炉

续附表

墓号	墓向	封土		墓道		墓室		葬具	其他	随葬器物			
		高	直径	宽	坡度	前长×宽一深	后长×宽一深			陶器	铜器	铁器	其他
汽齿厂 M11	322°	无		2	27°	5.4×3.3 -2.9		单棺单椁	B型II式木椁墓 底部有两纵向枕木沟，两沟间有横向抗木槽	A型II式盒，Aa型I式壶，Aa型II式壶2，Ab型II式壶，C型I式罐，C型III式罐，H型I式罐，B型I式罐残件，B型II式提筒2，B型II式碗，B型II式釜2，A型II式釜残件，A型II式盂，I式耳杯，井残件，Ba型II式灶，B型灶	E型镜，镜残件，印章，残件2	B型剑，削	A型滑石暖炉
二炮厂(10HFP) M4	54°	无		1.7	21°	5×3.1 -4.1		单棺单椁	B型I式木椁墓 两侧及后端有生土二层台，底部有两纵向枕木沟	Aa型I式壶2，Ab型III式壶，A型I式瓮，A型III式瓮，B型I式罐3，C型I式罐，C型II式罐5，C型III式罐，E型I式壶，B型II式釜3，Ba型II式仓，C型灶	三足小盂，A型樽，B型盆、盂、杯残，带钩，泡钉2，A型镜，镜残片，铜钱2串（均为五铢钱，47枚）	熨斗，B型刀，环首削2，镊	滑石鼎，A型滑石暖炉，A型滑石耳杯3，串饰3，蚀刻石髓珠

续附表

墓号	墓向	封土		墓道		墓室		葬具	其他	随葬器物			
		高	直径	宽	坡度	前长×宽—深	后长×宽—深			陶器	铜器	铁器	其他
二炮厂(11HFP)M12	57°	无		1.88	21°	5.05×2.8—3		双棺单椁	B型Ⅱ式木椁墓底部有两纵向枕木沟	Ⅱ式鼎，A型Ⅰ式盒，B型Ⅰ式壶，A型盆2，B型Ⅰ式灯，B型Ⅱ式罐2，C型Ⅰ式罐，C型Ⅲ式罐2，D型罐，A型Ⅱ式奁，A型Ⅱ式四系罐，B型Ⅱ式釜2，A型Ⅰ式井，B型灶	A型Ⅰ式樵，A型Ⅰ式壶，A型盆2，B型Ⅰ式灯，A型Ⅱ式碗2，A型卮，金，釜，刷把，A型镜，B型镜，铜钱2串（均为五铢钱，68枚）	B型剑，B型环首刀，B型钉，削	串饰2，A型滑石暖炉
二炮厂M20	320°	无		1.2/2	25°	5.26×3.4—4.6		单棺单椁	B型Ⅱ式木椁墓底部有两纵向枕木沟	Aa型Ⅱ式壶2，C型Ⅱ式罐3，E型Ⅰ式罐，A型盆，Ba型Ⅱ式仓，B型灶，B型Ⅱ式灶；扰土：A型盂2，A型Ⅰ式釜，B型Ⅰ式釜	B型提梁壶，A型盆，A型Ⅰ式灯，A型Ⅱ式碗；扰土：碗残件，E型镜，铜钱（五铢钱，50枚）	扰土：削	滑石鼎，滑石钫

续附表

墓号	墓向	墓葬结构								随葬器物			
		封土		墓道		墓室		葬具	其他	陶器	铜器	铁器	其他
		高	直径	宽	坡度	前长×宽－深	后长×宽－深						
二炮厂 M30a	50°	无		1.44	19°	4.8×2.56－3		单棺单椁	B 型 II 式木椁墓底部有两纵向枕木沟	扰土：A 型壶残片，瓮残片，A 型 I 式罐 3，C 型 II 式罐残件 2，罐残片，A 型 III 式四系罐，熏炉残片，B 型 I 式碗，B 型盖，瓦片，陶片	A 型樽，B 型盆，三足盘，B 型 I 式灯，残件		A 型石黛砚，A 型滑石暖炉 扰土：滑石鼎，B 型滑石几，滑石耳杯，滑石釜 2，滑石盘，滑石仓，石灶，滑石残片
廉织厂 (11HFL) M2	24°	无		无		3.8×1.8－2.2		单棺单椁	Ab 型木椁墓底部有两横向枕木沟	Ab 型 II 式壶，G 型 II 式罐，I 型 I 式罐 2，I 型 I 式罐 2，A 型 I 式罐残件 3，A 型 I 式器盖	C 型镜，铜钱 1 串（均为五铢钱，30 枚）	A 型剑，削	
电厂 (11HD) M1	310°	无		无		4×2.2－1.6		单棺单椁	Aa 型木椁墓无墓道，底部有两纵向枕木沟	Ab 型 III 式壶，Ab 型 III 式罐，C 型 II 式罐，G 型 II 式罐，H 型 II 式罐 2，H 型 III 式罐，B 型 I 式井，A 型仓，A 型灶	篦，碗残件，A 型镜		

第三章　东汉墓

共47座，约占汉墓比例的76%。其中二炮厂17座、机械厂4座、汽齿厂1座、公务员小区10座、迎宾大道3座、电厂1座、火车站1座、廉乳厂3座、庞屋队1座、精神病院1座、官塘岭4座、沿海铁路1座。本期墓葬形制丰富，有木椁墓、土坑墓和砖室墓三类，以砖室墓为主。木椁墓和土坑墓保存较好，砖室墓多遭盗扰，部分甚至器物无存（见本章附表）。

第一节　墓葬形制

一　木椁墓

B型Ⅱ式　1座。东汉早期。属此型的有二炮厂M6。

二炮厂M6　墓口距地表深约1米，墓向55°，总长15.22米。墓道长10.2、宽1.12米，坡度16°，近墓室底端平。墓室填土为灰黄色土，层层夯实，夯窝直径0.05~0.06米。墓室长5.2、宽2.2、深3.02米。墓底平，低于墓道底端0.28米。墓底有两纵向枕木沟，宽0.26、深0.1米。依棺椁板灰痕迹可知，椁室长4.6、宽1.44米；棺位于椁内中部靠一侧，长2、宽0.8米。棺的另一侧多置陶器，有陶洄、井、仓、灶、罐、瓮、壶、提筒、四系罐，另有盆、鼎、壶和镳壶等铜器。棺前端多置铜器，有铜矛、戟、镦、灯、樽、盆、长颈壶和刷把，另有滑石暖炉、铁削和铁镊。棺内出土铜镜、带钩、铜钱、铜泡钉、铁削和石黛砚等（图五二；彩版四二，1）。

二　土坑墓

2座。由斜坡式墓道和墓室两部分组成，单棺无椁，墓底平，无枕木沟。属此式的有二炮厂M8和M19。

二炮厂M8　墓口距地表深1米，墓向137°，总长13.42米。墓室填土为红黄色土，经夯实。墓道长8.3、宽1.7米，坡度20°，距墓室0.25米处底部平，近墓室口平放半块砖。墓室长5.12、宽2.9、深3米，前端低于墓道底端0.1米，墓底中部略高于四周0.1米。棺位于墓室中部偏北侧，根据棺板灰痕可作复原，长2、宽0.9米。棺南侧和墓室前端共有3个椭圆形坑，长径0.16~0.3、深0.22~0.3米，应用以渗水。陶器主要分布在棺南侧，有陶仓、屋、四系罐、双耳直身罐、罐、四耳展唇罐、壶、灶、井、镳壶、魁、碗、盆、灯、鼎等。铜器、铁器、漆器和滑石器分布在棺前端，有铜镳壶、铜盆、铜碗、漆耳杯、铁镊和滑石暖炉。棺内出土铜镜、铜钱、铜刷把、铁削及玻璃珠等（图五三；彩版四二，2~4）。

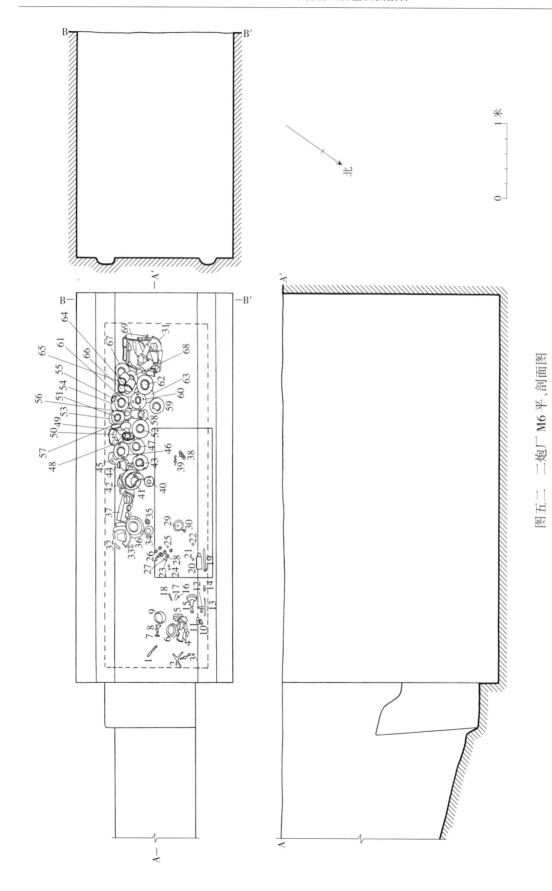

图五二　二炮厂 M6 平、剖面图

1、3.铜矛　2.铜戟　4.滑石暖炉　5.铜碗残件　6、32.铜盆　7.铜灯　8、18、19.铁削　9.铜樽　10~12、14.铜镦　13.铜戟　15.铜长颈壶　16.铜刷把　17.铁镞
20.石黛砚　21~25、27、28.铜泡钉　26、33、38.铜削　29.铜钱　30.铜削　31.陶仓　34.陶盂　35.陶釜　36.陶井　37.陶灶　39.铜带钩　40、45.铜壶　41.陶瓷
42.铜鼎　43、46、49、56.陶壶　44.铜樵壶　47、50~55、58、59、61~63、67、68.陶罐　48、57、64~66.陶提筒　60.陶四系罐　69.陶潤

北

0　　　1 米

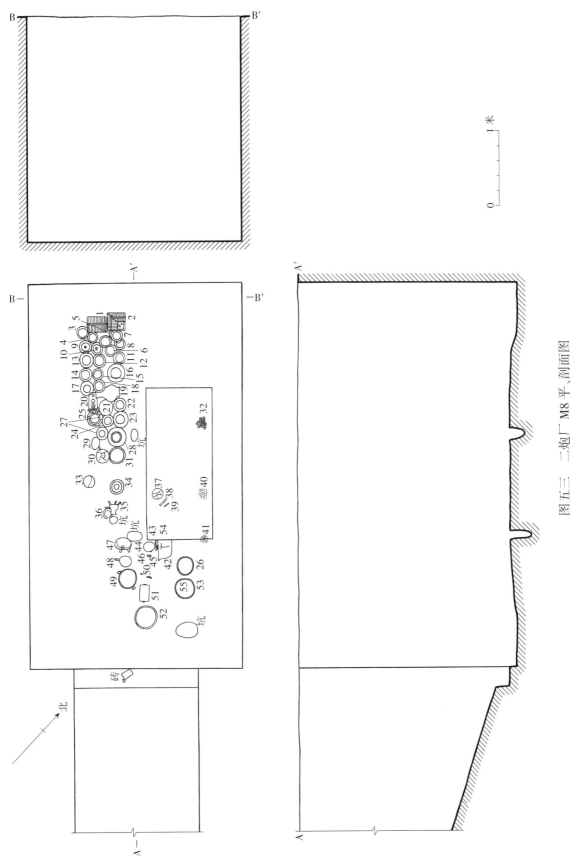

图五三　二炮厂 M8 平、剖面图

1.陶仓　2.陶屋　3~8.陶双耳直身罐　9-11、14、15、18.陶四耳罐　12、13、17.陶盖罐　16、28.陶四耳展唇罐　19、22、23、27.陶壶　20.陶灶　21.陶盆　24.陶镌　25.陶井　26、42、49、50、53.漆盆　29、48.陶魁　30.陶樽　31.陶罐　32.铜钱　33.陶碗　34.陶熏炉　35.铜镌壶　36.铜镜　37.铜镜　38.铁削　39.铜刷把　40、41、55.玻璃珠　43、54.铁镊　44.铜碗　45、46.漆耳杯　47.陶鼎　48.陶魁　51.滑石暖炉　52.铜盆

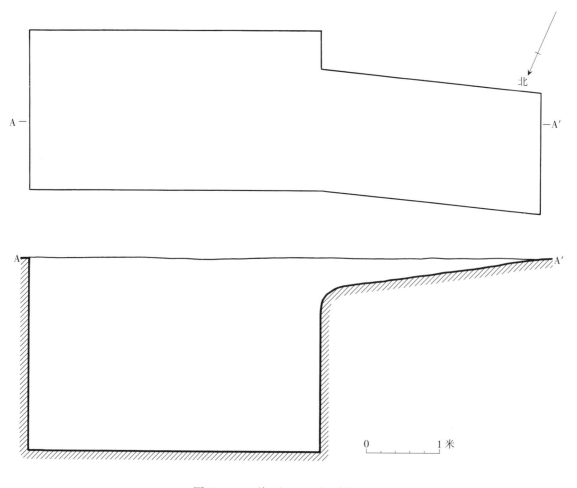

图五四　二炮厂 M19 平、剖面图

二炮厂 M19　墓口距地表深约 1 米，墓向 235°。墓室填土为灰黑色土，土质松软，总长 7 米。墓道较浅，偏向北侧，不甚规整，长 3、宽 1.6、深 0.4 米，坡度 8°。墓室长 4、宽 2.1、深 2.54 米。该墓未见棺椁痕迹，亦无器物出土，墓道原似未完成，可能为开挖后废弃，未下葬（图五四）。

三　砖室墓

44 座。依墓室构筑形制，分直券顶墓、横直券顶墓和穹隆顶合券顶墓三型。

A 型　36 座。直券顶墓。依墓室带侧室与否，分两亚型。

Aa 型　33 座。无侧室。结构简单，依墓室形制，分三式。

Ⅰ式　15 座。单室墓。由斜坡式墓道和墓室两部分组成。属此式的有二炮厂 M7（彩版四三，1、2）、M9、M14a、M14b、M16、M17、M22，机械厂 M4（彩版四三，3、4）、M8（彩版四四，1），汽齿厂 M10，公务员小区一期 M6，官塘岭 M5，公务员小区二期 M2、M4b 和廉乳厂 M11。

二炮厂 M14a　与 M14b 为异穴合葬墓。两墓平行排列，墓室相距 3.3 米，中间为生土隔墙。

M14a 墓口距地表深约 0.6 米，墓向 47°，总长 6.23 米。墓道长 2.6、宽 0.99 米，坡度 22°。封门位于墓道内，单砖错缝结砌。墓室长 3.63、宽 1.11、残深 1 米，单砖券顶，墓室券门外有一层加固券。墓壁为单砖错缝结砌，底铺错缝平砖。墓室后端靠南侧用平砖横砌两排，间距 1.46 米，应用以抬高棺床。出自棺床处的器物有银指环、银串饰、玻璃珠、玛瑙串饰、铁削和铁镊，墓主应为女性（图五五；彩版四四，2）。

二炮厂 M14b 墓口距地表深 0.6 米，墓向 46°，总长 10.44 米。墓道长 6.72、宽 1.17 米，坡度 21°。封门位于墓道内，单砖错缝结砌。墓室长 3.72、宽 1.75、深 2.42 米，双层券顶，墓壁下部为两顺一丁结砌，以上为双砖错缝，墓底铺"人"字形砖。墓室后端同 M14a，用平砖横砌两排，间距 1.54 米，用以抬高棺床。器物主要出自墓室后端，有漏、仓、灶、井、壶和罐等陶器，前端出土铜碗 1 件，另扰土中还发现陶壶和陶釜。b 墓规模较 a 墓大，未见串饰等小件器物，墓主应为男性（图五六；彩版四四，3）。

Ⅱ式　9 座。分室墓。由墓道、前室和后室三部分组成。分室的形式有两种。

第一种券顶平直，墓底分级以示前后室。4 座。有二炮厂 M30b，迎宾大道 M2、公务员小区二期 M10 和火车站 M2（彩版四四，4）。

二炮厂 M30b 与 M30a 为异穴合葬墓，两墓平行排列，M30b 位于 M30a 西北侧，中间为生土隔梁，墓室相距 0.68 米。M30b 墓口距地表深 1 米，墓向 50°。由墓道、前室和后室三部分组成，总长 10.32 米。墓道长 5.18、前端宽 1.26 米，后端距墓室 0.68 米处变缓，宽 1.5 米，坡度 17°。封门位于墓室内，单砖错缝结砌，上有"人"字形额墙。封门与墓口间有宽 0.36、深 0.22 米的渗水沟。墓底分二级，以示前后室。前室长 1.5、宽 1.5、深 1.49 米。后室长 3.16、宽 1.5、底部高于前室 0.12 米。墓壁为单砖错缝结砌，上部券顶为双层，两侧砖壁与外土圹间距 0.24 米，填红色土。墓底铺"人"字形砖。器物遭盗扰无存（图五七；彩版四五，1）。

第二种券顶前高后底，墓底亦分级。5 座。有迎宾大道 M3（彩版四五，2）、公务员小区二期 M4a、廉乳厂 M8、庞屋队 M1（彩版四五，3）和精神病院 M3。

精神病院 M3 历史上遭盗掘，券顶及墓壁上部塌陷。墓口距地表深约 1 米，墓方向 130°，由墓道、前室和后室三部分组成，总长 12.5 米。墓道长 6、前端宽 1.45、后端宽 1.65 米，坡度 17°。封门砖位于墓室前端，二顺一丁结砌。前室长 3.45、宽 2.65、深 2.05 米。后室长 3.05、宽 2.15 米，底部高于前室 0.12 米，尾端带一壁龛，深 0.4、宽 0.6、高 0.65 米。墓壁下部为二顺一丁，上为双砖错缝结砌，双层起券。墓底铺"人"字形砖。残存器物均出自前室，有罐、四系罐、温壶、瓮、镳壶、灶、井、樽、鼎、仓等陶器，墓室扰土中发现陶鼎残件、陶熏炉、陶罐、陶器盖、铁灯和滑石暖炉（图五八；彩版四六，1）。

Ⅲ式　9 座。分室带甬道墓。由墓道、甬道、前室和后室四部分组成，墓室券顶和墓底均分级。属此式的有公务员小区一期 M14（彩版四六，2），公务员小区二期 M7，机械厂 M7，二炮厂 M2、M3、M24、M28、沿海铁路 M1（彩版四七，1）和官塘岭 M8。

二炮厂 M2 墓口距地表深约 0.9 米，墓向 231°。由墓道、甬道、前室和后室四部分组成，总长 12.58 米。墓道长 5.75、宽 1.28 米，坡度 21°。封门位于墓道内，底部为一排丁砖，以上

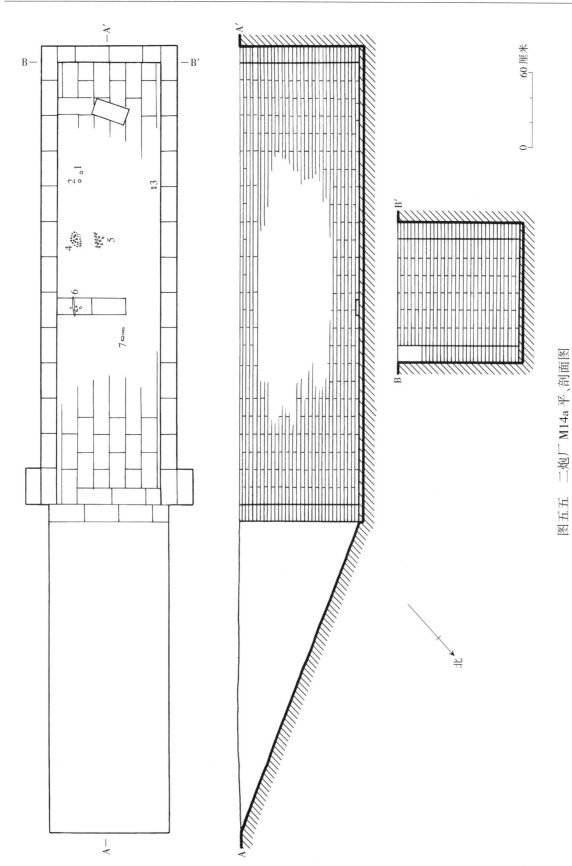

图五五　二炮厂 M14a 平、剖面图

1、2.银指环　3.玻璃珠　4.串饰　5.银串饰　6.铁削　7.铁锯

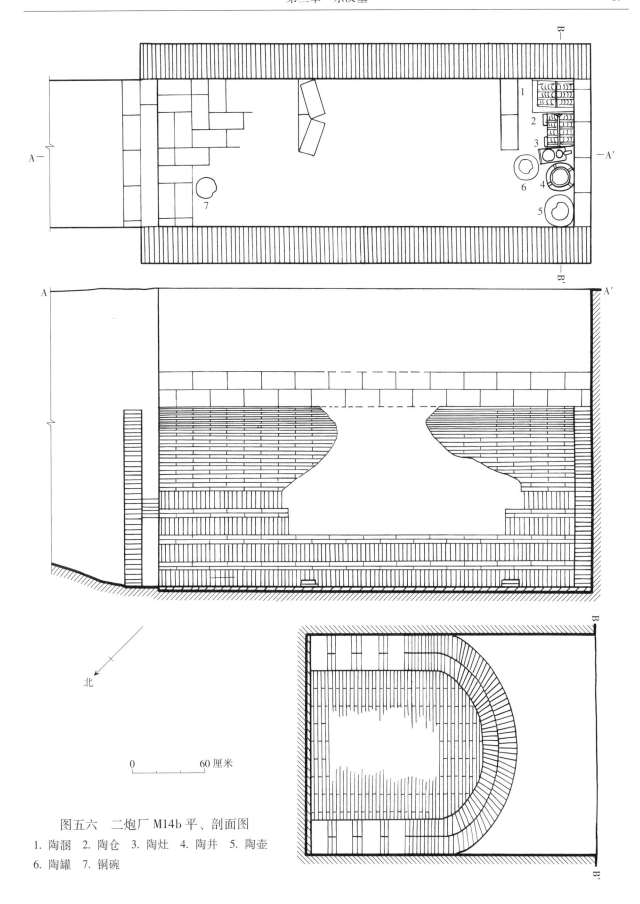

图五六　二炮厂 M14b 平、剖面图

1. 陶溷　2. 陶仓　3. 陶灶　4. 陶井　5. 陶壶

6. 陶罐　7. 铜碗

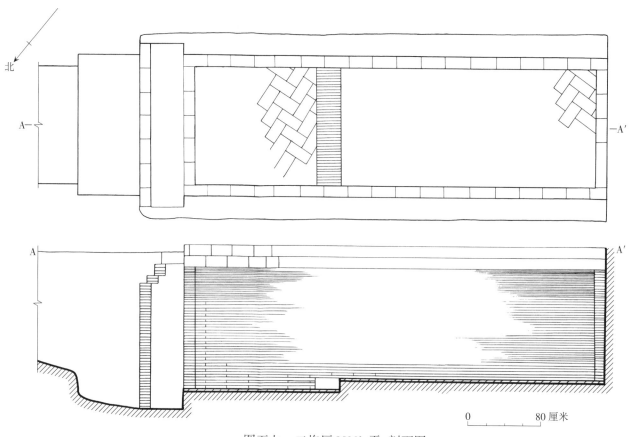

0   80 厘米

图五七 二炮厂 M30b 平、剖面图

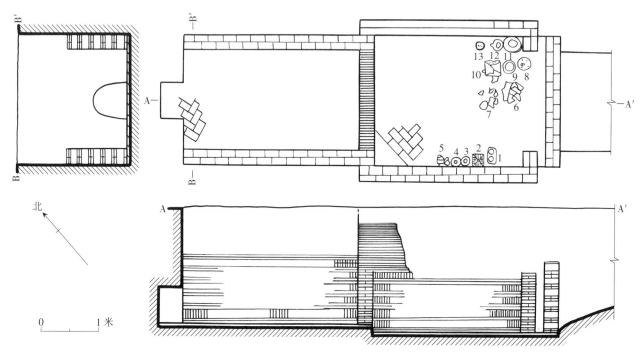

0   1 米

图五八 精神病院 M3 平、剖面图

1.陶灶 2.陶井 3、4、13.陶四系罐 5.陶温壶 6.陶瓮 7.陶镵壶 8.陶樽 9.陶鼎 10.陶仓 11、12.陶罐

为两顺一丁结砌。甬道长 1.55、宽 1.84 米，前室长 2.36、宽 2.4、深 2.09 米，后室长 2.92、宽 1.84 米，底部高于前室和甬道 0.16 米。后室尾端有一壁龛，进深 0.25、宽 0.38、券高 0.52 米。壁龛内置陶屋 1 件。墓壁下部为两顺一丁，以上为双砖错缝结砌，甬道和前室墓壁下部为一层丁砖，墓底铺 "人" 字形砖。扰土中发现樽、碗、灯、长颈壶和器盖等陶器（图五九；彩版四七，2）。

Ab 型　3 座。带侧室。侧室数量为一或两个。带两侧室墓，侧室多对称，大小形制相同，部分为一大一小。依带甬道与否，分两式。

Ⅰ 式　1 座。无甬道，带两侧室。二炮厂 M10 属此式。

二炮厂 M10　墓口距地表深约 1 米，墓向 60°。由墓道、前室和后室三部分组成，后室前端带两大小相近的侧室。墓道长 9.7、宽 1.72 米，坡度 16°，近墓室处平。封门位于墓道和墓室间，单砖错缝结砌。封门与墓口之间有一渗水凹槽。前室长 2.94、宽 3.4、深 2.83 米，后室长 5.16、宽 2.11、底部高于前室 0.2 米。西侧室进深 2.22、宽 1.08 米；东侧室进深 2.36、宽 1.22 米，均为单层起券，券高 1 米。后室尾端带一壁龛。壁龛内随葬 1 件陶屋。墓室壁下部为两顺一丁，以上平砖错缝。墓底铺 "人" 字形砖（图六○；彩版四八）。

Ⅱ 式　2 座。带甬道。廉乳厂 M9 和公务员小区一期 M18 属此式（彩版四九）。

廉乳厂 M9　墓道前端被近代墓打破。墓口距地表深 1.2 米，墓向 212°。由墓道、甬道、前室和后室四部分组成，总长 16 米。墓道长 7.68、前端宽 1.6、后端宽 2.08 米，坡度 23°，近墓室 0.76 米处墓底平。封门位于墓道内，底部为一层半丁砖，以上单砖错缝结砌。甬道长 1.44、宽 2.72、深 3.04 米。前室长 2.56、宽 3.32 米，后端底部高于前端 0.18 米。前室两侧各带一小侧室，东侧室深 1.24、宽 1.48 米，双层起券，高 1.38 米；西侧室深 1.64、宽 1.48 米。后室长 4.32、宽 2.72 米。墓壁下部为顺丁砖组合，以上为双砖错缝结砌。墓底铺 "人" 字形砖。扰土中发现灶、卮、提筒、樽、案、罐、盆、井、熏炉、魁、耳杯、长颈壶、鼎和器盖等陶器及高温釉陶罐（图六一；彩版五○）。

B 型　5 座。横直券顶墓。前室为横券顶，后室为直券顶。依有无甬道，分两式。

Ⅰ 式　3 座。不带甬道。属此式的有二炮厂 M5、官塘岭 M1 和迎宾大道 M1。

二炮厂 M5　墓口距地表深约 1 米，墓向 51°。由墓道、前室和后室三部分组成，总长 12.28 米。墓道长 6、宽 1.44 米，坡度 25°，前端南侧有 5 个圆形脚窝，北侧有 1 个，脚窝径 0.08～0.16、深 0.04～0.08 米。封门位于墓道内，单砖错缝结砌，残高 0.66 米。前室为横券顶，纵深 1.92、宽横宽 3.06、深 2.76 米。后室为直券顶，长 4.36、宽 1.85 米，底部分两级，前端高于前室 0.13 米，低于后端 0.13 米。后室中部带一侧室，宽 1.54、深 1.61、高 0.96 米。墓室为双层券顶，墓壁下部为两顺一丁，上部为双砖错缝结砌。墓底铺 "人" 字形砖。器物主要分布于前室两侧、侧室及后室前端，有陶器、铜器和滑石器，后室后端出土少量银器、玻璃珠和薏苡（图六二；彩版五一）。

Ⅱ 式　2 座。带甬道。电厂 M2 和官塘岭 M10 属此式。

官塘岭 M10　墓口距地表深约 0.7 米，墓向 280°。由墓道、甬道、横前堂和后室四部分组

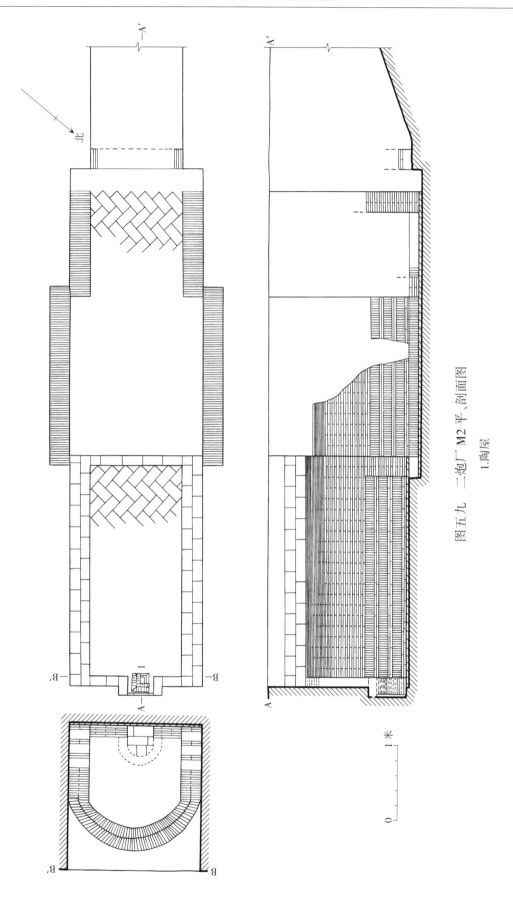

图五九　二炮厂　M2 平、剖面图

1.陶屋

0　　1 米

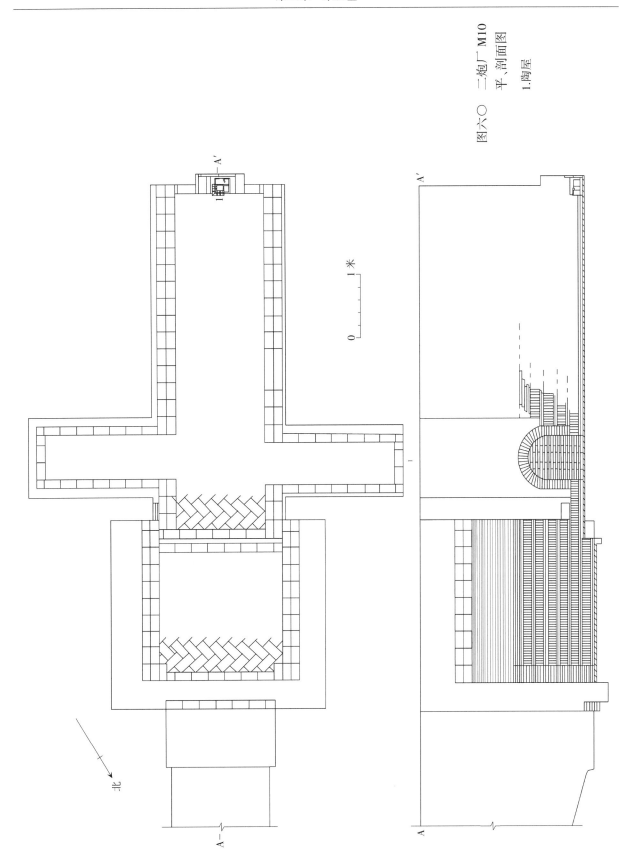

图六〇　二炮厂　M10
平、剖面图
1.陶屋

北

A — A'

A' — A'

1米

0

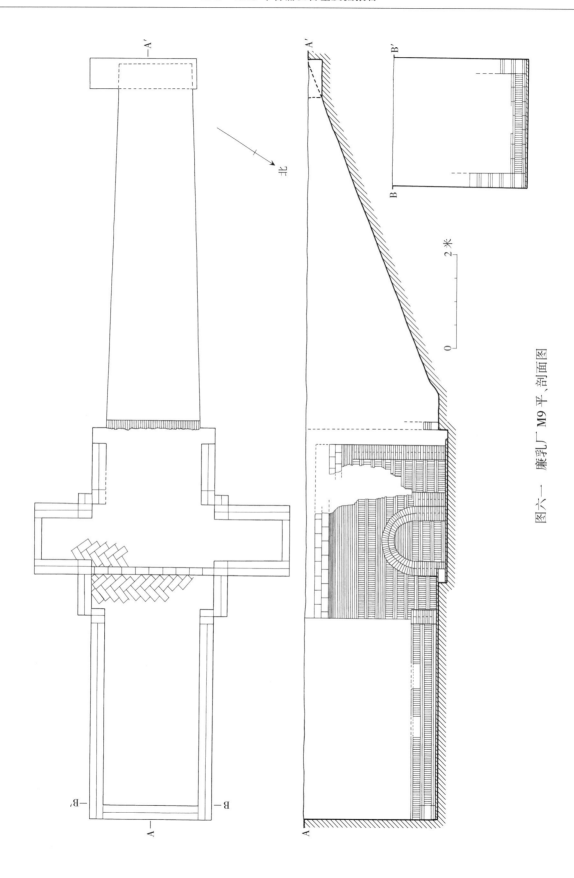

图六一　廉孚厂 M9 平、剖面图

成，总长 20.4 米。墓道长 12.05、前端宽 1.6、后端宽 1.75 米，坡度 14°，距墓室 0.8 米处底平。封门位于墓室内，下部为双砖错缝，上部为二顺一丁。甬道长 2.15、宽 2.2、深 2.95 米。前室为横券顶，纵长 2.1、横宽 5.8 米，底部与甬道持平。后室为直券顶，形制较独特，主室两侧及后端有砖砌回廊，以示椁，廊与主室间距 0.6 米，以券顶相连。主室长 3.25、宽 2.2、底部高于前室 0.17 米，尾端有拱券与廊相通，券高 0.95 米。廊东南角有一拱形壁龛，深 0.25、宽 0.4、高 0.45 米。甬道和前室墓壁下部为两顺一丁结砌，上部残。后室墓壁为双砖错缝垒砌，墓底铺"人"字形砖。墓室扰土中发现有陶仓、陶灶和陶屋等（图六三）。

C 型 3 座。穹隆顶合券顶墓。墓室由直券顶和穹隆顶组成，后室尾端多带拱形壁龛。依有无甬道，分两式。

I 式 2 座。无甬道。前室为穹隆顶，后室为直券顶。属此式的有公务员小区二期 M16 和 M17。

公务员小区二期 M17 墓口距地表深约 1.5 米，墓向 95°。由墓道、前室和后室三部分组成，残长 10.4 米。墓道前端被取土时破坏，残长 2、宽 1.8 米，坡度 15°。封门位于墓室内，下部为二顺一丁结砌，残高 0.5 米。前室为穹隆顶，长 3、宽 3、深 3.35 米，墓口有双砖砖柱，穹顶平置两块砖封盖。后室为直券顶，长 4.9、宽 2.4 米，底部高于前室 0.15 米。墓壁双砖错缝结砌，底铺"人"字形砖。扰土中发现有陶溷、陶灶、玻璃珠和五铢铜钱等（图六四；彩版五二，1、2）。

II 式 1 座（机械厂 M1）。带甬道。

机械厂 M1 墓口距地表深约 1 米，墓向 335°。由墓道、甬道、前室和后室四部分组成，总长 11.22 米。墓道长 4.16、宽 1.24 米，坡度 30°。封门位于墓室内，底部为双砖错缝结砌，以上为二顺一丁排列，残高 0.44 米。甬道长 1.16、宽 2.08、深 2.96 米，底部低于墓道底端 0.56 米。前室为穹隆顶，长 2.84、宽 2.92 米，北侧带一小侧室，深 0.84、宽 0.94 米，单层起券，高 1.04 米。后室为直券顶，长 3.12、宽 2.12 米，底部高于前室后端 0.16 米，尾端带一壁龛，深 0.32、宽 0.96、残高 0.2 米。墓壁下部为二顺一丁结砌，以上为双砖错缝。墓底除甬道部分铺条砖，余均铺方砖。扰土中发现有陶屋、陶灶、陶四系罐、陶灯、陶井亭盖、陶熏炉盖、筒瓦、高温釉陶罐、滑石锅等（图六五；彩版五二，3）。

砖室墓所用墓砖有条砖和方砖两类。

东汉早期均为条砖，以平砖为主，少量为楔形砖。灰白色和淡红色居多，部分为灰色和红色。单面拍印纹饰，纹饰比较简单，主要为方格纹、菱格纹、"V"形纹和条形纹，或两种纹饰组合，也见少量回形纹和带柄的方格纹或菱格纹。纹饰组数在两组到五组之间，以三组最多，两组次之，四组、五组极少。条砖长 23.7～28.6、宽 10.5～13.8、厚 2.8～3.8 厘米（图六六～六八）。东汉晚期条砖和方砖均有，以条砖为主。条砖较之于东汉早期，灰色砖略多，规格总体偏大，纹饰拍印加深，内容亦更趋丰富，出现了人像纹、柿蒂纹、叶脉纹等。方砖用于铺地，均为灰白色，部分饰兽面纹和朱雀纹，兽面纹形似铺首。条砖长 23.5～29、宽 11.4～13.8、厚 2.1～4.2 厘米；方砖边长 34.3～35.8、厚 4.8～5 厘米（图六九～七五）。

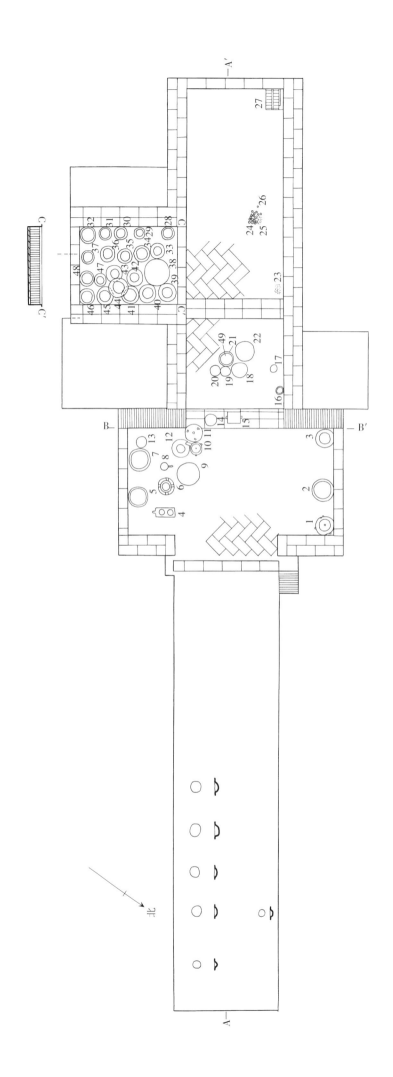

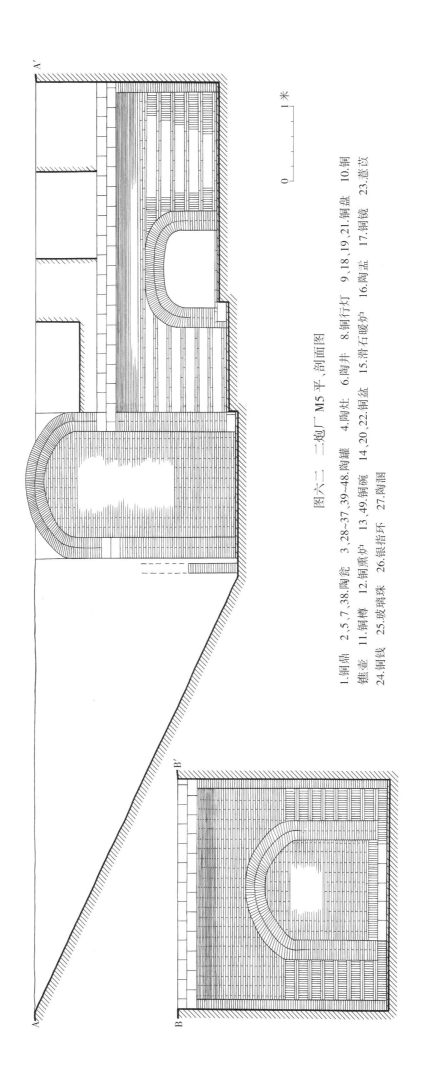

图六二 二炮厂 M5 平、剖面图

1.铜鼎 2、5、7、38.陶瓮 3、28~37、39~48.陶罐 4.陶灶 6.陶井 8.铜行灯 9、18、19、21.铜盘 10.铜镶壶 11.铜樽 12.铜熏炉 13、49.铜碗 14、20、22.铜盆 15.滑石暖炉 16.陶盂 17.铜镜 23.薏苡 24.铜钱 25.玻璃珠 26.银指环 27.陶涵

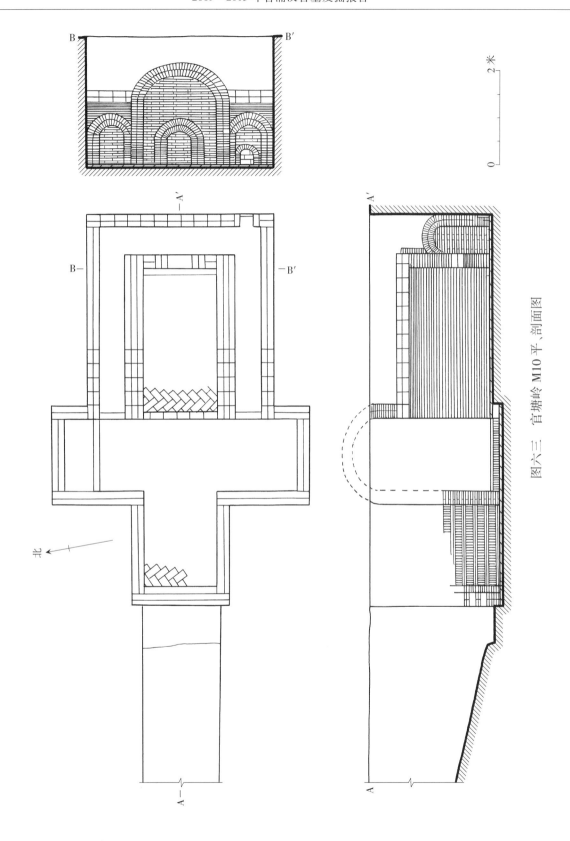

图六三　官塘岭 M10 平、剖面图

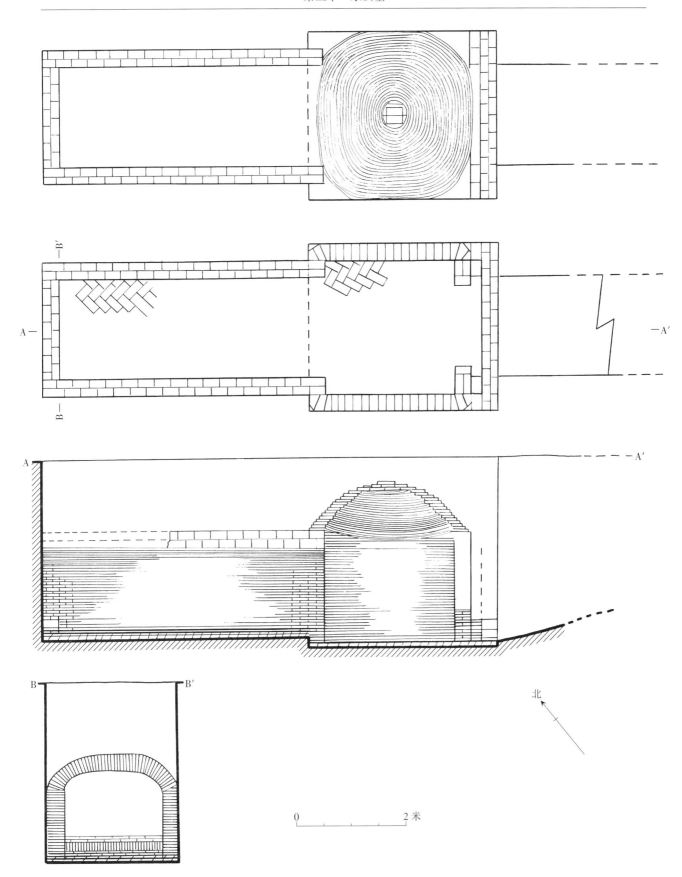

图六四　公务员小区二期 M17 平、剖面图

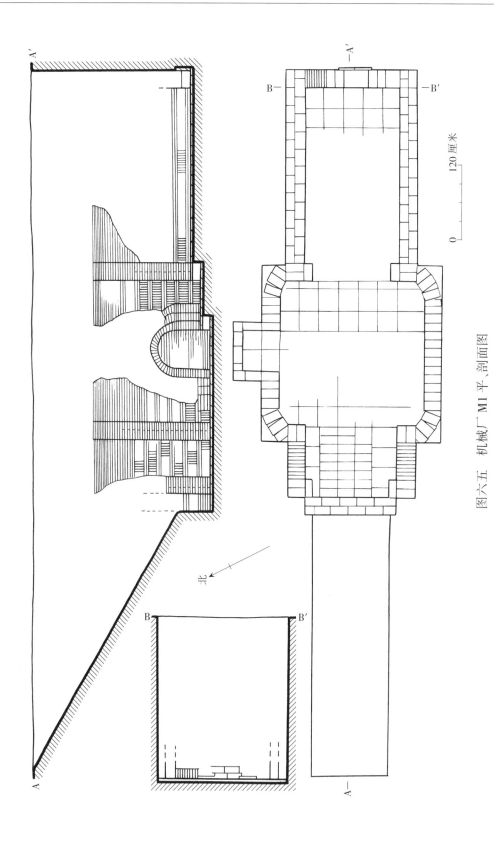

图六五　机械厂 M1 平、剖面图

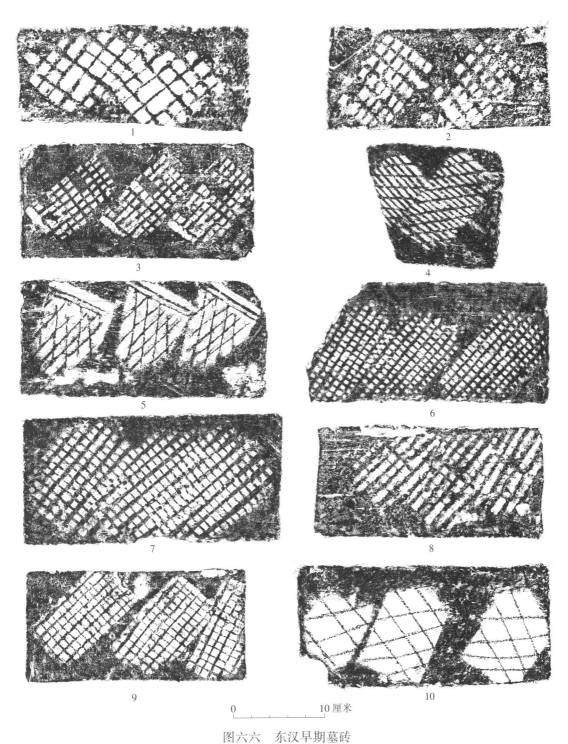

图六六　东汉早期墓砖

1、2. 方格纹（精神病院 M3）　　3、8、9. 方格纹（廉乳厂 M8）　　4、5、10. 菱格纹（公务员小区一期 M6）　　6、7. 方格纹（公务员小区一期 M6）

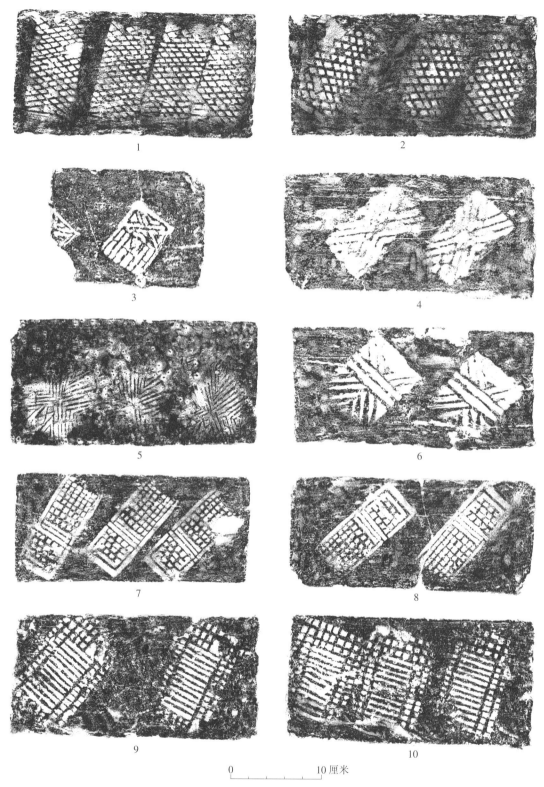

0 ㅣㅣㅣㅣㅣ 10厘米

图六七　东汉早期墓砖

1、2. 菱格纹（机械厂 M8）　3. 条形加对称 "V" 形纹（公务员小区一期 M6）　4. 对称 "V" 形纹（公务员小区二期 M2）　5. 对称 "V" 形纹（机械厂 M8）　6. 条形加对称 "V" 形纹（公务员小区二期 M2）　7、8. 方格加条形纹（公务员小区二期 M2）　9、10. 方格加条形纹（公务员小区一期 M6）

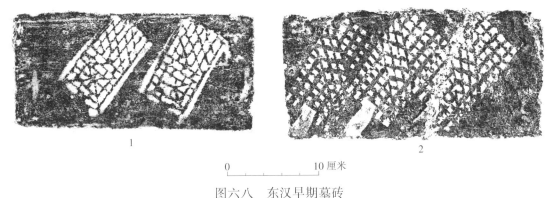

0　　　　　　　　10 厘米

图六八　东汉早期墓砖

1. 方格加菱格米字纹（廉乳厂 M11）　2. 方格加菱格纹带柄（公务员小区一期 M6）

第二节　出土遗物

共计 523 件，器类有陶器、高温釉陶器、铜器、铁器、银器、漆器、石器、滑石器及珠饰等，其中陶器和铜器残损严重。

一　陶器

368 件。多为灰白胎硬陶，施青黄釉，部分烧制温度低。除 10 件不明器形外，余器类有鼎、盒、壶、温壶、长颈壶、镶壶、瓮、罐、四系罐、盖罐、四耳展唇罐、双耳直身罐、樽、提筒、案、簋、熏炉、圆盘、灯、盆、魁、碗、盂、卮、耳杯、釜、甑、屋、井、仓、灶、涠、筒瓦等。

鼎　8 件，其中公务员小区一期 M14，廉乳厂 M9，公务员小区二期 M7，二炮厂 M8、M28 和廉乳厂 M8 各出土 1 件，余 2 件出自精神病院 M3，其中 3 件残存器盖。余 5 件，属Ⅲ式。

Ⅲ式　5 件。灰白胎硬陶。上腹斜直内敛，下腹弧收，三足外撇明显。腹部有一周凸棱，棱间出附耳。

13HYGM7∶扰 2，盖面隆起，顶部平圆，中央有乳丁纽，柿蒂纹纽座。纽外饰两组弦纹，弦纹间等布三圆环，已残。盖沿下折。附耳上圆下方，耳上附一小乳丁。口径 15.4、腹径 20.8、残高 18.4 厘米（图七六，1；彩版七二，1）。

11HFPM8∶47，盖面和器身多处聚釉。盖面圆隆，顶中央有乳丁纽，柿蒂纹纽座突起。纽外饰一组弦纹，纹间等布三圆环，环上附小乳丁。长方形附耳，中镂孔，孔两侧饰叶脉纹。口径 15、腹径 20.2、通高 19.4 厘米（图七六，2；彩版五九，1）。

盒　2 件，官塘岭 M5 和公务员小区一期 M14 各出土 1 件，其中 1 件残存器盖。均属 B 型。灰白胎硬陶。盖面圆隆，呈半球形，顶部平凸。

10HJGM5∶扰 12，盖顶中央有圆纽扣环，柿蒂纹纽座，座外有一周凸棱，棱上等布三卧羊，羊头向后转；盖面外圈饰羽纹。子口内敛，深弧腹，圈足外撇。腹部饰一组弦纹，间以复线菱格纹，菱格内填短竖线，腹中部附一对铺首衔环。口径 23.3、腹径 25、足径 16.3、通高 23.1 厘米（图七六，3；彩版七二，2）。

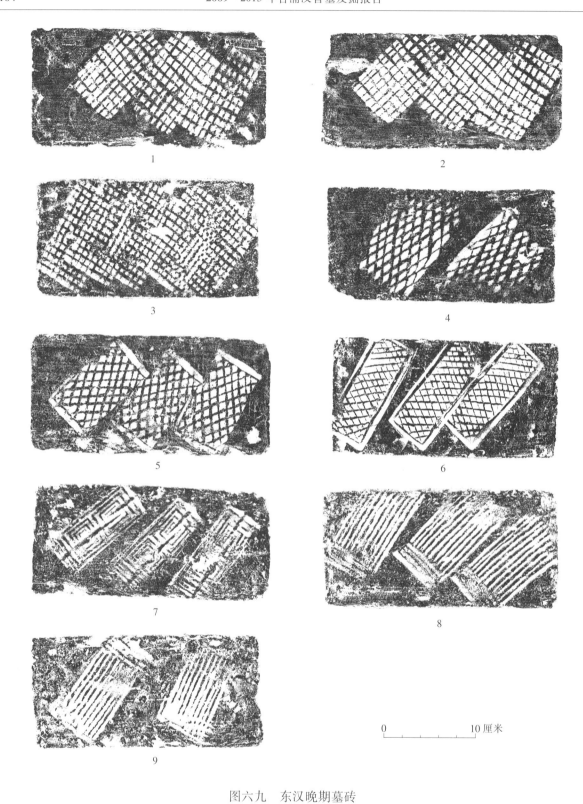

图六九 东汉晚期墓砖

1～3. 方格纹（二炮厂 M5） 4、5. 菱格纹（二炮厂 M5） 6. 菱格纹带柄（二炮厂 M15）

7. 回形纹（二炮厂 M5） 8、9. 条形纹（二炮厂 M5）

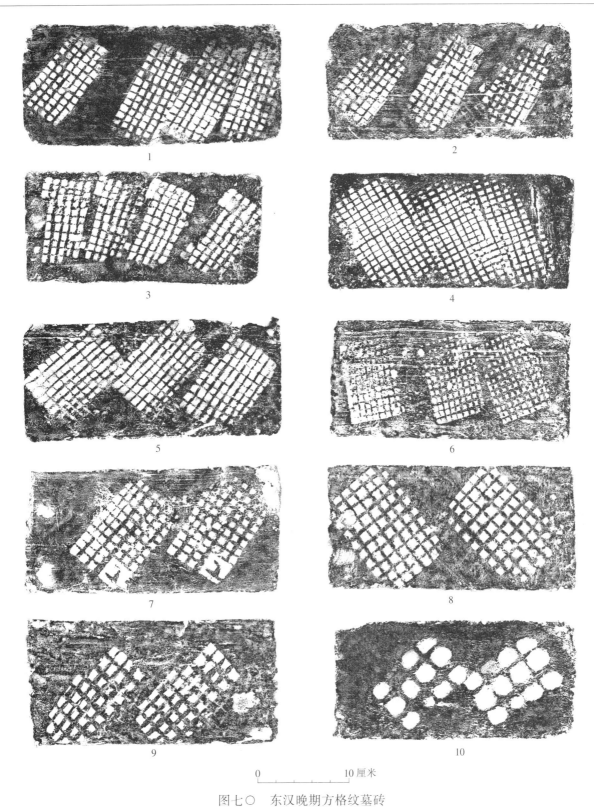

图七〇　东汉晚期方格纹墓砖

1、2. 二炮厂 M9　3. 二炮厂 M10　4. 二炮厂 M16　5. 机械厂 M4　6. 汽齿厂 M10　7. 二炮厂 M2　8、9. 公务员小区一期 M14　10. 机械厂 M1

图七一　东汉晚期墓砖

1. 对称弧线纹（廉乳厂 M9）　2. 对称"V"形纹（公务员小区一期 M14）　3. 绳纹（二炮厂 M14b）
4. 刻划线纹（二炮厂 M7）　5. 刻划线纹（二炮厂 M14a）　6. 方格纹带柄（公务员小区二期 M10）
7. 方格纹（机械厂 M4）　8. 方格加"田"字纹带柄（公务员小区一期 M14）　9. 方格加菱格纹带柄
（汽齿厂 M5）

图七二　东汉晚期墓砖

1. 条形纹（机械厂 M1）　2. 条形纹（机械厂 M4）　3. 条形加弧线纹（二炮厂 M2）　4. 条形加短斜线纹（机械厂 M1）　5. 条形加对角线纹（公务员小区二期 M10）　6. 菱格纹（公务员小区一期 M18）　7. 菱格纹（二炮厂 M2）　8. 菱格纹（机械厂 M1）　9. 菱格纹（二炮厂 M16）　10. 菱格纹（二炮厂 M28）

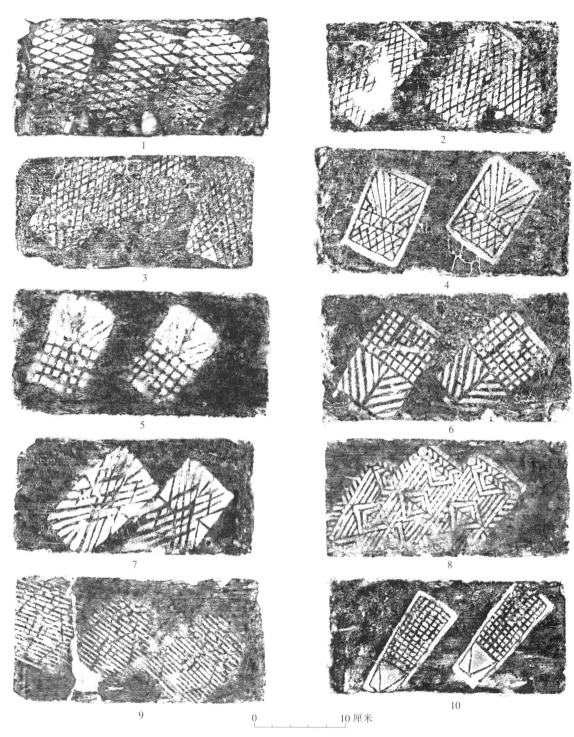

图七三　东汉晚期墓砖

1. 菱格纹（汽齿厂 M10）　2. 菱格纹（迎宾大道 M3）　3. 菱格纹（电厂 M2）　4. 菱格加 "V" 形纹
（公务员小区一期 M14）　5. 方格加 "V" 形纹（火车站 M2）　6. 方格加叶脉纹（公务员小区一期 M14）
7. 菱格 "V" 形纹（二炮厂 M28）　8. 条形加菱格纹（二炮厂 M9）　9. 条形菱格复合纹（二炮厂 M9）
10. 方格加 "V" 形纹（二炮厂 M10）

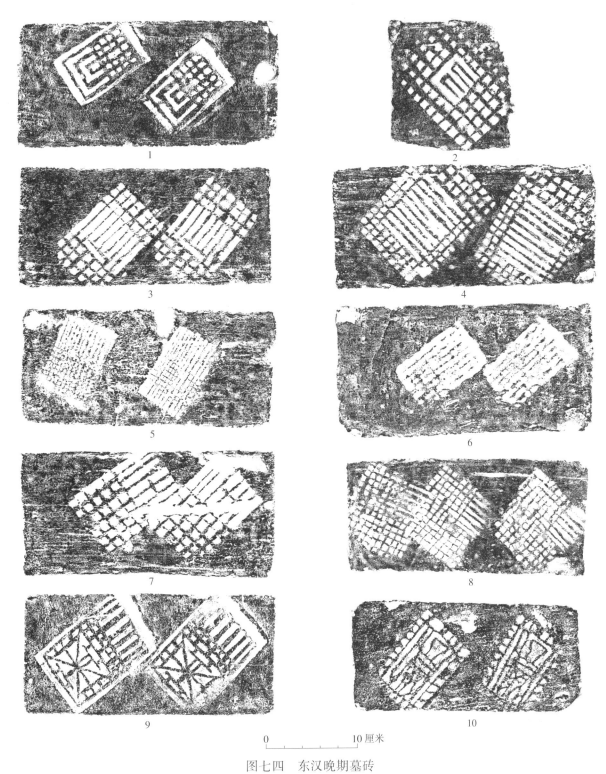

图七四　东汉晚期墓砖

1. 方格加凹形纹（二炮厂 M28）　2. 方格加条格纹（公务员小区一期 M14）　3、5. 方格加条形纹（二炮厂
M2）　4. 方格加条形纹（机械厂 M4）　6、7. 方格加条形纹（二炮厂 M3）　8. 方格加条形纹（二炮厂 M9）
9. 米字纹加方格条形纹（二炮厂 M28）　10. 人形纹（二炮厂 M17）

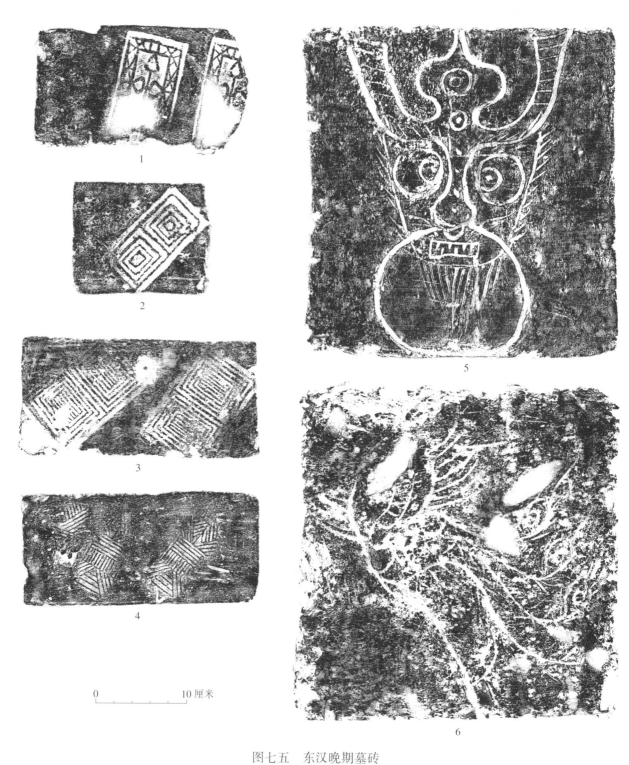

图七五 东汉晚期墓砖

1. 柿蒂纹（二炮厂 M10） 2. 回形纹（二炮厂 M10） 3. 回形纹（庞屋队 M1） 4. 条形加三角纹（电厂 M2）

5. 兽面纹（二炮厂 M3） 6. 朱雀纹（二炮厂 M3）

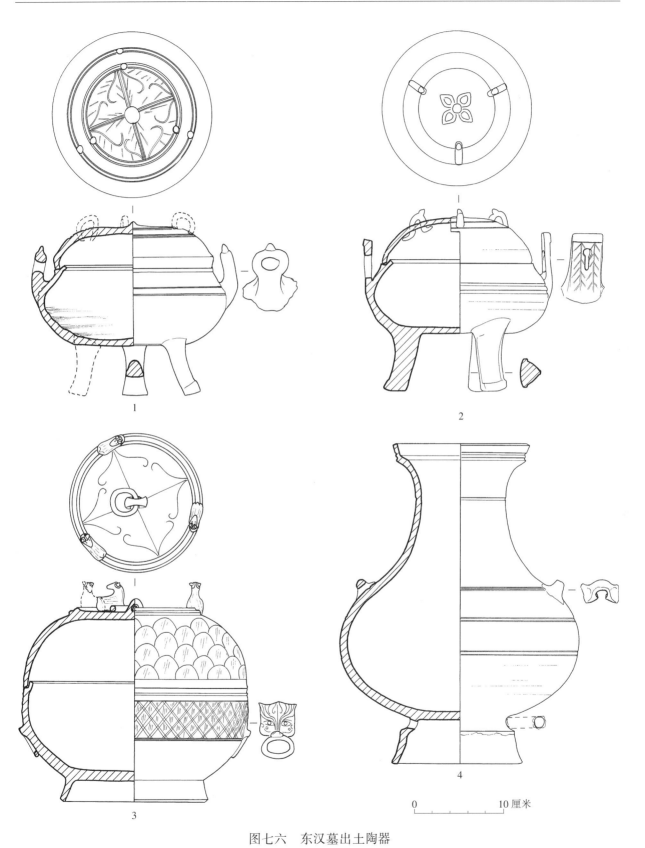

图七六 东汉墓出土陶器

1、2. Ⅲ式鼎（13HYGM7：扰2、11HFPM8：47）   3. B型盒（10HJGM5：扰12）   4. Aa型Ⅱ式壶（11HFPM14b：5）

壶　18 件，其中公务员小区一期 M6、M18 和公务员小区二期 M4a 出土 5 件残存部分腹部。均为灰白胎硬陶。

Aa 型　2 件。

Ⅱ式　1 件（11HFPM14b：5），二炮厂 M14b 出土。与西汉晚期形制相近。口沿外和耳际各饰一组弦纹，颈部饰一周弦纹，腹部饰两组弦纹。口径 15.1、腹径 26.2、足径 14.3、高 34.1 厘米（图七六，4；彩版七三，1）。

Ⅲ式　1 件（13HZJM8：扰 1），机械厂 M8 出土。扁鼓腹，下腹较Ⅱ式斜直。颈部较短，圈足较矮，外撇明显。口沿外、颈部和腹部各饰一组弦纹，颈部饰一周弦纹。圈足处旋刮一周凸棱。口径 14.7、腹径 24.2、足径 14.6、高 29.6 厘米（图七七，1；彩版七三，2）。

Ab 型　9 件。

Ⅲ式　2 件，二炮厂 M6 出土。颈部较西汉晚期略短。

11HFPM6：49，圈足分节。口沿外、耳际和腹部各饰一组弦纹，颈部饰一周弦纹。口径 11.8、腹径 20.3、足径 11.9、高 25.8 厘米（彩版五三，1）。

11HFPM6：56，颈部收束较明显。口径 11、腹径 19.7、足径 11.5、高 26.8 厘米（图七七，2；彩版五三，2）。

Ⅳ式　5 件，其中二炮厂 M8 出土 4 件，带盖，余 1 件出自二炮厂 M14b。均为扁腹，略下坠。

11HFPM8：19，形体较大。盖面隆起，顶中央有圆纽扣环。盖面饰一组弦纹，间以斜行篦点纹。圈足略外撇。颈部饰一周弦纹，耳际和腹部各饰一组弦纹。口径 12.1、腹径 22.1、足径 12.8、通高 30.4 厘米（图七七，3；彩版五九，2）。

11HFPM8：27，形体矮小。盖面微隆，顶中央有圆纽扣环。圈足外撇明显。耳际和腹部各饰一组弦纹。口径 9.9、腹径 16.9、足径 10.7、通高 22.5 厘米（图七七，4；彩版五九，3）。

Ⅴ式　1 件（12HFPM28：扰 6），二炮厂 M28 出土。扁圆腹，最大腹径居中。带盖，盖顶平圆，中央有半环纽，外圈斜直，近沿处旋刮一周。肩部较鼓。颈部饰一周弦纹，耳际和腹部各饰一组弦纹。口径 12、腹径 20.1、足径 13.3、通高 28 厘米（图七八，1；彩版七三，3）。

Ⅵ式　1 件（12HTLM1：扰 1），沿海铁路 M1 出土。扁圆腹下坠。带盖，盖面隆起，顶残。颈部较长，圈足外撇明显，无穿孔。耳际饰一周弦纹，口沿外和腹部各饰一周弦纹。口径 12.3、腹径 20.3、足径 12.4、残高 30.9 厘米（图七八，2；彩版七三，4）。

B 型　2 件，二炮厂 M6 出土。属Ⅱ式。

Ⅱ式　颈部和圈足较西汉晚期短，肩部无铺首，圈足等分为两节。

11HFPM6：43，下腹多处流釉。带盖，盖面圆隆，顶部有凹形立纽。盖面外圈饰一组弦纹，间以斜行篦点纹。圈足处旋刮一周凹槽。口径 12.7、腹径 25.4、足径 13.9、通高 36.2 厘米（图七八，4；彩版五三，3）。

11HFPM6：46，无盖，下腹略圆。口径 12.6、腹径 26.5、足径 13.8、高 32.4 厘米（彩版五三，4）。

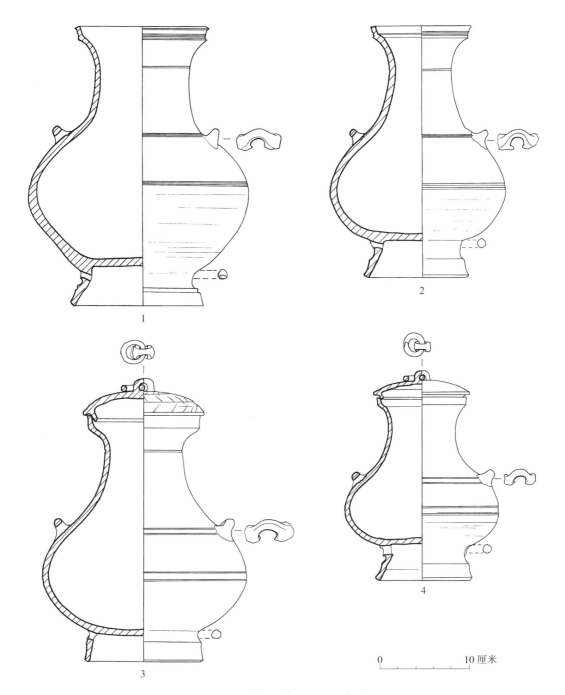

图七七 东汉墓出土 A 型陶壶

1. Aa 型Ⅲ式（13HZJM8：扰1） 2. Ab 型Ⅲ式（11HFPM6：56）

3、4. Ab 型Ⅳ式（11HFPM8：19、11HFPM8：27）

温壶 1 件（11HJYM3：5），精神病院 M3 出土。灰白胎硬陶。器身扁圆。顶中央呈乳状突起，近顶处有两半环耳。圈足处有两孔与耳相应，以穿绳带。全器密封无盖，近顶部乳突处有一圆筒形的短流，向上斜突出。顶部饰一周弦纹，耳际和腹部各饰一组弦纹。腹径 15.2、足径 11、通高 13.3 厘米（图七八，5；彩版七二，3）。

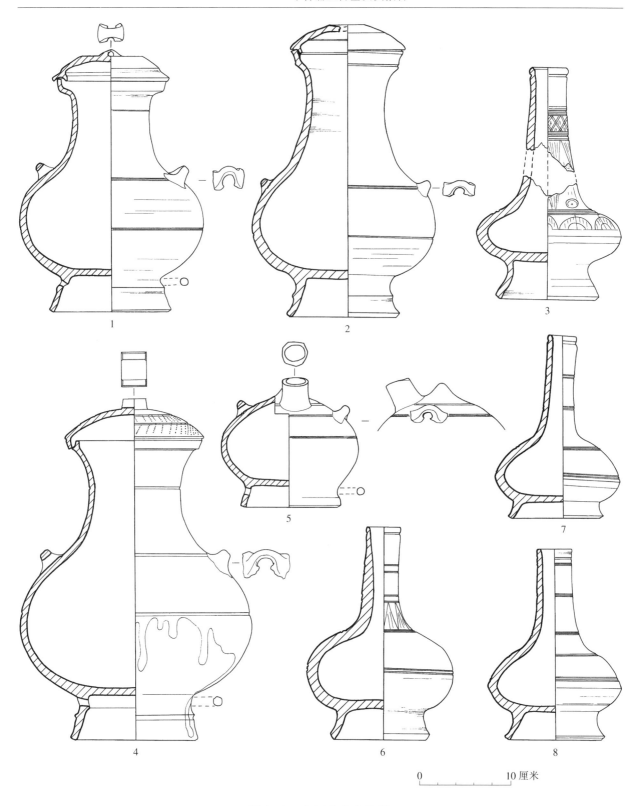

0　　　　　　　　　10 厘米

图七八　东汉墓出土陶器

1. Ab 型 Ⅴ 式壶（12HFPM28：扰 6）　2. Ab 型 Ⅵ 式壶（12HTLM1：扰 1）　3. A 型长颈壶（11HFLM9：扰 11）　4. B 型 Ⅱ 式壶（11HFPM6：43）　5. 温壶（11HJYM3：5）　6. B 型长颈壶（12HTLM1：扰 2）　7、8. C 型长颈壶（10HFPM2：扰 5、10HFPM3：扰 1）

长颈壶　4 件。灰白胎硬陶。依腹部形制，分三型。

A 型　1 件（11HFLM9：扰 11），廉乳厂 M9 出土。扁腹。颈部斜直，较粗，圈足较高，外撇明显。颈部自上至下饰弦纹、复线菱格纹、弦纹、倒复线三角纹；肩部等饰五个圆圈纹，圆圈下饰一组弦纹；腹部饰羽纹。腹部最大径处略有刮削痕迹。口径 3.8、腹径 15.9、足径 11.5、高约 24.5 厘米（图七八，3）。

B 型　1 件（12HTLM1：扰 2），沿海铁路 M1 出土。扁圆腹。颈部较 A 型细直，圈足略矮。口沿外饰一周弦纹，颈部饰两组弦纹，肩部饰复线三角纹和弦纹，腹部饰一组弦纹。口径 3.7、腹径 16.3、足径 11、高 22.5 厘米（图七八，6；彩版七二，4）。

C 型　2 件，二炮厂 M2 和 M3 各出土 1 件。扁折腹。

10HFPM2：扰 5，口沿外饰一周弦纹，颈部饰两组弦纹，肩、腹部各饰一组弦纹。口径 3、腹径 13.6、足径 10.3、高 19.7 厘米（图七八，7；彩版七二，5）。

10HFPM3：扰 1，圈足略高。口沿外饰一周弦纹，颈部等布三组弦纹，肩、腹部各饰一组弦纹。口径 3.9、腹径 14.5、足径 10.8、高 20.3 厘米（图七八，8；彩版七二，6）。

鐎壶　7 件，其中公务员小区二期 M7 和二炮厂 M24 出土 2 件，残存器把和一足。余 5 件为灰白胎硬陶，盘口，束颈，溜肩，平底，肩腹间出把，三足外撇，截面呈近三角形。依腹部形制，分两型。

A 型　4 件，二炮厂 M8、M28，精神病院 M3 和公务员小区一期 M18 各出土 1 件，其中 2 件残。均为扁圆腹。三足外撇明显。

11HFPM8：24，带盖，盖面微隆，顶有半环纽。把斜直，截面呈不规则七边形。颈部饰一周弦纹，肩腹间饰一组弦纹。口径 10.2、腹径 15、通高 21.8 厘米（图七九，1；彩版五九，4）。

12HFPM28：扰 7，带盖，盖顶平圆，中央有半环纽，外圈斜直分二级。肩部略鼓，把残，断面呈七边形。颈、腹部各饰一周弦纹，肩腹间饰一组弦纹。口径 11、腹径 16.1、通高 24 厘米（图七九，2；彩版七四，1）。

B 型　1 件（09HYGM14：扰 5），公务员小区一期 M14 出土。扁腹近折，最大径处有一周折棱。带盖，盖面微隆，顶有圆纽扣环，柿蒂纹纽座。纽座外饰一组弦纹。颈部较短，三足略外撇，较 A 型直，把斜直，残存后端，截面呈不规则六边形。口沿外旋刮一周凹槽，颈部饰一周弦纹，肩腹间饰一组弦纹。口径 11.5、腹径 16.9、通高 22.9 厘米（图七九，3）。

瓮　15 件。硬陶。

A 型　3 件。灰白胎。器身饰方格纹加方形戳印。

Ⅲ式　2 件，二炮厂 M5 和 M28 出土。均为长圆腹，肩部较Ⅱ式斜直。

11HFPM5：38，器身有流釉。底中部略鼓。腹部饰一周弦纹和一周宽带纹。口径 26、腹径 34.4、底径 25.6、高 34.6 厘米（图八○，1；彩版六五，1）。

12HFPM28：扰 3，肩部较斜，腹中部略鼓。腹部、下腹近底处各饰一周弦纹。口径 24.8、腹径 33.2、底径 25.5、高 33.7 厘米（图八○，2；彩版七四，2）。

Ⅳ式　1 件（10HFPM3：扰 4），二炮厂 M3 出土。形体较大。上腹鼓，下腹斜直，平底内凹。

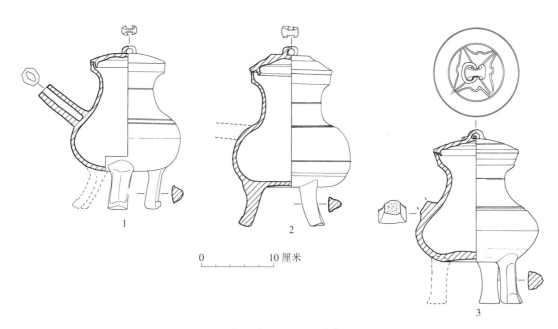

图七九　东汉墓出土陶镳壶

1、2. A 型（11HFPM8：24、12HFPM28：扰 7）　　3. B 型（09HYGM14：扰 5）

口径 32.9、腹径 43.2、底径 35、高 43.9 厘米（图八〇，3；彩版七四，3）。

B 型　12 件，其中公务员小区一期 M18 和沿海铁路 M1 出土 2 件，残存部分口沿和底，形制不明。其中 1 件为红胎，1 件为灰胎，余均为灰白胎。

II 式　1 件（11HFPM6：41），二炮厂 M6 出土。灰白胎。长圆腹，肩部较 I 式斜直。平底内凹。腹部饰一周弦纹，肩、腹部饰方格纹加方形戳印。口径 20.5、腹径 29、底径 22.3、高 28.8 厘米（图八〇，4；彩版五四，1）。

III 式　7 件，其中二炮厂 M5 出土 3 件，二炮厂 M10、迎宾大道 M3、廉乳厂 M8 和庞屋队 M1 各出土 1 件。均为鼓腹，最大腹径居中。器形较小。

11HFPM5：2，灰白胎。平底内凹。器身饰方格纹加六边形戳印。口径 23、腹径 30.8、底径 23.8、高 28.7 厘米（图八〇，5；彩版六五，2）。

11HFPM5：5，灰白胎。鼓肩，平底。器身饰方格纹加方形戳印。口径 22.6、腹径 29.1、底径 23.7、高 24.7 厘米（图八一，1；彩版六五，3）。

11HFPM5：7，灰白胎。平底内凹。器身饰方格纹加方形戳印，肩部饰一周弦纹。口径 23.7、腹径 30、底径 24.2、高 27.4 厘米（图八一，2；彩版六五，4）。

12HYDM3：扰 1，红胎。腹部略圆，平底内凹。器身饰方格纹加方形戳印。口径 21.4、腹径 27.2、底径 22、高 24 厘米（图八一，3；彩版七四，4）。

IV 式　1 件（11HJYM3：6），精神病院 M3 出土。灰胎。圆鼓腹。平底内凹。肩和上腹饰方格纹加方形戳印，下腹有多道不连贯的细弦纹。口径 26、腹径 35.9、底径 26.3、高 32.6 厘米（图八一，4；彩版七五，1）。

V 式　1 件（13HYGM7：扰 1），公务员小区二期 M7 出土。灰白胎。上腹鼓，下腹斜直。形体

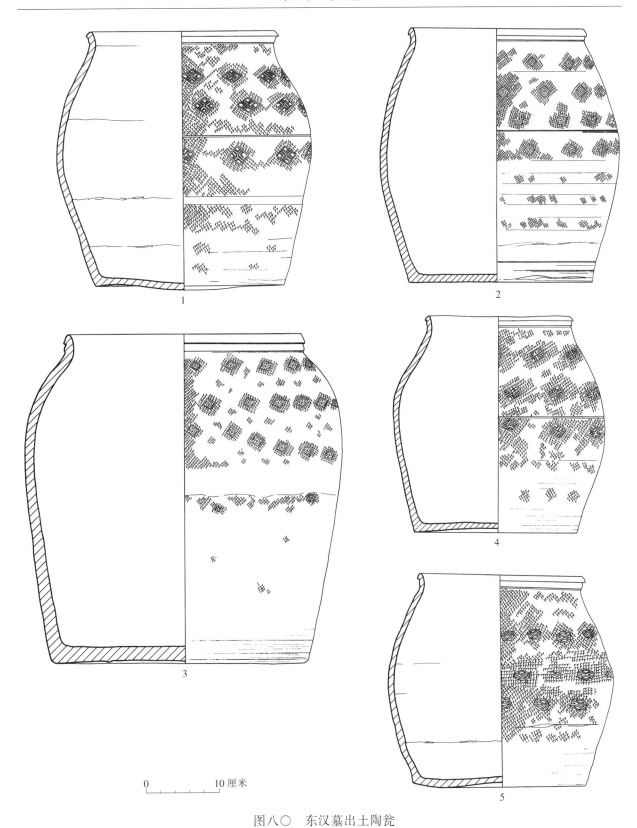

图八〇　东汉墓出土陶瓮

1、2. A 型Ⅲ式（11HFPM5：38、12HFPM28：扰3）　　3. A 型Ⅳ式（10HFPM3：扰4）　　4. B 型Ⅱ式（11HFPM6：41）
5. B 型Ⅲ式（11HFPM5：2）

较大。器身饰方格纹加方形戳印。口径 32.1、腹径 42.4、底径 33、高 45.5 厘米（图八一，5；彩版七五，2）。

罐　66 件，其中 8 件残，形制不明。除一件异形罐（N 型）外，均属硬陶。本期除西汉晚期所见 A、C、E、F、G 五型，另出现五型。

A 型　19 件。

Ⅰ式　1 件（11HFPM6：52），二炮厂 M6 出土，与西汉晚期形制相近。灰白胎，施青黄釉。圆鼓腹。平唇。口沿外饰一周弦纹，肩、腹部各饰一组弦纹。口径 16.6、腹径 27.5、底径 18.2、高 24.3 厘米（图八二，1；彩版五四，2）。

Ⅱ式　1 件（10HJGM5：扰 13），官塘岭 M5 出土。淡红胎，外有灰色陶衣，烧制温度低。鼓腹，最大径略靠下。平唇，颈部较西汉晚期略束，平底略内凹。口沿外旋刮一周凸棱，肩部饰三周弦纹。口径 11.9、腹径 17.5、底径 12.4、高 13.9 厘米（图八二，2；彩版七五，3）。

Ⅲ式　6 件，其中二炮厂 M5 出土 3 件，二炮厂 M6 出土 2 件，公务员小区二期 M2 出土 1 件，均为灰白胎，施青黄釉。扁圆腹，最大腹径居中。形体较大。

11HFPM5：3，器表釉保存较好。斜平唇，略外折。口沿外旋刮一周凸棱，肩、腹部各饰一周弦纹，下腹有细线刻划纹。口径 15.4、腹径 26.6、底径 19.5、高 21.7 厘米（图八二，3；彩版六六，1）。

11HFPM5：39，肩部较鼓。肩部饰一周弦纹，腹部饰一组弦纹。口径 13.4、腹径 27.3、底径 18.2、高 21.4 厘米（图八二，4；彩版六六，2）。

11HFPM6：47，平唇，腹部较圆。口沿外饰一周弦纹，肩、腹部各饰一组弦纹。口径 13.6、腹径 26.2、底径 17.4、高 22.7 厘米（图八二，5；彩版五四，3）。

Ⅳ式　10 件，其中二炮厂 M5 出土 2 件，二炮厂 M6 出土 7 件，公务员小区一期 M14 出土 1 件。均为灰白胎。扁腹，腹部略下坠。平唇。

11HFPM5：33，肩部流釉。形体小。腹部较扁。口沿外饰一周弦纹，肩、腹部各饰一组弦纹。口径 12.1、腹径 19.9、底径 14.5、高 14.4 厘米（图八二，6；彩版六六，3）。

11HFPM5：35，平底略内凹。口径 13.1、腹径 22.7、底径 16.2、高 18.2 厘米（图八二，7；彩版六六，4）。

11HFPM6：51，腹部多处流釉。平底内凹。口沿外饰一周弦纹，肩、腹部各饰一组弦纹，下腹近底处旋刮粗细不一的弦纹。口径 12.6、腹径 23.9、底径 15.4、高 18.7 厘米（图八二，8；彩版五四，4）。

11HFPM6：59，腹部多处流釉。腹部略扁。下腹近底处有不连贯的弦纹。口径 11.4、腹径 20.8、底径 14、高 16 厘米（图八二，9；彩版五四，5）。

11HFPM6：63，形体略大。底部略鼓。器身表面多处鼓起，因烧制时气泡所致。口径 13.6、腹径 24.6、底径 17.5、高 20.3 厘米（图八二，10；彩版五四，6）。

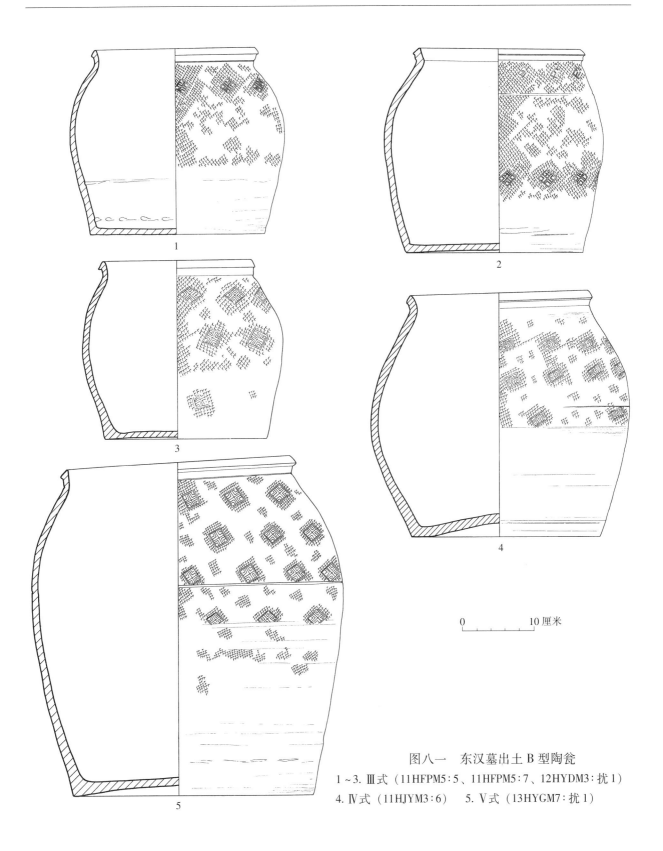

图八一　东汉墓出土 B 型陶瓮
1 ~ 3. Ⅲ式（11HFPM5：5、11HFPM5：7、12HYDM3：扰 1）
4. Ⅳ式（11HJYM3：6）　5. Ⅴ式（13HYGM7：扰 1）

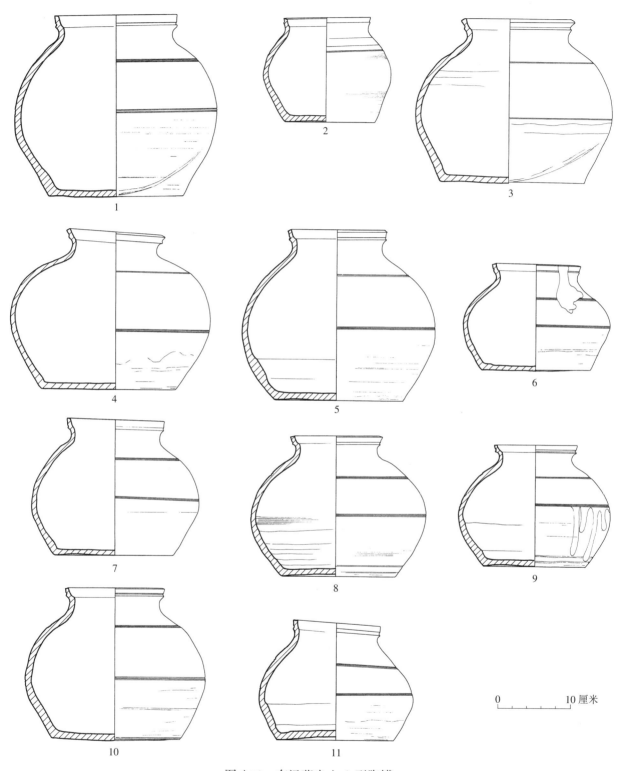

图八二　东汉墓出土 A 型陶罐

1. Ⅰ式（11HFPM6：52）　　2. Ⅱ式（10HJGM5：扰 13）　　3～5. Ⅲ式（11HFPM5：3、11HFPM5：39、11HFPM6：47）

6～10. Ⅳ式（11HFPM5：33、11HFPM5：35、11HFPM6：51、11HFPM6：59、11HFPM6：63）　　11. Ⅴ式（11HFPM6：62）

V式 1件（11HFPM6：62），二炮厂 M6 出土。灰白胎。扁腹近折，腹部下坠明显。平底内凹。口沿外旋刮一周凹槽，肩、腹部各饰一组弦纹。口径 11.9、腹径 21、底径 15.8、高 15.9 厘米（图八二，11；彩版五五，1）。

C 型 10件。除西汉晚期所见Ⅲ式，另出现两式。

Ⅲ式 4件，其中二炮厂 M5 出土 2 件，二炮厂 M6 和庞屋队 M1 各出土 1 件。灰白胎。敞口，尖唇。

11HFPM5：28，腹部较鼓，平底内凹。肩腹间饰一组弦纹。口径 13、腹径 18.3、底径 13.2、高 13.6 厘米（图八三，1；彩版六六，5）。

11HFPM5：29，腹部较扁，平底内凹。肩、腹部各饰一周弦纹。口径 12.6、腹径 18.8、底径 12.9、高 11.9 厘米（图八三，2；彩版六六，6）。

11HFPM6：53，腹部略下坠，平底内凹。肩、腹部各饰一组弦纹。口径 14.3、腹径 20.3、底径 15.8、高 15.2 厘米（图八三，3；彩版五五，2）。

Ⅳ式 5件，其中二炮厂 M10 出土 1 件，二炮厂 M5 出土 4 件。器形较Ⅲ式矮，腹部扁鼓，最大腹径居中。敞口，尖唇，溜肩，平底，底径大于口径。肩、腹部饰方格纹加方形戳印。

11HFPM5：31，青灰胎，外有褐色陶衣。肩部较鼓，平底内凹。口径 13.4、腹径 17.8、底径 14.4、高 12.8 厘米（图八三，4；彩版六七，1）。

11HFPM5：30，灰白胎。器身较矮，平底内凹。口径 12.4、腹径 17.4、底径 14.4、高 11.6 厘米（图八三，5；彩版六七，2）。

11HFPM5：48，灰白胎。腹部较圆，平底略内凹。口径 16、腹径 21、底径 17、高 14.1 厘米（图八三，6；彩版六七，3）。

11HFPM5：37，灰白胎。器身局部流釉。平底内凹。口沿处有垫烧痕迹。口径 13.1、腹径 18.3、底径 15、高 12.1 厘米（图八三，7；彩版六七，4）。

V式 1件（11HFLM9：扰 7），廉乳厂 M9 出土。灰白胎。折腹。平底内凹。肩部饰一组弦纹。口径 9.5、腹径 14.5、底径 9.9、高 10.6 厘米（图八三，8；彩版七五，4）。

E 型 13件。灰白胎。

Ⅱ式 10件，其中公务员小区一期 M18、公务员小区二期 M4a、二炮厂 M6 和 M9 各出土 1 件，二炮厂 M5 出土 6 件。形制、大小相近。腹部扁鼓，肩部较 Ⅰ 式溜。

11HFPM5：43，圆唇，平底内凹。肩、腹部各饰一组弦纹。下腹近底处有随意的刻划痕迹。口径 13.3、腹径 23.6、底径 16.9、高 18.7 厘米（图八四，1；彩版六七，5）。

11HFPM5：45，尖唇，下腹斜直，平底内凹。肩部饰一组弦纹，腹部饰一周弦纹，下腹饰不连贯的细弦纹。口径 15.3、腹径 25.7、底径 18.8、高 21 厘米（图八四，2；彩版六七，6）。

11HFPM6：55，形体略小。尖唇，平底内凹。肩、腹部各饰一组弦纹，下腹有不连贯的细弦纹。口径 14.4、腹径 21.6、底径 16.2、高 16.6 厘米（图八四，3；彩版五五，3）。

Ⅲ式 3件，二炮厂 M5 出土。扁圆腹下坠。

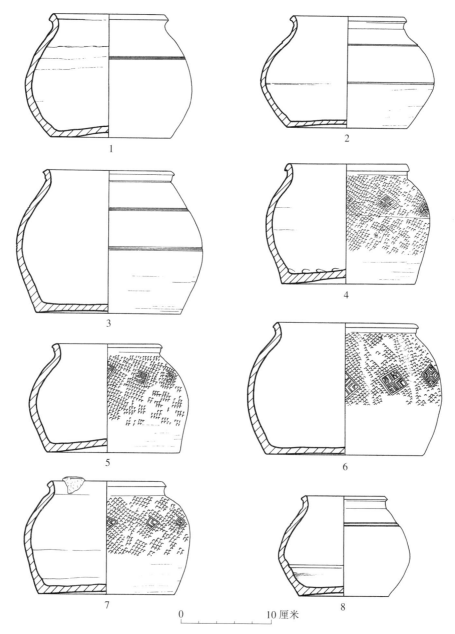

图八三　东汉墓出土 C 型陶罐

1～3. Ⅲ式（11HFPM5：28、11HFPM5：29、11HFPM6：53）　4～7. Ⅳ式（11HFPM5：31、
11HFPM5：30、11HFPM5：48、11HFPM5：37）　8. Ⅴ式（11HFLM9：扰 7）

11HFPM5：32，腹部流釉。尖唇，肩部略鼓，肩、腹部各饰一组弦纹。口径 15.5、腹径 24.7、底径 17.6、高 19.8 厘米（图八四，4；彩版六八，1）。

11HFPM5：46，腹部流釉。圆唇，肩部斜直，腹部较扁，平底内凹。肩、腹部各饰一组弦纹。口径 13.4、腹径 22.5、底径 15、高 17.1 厘米（图八四，5；彩版六八，2）。

F 型　1 件，二炮厂 M5 出土。灰白胎，外有褐色陶衣，施青黄釉。属Ⅱ式。

Ⅱ式　1 件（11HFPM5：47）。上腹鼓，下腹弧收。平底略内凹。上腹饰方格纹加菱形戳印。口径 8.3、腹径 17.1、底径 13、高 13.1 厘米（图八四，6；彩版六八，3）。

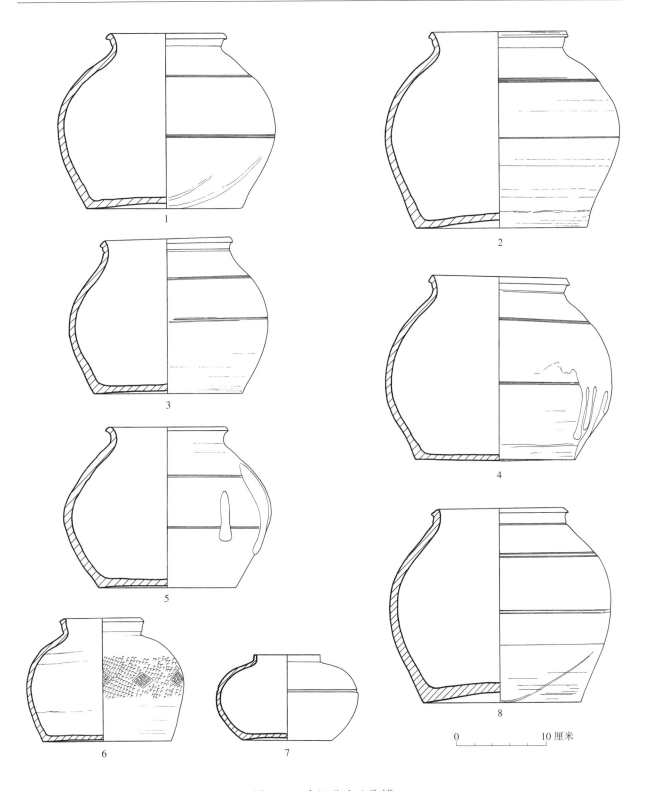

图八四 东汉墓出土陶罐

1~3. E 型Ⅱ式（11HFPM5：43、11HFPM5：45、11HFPM6：55）　　4、5. E 型Ⅲ式（11HFPM5：32、11HFPM5：46）

6. F 型Ⅱ式（11HFPM5：47）　　7. G 型Ⅱ式（11HFPM10：扰12）　　8. J 型Ⅰ式（11HJYM3：11）

G 型　1 件，二炮厂 M10 出土。属Ⅱ式。

Ⅱ式　1 件（11HFPM10：扰 12）。淡红色软陶。扁圆腹。平底略内凹。腹部饰一周弦纹。口径 7.2、腹径 15.5、底径 9.8、高 9.2 厘米（图八四，7；彩版七六，1）。

J 型　4 件。灰白胎。器形较高。长鼓腹，最大腹径居中。敞口，沿外折，溜肩，平底。肩、腹部各饰一组弦纹。依腹部形制，分两式。

Ⅰ式　3 件，精神病院 M3、二炮厂 M10 和 M14b 各出土 1 件。腹部较圆。圆唇。

11HJYM3：11，平底内凹。下腹饰一周细弦纹，近底处有一道划痕。口径 15.1、腹径 24.5、底径 17.5、高 20.7 厘米（图八四，8；彩版七六，2）。

11HFPM10：扰 13，平底内凹。口径 17.1、腹径 25.7、底径 18、高 22.4 厘米（图八五，1；彩版七六，3）。

11HFPM14b：6，肩部略鼓，一侧腹部略下坠，平底内凹。下腹有一道划痕。口径 16.5、腹径 25、底径 18.6、高 21.6 厘米（图八五，2；彩版七六，4）。

Ⅱ式　1 件（09HYGM18：扰 10），公务员小区一期 M18 出土。器身略矮，腹部略扁鼓。尖唇，平底内凹。下腹有一道划痕。口径 17.4、腹径 25.5、底径 18.7、高 20.3 厘米（图八五，3；彩版七六，5）。

K 型　4 件。形体小，形制相近。敞口，尖唇，沿外折，溜肩，平底。依据腹部形制，分两式。

Ⅰ式　2 件，精神病院 M3 和机械厂 M8 各出土 1 件。灰白胎。扁鼓腹，最大腹径居中。肩部斜直，平底略内凹。

11HJYM3：12，腹部饰一组弦纹。口径 11.1、腹径 16.4、底径 11.9、高 12.1 厘米（图八五，4；彩版七六，6）。

13HZJM8：扰 2，肩和腹部饰不连贯的细弦纹。口径 10.1、腹径 14、底径 10.6、高 11.1 厘米（图八五，5；彩版七七，1）。

Ⅱ式　2 件，二炮厂 M28 出土。扁圆腹。鼓肩，短直颈。

12HFPM28：扰 5，青灰胎。口沿变形，底部凹凸不平。肩、腹部饰方格纹。器底制作粗糙，外加痕迹明显。口径 9.2、腹径 13.6、底径 10、高 11.2 厘米（彩版七七，2）。

12HFPM28：扰 2，灰白胎。平底略内凹。肩部饰一周弦纹。口径 9、腹径 14.7、底径 11.7、高 10.7 厘米（图八五，6；彩版七七，3）。

L 型　1 件（10HFPM3：扰 6），二炮厂 M3 出土。灰白胎。形体较大。敞口，尖唇，沿外折，溜肩，上腹鼓，下腹弧收，平底略内凹。肩、腹部各饰一周弦纹，局部拍方格纹。口径 17.6、腹径 28.6、底径 18.7、高 28.6 厘米（图八五，8；彩版七七，4）。

M 型　4 件。灰白胎。大敞口，圆唇，沿外折，溜肩。肩腹部饰方格纹。依腹部形制，分两式。

Ⅰ式　2 件，二炮厂 M8 和机械厂 M7 出土。均为长圆腹，最大腹径居中。

11HFPM8：31，平底内凹。肩、腹部有成组的方形戳印。口径 17.4、腹径 22.8、底径 18.5、高 21.8 厘米（图八五，7；彩版六〇，1）。

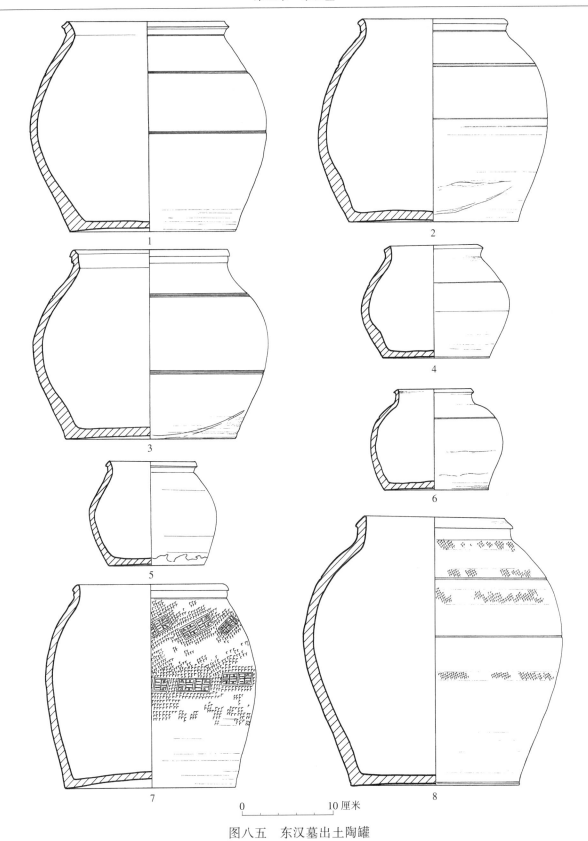

图八五　东汉墓出土陶罐

1、2. J 型 I 式（11HFPM10：扰 13、11HFPM14b：6）　3. J 型 II 式（09HYGM18：扰 10）　4、5. K 型 I 式（11HJYM3：12、
13HZJM8：扰 2）　6. K 型 II 式（12HFPM28：扰 2）　7. M 型 I 式（11HFPM8：31）　8. L 型（10HFPM3：扰 6）

13HZJM7：扰 5，腹部略鼓，平底内凹。器身方格纹较稀疏。口径 19.6、腹径 25.6、底径 20、高 24.2 厘米（图八六，1；彩版七七，5）。

Ⅱ式　2 件，二炮厂 M28 和公务员小区一期 M18 出土各 1 件。均为上腹鼓，下腹斜直内收。

09HYGM18：扰 13，肩和上腹饰方格纹。口径 16、腹径 20.7、底径 17、高 20.8 厘米（图八六，2；彩版七七，6）。

12HFPM28：扰 4，上腹略鼓。肩部有方形戳印。口径 16.4、腹径 23、底径 18.2、高 22.5 厘米（彩版七八，1）。

N 型　1 件（11HFPM6：50），二炮厂 M6 出土。暗红胎软陶，夹细砂。异形罐。敞口，圆唇，束颈，溜肩，球形腹，圜底。颈部饰三周弦纹，肩部饰一组弦纹，弦纹下饰一组连续的三角纹；上腹等布四纹饰，其中一残缺，可见莲花、菊花等花瓣纹。口径 12、腹径 23.6、高 24.3 厘米（图八六，3；彩版五五，4）。

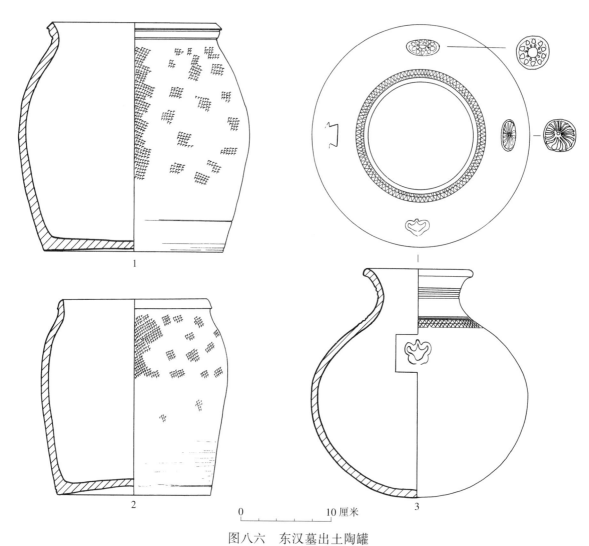

图八六　东汉墓出土陶罐

1. M 型 Ⅰ 式（13HZJM7：扰 5）　2. M 型 Ⅱ 式（09HYGM18：扰 13）　3. N 型（11HFPM6：50）

四系罐 14 件。灰白胎硬陶。

A 型 13 件。本期除西汉晚期所见Ⅲ式外，另有Ⅳ式。

Ⅲ式 10 件，其中二炮厂 M8 出土 4 件，精神病院 M3 出土 3 件，公务员小区一期 M18、官塘岭 M1 和廉乳厂 M11 各出土 1 件。器形较西汉晚期小。口敛或直，唇平或斜平。

11HFPM8：10，带盖，盖面微隆，顶有凹形立纽，盖面变形。盖面近沿处旋刮两周凹槽。器敛口，斜平唇，平底内凹。耳上和腹部各饰一组弦纹，弦纹处有聚釉。口径 8.9、腹径 15.7、底径 10.9、通高 12.6 厘米（图八七，1；彩版六○，2）。

11HFPM8：11，盖面聚釉，外圈无纹饰。平底内凹。耳际和腹部各饰一组弦纹。口径 8.3、腹径 16.5、底径 11.9、通高 12.9 厘米（图八七，2；彩版六○，3）。

11HJYM3：3，直口，平唇，平底，底部外圈有一周凸棱，未抹平。耳际饰一组弦纹，腹部饰两组弦纹。口径 8.2、腹径 15.6、底径 9.7、高 11.5 厘米（图八七，3；彩版七八，2）。

09HYGM18：扰 2，带盖，盖面圆隆，顶有凹形立纽。器下腹略折收。耳际饰一周弦纹，腹部饰一周细弦纹。口径 8.4、腹径 15.9、底径 10.7、通高 14.8 厘米（图八七，4；彩版七八，3）。

Ⅳ式 3 件，其中二炮厂 M6 出土 1 件，二炮厂 M8 出土 2 件。形制、大小相近，均为扁腹，肩部较Ⅲ式斜直。敛口，斜平唇，平底内凹。耳际和腹部各饰一组弦纹。

11HFPM6：60，无盖。口径 8.4、腹径 19.2、底径 12.8、高 12 厘米（图八七，5；彩版五五，5）。

11HFPM8：9，带盖，盖面隆起，顶有凹形立纽，纽较宽。口径 9.1、腹径 16.8、底径 11.8、通高 13 厘米（图八七，6；彩版六○，4）。

B 型 1 件（13HZJM1：扰 3），机械厂 M1 出土。器形较高。口沿残，上腹鼓，下腹斜直。耳际和腹部各饰一周弦纹。腹径 18.8、残高 16 厘米。

盖罐 3 件，出自二炮厂 M8。灰白胎硬陶。敞口，溜肩，平底。依腹部形制，分两型。

A 型 2 件。扁圆腹。

11HFPM8：13，盖面隆起，顶部略平，中央有半环纽。纽外饰一周弦纹。器圆唇，沿外折，平底内凹。肩部饰一组弦纹。口径 11、腹径 19.4、底径 13、通高 17.5 厘米（图八八，1；彩版六○，5）。

11HFPM8：17，盖面微隆，中央有鼻纽。平唇，口沿较高，束颈，平底略内凹。肩部饰一组弦纹，腹部饰一周弦纹。口径 12.1、腹径 19.7、底径 12、通高 17.6 厘米（图八八，2；彩版六○，6）。

B 型 1 件（11HFPM8：12）。圆鼓腹。盖面隆起，中央有鼻纽。圆唇，沿外折，平底内凹。肩、腹部各饰一组弦纹。口径 12.2、腹径 17、底径 12.3、通高 16.3 厘米（图八八，3；彩版六一，1）。

四耳展唇罐 2 件，二炮厂 M8 出土。灰白胎硬陶。敛口，展唇，溜肩，平底。肩腹间附四对称半环耳。依腹部形制，分两型。

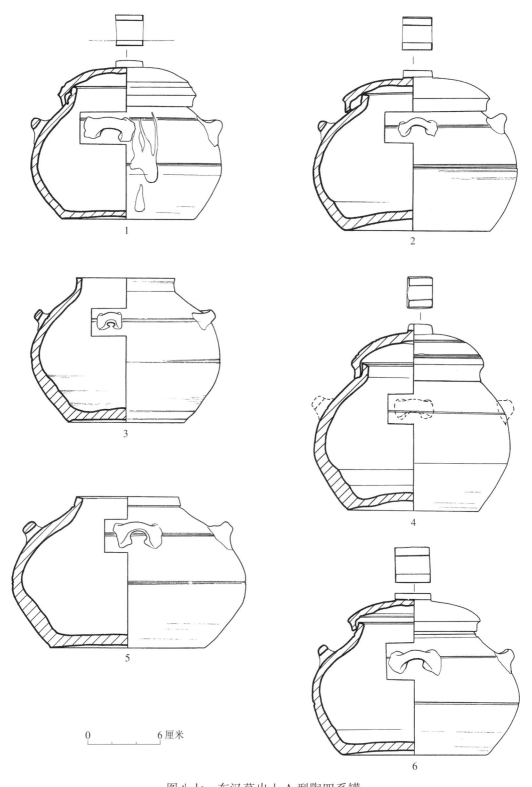

图八七　东汉墓出土 A 型陶四系罐

1~4. Ⅲ式（11HFPM8：10、11HFPM8：11、11HJYM3：3、09HYGM18：扰2）　5、6. Ⅳ式
（11HFPM6：60、11HFPM8：9）

A 型　1 件（11HFPM8∶28）。腹部流釉。圆鼓腹。盖面隆起，顶部有凹形立纽。平底略内凹。耳际和腹部各饰一组弦纹。口径 14.6、腹径 24.9、底径 16.2、通高 22.8 厘米（图八八，4；彩版六一，2）。

B 型　1 件（11HFPM8∶16）。扁圆腹。盖面微隆，顶部平，中央有半环纽，外圈略斜直。平底，中部略鼓。耳际饰一组弦纹，腹部饰一周弦纹，下腹近底处有一道划痕。口径 16、腹径 22.9、底径 16、通高 19.6 厘米（图八八，5；彩版六一，3）。

双耳直身罐　7 件，其中二炮厂 M28 出土 1 件，二炮厂 M8 出土 6 件。灰白胎硬陶，形制、大小相若。盖面圆隆，顶有半环纽。盖面纽外多饰一周或一组弦纹。器敛口，斜平唇，斜肩，折肩处旋刮一周凸棱，圆筒腹，平底。腹上部附两对称半环耳，耳际饰一周或一组弦纹。下腹多饰细弦纹。

11HFPM8∶7，耳际和下腹各饰一组弦纹。口径 10、底径 15.1、通高 19.6 厘米（图八八，6；彩版六一，4）。

11HFPM8∶4，略小，底部与耳相对处压半圆形凹槽。耳际饰一组弦纹，下腹饰一周弦纹。口径 8.5、底径 14.5、通高 16.5 厘米（图八八，7；彩版六一，5）。

簋　2 件，沿海铁路 M1 和二炮厂 M3 各出土 1 件。灰白胎硬陶。

10HFPM3∶扰 9，残存器盖。盖面圆隆，顶部平圆，中央有乳丁纽，柿蒂纹纽座，盖沿下折。纽座外有一周凸棱，棱上饰一组弦纹；外圈饰两组弦纹，间以曲线纹和羽纹。盖口径 20.5、高 5.3 厘米。

12HTLM1∶扰 6，无盖。敞口，高唇，弧腹，圈足外撇。器唇上下有两周对称圆孔，间以菱形纹。腹上部饰一周弦纹，中部饰一组弦纹；圈足处饰一周细弦纹，近底处外侧旋刮一周。口径 24、圈足径 14、高 15.5 厘米（图八九，1；彩版七八，4）。

樽　5 件，其中二炮厂 M2、M28 和廉乳厂 M9 出土 3 件残存盖面，余 2 件出自二炮厂 M8 和精神病院 M3，属 B 型。

Ⅱ式　器身斜直，上大下小。

11HFPM8∶30，器形矮小。盖面隆起，顶部平凸，中央有鼻纽，柿蒂纹纽座，座外旋刮一周凹槽，槽间等布三卧羊，羊头向后转；外圈略斜直，盖沿下折。盖面上饰三角纹、倒三角纹。腹部饰三组弦纹，中、下组弦纹间饰复线菱格纹，菱格内填短竖线。口径 14.3、底径 16.2、通高 19.3 厘米（图八九，2；彩版六二，1）。

11HJYM3∶8，盖面圆隆，顶有圆纽扣环，柿蒂纹纽座，座外旋刮一周凹槽，槽间等布三乳丁；外圈隆起，盖沿下折。盖面饰羽纹。上腹饰一组弦纹，间以复线菱格纹，菱格内填短竖线；衔环处饰两周宽带纹。兽足外撇明显，较写实，可见突起的眼睛、鼻子等。口径 16.7、底径 17.8、通高 22.6 厘米（图八九，3；彩版七八，5）。

提筒　13 件。属 B 型。

Ⅱ式　1 件（11HFPM9∶3），二炮厂 M9 出土。灰白胎硬陶。平底内凹。耳际和腹部各饰一组弦纹，下腹有多道旋刮痕迹。口径 12.9、底径 14、高 17.9 厘米（图八九，4；彩版七八，6）。

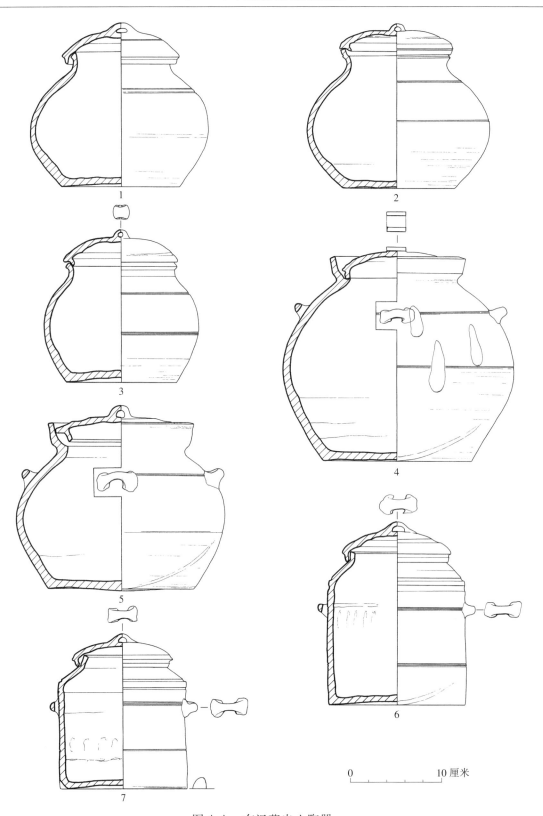

图八八　东汉墓出土陶器

1、2. A 型盖罐（11HFPM8：13、11HFPM8：17）　　3. B 型盖罐（11HFPM8：12）　　4. A 型四耳展唇罐（11HFPM8：28）
5. B 型四耳展唇罐（11HFPM8：16）　　6、7. 双耳直身罐（11HFPM8：7、11HFPM8：4）

Ⅲ式　5件，二炮厂 M6 出土，形制、大小相近。淡红色软陶，烧制温度较低。器身瘦高，腹部斜直，口径略小于底径。耳较靠上。带盖，盖面平，上有凹形立纽。

11HFPM6∶66，口径 12.2、底径 13.3、通高 18.1 厘米（图九〇，1；彩版五五，6）。

Ⅳ式　2件，廉乳厂 M9 出土。灰白胎硬陶。器身较Ⅲ式斜直，矮粗。口径小于底径。带盖，盖顶平圆凸起，中央有圆纽衔环，外圈斜直，盖下有凸唇扣入器内。盖近沿处旋刮一周凹槽。器上腹饰一周弦纹，耳际饰两组弦纹；下部饰两组弦纹，间以复线菱格纹，菱格内填一组短竖线。

图八九　东汉墓出土陶器

1. 簋（12HTLM1∶扰 6）　　2、3. B 型Ⅱ式樽（11HFPM8∶30、11HJYM3∶8）　　4. B 型Ⅱ式提筒
（11HFPM9∶3）

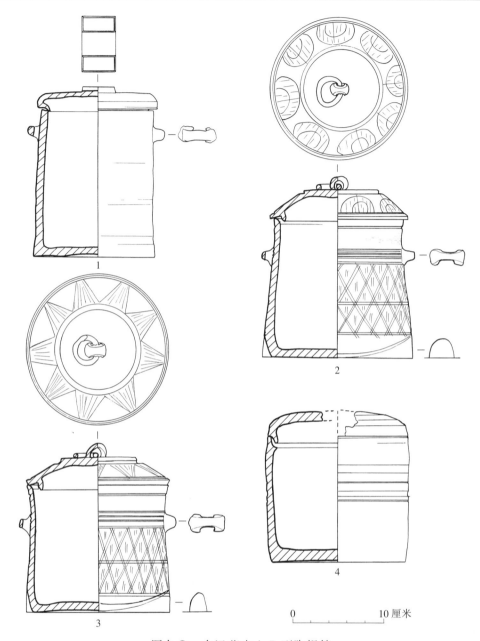

图九〇　东汉墓出土 B 型陶提筒

1. Ⅲ式（11HFPM6：66）　2、3. Ⅳ式（11HFLM9：扰3、11HFLM9：扰4）　4. Ⅴ式（13HZJM7：扰6）

11HFLM9：扰 3，盖面外圈饰羽纹。口径 14.3、底径 16.5、通高 19.1 厘米（图九〇，2；彩版七九，1）。

11HFLM9：扰 4，盖面外圈饰倒三角纹。口径 15.9、底径 16、通高 17.8 厘米（图九〇，3；彩版七九，2）。

Ⅴ式　5 件，其中公务员小区一期 M18 和机械厂 M7 各出土 1 件，二炮厂 M10 出土 3 件。其中 3 件残存器盖，盖面微隆，顶部平圆，中央有凹形立纽。灰白胎硬陶，烧制温度较低。

13HZJM7：扰 6，器身矮直。顶纽残。口径 15.4、底径 14.6、残高 15.9 厘米（图九〇，4；彩版七九，3）。

魁　3件，其中廉乳厂M9出土1件残，二炮厂M8出土2件。灰白胎硬陶。形制相同。敞口，圆唇，上腹收束，下腹弧收，假圈足，平底内凹。龙首形把，上翘。

11HFPM8∶29，口径16、足径8.8、通高12.5厘米（图九一，1；彩版六二，3）。

11HFPM8∶48，器身略高。口径12.9、底径9.1、通高15.8厘米（彩版六二，4）。

卮　2件，廉乳厂M9出土，其中1件残存底部。灰白胎硬陶。

11HFLM9∶扰1，敞口，圆唇，圆筒形腹，上小下大，近底处折收成平底，下附三乳足。上腹出把，把手如张口的龙首形，中有圆孔。腹部饰两组弦纹，间以羽纹。口径12.1、底径9.2、高10.3厘米（图九一，6；彩版七九，4）。

盆　6件。本期属B型。

B型　6件。上腹收束，下腹弧收。依口沿形制，分三式。

Ⅰ式　1件（09HYGM18∶扰11），公务员小区一期M18出土。灰白胎硬陶。直口，圆唇。深腹，假圈足，平底。腹中部旋刮两周凸棱，底部外圈旋刮一周凹槽。口径21、底径13.8、高9.7厘米（图九一，5；彩版七九，5）。

Ⅱ式　2件，廉乳厂M9和公务员小区一期M18各出土1件。敞口，尖唇，沿外折。腹部较Ⅰ式浅。

11HFLM9∶扰6，灰白胎硬陶。假圈足，平底，底中部略鼓。底外圈旋刮一周凹槽。口径24.5、底径17、高8.6厘米（图九一，7；彩版八〇，1）。

09HYGM18∶扰25，灰白胎软陶。残碎严重，无法拼复。平底。

Ⅲ式　3件，二炮厂M8、公务员小区一期M14和火车站M2各出土1件。灰白胎硬陶，形体较小。均为侈口，圆唇，沿外折。假圈足，平底，腹部较浅。

11HFPM8∶21，器身变形。腹部饰一周弦纹，器内饰两组弦纹，圈足外圈斜刮一周。口径19.3、足径7.3、高6厘米（图九一，8；彩版六二，5）。

熏炉　10件。灰白胎硬陶，外有褐色陶衣，多施青黄釉。其中公务员小区一期M6、公务员小区一期M18、廉乳厂M8、廉乳厂M9、精神病院M3、沿海铁路M1和南方机械厂M1出土7件炉身残，仅存部分。其中机械厂1件盖面保存较好，13HZJM1∶扰9，盖面顶部平，有凤鸟形纽，凤首残，外圈斜直，盖沿下折。盖面饰两组弦纹，纹间镂一圈四花瓣，瓣顶有小乳丁，瓣面和花瓣间饰叶脉纹，瓣间叶脉纹上下镂对称圆孔。盖径9.8、高8.4厘米（图九一，2）。余3件依炉身形制，分三型。

A型　1件（11HFPM8∶34），二炮厂M8出土。炉身子口内敛，折腹。圆锥形盖，顶饰卷角形纽，盖面以两组弦纹分为上下两层，两层均镂空花瓣纹，瓣顶有小乳丁，瓣底两端镂小圆孔，瓣面和花瓣间饰叶脉纹；下层花瓣间有竖条镂孔。炉身与圆形中空座足相连，座足中部敛束，近底处镂一圆孔。承盘侈口，沿外折，上腹斜直，下腹折收，假圈足，平底内凹。炉身口径7.6、承盘口径18.5、底径9、通高18.3厘米（图九一，3；彩版六二，2）。

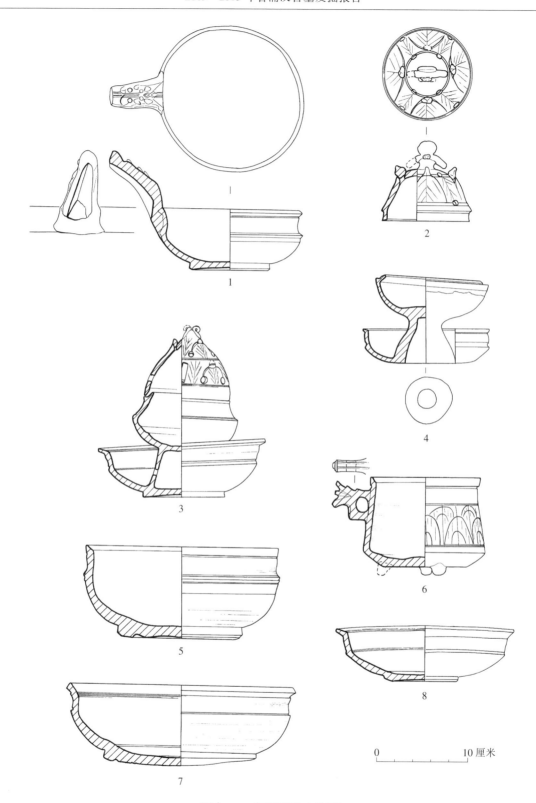

图九一　东汉墓出土陶器

1. 魁（11HFPM8：29）　　2. 熏炉盖（13HZJM1：扰 9）　　3. A 型熏炉（11HFPM8：34）　　4. C 型熏炉（11HFPM7：扰 1）　　5. B 型 I 式盆（09HYGM18：扰 11）　　6. 卮（11HFLM9：扰 1）　　7. B 型 II 式盆（11HFLM9：扰 6）　　8. B 型 III 式盆（11HFPM8：21）

B型　1件（09HYGM14∶扰11），公务员小区一期 M14 出土。炉身子口内敛，扁腹。残存盖面和炉身部分。圆锥形盖，盖面聚釉，顶有乳丁纽。盖面饰三组弦纹，间以三角纹、竖线纹；下组弦纹间镂两圈小圆孔，圆孔间上下镂空。盖径 10.4、炉身口径 9、残高 11.3 厘米。

C型　1件（11HFPM7∶扰1），二炮厂 M7 出土。炉身子口略内敛，浅弧腹。座足上部收束明显。承盘直口，斜平唇，上腹直，下腹弧收，与中空座足相通。腹部旋刮一周凹槽。炉身口径 10.5、承盘口径 13.8、高 9.4 厘米（图九一，4；彩版八〇，2）。

案　4件，二炮厂 M3、二炮厂 M24、沿海铁路 M1 和廉乳厂 M9 各出土 1 件，其中 3 件有不同程度残损。灰白胎，烧制温度低。长方形，案沿外折，下均有蹄足。

10HFPM3∶扰3，底部有纵条形支撑加固。长 58.2、宽 42.6、通高 17.6 厘米（图九二，1；彩版八〇，3）。

圆盘　2件，二炮厂 M3 和 M28 各出土 1 件，其中 1 件残。硬陶。均为圆形。

12HFPM28∶扰20，灰白胎。边缘平折，底平。内饰一周弦纹。直径 37、高 2.6 厘米（图九二，2；彩版八〇，4）。

灯　7件。本期见 B、C 两型。

B型　5件，其中公务员小区一期 M18 出土 2 件，二炮厂 M8、M24 和机械厂 M1 各出土 1 件，覆钵形座足，座足径大于灯盘。其中 3 件灯盘残，残存底部座足，烧制温度低。余 2 件灯盘敞口，圆唇，下腹内收接圆柱形把，把较细。依灯盘形制，分两式。

Ⅰ式　1件（11HFPM8∶36）。灰红胎硬陶，夹黑色小沙砾。弧腹，腹中部有一周凸棱。内见支钉洞。灯盘径 9.8、底径 14、高 16 厘米（图九二，3；彩版六三，1）。

Ⅱ式　1件（13HZJM1∶扰4）。灰黑胎硬陶，外有褐色陶衣。上腹略收束，下腹弧收。灯盘径 9.4、底径 11.5、高 15 厘米（图九二，4；彩版八〇，5）。

C型　2件，二炮厂 M2 和 M9 各出土 1 件。烧制温度低，属软陶。座足浅盘，径略大于灯盘。依灯盘形制，分两式。

Ⅰ式　1件（10HFPM2∶扰4）。淡红胎。灯盘敞口，平唇，弧腹，内有圆形支钉洞。圆柱形粗把较高，分两节，上端细，下端粗。灯盘径 11.3、底径 11.3、高 26.1 厘米（图九二，5；彩版八〇，6）。

Ⅱ式　1件（11HFPM9∶4）。灰白胎。灯盘直口，圆唇，上腹直，下腹弧收接圆柱形把，把较矮，中部略收束。灯盘径 10.3、底径 12.4、高 14.4 厘米（图九二，6；彩版八一，1）。

碗　5件。灰白胎硬陶。

A型　1件（11HFLM11∶扰2），廉乳厂 M11 出土。与西汉晚期形制相近。敞口，圆唇。腹部旋刮三周凹槽，底部刻划横竖直线。口径 11.7、足径 6.3、高 5.8 厘米（图九二，7；彩版八一，2）。

B型　4件。

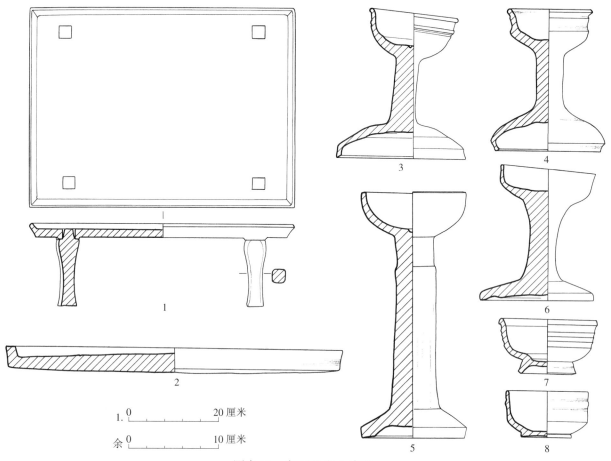

图九二　东汉墓出土陶器

1. 案（10HFPM3：扰 3）　2. 圆盘（12HFPM28：扰 20）　3. B 型I式灯（11HFPM8：36）　4. B 型II式灯（13HZJM1：扰 4）　5. C 型I式灯（10HFPM2：扰 4）　6. C 型II式灯（11HFPM9：4）　7. A 型碗（11HFLM11：扰 2）　8. B 型II式碗（11HFPM10：扰 2）

II 式　1 件（11HFPM10：扰 2），二炮厂 M10 出土。形体较小。上腹直，下腹折收。直口，圆唇，假圈足较矮。上腹旋刮一周凸棱。口径 9、底径 5.4、高 4.9 厘米（图九二，8；彩版八一，3）。

III 式　3 件，二炮厂 M2、二炮厂 M8 和公务员小区二期 M4a 各出土 1 件。形制相同。上腹收束，下腹弧收。敞口，圆唇，假圈足外侧旋刮一周，平底内凹。

11HFPM8：33，口径 14.4、腹径 14.2、底径 6.4、高 6.7 厘米（图九三，1；彩版六二，6）。

盂　5 件。灰白胎硬陶。

A 型　3 件，汽齿厂 M10、二炮厂 M5 和公务员小区二期 M2 各出土 1 件。与西汉晚期形制相近。

10HTQM10：1，圆唇，平底略内凹。口沿外旋刮一周凹槽，肩、腹部各饰一周弦纹。口径 7.2、腹径 10.9、底径 7.2、高 8 厘米（图九三，2；彩版八一，4）。

11HFPM5：16，下腹流釉。圆唇，腹部较扁，颈部较长，平底略内凹。口沿外旋刮一周凹槽，肩、腹部各饰一周弦纹。口径 6.6、腹径 10、底径 5.8、高 7.5 厘米（图九三，3；彩版六八，4）。

13HYGM2∶扰 2，平唇，腹部下坠明显，平底略内凹。口沿外旋刮一周凹槽。口径 9、腹径 11.4、底径 7.6、高 8.9 厘米（图九三，4；彩版八一，5）。

B 型 1 件（10HJGM5∶扰 1），官塘岭 M5 出土。扁腹下坠。平唇。肩、腹部各饰一组弦纹，下腹饰五周细弦纹。口径 9.1、腹径 11.8、底径 8、高 7.9 厘米（图九三，5；彩版八一，6）。

C 型 1 件（11HFPM6∶34），二炮厂 M6 出土。外有褐色陶衣。扁圆腹。平唇略外折。口沿外旋刮一周凹槽，肩、腹部各饰一周弦纹。底部外加痕迹明显，与腹部相接处附一周泥条加固，未抹平。口径 9.4、腹径 12.2、底径 6.1、高 9.5 厘米（图九三，6；彩版五六，1）。

耳杯 2 件，二炮厂 M28 和廉乳厂 M9 各出土 1 件，其中 1 件残，余 1 件属Ⅱ式。

12HFPM28∶扰 29，灰白胎硬陶。器身较西汉晚期窄长，两侧口沿近直。长 11.4、通耳宽 8.6、高 3.4 厘米（图九三，7；彩版八一，7）。

釜 7 件，其中二炮厂 M28 出土 1 件残。硬陶。

A 型 1 件（11HFPM6∶35），二炮厂 M6 出土。灰白胎。盘口，平唇，束颈，扁腹下坠。口径 6.1、腹径 7.1、底径 2.4、高 4.1 厘米（图九三，8；彩版五六，2）。

B 型 5 件。

Ⅱ式 3 件，其中二炮厂 M28 出土 2 件，形体较小，形制相近，余 1 件出自二炮厂 M14b。灰白胎。

12HFPM28∶扰 13，尖唇，沿外折。底与腹部相接处有一周凸棱，未抹平。底部旋痕明显。口径 4.9、腹径 6.3、高 4.6 厘米（彩版八二，1）。

11HFPM14b∶扰 2，圆唇。下腹旋刮三周不连贯的弦纹。口径 6.9、腹径 9、底径 4.8、高 4.8 厘米（图九三，9）。

Ⅲ式 1 件（11HFPM24∶扰 3），二炮厂 M24 出土。灰白胎，烧制温度低。扁腹，最大径居中。口径 7.7、腹径 8.2、高 5 厘米（彩版八二，2）。

Ⅳ式 1 件（13HYGM2∶扰 3），公务员小区二期 M2 出土。灰红胎。上腹鼓，下腹斜收。腹部饰一周弦纹。口径 9.3、腹径 11、底径 6、高 8 厘米（图九三，10；彩版八二，3）。

甑 3 件，公务员小区一期 M14、二炮厂 M28 和机械厂 M8 各出土 1 件，其中 1 件软陶残；其余 2 件为硬陶，形体较小，为灶上附件。敞口，腹部斜直，平底，底部有圆孔。

09HYGM14∶扰 17，圆唇。下腹有刮削痕迹。口径 7.2、底径 4.1、高 4 厘米。

12HFPM28∶扰 14，腹中部微弧。底部为外加，与腹部相接处较粗糙，外部未抹平。口径 8、底径 4.2、高 4.4 厘米（彩版八二，4）。

屋 12 件，其中公务员小区一期 M6 和二期 M16 残损严重，形制不明。硬陶。悬山顶，依屋顶形制，分两型。

A 型 1 件（13HYGM2∶扰 4），公务员小区二期 M2 出土。红胎。残存屋顶。平面呈长方形。正脊较粗，上附筒瓦，两坡筒瓦垄高起，筒板瓦面均刻划细线纹。

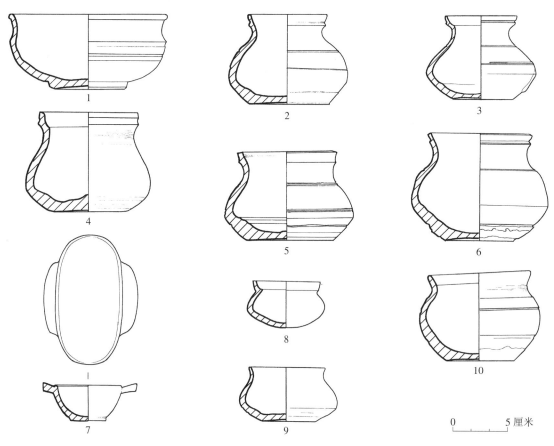

图九三　东汉墓出土陶器

1. B 型Ⅲ式碗（11HFPM8：33）　　2～4. A 型盂（10HTQM10：1、11HFPM5：16、13HYGM2：扰 2）　5. B
型盂（10HJGM5：扰 1）　6. C 型盂（11HFPM6：34）　7. Ⅱ式耳杯（12HFPM28：扰 29）　8. A 型釜
（11HFPM6：35）　9. B 型Ⅱ式釜（11HFPM14b：扰 2）　10. B 型Ⅳ式釜（13HYGM2：扰 3）

B 型　9 件。平面呈曲尺形。依屋顶形制，分两式。

Ⅰ式　8 件，公务员小区一期 M14，官塘岭 M1、M10，二炮厂 M2、M8、M10，迎宾大道 M2
和机械厂 M1 各出土 1 件。多为灰白胎，少量为红胎。两正脊等高相交，前后坡面合角，外侧有垂
脊，脊末翘起，坡面饰筒板瓦垄相间。

10HJGM10：扰 3，灰白胎。两正脊和垂脊均有筒瓦形装饰。前为横堂，右侧后附廊屋，后侧相
对的两面用矮墙围绕成后院。横堂正面居中辟长方形门，门槛低矮，门两侧镂菱格，左侧山墙上
部开两个三角形通风孔，右侧山墙体上镂菱格窗，下部刻划菱格纹。堂中置一长方形臼，两俑持
杵而舂，右侧有一俑持簸箕。臼前有一狗，前腿站立，后腿蹲踞，呈半卧状。横堂靠右山墙一侧
有一斜梯和廊屋相连。廊屋上部为厕所，与横堂无隔墙，屋内有一长方形坑穴，楼下有长方形门
和后院相通，右侧山墙体上开直棂窗，后墙上部开两个三角形通风孔。后院墙头有瓦檐遮护，外
坡饰筒板瓦垄相间，内坡光滑平直，后院墙面开直棂孔，左墙有一窦洞，院内蓄养一猪，猪前有
一椭圆形食槽。四面墙体刻划横直线条，表示梁架结构。面阔 22.1、进深 22.2、通高 21.1 厘米
（图九四，1；彩版八二，5、6）。

11HFPM10：1，灰白胎。瓦垄较宽。前为横堂，左侧后附廊屋，后侧相对的两面用矮墙围绕成后院。横堂正面居中辟长方形门，单扇，全开，门槛矮，门头及两侧镂直棂窗，门两侧镂菱格，门口有两俑，相对而立，双手合，作持物状。横堂两侧亦开长方形门，左侧门较大，门头镂直棂窗；右侧门较小，门头镂菱格窗，窗上部饰复线菱格纹，菱格内刻划一组短竖线，门口有一立俑，面朝堂内，一手高，一手低，持物状。堂内一俑凭几面座，对面一俑伏地朝拜。廊屋无底板，下部用隔墙一分为二，前室较宽，上搭两横板，以示蹲位，下有拱形门和后院相通。廊屋后墙镂直棂窗，顶部开两个三角形气孔，右侧山墙开方形窗。后院墙头有瓦檐遮护，墙体镂直棂孔，孔间饰叶脉纹，后墙有一窦洞。院内养两猪，猪立于长方形食槽旁作进食状。面阔23.8、进深23.8、通高25厘米（图九四，2；彩版八三，1、2）。

Ⅱ式　1件（11HFLM8：扰1），廉乳厂M8出土。灰白胎。正屋脊横列，两端翘起，侧屋较正屋矮，脊纵列，一端与正屋后坡相连。前为横堂，右侧后附廊屋，后侧相对的两面用矮墙围绕成后院。正屋居中辟长方形门，单扇，半掩，门槛低矮，门板中央附一铺首，门楣两侧各有一长方形短凸棱，门框右侧镂菱格窗，左侧上部为直棂窗，中部刻划菱形纹，下部有窦洞，山墙顶部有一组三角形气孔，后墙上部有直棂窗朝向后院。廊屋上部为厕所，靠山墙一侧开长方形门，屋内有一长方形坑穴，楼下有"凸"字形门和后院相通。正屋内设阶梯，与廊屋门相对。廊屋两侧山墙上部镂直棂窗，直棂间饰叶脉纹，后墙顶部有一组三角形通风孔。后院墙头有瓦檐遮护，墙面镂直棂孔，后墙上有一窦洞。四面墙体刻划横直线条，表示梁架结构。面阔26.4、进深26.7、通高25.5厘米（图九五；彩版八三，3、4）。

井　14件，其中公务员小区一期M6，廉乳厂M8、M9和机械厂M1出土4件残，形制不明。余均属B型，本期见五式。

Ⅳ式　2件，二炮厂M6和二炮厂M16各出土1件，其中二炮厂M16出土1件为红胎，口沿残缺。烧制温度低。井栏较高，上部收束，下部直。

11HFPM6：36，灰白胎。敞口，斜平唇，地台有四长方形柱础。井栏上部饰一组弦纹，下部饰两组弦纹。井口径13.1、井台径23.2、高21.6厘米（图九六，1；彩版五六，3）。

Ⅴ式　1件（11HFPM5：6），二炮厂M5出土。灰胎，烧制温度低。井栏上部较Ⅳ式长，收束明显，下部略斜直。敞口，尖唇，沿外折，地台有四方形柱础。井栏上部饰一周弦纹，中部旋刮一周凹槽；下部饰一组弦纹，弦纹间旋刮一周凹槽。井口径11.6、井台径24.3、高19.1厘米（图九六，2；彩版六八，5）。

Ⅵ式　3件，二炮厂M14b、机械厂M4和公务员小区一期M18各出土1件。灰白胎，烧制温度低。井栏上部收束，下部直，较Ⅴ式矮粗。

11HFPM14b：4，敞口，圆唇，地台有四长方形柱础。井栏下部饰五周弦纹。井口径13.2、井台径22.4、高16.3厘米（图九六，3；彩版八四，1）。

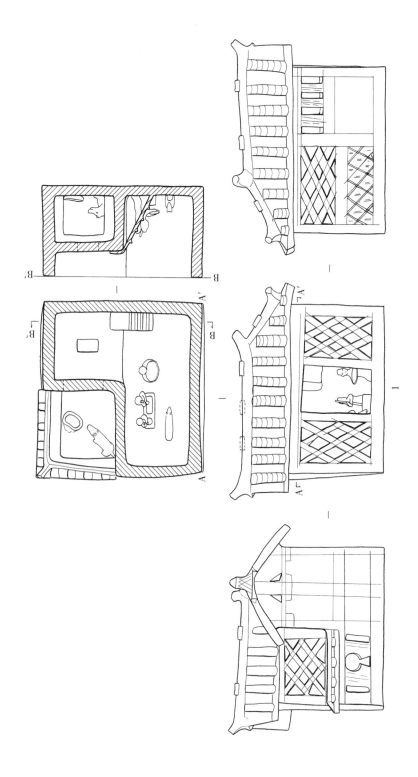

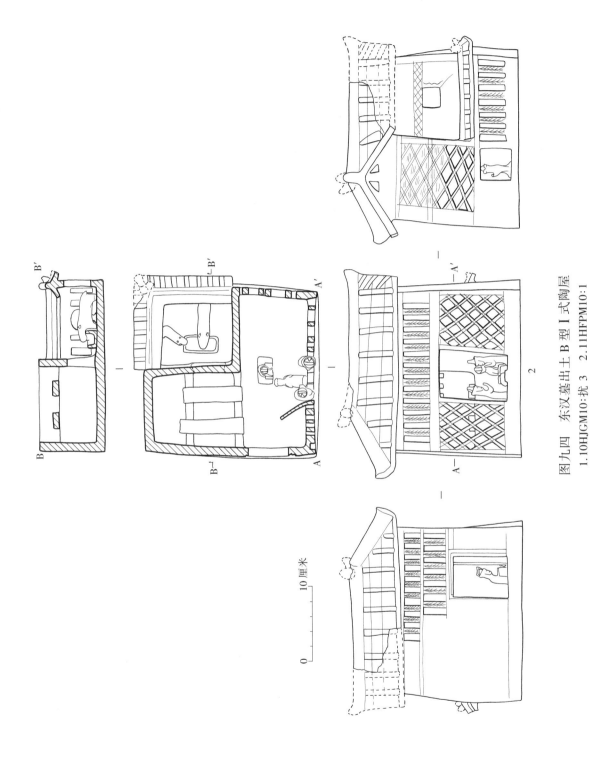

图九四 东汉墓出土 B 型 I 式陶屋
1.10HJGM10∶扰 3 2.11HFPM10∶1

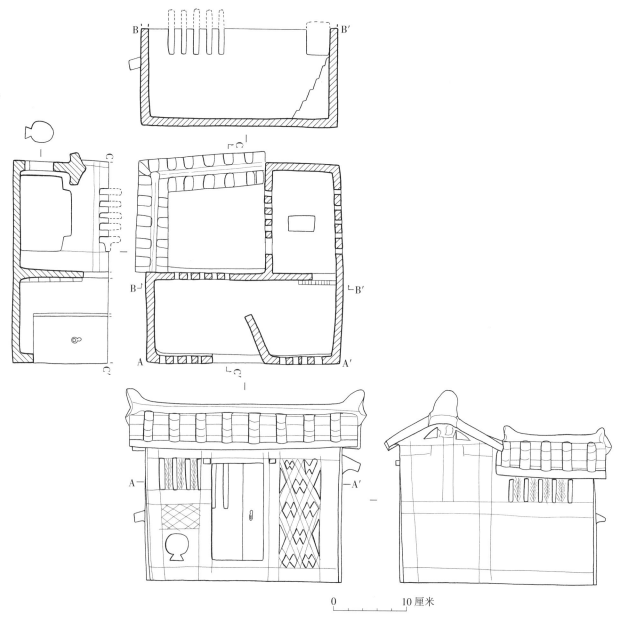

图九五　东汉墓出土B型Ⅱ式陶屋（11HFLM8∶扰1）

Ⅶ式　1件（11HJYM3∶2），精神病院M3出土。灰白胎，烧制温度高。井栏上部收束，下部弧，中部有一周凸棱。带四阿式井亭盖，正中有短脊，四垂脊斜出，脊末均翘起。盖面饰瓦垄。敞口，平唇，沿外折，地台有四长方形柱础，础上有圆孔。井栏上部和中部各饰一组曲线纹，间以复线菱格纹，菱格内刻划一组短竖线。井口径13.7、井台径20.6、通高20厘米（图九六，4；彩版八四，2）。

Ⅷ式　3件，公务员小区一期M14、二炮厂M8和二炮厂M28各出土1件。灰白胎，烧制温度高。井栏较矮，上部收束，下部斜直，中部有一周凸棱。

图九六　东汉墓出土 B 型陶井

1. Ⅳ式（11HFPM6∶36）　　2. Ⅴ式（11HFPM5∶6）　　3. Ⅵ式（11HFPM14b∶4）　　4. Ⅶ式（11HJYM3∶2）
5～7. Ⅷ式（09HYGM14∶扰7、11HFPM8∶25、12HFPM28∶扰1）

　　09HYGM14∶扰7，带四阿式井亭盖，正中有短脊，脊末翘起，四垂脊斜出。盖面饰瓦垄，青黄
釉保存较好。敞口，平唇，地台有四长方形柱础，础较矮，井栏上部收束明显。井栏上部饰三周弦
纹，下部饰两组弦纹。井口径 10.4、井台径 20、通高 15.3 厘米（图九六，5；彩版八四，3）。

　　11HFPM8∶25，带四阿式井亭盖，正中有短脊，四垂脊斜出。盖面饰瓦垄。敞口，尖唇，宽沿
外折，地台有四方形矮柱础，础上有圆孔。井栏上部饰倒三角纹，下部饰复线菱格纹，菱格内刻

划三道短竖线。井口径 12.9、井台径 22.1、通高 15.1 厘米（图九六，6；彩版六三，2）。

12HFPM28：扰 1，敞口，平唇，沿外折，地台有四对称圆孔。井栏中部凸棱上下各饰一组曲线纹。井口径 12.3、井台径 20.8、高 12.3 厘米（图九六，7；彩版八四，4）。

仓 20 件。

A 型 1 件（13HZPM1：扰 6），庞屋队 M1 出土。残存部分屋顶，烧制温度低。卷棚顶，拱背，上有一正脊，四垂脊，两坡刻划筒板瓦垄相间。盖顶长 31、宽 25.7、高 8.3 厘米（图九七，1）。

Ba 型 10 件。烧制温度低。本期均有四或六柱足，前廊后仓。盖面均为一正脊四垂脊，前坡一般比后坡略宽且低，其中 2 件瓦垄凹凸相间，余筒板瓦垄均为刻划。横廊正面开门，仓门与廊门相对，较廊门小，有门槛。仓门多在墙体内外刻划长方形框，以示门，仅 2 件门扇可活动。四面墙体刻划横直线条，表示梁架结构。

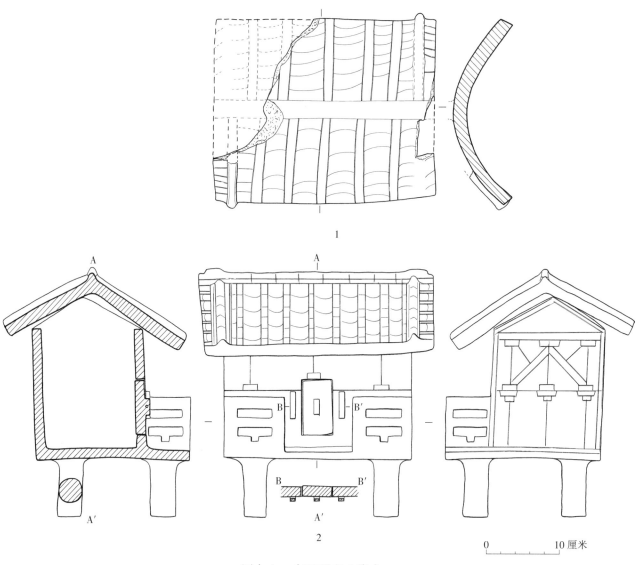

图九七 东汉墓出土陶仓

1. A 型（13HZPM1：扰 6） 2. Ba 型 Ⅲ式（11HFPM6：31）

Ⅲ式　9件，公务员小区一期 M18，二炮厂 M3、M6、M14b，官塘岭 M5，迎宾大道 M1，机械厂 M7，公务员小区二期 M4a 和 M16 各出土 1 件。均有开放式横廊，未封闭，仅有护栏。横廊开长方形门，门两侧及廊两端镂孔。两侧山墙和后墙加划斜线以示支撑加固。

11HFPM6：31，灰白胎。底有四柱足。盖面刻划筒板瓦垄相间，正脊上有两筒瓦形装饰。廊门两侧及廊两端有横条和"凸"字形镂孔。仓门有门板，门槛较矮。门扇及门两侧均有一扁圆突，应为加栓之用。面阔 26、进深 21.2、通高 32.8 厘米（图九七，2；彩版五六，4）。

10HFPM3：扰 2，淡红胎，仓底等布六柱足。盖面瓦垄凹凸相间。横廊正面开两长方形门，门及廊两侧有横条和"凸"字形镂孔。后仓中间隔墙分为两间，两仓亦开长方形门，门槛较高，有门扇，门框两侧各有一扁圆突，应为加栓之用。面阔 44、进深 33.6、通高 38.2 厘米（图九八；彩版八五，1）。

10HJGM5：扰 5，灰白胎。底有四柱足，柱足较矮，上大下小，有刮削痕迹。盖面刻划筒板瓦垄相间，正脊上有三筒瓦形装饰。廊门两侧及廊两端有横条镂孔。仓门为刻划，门顶端刻划三长方形框，框内饰复线三角纹。两侧山墙上端刻划菱形纹。面阔 24、进深 19.7、通高 28.1 厘米（图九九，1；彩版八四，5）。

Ⅳ式　1件（13HZJM4：扰 1），机械厂 M4 出土。灰白胎。有封闭的横廊，四柱足较高，上有刮削痕迹。两坡瓦垄凹凸相间。横廊正面居中辟"凸"字形门，门两侧上部有"凸"字形窗。仓门与廊门相对，较小，长方形，有门扇，门槛较高。门板及门两侧各有一带横穿孔的扁圆突，应为加栓之用。四面墙体刻划横直线条，表示梁架结构。面阔 29、进深 16.8、通高 34.4 厘米（图九九，2；彩版八五，3）。

Bb 型　9件。烧制温度高，外多有褐色陶衣。顶与仓体连为一体，不可分。仓底有四或六圆孔。仓门无门扇。盖顶有粗脊，两端翘起，两坡筒板瓦垄凹凸相间。四面墙体刻划横直线条，表示梁架结构。依有无横廊，分两式。

Ⅰ式　5件，公务员小区一期 M14、官塘岭 M8、二炮厂 M8、沿海铁路 M1 和公务员小区二期 M7 各出土 1 件。均无横廊。正面开长方形门，有矮门槛，底有四圆孔。

11HFPM8：1，灰白胎。门两侧上部镂竖条孔，孔间饰叶脉纹；下部刻划菱格纹，菱格纹有一组短竖线。两侧山墙近面墙处有直角形镂空窗。面阔 22.2、进深 16、通高 20 厘米（图一〇〇；彩版六三，3）。

13HYGM7：扰 5，青灰胎。门框两侧各有一组对称圆孔，以拴门扇之用。门两侧刻划复线菱格纹，菱格内有一组短竖线。两山墙顶端有圆形气孔。山墙和后墙加划斜线以示支撑加固。面阔 21、进深 14、通高 20.6 厘米（图一〇一，1；彩版八五，2）。

12HTLM1：扰 3，红黄胎。仓门较大，近方形。正脊两端微翘起。门框两侧刻划交叉直线。山墙和后墙加划斜线以示支撑加固。面阔 22、进深 17.2、通高 22.6 厘米（图一〇一，2；彩版八五，4）。

Ⅱ式　4件，出自官塘岭 M10、M1，精神病院 M3 和廉乳厂 M8。灰白胎。有密闭的横廊。正脊两端有短檐伸出。横廊正面开门，有矮门槛，门两侧镂空菱格。仓门与廊门相对，较廊门小，门槛较高。

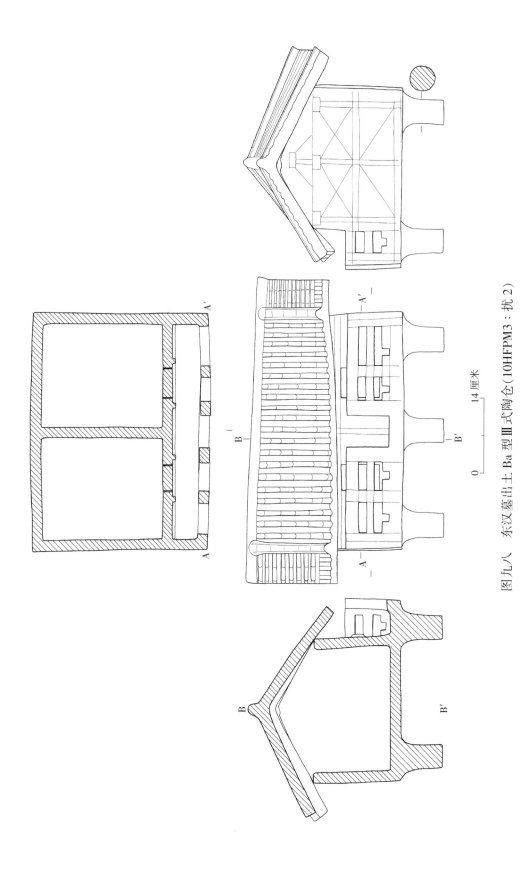

图九八　东汉墓出土 Ba 型 Ⅲ 式陶仓（10HFPM3∶扰 2）

图九九　东汉墓出土 Ba 型陶仓
1. Ⅲ式（10HJGM5：扰 5）　　2. Ⅳ式（13HZJM4：扰 1）

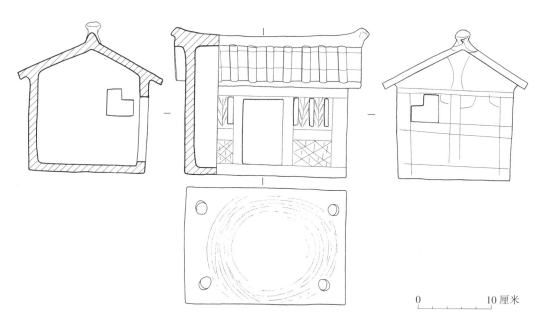

图一〇〇　东汉墓出土 Bb 型 I 式陶仓（11HFPM8：1）

10HJGM10：扰 2，横廊开长方形门，底有四圆孔。正脊上等布三筒瓦形装饰，盖面两坡呈弧形，部分凸起瓦垄上拍印方格纹。仓门两侧各有一组对称圆孔，以拴门扇之用。两侧山墙上部有一组三角形镂空窗，顶部与盖顶相接处有圆形气孔。面阔 24.3、进深 17.9、通高 22 厘米（图一〇二；彩版八六，1）。

10HJGM1：扰 1，横廊开长方形门，底有六圆孔。正脊上有两筒瓦形装饰，盖面凸起瓦垄上拍印方格纹。廊两端镂菱格窗。仓门两侧各三对称圆孔，以拴门扇之用。山墙顶部有圆形气孔。山墙和后墙加划斜线以示支撑加固。面阔 27.5、进深 19.2、通高 23.2 厘米（彩版八六，2）。

11HFLM8：扰 2，横廊开"凸"字形门，底有四圆孔。盖面凸起瓦垄上部分拍印方格纹加方形戳印。廊两端镂直角形窗。仓门一侧有两对称圆孔，以拴门扇之用。山墙和后墙加划斜线以示支撑加固。面阔 27.2、进深 20.3、通高 26.4 厘米（彩版八六，3）。

灶　21 件，其中汽齿厂 M10 和公务员小区二期 M17 出土 2 件，残存烟突。硬陶。本期除西汉晚期所见 B 型外，另有三型。

B 型　9 件，官塘岭 M5，二炮厂 M5、M6、M9、M14b，机械厂 M7，公务员小区一期 M18，公务员小区二期 M4a 和 M10 各出土 1 件。均烧制温度低。与西汉晚期形制相近，本期该型灶面开两或三灶眼，拱形灶门，部分两灶眼灶有矮门槛。除 1 件为简化龙首形烟突、有地台外，余均为柱状烟突，无地台。

11HFPM6：37，灰白胎。灶面开三灶眼，各置一釜，前釜上有甑。釜均敛口，斜平唇内折，扁腹，中部较直，旋刮一周，小平底。甑敞口，平唇，深弧腹，平底，底部有圆孔。柱状烟突，上有刮削痕迹。无地台。通长 36.4、通宽 14、通高 20 厘米（图一〇三，1；彩版五六，5）。

11HFPM5：4，灰胎。灶面开两灶眼，柱状烟突，无地台。通长 31、通宽 13、通高 17.2 厘米（图一〇三，2；彩版六八，6）。

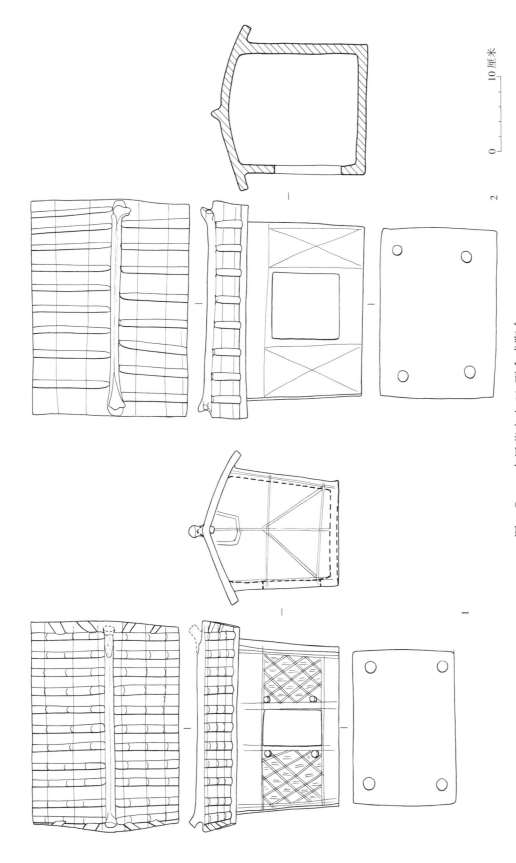

图一〇一 东汉墓出土 Bb 型 I 式陶仓

1. 13HYGM7：扰 5 2. 12HTLM1：扰 3

图一〇二　东汉墓出土 Bb 型 Ⅱ 式陶仓（10HJGM10：扰 2）

11HFPM14b：3，灰白胎。形体较小。灶门有门槛。灶面开两灶眼，前置一釜，后置釜甑。釜敞口，圆唇，束颈，扁圆腹，圜底；甑较大，侈口，平唇，弧腹，小平底，底部有圆孔，孔较大，不规则。柱状烟突，上有刮削痕迹。无地台。通长 26.5、通宽 11.4、通高 14 厘米（图一〇四，1；彩版八七，1）。

09HYGM18：扰 3，灰胎。形体较大。简化龙首形烟突，有地台和矮门槛。前置釜甑，釜盘口，束颈，下部残；甑敞口，平唇，深弧腹，平底内凹，底部有小圆孔。通长 43.7、通宽 16.8、灶高 21.4 厘米（图一〇四，2；彩版八七，2）。

D 型　4 件，官塘岭 M8、M10，二炮厂 M8 和精神病院 M3 各出土 1 件，其中精神病院 M3 出土 1 件灶面残。灰白胎，烧制温度高。灶面开三灶眼，中部隆起，其中 1 件平面呈长方形，余为梯形，前宽后窄。拱形灶门，矮额墙，前有地台伸出，龙首形烟突。

11HFPM8：20，灶面呈梯形，灶眼两侧刻划复线菱格纹，菱格内有短竖线。烟突下部灶体处有一圆孔。前后灶眼各置一釜，敞口，圆唇，折腹，小平底。通长 29.4、通宽 12.8、通高 14.9 厘米（图一〇五，1；彩版六三，5）。

10HJGM10：扰 1，灶面呈长方形，前端略高。灶眼两侧及额墙处刻划复线菱格纹，菱格内有一组短线。灶体两侧刻划横直竖线，表示梁架结构。灶门左侧口有一跪俑，双手撑地，低头，作烧火状。通长 32.8、通宽 12.3、通高 16 厘米（图一〇五，2；彩版八七，3）。

E 型　3 件，廉乳厂 M8、二炮厂 M10 和公务员小区一期 M6 各出土 1 件。灶面平，呈长方形或梯形，中部凹，开三灶眼。前有地台伸出，矮额墙，龙首形烟突。

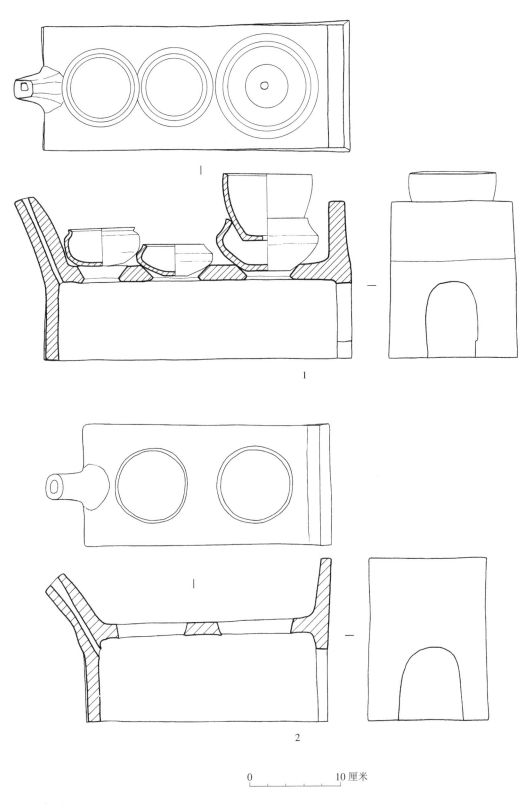

图一〇三　东汉墓出土 B 型陶灶

1. 11HFPM6：37　2. 11HFPM5：4

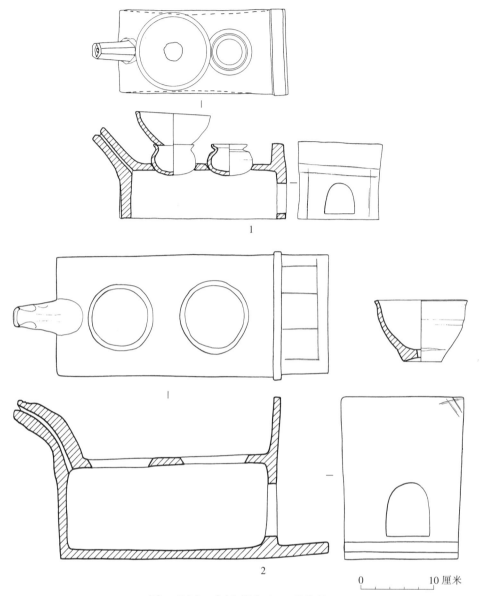

图一〇四　东汉墓出土 B 型陶灶
1.11HFPM14b：3　2.09HYGM18：扰 3

　　11HFLM8：扰 8，灰白胎，外有褐色陶衣，施青黄釉。灶面呈梯形，前端略宽于后端。梯形灶门，龙首形烟突。灶眼前、后各置一釜，前釜口部残，扁腹，平底；后釜盘口较高大，束颈，扁腹，圜底。前端地台残。残长 35.8、通宽 14.4、通高 14.2 厘米（图一〇六，1；彩版八七，4）。

　　11HFPM10：扰 8，灰胎，烧制温度略低。灶面呈长方形，拱形灶门。烟突残。灶眼前置釜甑，釜盘口，扁腹，平底；甑侈口，平唇，釜斜直，平底，底镂圆孔。通长 31.8、通宽 12.4、通高 18.8 厘米（图一〇六，2；彩版八七，5）。

　　F 型　3 件，廉乳厂 M9、公务员小区二期 M7 和机械厂 M1 各出土 1 件。烧制温度较高。灶面呈梯形，前高后低。前有地台伸出，矮额墙。

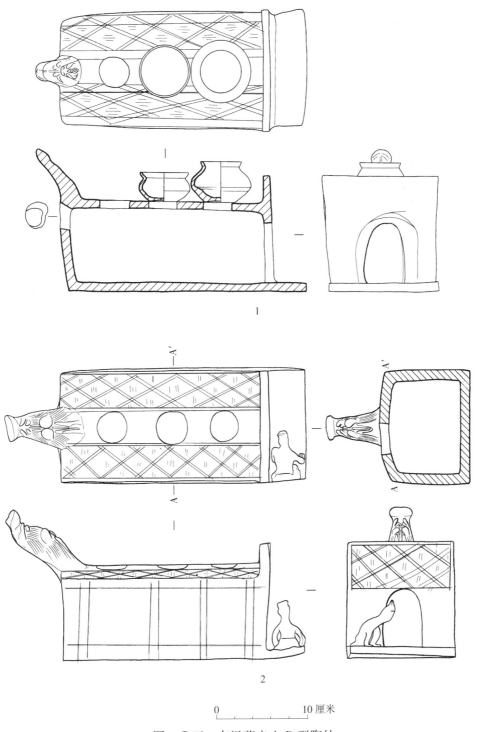

0   10 厘米

图一〇五　东汉墓出土 D 型陶灶

1. 11HFPM8：20　2. 10HJGM10：扰 1

　　11HFLM9：扰 2，灰白胎，外有褐色陶衣。形体较大。地台及额墙两侧伸出，宽于灶体。简化龙首形烟突，较短，龙首下有一圆孔。灶门残，有矮门槛，左侧原跪有烧火俑，已残。灶面开三灶眼，两侧刻划单线菱格纹，灶眼间有刻划横直线。额墙处刻划复线菱格纹。灶体两侧刻划横直

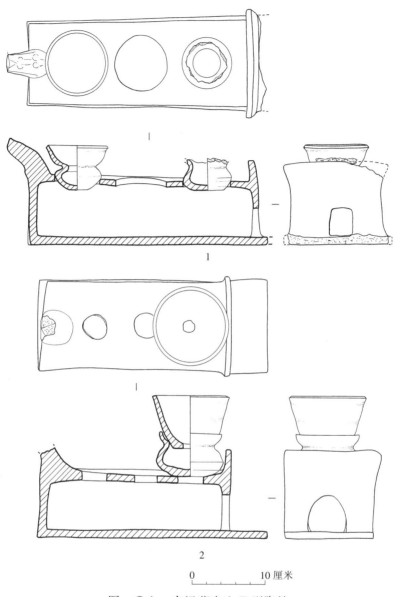

图一〇六　东汉墓出土 E 型陶灶
1.11HFLM8：扰 8　2.11HFPM10：扰 8

竖线，表示梁架结构。通长 31、通宽 20.7、通高 14.1 厘米（图一〇七，1；彩版八七，6）。

　　13HYGM7：扰 4，青灰胎。灶面开三灶眼，灶眼及灶体两侧刻划横直线纹。拱形灶门，有矮门槛。烟突残，断面呈扁长方形，烟突下部灶体处有一小圆形烟孔。通长 26.1、通宽 12.4、通高 13.1 厘米（图一〇七，2；彩版八八，1）。

　　13HZJM1：扰 2，红胎。灶面开两灶眼，前置釜甑，后置一釜，灶眼两侧刻划菱形纹。釜与灶面黏结为一体，敞口，圆唇，溜肩，扁折腹，平底。甑上部残，底部有圆孔。后釜右侧立一俑，双手扶釜边，头部残缺。额墙中部凹，两侧斜直，饰菱格纹。拱形灶门，有矮门槛，两侧上部饰三角纹，下部饰交叉斜线纹门右侧有一狗，半蹲状。烟突残，断面呈扁长方形，烟突下

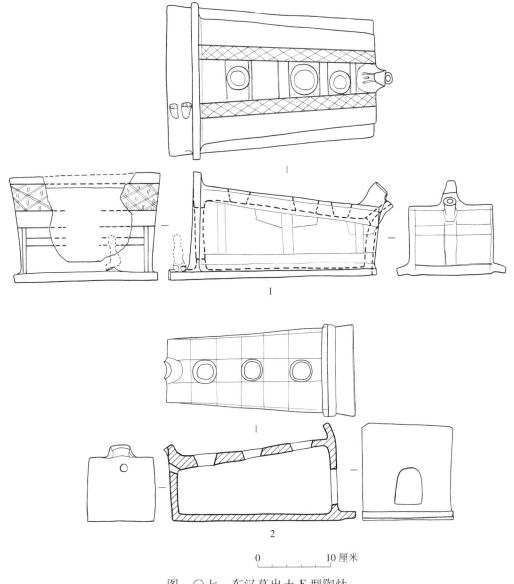

图一〇七　东汉墓出土 F 型陶灶

1. 11HFLM9∶扰 2　　2. 13HYGM7∶扰 4

部灶体处有一小圆形烟孔。灶体两侧刻划横直线纹。残长 22.8、通宽 12、残高 12.2 厘米（图一〇八）。

溷　14 件。烧制温度较低。干栏式建筑，上为厕所，下为畜圈，上下两层可分开。上层平面呈长方形，盖顶多有一正脊四垂脊，两坡刻划筒板瓦垄。面墙偏一侧开长方形门，上层厕内有长方形坑穴，部分见长方形蹲位或挡板。下层基座呈纵长方形，有窦洞。后院后半围墙高起，墙头有瓦檐遮护。四面墙体均刻划横直线纹，表示梁架结构。依盖面形制，分两型。

A 型　1 件（13HZPM1∶扰 3），庞屋队 M1 出土。灰白胎。残存部分屋顶和下层基座。卷棚顶，盖顶拱背。下层基座瓦檐处有脊。基座宽 24.2、高 12 厘米。

B 型　13 件，二炮厂 M5、M6、M14b、M17，公务员小区一期 M18，官塘岭 M5，迎宾大道 M1，机

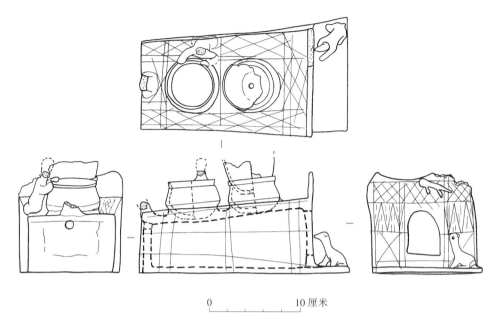

0　　　　　　10 厘米

图一○八　东汉墓出土 F 型陶灶（13HZJM1：扰 2）

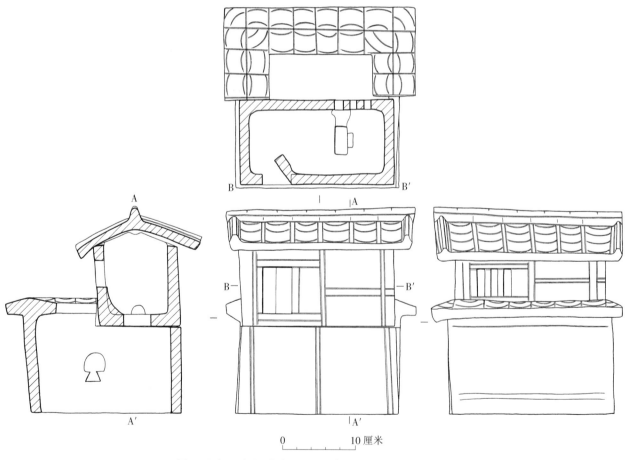

0　　　　　　10 厘米

图一○九　东汉墓出土 B 型陶溷（11HFPM5：27）

械厂 M4、M7、M8，公务员小区二期 M10、M16 和 M17 各出土 1 件。因盗扰严重，迎宾大道 M1，机械厂 M8，公务员小区二期 M10、M16 和 M17 出土 5 件残存下层基座和部分屋顶，机械厂 M4 和 M7出土 2 件残存上部厕。均为悬山顶，坡面斜直，下层基座瓦檐无脊。其中二炮厂 M14b 和官塘岭 M5出土 2 件厕室内有隔墙。

11HFPM5∶27，灰胎。厕面墙居左辟门，单扇，半掩。内有纵向坑穴，一侧有蹲位高起，前有挡板。后墙右侧镂直棂窗。下层围墙右侧有一窦洞。两山墙加划斜线以示支撑加固。面阔 22.2、进深20.6、通高 27.7 厘米（图一〇九；彩版六九，1）。

11HFPM6∶69，灰白胎。厕面墙居右辟门，门下有楼梯，五级。内有纵向坑穴。下层右侧围墙有一拱形窦洞。面阔 22、进深 31.7、通高 30 厘米（图一一〇；彩版五七，1）。

0　　　　　　　　　　10 厘米

图一一〇　东汉墓出土 B 型陶溷（11HFPM6∶69）

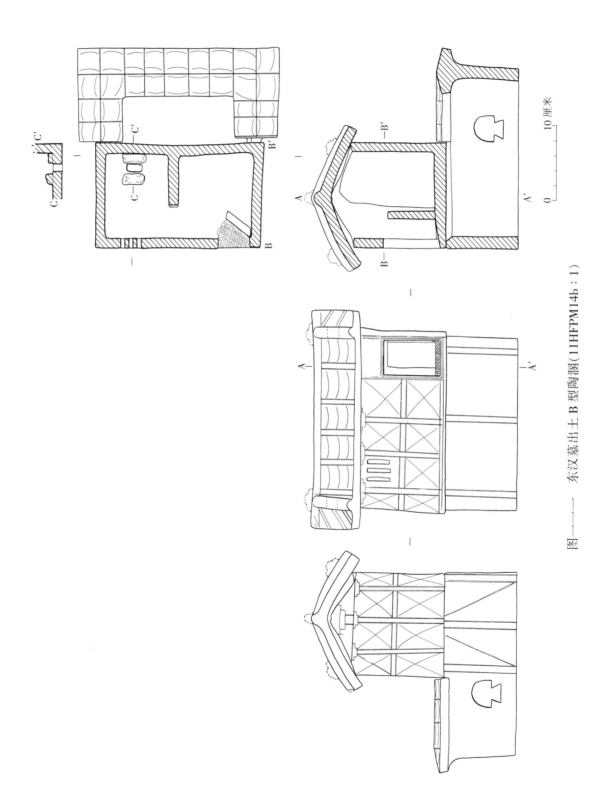

图一一一　东汉墓出土 B 型陶漏（11HFPM14b∶1）

11HFPM14b：1，灰白胎。正脊和垂脊均附"凸"字形装饰。面墙右侧辟门，单扇，半掩。厕内有半堵隔墙，将厕室一分为二，左侧室内靠后墙处有横向坑穴，两侧蹲位高起，面墙镂直棂窗。下层围墙左侧有一窦洞。面墙和两侧山墙加划斜线以示支撑加固。面阔24.2、进深26.6、通高29.4厘米（图一一一；彩版八八，2）。

瓦　1件（13HZJM1：扰11），机械厂M1出土。灰白胎筒瓦。小头一端略薄，表面饰稀疏的绳纹，接瓦唇，瓦唇和小头相接处折。大头一端素面。瓦内饰布纹。长34、宽14.6、瓦背高7.2厘米（图一一二，1；彩版八八，3）。

器盖　51件，其中8件残，顶纽形制不明。灰白胎硬陶。本期有五型。

A型　16件。凹形立纽。

Ⅰ式　9件，其中公务员小区一期M14出土2件，公务员小区一期M18和廉乳厂M8各出土3件，余1件出自二炮厂M10，盖沿均下折。

09HYGM18：扰15，盖面隆起，盖沿下折处较宽。盖面饰一组弦纹，盖沿旋刮一周凹槽。口径11.7、高5.2厘米（图一一二，2）。

09HYGM18：扰18，盖面隆起，沿下折处窄，略内敛。盖面饰两组弦纹，间以斜行篦点纹。口径11.7、高4.4厘米（图一一二，3）。

Ⅱ式　5件，公务员小区一期M18出土2件，迎宾大道M1、精神病院M3和廉乳厂M8各出土1件，其中4件烧制温度低。盖面微隆，盖下有凸唇。

12HYDM1：扰3，烧制温度较低。纽较矮。口径9.3、高3.4厘米（图一一二，5）。

11HJYM3：扰5，盖面隆起较高，外部略斜直，顶纽较高。盖面饰一组弦纹。口径11.5、高4.6厘米（图一一二，4）。

Ⅲ式　2件，汽齿厂M10出土。灰胎，烧制温度低。形制相同。盖沿平，触地处杀边。

10HTQM10：2，口径13.4、高3.8厘米。

B型　18件，其中公务员小区一期M14出土2件，二炮厂M28出土5件，沿海铁路M1出土5件，机械厂M1出土3件，二炮厂M2、二炮厂M3和廉乳厂M8各出土1件。均为半环纽。

Ⅰ式　1件（12HFPM28：扰21）。盖面隆起，盖沿平，下有凸唇。纽外饰一组弦纹，弦纹两侧有斜行篦点纹，近沿处旋刮一周凹槽。口径12.8、高3.3厘米。

Ⅱ式　17件。盖面多隆起，盖沿下折。应为双系罐、四系罐等器物的盖。

12HTLM1：扰13，盖面隆起。纽外饰一组弦纹。口径11.2、高4.4厘米（图一一二，7）。

13HZJM1：扰6，盖面圆隆。纽外饰一组弦纹。口径11.6、高6厘米（图一一二，6）。

C型　6件。鼻纽，部分带圆环。盖下有凸唇。

Ⅰ式　1件（11HFLM9：扰14），廉乳厂M9出土。盖顶平圆，纽扣环，外圈斜直。饰复线倒三角纹。口径14.2、高4厘米。

Ⅱ式　3件，二炮厂M3、沿海铁路M1和公务员小区二期M10各出土1件。盖顶平圆，外圈斜直分两圈。

12HTLM1：扰4，口径8.2、高4.2厘米（图一一二，8）。

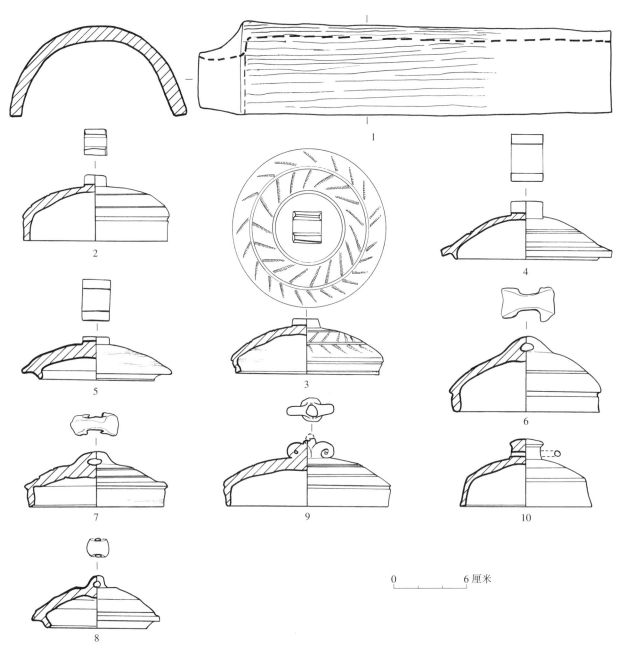

图一一二　东汉墓出土陶器

1. 瓦（13HZJM1：扰 11）　　2、3. A 型 I 式器盖（09HYGM18：扰 15、09HYGM18：扰 18）　　4、5. A 型 II 式器盖
（11HJYM3：扰 5、12HYDM1：扰 3）　　6、7. B 型 II 式器盖（13HZJM1：扰 6、12HTLM1：扰 13）　　8. C 型 II 式器盖
（12HTLM1：扰 4）　　9. D 型器盖（11HFLM9：扰 10）　　10. E 型器盖（12HFPM28：扰 26）

　　III 式　2 件，精神病院 M3 和二炮厂 M2 各出土 1 件。盖面隆起。

　　10HFPM2：扰 1，盖面饰两组弦纹。口径 10.2、高 4.1 厘米。

　　D 型　2 件，廉乳厂 M9 出土。均为卷角形纽，两角间有一乳丁。盖沿下折。

　　11HFLM9：扰 10，盖面隆起。饰三组弦纹。口径 13.6、残高 5.9 厘米（图一一二，9）。

　　E 型　1 件（12HFPM28：扰 26），二炮厂 M28 出土。圆柱形纽，顶部凸起，近盖面处有横穿孔。盖面圆隆，盖沿下折较宽。盖面饰一周弦纹。口径10.8、高5.5厘米（图一一二，10）。

器足 2件，官塘岭5和机械厂M7各出土1件。烧制温度低。

10HJGM5∶扰18，圆柱形足，上有圆形榫卯。高6.1厘米。

13HZJM7∶扰7，2件。斜足，上大下小，底部截面呈半圆形，四周有刮削痕迹。应为镳壶或鼎等器物的斜足。底部宽2.4、残高10.1厘米。

二 高温釉陶器

8件。灰白胎，胎质细腻，施青白釉，烧制温度较高。器类有罐、盘、盆、钵、勺和器盖。

罐 4件，公务员小区一期M18、二炮厂M3、机械厂M1和廉乳厂M9各出土1件，其中1件残存底部。余3件有不同程度残损，无法拼复。依腹部形制，分三型。

A型 1件（10HFPM3∶扰5）。形体大。上腹鼓，下腹斜直。敞口，平唇，高领，溜肩，平底。口沿外旋刮一周凸棱，肩部饰一组弦纹。口径14.5、底径14.4厘米。

B型 1件（13HZJM1∶扰12）。形体较小。扁圆腹。敞口，圆唇，平底。腹径11.6、底径6.4、残高7厘米。

C型 1件（11HFLM9∶扰15），廉乳厂M9出土。口沿残。扁腹。溜肩，平底，底部与下腹相接处较粗糙，未抹平。肩腹间饰一组弦纹。腹径12.8、底径6.4、残高5.4厘米（图一一三，4）。

盘 1件（12HFPM28∶扰17），二炮厂M28出土。侈口，平唇，沿外折，浅腹，上腹直，下腹折收，假圈足。假圈足外圈起一周凸棱。口径23.6、圈足径12.4、高4.7厘米（图一一三，2；彩版八八，4）。

盆 1件（12HFPM28∶扰30），二炮厂M28出土。敞口，圆唇，深腹，上腹直，下腹弧收，底部残缺。腹部旋刮两周凸棱。口径22.2、残高10厘米（图一一三，1）。

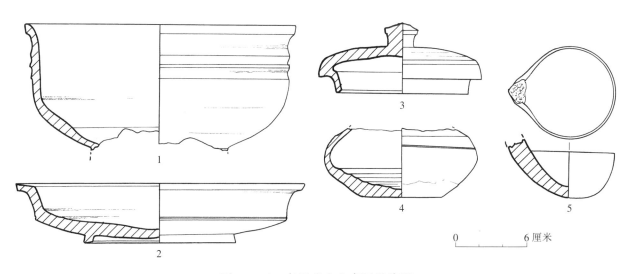

图一一三 东汉墓出土高温釉陶器

1. 盆（12HFPM28∶扰30） 2. 盘（12HFPM28∶扰17） 3. 器盖（12HFPM28∶扰27） 4. C型罐（11HFLM9∶扰15） 5. 勺（12HFPM28∶扰11）

勺　1 件（12HFPM28：扰 11），二炮厂 M28 出土。勺身近圆形，弧腹较深。柄残，断面呈三角形。勺身径 7.3、残高 4.7 厘米（图一一三，5）。

器盖　1 件（12HFPM28：扰 27），二炮厂 M28 出土。盖面隆起，顶部平，中央有圆柱形纽，顶部凸起，上端略宽。盖下有凸唇。口径 10.8、高 5.6 厘米（图一一三，3）。

三　铜器

82 件，残损严重，锈蚀呈深绿色。其中 1 件器形不明。有鼎、壶、鐎壶、长颈壶、樽、熏炉、灯、盆、盘、碗、镜、带钩、刷把、削、戟、矛、镦、衔镳、盖弓帽、扣牌、泡钉和铜钱等。

鼎　2 件，二炮厂 M5 和二炮厂 M6 各出土 1 件。均属 B 型。盖面隆起，顶部平圆，中央有圆纽扣环，外圈有一周凸棱。子口敛，三足外撇明显，上下粗，中部敛束。上腹有一周凸棱，附耳上环下方。底部有烟炱痕迹。

Ⅰ式　1 件（11HFPM5：1）。形体大。圜底。盖面凸棱，棱上等布三乳丁。子口合盖，敛口，弧腹较深，足横截面呈半圆形。口径 22、最大腹径 25.4、通高 25.3 厘米（图一一四，1；彩版六九，2）。

Ⅱ式　1 件（11HFPM6：42）。形体较小。平底。盖面较隆。圆腹，足横截面近三角形。口径 15.2、腹径 16、通高 14.7 厘米（图一一四，2）。

壶　2 件，二炮厂 M6 出土。形制、大小相近，其中 1 件完整，均属 B 型。

B 型　形体较小。圈足分两节，无 A 型撇。敞口，平唇，束颈，溜肩，扁圆腹，肩部附一对铺首衔环。肩和下腹各饰一组宽带纹。

11HFPM6：40，口径 9、腹径 14.5、底径 11、高 17.6 厘米（图一一四，6；彩版五七，2）。

鐎壶　3 件。平唇，束颈，扁圆腹，平底，足较西汉晚期外撇明显，横截面近三角形。棱间出把，把直，中空，略向上翘，横截面呈六边形，内残存木柄。腹部有一周凸棱。底部均有烟炱痕迹。

A 型　1 件，二炮厂 M6 出土。属Ⅱ式。

Ⅱ式　1 件（11HFPM6：44）。三足较Ⅰ式撇，较高。敞口，颈部较Ⅰ式束。口径 10、腹径 16.4、把长 8.8、高 23 厘米（图一一四，3；彩版五七，3）。

B 型　2 件，二炮厂 M5 和 M8 各出土 1 件。均带盖，盖顶平圆，中央有圆纽扣环，外圈斜直，盖口缘处有枢轴贯连，可活动启合。

11HFPM5：10，形体大。把前端上下穿圆孔，以固定木柄。口径 10.4、腹径 16.6、把长 8.4、通高 23.5 厘米（图一一四，4；彩版六九，3）。

11HFPM8：35，形体较小。顶纽有柿蒂纹纽座，柿蒂间饰菱格纹。口径 6.9、腹径 11.2、把长 7、通高 17.7 厘米（图一一四，5；彩版六三，4）。

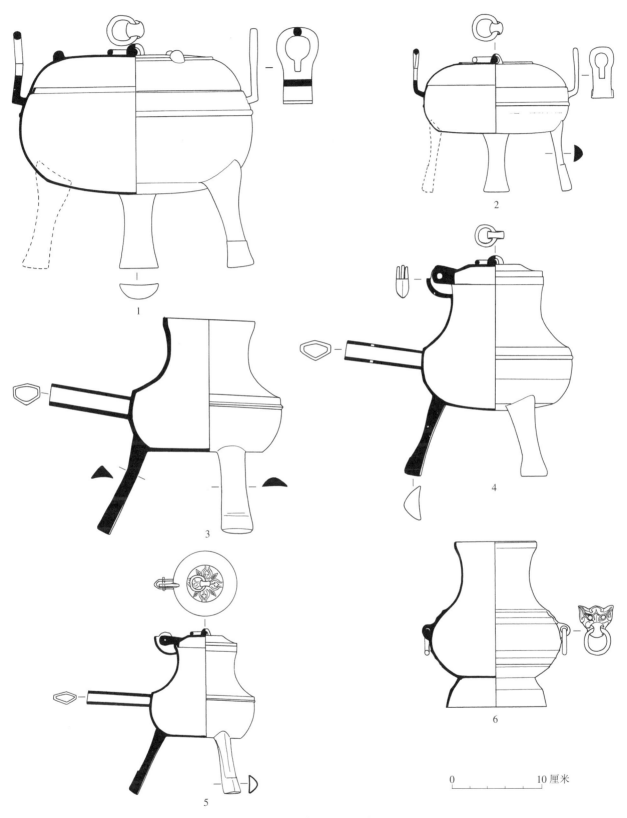

图一一四　东汉墓出土铜器

1. B 型 I 式鼎（11HFPM5：1）　　2. B 型 II 式鼎（11HFPM6：42）　　3. A 型 II 式鐎壶（11HFPM6：44）　　4、5. B 型鐎壶（11HFPM5：10、11HFPM8：35）　　6. B 型壶（11HFPM6：40）

长颈壶　1 件（11HFPM6：15），二炮厂 M6 出土，残。小口，长颈，扁圆腹，圈足，底部见铸缝。颈、肩部共饰三组纹饰，每组自上至下饰三角纹、菱格纹、倒三角纹、羽纹，间以弦纹；肩部饰一组宽带纹，腹部饰三角纹、菱格纹、倒三角纹、复线菱格纹，菱格内有束腰菱形纹；圈足饰三角纹、菱格纹和弦纹。口径 5、腹径 15.6、底径 10.8、高约 26.6 厘米（图一一五，1）。

樽　3 件，其中机械厂 M8 出土 1 件残存器盖（13HZJM8：扰 6，彩版八九，6）。余 2 件属 A、B 两型。

A 型　1 件（11HFPM6：9），二炮厂 M6 出土。器身较西汉晚期矮。口沿外有一周细带纹，纹下附铺首衔环，腹中部和近底处各饰一周宽带纹，中部宽带上有一周凸棱。口径 15.6、底径 15.6、通高 15.7 厘米（图一一五，2）。

B 型　1 件（11HFPM5：11），二炮厂 M5 出土。形体较大。直口，盖下有凸唇扣入器内。盖面较 A 型隆。顶部平圆，中央有圆纽扣环，柿蒂纹纽座，柿蒂间有四龙，座外饰一周宽带纹，宽带上有一周凸棱，棱间等布三卧羊，羊头面向盖中央，近沿处旋刮一周凹槽。器身略斜直，附铺首衔环；下部宽带处附三兽形足，为站立的辟邪，辟邪头向外，四足并排。口沿外有一周细带纹，腹中部和近底处各饰一周宽带纹，中部宽带上有一周凸棱。口径 23.5、底径 24.1、通高 22.3 厘米

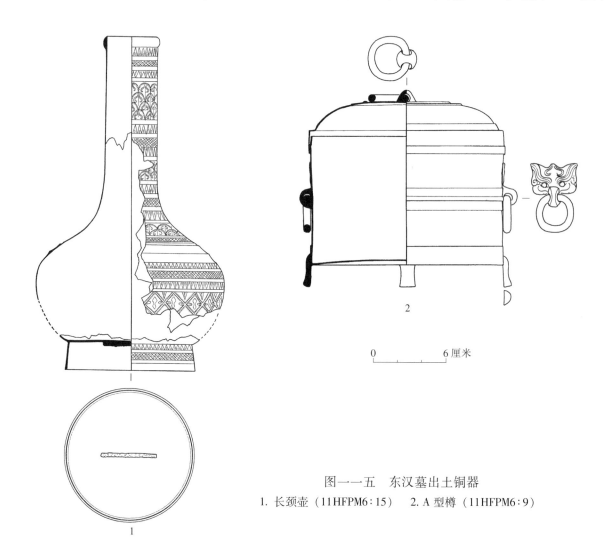

0　　　　　　6 厘米

图一一五　东汉墓出土铜器
1. 长颈壶（11HFPM6：15）　　2. A 型樽（11HFPM6：9）

（图一一六，1；彩版六九，4）。

熏炉 1件，二炮厂 M5 出土。属 B 型，有承盘。由炉盖、炉身和承盘三部分组成。

B 型 1件（11HFPM5：12）。圆锥形盖，顶有鼻纽。盖面镂多重花瓣，瓣上刻划菱格纹和短竖线纹，瓣间有气孔。炉身豆形，子口敛，深弧腹下坠，有一半圆环。炉上腹有一周凸棱，腹部饰复线菱格纹和羽纹。盖顶纽与炉口半环间有活链相连。喇叭形座足饰博山草叶纹和云纹，下与承盘相连。座足有柱与盘卯合。盘为广口，宽折沿，上腹斜直，下腹折收入，底部平凹，中部凹，有小孔与炉底座相铆接。承盘口沿饰一周三角纹。炉身口径 11.3、腹径 12.2、承盘口径 24.2、底径 11.7、通高 22.5 厘米（图一一六，2；彩版七〇，1）。

灯 4件。

A 型 1件（11HFPM6：7），二炮厂 M6 出土。灯盘壁略斜直，柄较西汉晚期细长，竹节处上细下粗，形成两节，圈足沿下折。圈足上有一周弦纹。口径 7.6、足径 9.1、高 18.7 厘米（图一一六，3；彩版五七，4）。

B 型 3件。

Ⅰ式 2件，二炮厂 M16 和官塘岭 M5 各出土 1件。

10HFPM16：扰 2，灯盘较深，三蹄足较高，略外撇，灯把高起。前端残，横截面呈长方形。灯盘口径 9.5、底径 9.5、残高 10.8 厘米（图一一六，4；彩版八八，5）。

10HJGM5：扰 9，三足矮直，把弯出，前端平，呈柳叶状，横截面呈菱形。灯盘口径 10.4、通高 3.7 厘米（图一一六，5；彩版八八，6）。

Ⅱ式 1件（11HFPM5：8），二炮厂 M5 出土。三乳丁足。灯盘敞口，斜直壁，较浅，平底。盘内有支钉。口沿处出把，弯出，前端平，呈柳叶状。灯盘口径 11.2、底径 8.8、通高 5.5 厘米（图一一六，6；彩版七〇，2）。

盆 7件，其中二炮厂 M6 出土 1件残，形制不明。

A 型 1件（11HFPM8：52），二炮厂 M8 出土。形制同西汉晚期相近。上腹附一对铺首衔环，下腹折收不明显，大平底。底部外圈有一周凸棱。口径 32、底径 16.6、通高 8.4 厘米（图一一六，7）。

B 型 3件，其中二炮厂 M6 出土 1件，二炮厂 M5 出土 2件，形制、大小相同。腹部较 A 型略浅，上腹斜直，下腹分折入，收成凸出的小平底。

11HFPM5：22，口径 25.6、底径 12.2、高 5.3 厘米（图一一六，8；彩版七〇，3）。

11HFPM6：32，沿略窄。口径 25.6、底径 12.4、高 4.1 厘米（图一一七，1）。

C 型 2件，二炮厂 M5 和官塘岭 M5 出土。均为弧腹。

11HFPM5：20，大平底。底部外圈有一圈凸棱。盆底残留席痕。口径 30.2、底径 19、高 6.15 厘米（图一一七，3；彩版七〇，4）。

10HJGM5：扰 11，残损严重。凸出的小平底。口径 24、底径 8、高 8.4 厘米。

盘 5件。广口，宽唇，折沿，浅腹。依底部形制，分两型。

A 型 1件（10HJGM5：扰 10），官塘岭 M5 出土。残损严重。大平底。腹部斜直。口径 20.5、高 2 厘米。

B 型 4件，二炮厂 M5 出土。形制相同，其中 2件大，2件较小。小平底凸起。下腹分折入，

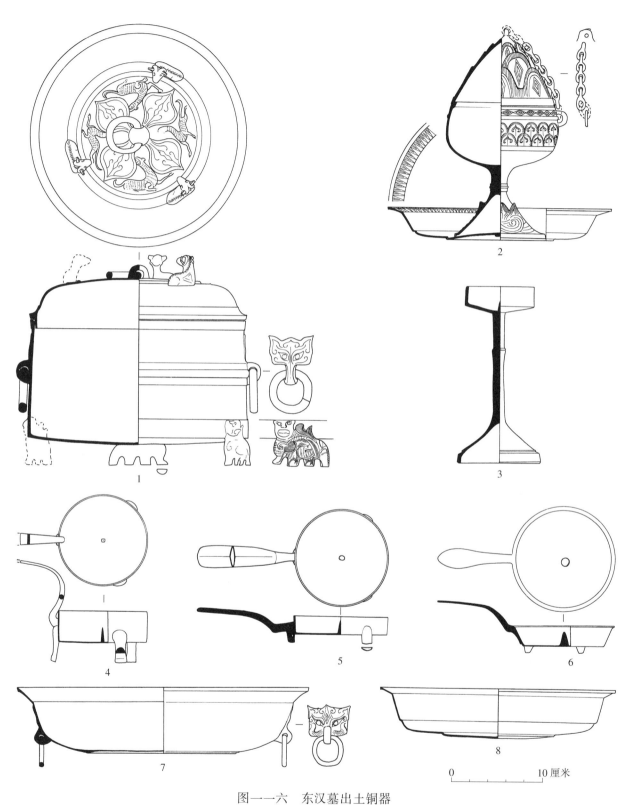

图一一六　东汉墓出土铜器

1. B 型樽（11HFPM5：11）　2. B 型熏炉（11HFPM5：12）　3. A 型灯（11HFPM6：7）　4、5. B 型 I 式灯
（10HFPM16：扰 2、10HJGM5：扰 9）　6. B 型 II 式灯（11HFPM5：8）　7. A 型盆（11HFPM8：52）　8. B 型盆
（11HFPM5：22）

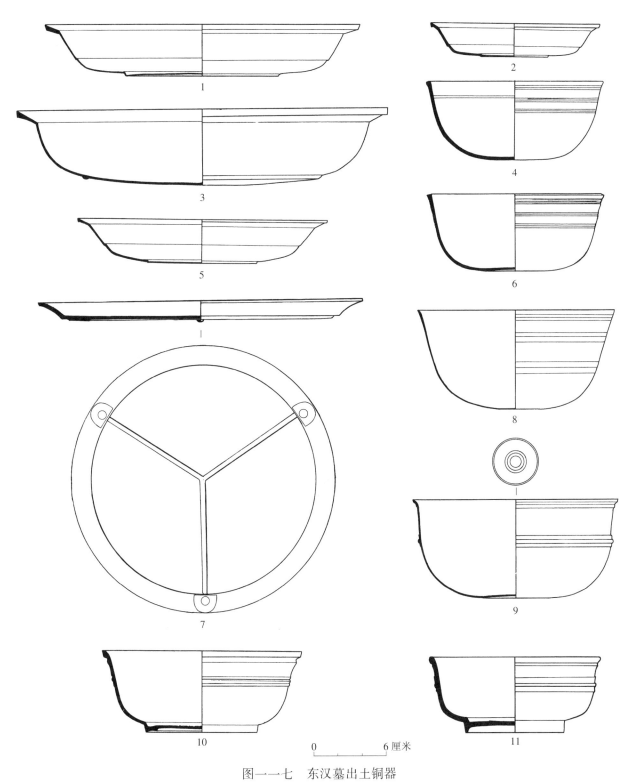

图一一七　东汉墓出土铜器

1. B 型盆（11HFPM6：32）　　2、5. B 型盘（11HFPM5：19、11HFPM5：21）　　3. C 型盆（11HFPM5：20）　　4、6、8. A 型Ⅲ式碗（11HFPM5：13、13HYGM2：扰 5、11HFPM8：44）　　7. 三足盘（13HZJM8：扰 5）　　9. A 型Ⅳ式碗（11HFPM14b：7）　　10、11. B 型碗（11HFPM5：49、13HYGM4a：扰 6）

收成凸出的底。

11HFPM5：19，形体较小。口径 13.9、底径 5.6、高 2.7 厘米（图一一七，2；彩版七〇，5）。

11HFPM5：21，形体大。口径 20.3、底径 8.8、高 3.5 厘米（图一一七，5；彩版七〇，6）。

三足盘 1 件（13HZJM8：扰 5），机械厂 M8 出土。广口，宽沿外折，浅腹，平底，三足缺。盘底有一圈突匝，三足等布其上，内圈有三条凸棱，一头与足相交，另一头则交汇于盘底中心。口径 26.4、高 1.7 厘米（图一一七，7；彩版八九，1）。

碗 8 件。

A 型 6 件，二炮厂 M5、M6、M8、M14b，官塘岭 M5 和公务员小区二期 M2 各出土 1 件。其中二炮厂 M6 和官塘岭 M5 出土 2 件，锈蚀严重，残存平底及部分口沿，形制不明。

Ⅲ式 3 件。腹部斜直，下部弧收成平底。敞口。

11HFPM5：13，微圆唇。上腹饰三组弦纹，内壁饰一周弦纹，内底饰一组同心圆圈纹。口径 14.5、底径 4.6、高 6.3 厘米（图一一七，4；彩版七〇，7）。

13HYGM2：扰 5，平唇，底略内凹。上腹饰三组弦纹，内底饰一组同心圆圈纹。口径 14.7、底径 5.6、高 6.2 厘米（图一一七，6；彩版八九，2）。

11HFPM8：44，胎较薄。圆唇。腹部饰三组弦纹。口径 16、高 8 厘米（图一一七，8）。

Ⅳ式 1 件（11HFPM14b：7）。上腹略斜直，下腹弧收，平底略内凹。敞口，尖唇。腹部饰一周宽带纹，宽带中央加一周凸棱，内底饰数周同心圆圈纹。口径 16.9、底径 5.6、高 7.9 厘米（图一一七，9；彩版八九，3）。

B 型 2 件，二炮厂 M5 和公务员小区二期 M4a 出土。均为矮圈足。敞口，圆唇，上腹斜直，下腹弧收。

11HFPM5：49，口沿外旋刮一周凹槽，腹中部有一组凸棱，足内圈旋刮出一周凸棱。口径 16.1、底径 9.2、高 6.5 厘米（图一一七，10；彩版七一，1）。

13HYGM4a：扰 6，腹部饰一周宽带纹，宽带上加一周凸棱。口径 14.4、足径 8.3、高 6 厘米（图一一七，11；彩版八九，4）。

镜 6 件，其中公务员小区二期 M2 出土 1 件残存小段素缘。

A 型 1 件（11HFPM5：17），二炮厂 M5 出土。较西汉晚期厚。钮外侧有小鸟。直径 9.6、缘厚 0.5 厘米（图一一八，1；彩版七一，2）。

E 型 1 件（11HFPM6：29），二炮厂 M6 出土 1 件。连珠纹钮座，座外有一周凸棱，棱外一周八连弧纹，再外为一组短斜线纹，间以一周铭文，铭文为"内而清而以而昭而明而光而象而日而月而□□心而□而□"，"内"字上端有一横，作为起读标记，字体方整。素缘。直径 13.7、缘厚 0.7 厘米（图一一八，2；彩版五七，5）。

F 型 3 件，二炮厂 M3、二炮厂 M8 和公务员小区二期 M4a 各出土 1 件。均为四灵规矩镜。柿蒂纹钮座，外圈分四区，各区有两乳丁和"T"、"L"、"V"状纹。纹饰主要为四灵纹，配鸟兽纹。

10HFPM3：1，座外饰三重方框，内框间饰横竖直线纹。各区纹饰为：青龙、白虎、朱雀各一及虺，玄武及禽鸟，其外铭文为"尚方作竟真大好，上有仙人不知老，渴饮玉泉枣枣兮"。铭文外饰一周短竖线纹，缘上饰一组锯齿纹，间以弦纹和水波纹。直径14.9、缘厚0.5厘米（图一一八，3；彩版八九，5）。

11HFPM8：37，座外有一匝方框，四区纹饰为：玄武及鸟，青龙、白虎、朱雀及兽，外为一周短斜线纹，宽缘上饰一组弦纹，间以云纹。直径14、缘厚0.3厘米（图一一八，4；彩版六四，1）。

13HYGM4a：扰8，座外有一匝方框，各区纹饰分别为：朱雀、玄武、白虎、青龙及一禽鸟，其外为一周短竖线纹，宽缘上饰一组锯齿纹，间以弦纹和水波纹。直径11.4、缘厚0.3厘米（图一一八，5）。

带钩　1件（11HFPM6：39），二炮厂M6出土。侧视呈"S"形，蛇形钩首，背隆起，圆形钩扣扁平。长11.1、钩身最大径0.9厘米（图一一九，1；彩版五八，1）。

刷把　2件，二炮厂M6和M8各出土1件。与西汉晚期形制相同。

11HFPM6：16，残长8、斗高1厘米。

11HFPM8：39，残长7、把中宽0.5厘米。

削　2件，二炮厂M6和电厂M2各出土1件。

11HFPM6：30，环首，削把较削身窄，刃部横截面呈"V"形，削尖残断。削身附着腐朽未尽的木鞘。残长20.1、削身宽1.3、厚0.3厘米（图一一九，2；彩版五八，2）。

11HDM2：扰1，首部残断不全。削身扁平细长，刃圆钝。残长38.3、中宽2.2、厚0.4厘米（图一一九，3）。

戟　2件，二炮厂M6出土。大小、形制相同。

11HFPM6：13，"卜"字形，戟刺直出，前端残断，枝格横出，截面菱形，刺上三穿，枝上一穿，用以固定秘帽。残长20.4、刺宽1.6、厚0.4厘米（图一一九，4；彩版五八，3）。

矛　2件，二炮厂M6出土。形制相同。

11HFPM6：1　矛叶扁薄，中脊凸起，截面呈菱形，菱形骹，与銎相接处圆鼓，作球状，銎孔圆柄，末端穿孔以固秘，前端残，内尚存朽木。残长18.2、銎径2.1厘米（图一一九，5；彩版五八，4）。

镦　4件，二炮厂M6出土。大小、形制相同。圆筒形，直口，平底。腹部饰一周凸起的宽带纹，宽带中央有一周凸棱。銎内均残存木把。

11HFPM6：12，口径2.3、高5.8厘米（图一一九，6；彩版五八，5）。

车马器　4件，公务员小区一期M6出土（彩版九〇，1）。

衔镳　1件（09HYGM6：扰9）。残。管一侧连环，管内有木条残存。残长4、环径1.5厘米。

盖弓帽　1件（09HYGM6：扰11）。残。顶端作四花瓣形，瓣径3厘米。

盖弓　1件（09HYGM6：扰5）。残。管形，管内有木条残存。残长3.8厘米。

扣牌　1件（09HYGM6：扰10）。器面饰一兽面，背面凹进。宽2.5、残高1.1厘米（图一一九，7）。

泡钉　7件，二炮厂M6出土。均残损成碎片。形制相同。圆帽形，下有圆锥形钉。

11HFPM6：23，帽上鎏金。帽径2.5、残高1.3厘米（图一一九，8）。

器把　1件（11HFLM9：扰16），廉乳厂M9出土。两端平，截面三角形。长10.5厘米。

铜钱　13串，共约506枚。有五铢、大泉五十、货泉和大布黄千四种，其中五铢钱有五铢和

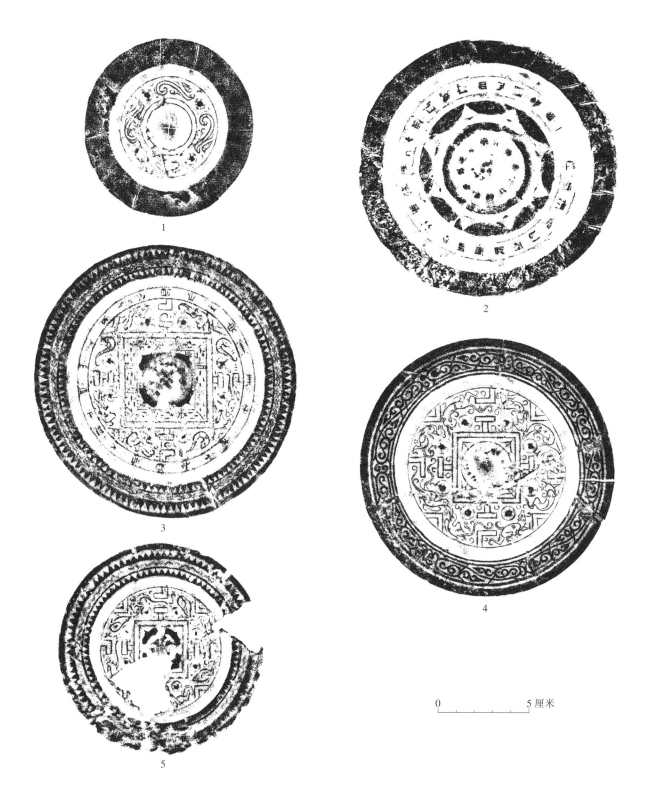

图一一八　东汉墓出土铜镜

1. A 型（11HFPM5：17）　2. E 型（11HFPM6：29）　3～5. F 型（10HFPM3：1、11HFPM8：37、13HYGM4a：扰 8）

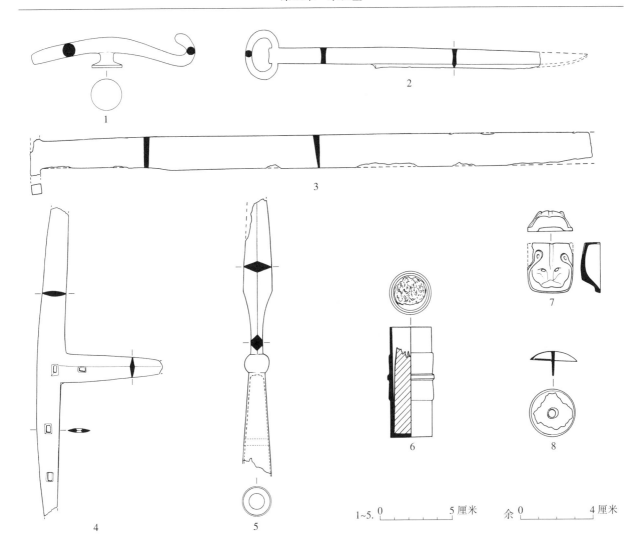

图一一九　东汉墓出土铜器

1. 带钩（11HFPM6：39）　2、3. 削（11HFPM6：30、11HDM2：扰1）　4. 戟（11HFPM6：13）　5. 矛
（11HFPM6：1）　6. 镦（11HFPM6：12）　7. 扣牌（09HYGM6：扰10）　8. 泡钉（11HFPM6：23）

剪轮五铢两类。

五铢　283 枚。其中二炮 M5 出土 23 枚、二炮厂 M6 出土 33 枚、官塘岭 M5 出土约 30 枚、二炮厂 M8 出土约 140 枚、二炮厂 M10 出土约 20 枚、二炮厂 M28 出土 8 枚、公务员小区二期 M4a 出土约 26 枚、公务员小区二期 M17 出土 3 枚。

A 型　数量较少。与西汉晚期形制相同。

Ⅰ式　10HJGM5：扰8-4，钱径2.5、穿宽1、外郭厚0.2厘米（图一二〇，1）。

B 型　与西汉晚期形制相同。

Ⅰ式　11HFPM6：26-2，钱径2.7、穿宽1、外郭厚0.2厘米（图一二〇，2）。

10HJGM5：扰8-3，钱径2.7、穿宽0.9、外郭厚0.2厘米（图一二〇，3）。

11HFPM8：32-5，钱径2.6、穿宽0.9、外郭厚0.2厘米（图一二〇，4）。

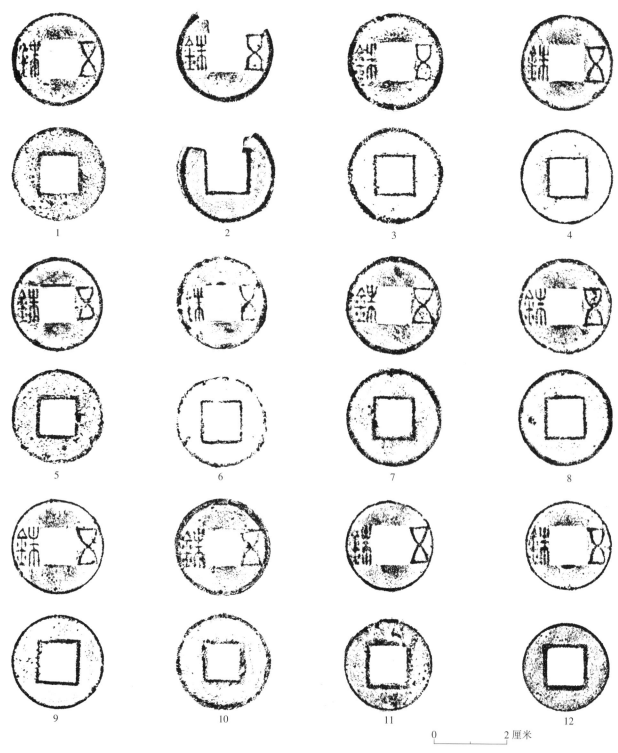

图一二〇　东汉墓出土铜钱

1. A 型 I 式五铢（10HJGM5：扰 8 - 4）　2 ~ 4. B 型 I 式五铢（11HFPM6：26 - 2、10HJGM5：扰 8 - 3、11HFPM8：32 -
5）　5. B 型 II 式五铢（10HJGM5：扰 8 - 2）　6. B 型 IV 式五铢（11HFPM5：24 - 1）　7 ~ 10. C 型五铢（11HFPM8：
32 - 1、11HFPM8：32 - 2、11HFPM8：32 - 3、12HFPM28：扰 16 - 1）　11. A 型剪轮五铢（11HFPM6：26 - 5）　12. B
型剪轮五铢（11HFPM6：26 - 1）

Ⅱ式　10HJGM5∶扰 8 – 2，钱径 2.6、穿宽 0.9、外郭厚 0.2 厘米（图一二〇，5）。

Ⅳ式　穿上有一凸起的月牙状记号。

11HFPM5∶24 – 1，钱径 2.5、穿宽 1、外郭厚 0.2 厘米（图一二〇，6）。

C 型　五字写法与 B 型一致，字体较宽大。铢字金字头成一三角形，下部四点较长；朱字头圆折。

11HFPM8∶32 – 1，钱径 2.6、穿宽 0.9、外郭厚 0.2 厘米（图一二〇，7）。

11HFPM8∶32 – 2，钱径 2.6、穿宽 0.9、外郭厚 0.2 厘米（图一二〇，8）。

11HFPM8∶32 – 3，钱径 2.6、穿宽 0.9、外郭厚 0.2 厘米（图一二〇，9）。

12HFPM28∶扰 16 – 1，钱径 2.6、穿宽 0.9、外郭厚 0.2 厘米（图一二〇，10）。

剪轮五铢　175 枚。周郭被磨去的程度不一，部分穿郭亦被磨去。分型标准同五铢钱。

A 型　3 枚，二炮厂 M6 出土。

11HFPM6∶26 – 5，周郭和穿郭均被磨去。钱径 2.4、穿宽 1、外郭厚 0.2 厘米（图一二〇，11）。

B 型　172 枚，其中二炮厂 M6 出土 18 枚，二炮厂 M5 出土 154 枚。小而薄。

11HFPM6∶26 – 1，正面穿下有一凸起的月牙状记号，周郭和穿郭均被磨去。钱径 2.4、穿宽 1、外郭厚 0.2 厘米（图一二〇，12）。

11HFPM6∶26 – 3，周郭被磨去。钱径 2.4、穿径 1、外郭厚 0.1 厘米（图一二一，1）。

11HFPM5∶24 – 2，周郭和穿郭均被磨去。钱径 1.9、穿宽 0.9、外郭厚 0.1 厘米（图一二一，2）。

大泉五十　9 枚。其中公务员小区一期 M6 出土 1 枚，余出自官塘岭 M5 出土。穿的两面均有周郭，穿之上下有篆文"大泉"两字，左右有"五十"两字。

09HYGM6∶扰 6 – 1，大字顶端弧。钱径 2.9、穿宽 0.8、外郭厚 0.4 厘米（图一二一，3）。

10HJGM5∶扰 8 – 1，大字顶端平，泉字上面一撇明显，"五十"两字较方。钱径 2.5、穿宽 0.8、外郭厚 0.2 厘米（图一二一，4）。

货泉　38 枚。其中公务员小区二期 M2 出土 35 枚，二炮厂 M5 出土 3 枚。正方形穿，穿一面或两面有郭，穿之左右有篆文的"货泉"两字。

13HYGM2∶扰 6 – 1，穿背面有郭。钱径 2.3、穿宽 0.7、外郭厚 0.2 厘米（图一二一，5）。

13HYGM2∶扰 6 – 2，穿两面有郭。钱径 2.3、穿宽 0.7、外郭厚 0.2 厘米（图一二一，6）。

13HYGM2∶扰 6 – 3，穿两面有郭。钱径 2.3、穿宽 0.7、外郭厚 0.2 厘米（图一二一，7）。

11HFPM5∶24 – 3，穿两面有郭。钱径 2.2、穿宽 0.6、外郭厚 0.7 厘米（图一二一，8）。

大布黄千　1 枚（13HZJM8∶扰 8），机械厂 M8 出土。钱正面有篆文"大布黄千"四字。首上有一圆形穿，穿和钱两面边缘均有周郭，郭厚 0.4 厘米。通长 6.2、足枝长 1.7、首宽 1.9、肩宽 2.5 厘米（图一二一，9）。

四　铁器

19 件，包括行灯、镊、削、钉、环等。

行灯　1 件（11HJYM3∶扰 6），精神病院 M3 出土。残存一半。圆盘状，壁略斜直，中见支

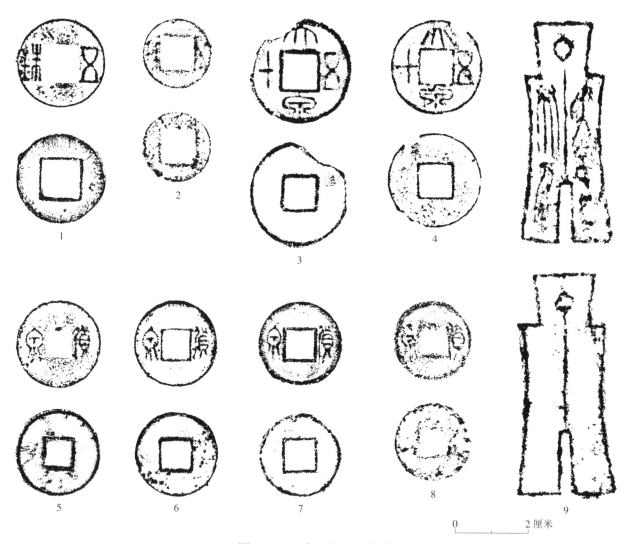

图一二一　东汉墓出土铜钱

1、2. B 型剪轮五铢（11HFPM6：26-3、11HFPM5：24-2）　3、4. 大泉五十（09HYGM6：扰 6-1、10HJGM5：扰 8-1）　5～8. 货泉（13HYGM2：扰 6-1、13HYGM2：扰 6-2、13HYGM2：扰 6-3、11HFPM5：24-3）　9. 大布黄千（13HZJM8：扰 8）

钉，平底。把残。盘径 14 厘米（图一二二，1）。

　　镊　5 件，其中官塘岭 M5、二炮厂 M6 和二炮厂 M14a 各出土 1 件，二炮厂 M8 出土 2 件。形制同西汉晚期。

　　11HFPM8：43，残长 9.7、中宽 1 厘米（图一二二，2）。

　　11HFPM8：54，两股锈蚀黏结与一起，上端截面呈圆形。残长 11.1、中宽 0.5 厘米（图一二二，3）。

　　11HFPM14a：7，残长 6.1、中宽 1 厘米。

　　11HFPM6：17，前端扁平。残长 9.6、中宽 0.4 厘米。

　　削　11 件，其中公务员小区一期 M6、M18，官塘岭 M5，二炮厂 M8、M9、M14a，公务员小

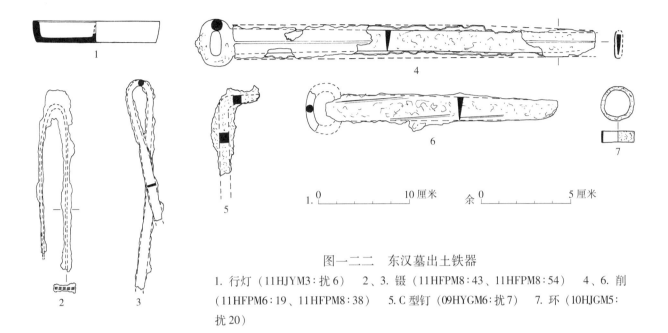

图一二二　东汉墓出土铁器

1. 行灯（11HJYM3：扰6）　　2、3. 锸（11HFPM8：43、11HFPM8：54）　4、6. 削
（11HFPM6：19、11HFPM8：38）　5. C型钉（09HYGM6：扰7）　7. 环（10HJGM5：
扰20）

区二期 M2 和 M4a 各出土 1 件，二炮厂 M6 出土 3 件。与西汉晚期形制相同，均有不同程度锈蚀残
损。

11HFPM6：19，可见外部木鞘。残长 21.6、削身宽 1.1、厚 0.4、鞘宽 1.7 厘米（图一
二二，4）。

11HFPM8：38，长 13.7、身宽 1.2、厚 0.3 厘米（图一二二，6）。

钉　1 件，公务员小区一期 M6 出土。属 C 型。

09HYGM6：扰7，呈"7"字形，横截面呈正方形，下端收尖。残长 4.6、中宽 0.5 厘米（图
一二二，5）。

环　1 件（10HJGM5：扰20），官塘岭 M5 出土。较小，环面宽平。直径 1.8、宽 0.6 厘米（图
一二二，7）。

五　石器

8 件。均为石黛砚。

石黛砚　8 件，其中二炮厂 M9 仅存研石（11HFPM9：1），底边长 3.2、上径 3.2、高 1.5 厘米
（图一二三，1；彩版九〇，2）。

A 型　6 件，公务员小区一期 M18、官塘岭 M5、二炮厂 M6、二炮厂 M17、二炮厂 M28 和公务
员小区二期 M4a 各出土 1 件。

09HYGM18：扰9，青灰色。仅存砚板。长 13.8、宽 6.1、厚 0.6 厘米（图一二三，2）。

10HJGM5：扰14，黑色。仅存砚板。长 11、宽 5.9、厚 0.5 厘米（图一二三，3）。

11HFPM6：20，灰褐色。由砚板及研石组成。砚板平面长方形，侧面斜削，断面呈梯形，上宽
下窄，上为磨面，较光滑，局部残留有朱漆；研石下方上圆。砚板长 11.7、宽 5.5、厚 0.8 厘米，

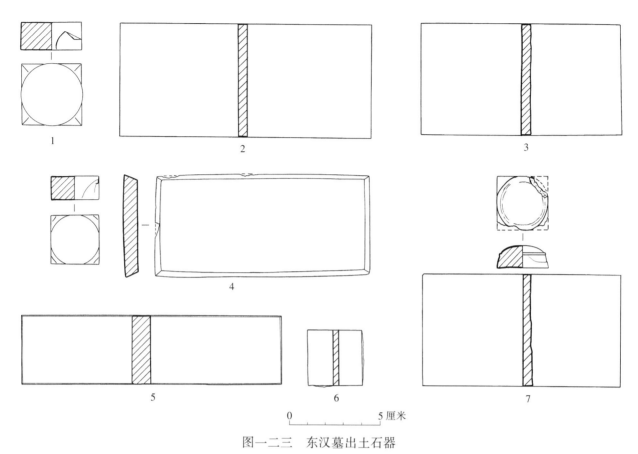

图一二三　东汉墓出土石器

1. 研石（11HFPM9：1）　　2～5、7. A 型石黛砚（09HYGM18：扰 9、10HJGM5：扰 14、11HFPM6：20、12HFPM28：扰
15、13HYGM4a：扰 10）　　6. B 型石黛砚（13HYGM4a：扰 11）

研石底边长 2.6、上径 2.7、高 1.3 厘米（图一二三，4；彩版五八，6）。

　　11HFPM17：扰 1，青灰色。仅残存砚板局部。残长 6.3、宽 6.3、厚 0.3 厘米。

　　12HFPM28：扰 15，青灰色。仅存砚板，较窄长。长 14.3、宽 3.7、厚 1.1 厘米（图一二
三，5）。

　　13HYGM4a：扰 10，砚板黑色，研石则为灰褐色。研石下方上圆。砚板长 10.9、宽 5.9、厚
0.6 厘米，研石边长 2.8、高 1.1 厘米（图一二三，7；彩版九〇，3）。

　　B 型　1 件（13HYGM4a：扰 11），公务员小区二期 M4a 出土。黑色。仅残存砚板，近正方形。
边长 3～3.1、厚 0.4 厘米（图一二三，6，彩版九〇，3）。

六　滑石器

9 件。有暖炉、锅。

暖炉　7 件，其中二炮厂 M6、精神病院 M3 和机械厂 M8 出土 3 件破碎不辨型式。

　　A 型　1 件（09HYGM18：扰 8），公务员小区一期 M18 出土。灰黑色。平底，无足。长 15.3、
宽 11.6～12.6、高 4.9 厘米（图一二四，1；彩版九〇，4）。

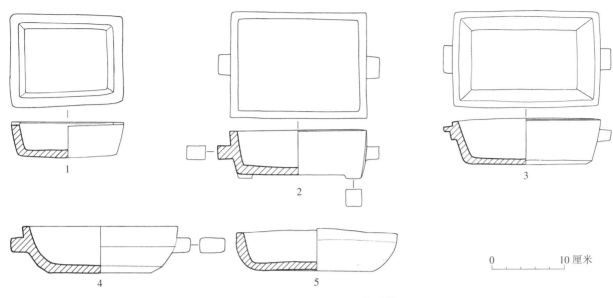

图一二四 东汉墓出土滑石器

1. A 型暖炉（09HYGM18：扰 8） 2、3. B 型暖炉（11HFPM5：15、11HFPM8：51） 4. A 型锅（13HZJM1：扰 10）

5. B 型锅（09HYGM14：扰 1）

B 型 3 件，二炮厂 M5、M8 和 M28 各出土 1 件，其中 1 件残。腹部横出两长方形耳。

11HFPM5：15，底部四角各有一近方形矮足。炉身长 18.5、宽 14.1、通耳长 21.8、高 6.4 厘米（图一二四，2；彩版七一，3）。

11HFPM8：51，平底，无足。炉身长 20、宽 13、通耳长 22.8、高 6.3 厘米（图一二四，3；彩版六四，2）。

锅 2 件。依有无器耳，分两型。

A 型 1 件（13HZJM1：扰 10），机械厂 M1 出土。有耳。敞口，方唇，浅腹，腹部横出两方耳，平底。底部有烟炱，器内亦有火烧的痕迹。口径 21.4、底径 14、高 6.1 厘米（图一二四，4；彩版九〇，5）。

B 型 1 件（09HYGM14：扰 1），公务员小区一期 M14 出土。无耳。直口微侈，方唇，浅弧腹，平底略内凹。底部有烟炱。口径 22.2、底径 16、高 5.7 厘米（图一二四，5；彩版九〇，6）。

七 其他

（一）银器

4 件。锈蚀氧化呈黑色。有指环和串饰两类。

指环 3 件，其中二炮厂 M5 出土 1 件，二炮厂 M14a 出土 2 件，形制相同。圆形。

11HFPM5：26，环面呈扁平菱形。直径 2、环厚 0.2 厘米（图一二五，2；彩版七一，5）。

11HFPM14a：2，环面呈扁圆形。直径 2、环厚 0.1 厘米（图一二五，3；彩版九一，1）。

11HFPM14a：1，直径 2、环厚 0.1 厘米（图一二五，1；彩版九一，1）。

串饰 1 件（11HFPM14a：5）（彩版九一，2），二炮厂 M14a 出土。共 11 颗，滴水形，有纵穿孔。

11HFPM14a：5－1，长 1.6、最大径 0.4 厘米（图一二五，5）。

11HFPM14a：5－2，长 1.3、最大径 0.4 厘米（图一二五，6）。

（二）漆　器

14 件，其中二炮厂 M8 出土 1 件（11HFPM8：42）可见黑色漆皮，形制不明。

盆 7 件。漆器已朽，残存口沿处镶嵌的铜箍，其中 1 件可见两侧铺首。其中公务员小区一期 M14 和机械厂 M8 各出土 1 件，余出自二炮厂 M8 出土。铜箍圆形，大小相近，均鎏金，横截面为"凹"字形。

11HFPM8：49，残存铜箍和两侧铜铺首，均鎏金。口径 26、箍宽 1 厘米。

耳杯 6 件。漆耳杯已朽烂，残存两侧镶嵌铜耳。其中二炮厂 M8 出土 2 件（副）、机械厂 M8 出土 2 件，其中 1 件成对，二炮厂 M10 出土 2 件。铜耳表面鎏金，外侧弧形，内侧略直，外侧边下折。

11HFPM8：46，木胎锈蚀呈灰黑色粉末，可见黑漆。以朱砂绘彩，耳及器身均饰云纹。其中一耳被上部器物压碎。耳残长 6.3、中宽 1.2 厘米。

11HFPM10：扰 6，一副，较大。长 10.1、中宽 1.8、高 1.1 厘米（图一二五，7）。

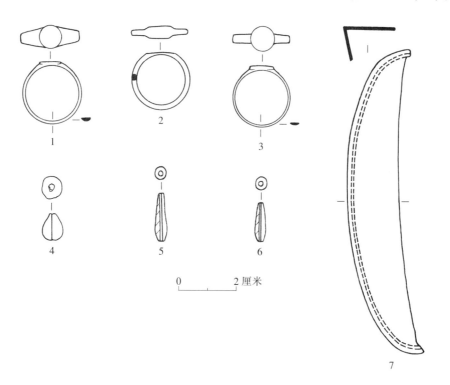

图一二五　东汉墓出土遗物

1～3. 银指环（11HFPM14a：1、11HFPM5：26、11HFPM14a：2）　4. 薏苡

（11HFPM5：23）　5、6. 银串饰（11HFPM14a：5－1、11HFPM14a：5－2）

7. 漆耳杯（11HFPM10：扰 6）

（三）玻璃珠

10 件，共约 2203 颗，出自二炮厂 M5、M8、M9、M10、M14a，公务员小区一期 M18，官塘岭 M5 和公务员小区二期 M17。其中二炮厂 M8 出土最多，达 2131 颗。这些串珠除少量淡青色珠为半透明外，其余均不透明。颜色多为深蓝、浅蓝和蓝色，也见淡青色和铜红色，形状有扁圆和长圆两种。

二炮厂 M8 所出除个别为绿色外，其余均为深蓝色，扁圆形，圆径 0.4、扁径 0.2～0.3 厘米。11HFPM8：41，287 颗，约置于死者的头部（图一二六，1；彩版六四，5）。11HFPM8：40，1836 颗，约置于死者的胸部（图一二六，2；彩版六四，3）。11HFPM8：55，8 颗，原应置于一件漆容器内（图一二六，3；彩版六四，4）。

09HYGM18：扰 5，3 颗。深蓝色。扁圆形。圆径 0.8、扁径 0.7 厘米。

10HJGM5：扰 2，24 颗。浅蓝色。长圆或扁圆，颗粒较大。长 0.8～1、圆径 0.8～1.1 厘米（图一二六，4；彩版九一，3）。

11HFPM5：25，约 28 颗，多数已残破。深蓝色。扁圆形。圆径 0.8、扁径 0.8 厘米（图一二六，5；彩版七一，6）。

11HFPM9：2，2 颗。蓝色。扁圆形。圆径

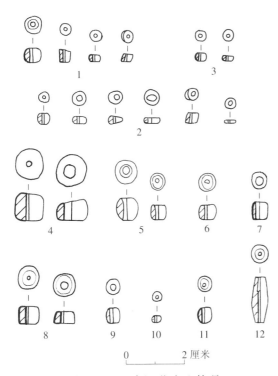

图一二六　东汉墓出土饰品

1～8、10、11. 玻璃珠（11HFPM8：41、11HFPM8：40、11HFPM8：55、10HJGM5：扰 2、11HFPM5：25、11HFPM9：2、11HFPM14a：3、11HFPM10：扰 5、11HFPM14a：4-1、11HFPM14a：4-2）　9. 石榴子石珠（11HFPM14a：4-3）　12. 玛瑙珠（11HFPM14a：4-4）

0.6、扁径 0.6 厘米（图一二六，6）。

11HFPM10：扰 5，3 颗。浅蓝色。扁圆形。圆径 0.7、扁径 0.6 厘米（图一二六，8）。

11HFPM14a：3，2 颗。其中一颗棕色，已碎。另一颗淡青色。半透明。长圆形。长 1、圆径 0.6 厘米（图一二六，7；彩版九一，5）。

13HYGM17：扰 3，10 颗。蓝褐色。扁圆形。圆径 0.9、扁径 0.4 厘米。

（四）其他串饰

1 件（11HFPM14a：4），共 32 颗（彩版九一，4）。其中石榴子石珠 29 颗，红褐色，圆形或扁圆形，直径 0.4～0.5 厘米（图一二六，9）；玻璃珠 2 颗，一为浅青色，半透明，扁圆形，圆径 0.3、扁径 0.3 厘米（图一二六，10），另一颗为深蓝色，长圆形，长 0.6、圆径 0.5 厘米（图一二

六，11）；玛瑙珠 1 颗，橘黄色，圆榄形，长 1.5、中径 1.1 厘米（图一二六，12）。

第三节　植物种仁遗存

植物种仁遗存仅发现有薏苡。二炮厂 M5 后室前端一角，编号为 11HFPM5：23，出土时成堆放置，无容器装盛。约 40 粒，均已风化，仅存外壳，多数已残碎。呈白色，卵形，腹面中央有沟。长 0.8、最大径 0.7 厘米（图一二五，4；彩版七一，4）。

薏苡有健胃、强筋骨、去风湿、消水肿、清肺热等功能，是一种具有较高价值的药用食品。

第四节　分期与年代特征

东汉墓有木椁墓、土坑墓和砖室墓三类，其中木椁墓仅 1 座、土坑墓仅 2 座，余 44 座为砖室墓。砖室墓有直券顶墓、横直券顶墓和穹隆顶合直券顶墓三型，以直券顶墓居多。直券顶墓下又分两个亚型和五式，其余两型下分若干式。随葬器物种类繁多，有陶器、高温釉陶器、铜器、铁器、银器、漆器、石器及珠饰品等。

东汉早、晚两期的区别除第一节所述的墓砖外，形制和出土器物的演变也比较清晰。

早期墓共 9 座，有二炮厂 M6，机械厂 M8，官塘岭 M5，廉乳厂 M11，公务员小区一期 M6，公务员小区二期 M2，二炮厂 M30b，廉乳厂 M8 和精神病院 M3。其中，二炮厂 M6 为木椁墓，其余 8 座为直券顶砖室墓，规模小，形制简单，由墓道和墓室两部分组成，墓室为单层和双层券顶。2 座的券顶和墓底均分级，1 座墓底分级以示前后室，余 5 座为单室墓。早期陶器纹饰和质地与西汉晚期相近，烧制温度普遍较高。大部分器物延续使用，但器形出现了一些变化。Ab 型Ⅲ式、B 型Ⅱ式壶，A 型Ⅰ、Ⅱ式罐及 C 型Ⅲ式罐、B 型灶延续西汉；另出现Ⅲ式鼎，B 型盒，A 型Ⅲ式瓮，B 型Ⅱ、Ⅲ、Ⅳ式瓮，A 型Ⅲ、Ⅳ、Ⅴ式罐及 C 型Ⅳ式罐，E 型Ⅱ、Ⅲ式罐，F 型Ⅱ式罐，J 型Ⅰ式、K 型Ⅰ式、N 型罐，A 型、B 型Ⅱ式屋，B 型Ⅳ、Ⅴ、Ⅶ式井，B 型Ⅳ式提筒，Ba 型Ⅲ式、Bb 型Ⅱ式仓，E 型灶等。

晚期墓 38 座，除 1 座为土坑墓外，余均为砖室墓，形制丰富，规模较大，结构复杂。除延续早期直券顶墓外，横直券顶墓、穹隆顶墓在本期出现。墓室前端多带甬道，部分墓室带侧室，壁龛在本期较常见。晚期陶壶、瓮、罐等数量减少，早期数量较多、形体较大的 A 型和 E 型罐本期偶见。东汉两期壶和罐的演变与九只岭 M5 和 M6 的演变接近①。井仓灶模型明器的组合较为完备，多数墓葬以涠替代屋。新出现形体高大的 B 型四系罐及 M、L 型罐，并出现了少量的高温釉陶器。

本期昭明镜字体方整，新出现四灵规矩镜。此外，东汉早期铜钱种类丰富，多数墓葬随葬有铜钱，除西汉所见 A 型Ⅰ式和 B 型Ⅰ、Ⅱ式五铢钱外，另有 B 型Ⅳ式、C 型五铢及剪轮五铢、货泉、大泉五十、大布黄千。晚期墓出土铜钱数量较少，仅见 B 型和 C 型五铢。依据洛阳烧沟汉墓铜钱的分期，B 型五铢上限为宣帝时期，C 型五铢上限为光武帝建武十六年②。由于合浦地处偏远，铜钱延续使用的时间则相对较长。

---

① 广西壮族自治区文物工作队、合浦县博物馆：《广西合浦县九只岭东汉墓》，《考古》2003 年第 10 期。

② 中国科学院考古研究所：《洛阳烧沟汉墓》第 225 页，科学出版社，1959 年。

附表 东汉墓墓记表

（长度单位：米）

墓号	墓向	墓葬结构								随葬器物				年代
		封土		墓道		墓室		葬具		陶、釉陶器	铜器	铁器	其他	
		高	直径	宽	坡度	前长×宽—深	后长×宽—深		其他					
公务员小区一期（09HYG）M6	293°	无		1.6	20°	6.6×2.6—1.6		单棺	Aa型Ⅰ式砖室墓	扰土：壶残片3，熏炉残件，屋残件，E型灶	扰土：盖弓，盖弓帽，衔，镶，扣牌，铜钱（大泉五十，1枚）	扰土：C型钉，削		东汉早期
公务员小区一期M14	273°	无		1.5	18°	3.2×3.1—2.9	3.2×2.2—2.72	单棺	Aa型Ⅲ式砖室墓	扰土：鼎残件，B型盒，B型镶壶，A型Ⅳ式炉，B型Ⅲ式盆，甑，B型Ⅷ式井，Bb型Ⅰ式屋，A型Ⅰ式仓，B型Ⅰ式器盖2，B型Ⅱ式器盖2，陶片			扰土：B型滑石锅，漆盆残件	东汉晚期

续附表

墓号	墓向	墓葬结构									随葬器物					年代
		封土		墓道		墓室		葬具	其他		陶、釉陶器	铜器	铁器	其他		
		高	直径	宽	坡度	前长×宽－深	后长×宽－深									
公务员小区一期 M18	290°	无		1.64/1.8	16°	2.56×2.88－2.2	2.96×2.36－2.04	单棺	Ab 型Ⅱ式砖室墓带两侧室，尾端带壁龛		B 型洗扰土：壶残件，A 型罐壶、B 型瓮、E 型罐壶、J 型Ⅱ式罐、M 型Ⅱ式罐，A 型Ⅲ式四系罐、B 型Ⅴ式提筒，B 型Ⅰ式盆，B 型Ⅱ式盆、熏炉残件，B 型灯 2，A 型Ⅰ式器盖 3，A 型Ⅱ式器盖残件器盖 2，B 型Ⅵ式井、Ba 3，B 型Ⅲ式仓，B 型滷，B 型灶，陶片，釉陶罐残件	扰土：残件	扰土：削残片	扰土：A 型滑石暖炉，A 型石黛砚、玻璃珠	东汉晚期
官塘岭（10HJG）M1	95°	无		1.95	24°	2.75×5－3.5	4.6×3.4－3.2	单棺	B 型Ⅰ式砖室墓前室横券带两侧室，双后室、尾端带壁龛		扰土：A 型Ⅲ式四系罐，Bb 型Ⅱ式仓，B 型Ⅰ式屋				东汉晚期

续附表

墓号	墓向	墓葬结构								随葬器物				年代
		封土		墓道		墓室		葬具	其他	陶、釉陶器	铜器	铁器	其他	
		高	直径	宽	坡度	前长×宽—深	后长×宽—深							
营塘岭 M5	105°	无		残		4.28×2.36—2.31		单棺	Aa型I式砖室墓	扰土：B型盒，A型II式罐，罐盖残件3，B型盂，A型器足，B型Ba型III式仓，B型III式涸，B型灶	扰土：C型盆，A型盘，碗残件，B型I式灯，铜钱（38枚，五铢钱30枚，大泉五十8枚）	扰土：削，镢，环	扰土：玻璃珠，A型石黛砚	东汉早期
营塘岭 M8	295°	无		1.45	19°	2.35×2.3—2.35	2.9×2.15—2.15	单棺	Aa型III式砖室墓 尾端带壁龛	扰土：Bb型I式仓，D型灶				东汉晚期
营塘岭 M10	280°	无		1.6/1.75	14°	2.1×5.8—2.95	4.1×4.2—2.78	单棺	B型II式砖室墓 前室横券，后室外侧有砖椁，两侧起直券，尾端起横券与后室相接，尾端带券，东南角带壁龛	扰土：Bb型II式仓，B型I式屋，D型灶				东汉晚期

续附表

墓号	墓向	封土		墓道		墓室		葬具	其他	随葬器物				年代
		高	直径	宽	坡度	前长×宽－深	后长×宽－深			陶、釉陶器	铜器	铁器	其他	
汽齿厂（10HTQ）M10	305°	无		1.08	15°	4.25×1.34－0.84		单棺	Aa 型 I 式砖室墓	A 型盖、A 型 III 式器盖 2、灶残件				东汉晚期
二炮厂（10HFP）M2	231°	无		1.28	20°	2.36×2.4－2.09	2.92×1.84－1.93	单棺	Aa 型 III 式砖室墓 尾端带璧龛	B 型 I 式屋 扰土：C 型长颈壶、C 型 II 式樽、C 型 I 式灯、B 型 II 式碗、B 型 II 式器盖、C 型 III 式器盖				东汉晚期
二炮厂 M3	280°	无		1.5	17°	2.96×2.8－2	2.8×2.28－1.8	单棺	Aa 型 III 式砖室墓 尾端带璧龛	扰土：C 型长颈壶、A 型 IV 式瓮、L 型罐、奁残件、B 型 II 式器盖、C 型 II 式仓、Ba 型 III 式罐、A 型釉陶罐	F 型镜			东汉晚期

续附表

墓号	墓向	墓葬结构								随葬器物				年代
		封土		墓道		墓室		葬具	其他	陶、釉陶器	铜器	铁器	其他	
		高	直径	宽	坡度	前长×宽—深	后长×宽—深							
二炮厂(11HFP)M5	51°	无		1.44	25°	1.92× 3.06-2.76	4.36× 1.85-2.5	单棺	B型I式砖室墓，前室横券，后室带一侧室	A型Ⅲ式瓮，B型Ⅲ式罐，B型Ⅲ式罐，A型Ⅳ式罐3，A型Ⅳ式罐2，C型Ⅳ式罐4，E型Ⅱ式罐6，E型Ⅲ式罐3，F型Ⅱ式罐，A型盂，B型Ⅱ式罐，V式井，B型Ⅲ型灶	B型I式鼎，B型Ⅲ式樽壶，B型樽，B型熏炉，B型Ⅱ式灯，B型盆，C型盆，A型盘4，A型Ⅲ式碗，B型镜，A型碗，B型镜 钱（180枚，五铢钱177枚，货泉3枚）		银指环，B型滑石暖炉，蒽苡，玻璃珠	东汉晚期
二炮厂 M6	55°	无		1.12	16°	5.2× 2.2-3.02		单棺单椁	B型Ⅱ式木椁墓，底部有两纵向枕木沟	Ab型Ⅲ式壶2，B型Ⅱ式壶2，B型Ⅱ式瓮，A型Ⅲ式罐，A型Ⅲ式罐2，A型Ⅳ式罐7，A型Ⅴ式罐，C型Ⅲ式罐，N型罐，E型Ⅱ式罐，A型Ⅳ四系罐，B型Ⅲ式提筒5，C型盂，A型釜，B型Ⅳ式井，E型釜，B型Ⅳ式仓，Ba型Ⅲ式涧，B型灶	B型Ⅱ式鼎，B型壶2，A型Ⅱ式镣壶2，A型长颈壶，A型樽，B型盆，B型盆残件，C型碗残件，E型载2，矛2，带钩，镖4，削，泡钉7，刷把，E型镜，铜钱3串（均为五铢钱，54枚）	削3，镊	A型石黛砚，滑石暖炉残件	东汉早期

续附表

墓号	墓向	封土		墓道		墓室		葬具	其他	陶、釉陶器	铜器	铁器	其他	年代
		高	直径	宽	坡度	前长×宽—深	后长×宽—深							
二炮厂 M7	55°	无		1.3	16°	4.32×1.62-2.31		单棺	Aa 型 I 式砖室墓	扰土：C 型熏炉				东汉晚期
二炮厂 M8	137°	无		1.7	20°	5.12×2.9-3		单棺无椁	土坑墓底部有椭圆形渗水坑	III 式鼎，Ab 型 IV 式壶 4，A 型镳壶，M 型 I 式罐，A 型盖罐 2，B 型盖罐，双耳直身罐 6，A 型 III 式四系罐 4，A 型 IV 式四系四耳展唇罐 2，A 型四耳展唇罐，B 型 II 式樽，B 型 III 式盆，A 型 II 式熏炉，B 式灯，魁 2，B 型 I 式碗，Bb 型 III 式井，B 型 VIII 式仓，B 型 I 式屋，D 型灶	B 型盆，A 型 III 武碗，A 型刷把，F 型镜，铜钱（均为五铢钱，140 枚）	削，镶 2	B 型滑石暖炉，漆盆 5，漆耳杯 2，玻璃珠 3	东汉晚期
二炮厂 M9	220°	无		1.06	16°	4.4×1.34-1.44		单棺	Aa 型 I 式砖室墓	B 型 II 式提筒，C 型 II 式灯，B 型灶 扰土：E 型 II 式罐		扰土：削	研石，玻璃珠	东汉晚期

续附表

墓号	墓向	墓葬结构									随葬器物				年代
		封土		墓道		墓室		葬具	其他		陶、釉陶器	铜器	铁器	其他	
		高	直径	宽	坡度	前长×宽一深	后长×宽一深								
二炮厂 M10	60°	无		1.72	16°	2.94× 3.4－2.83	5.16× 2.11－2.63	单棺	Ab 型 I 式砖 室墓 后室带两侧 室带尾端带 壁龛		B 型 I 式屋 扰土: B 型Ⅲ式瓮, C 型Ⅳ式罐, G 型 Ⅱ式罐, J 型 I 式 罐, 罐残片, B 型 V式提筒 3, B 型Ⅱ 式碗, A 型 I 式器 盖, E 型灶	扰土: 铜 钱 20 (五铢钱, 枚)		扰土: 漆 耳杯 2, 玻璃珠	东汉 晚期
二炮厂 M14a	47°	无		0.99	22°	3.63× 1.11－1		单棺	Aa 型 I 式砖 室墓				削, 镊	银指环 2, 银串饰, 玻璃珠 串饰	东汉 晚期
二炮厂 M14b	46°	无		1.17	21°	3.72× 1.75－2.42		单棺	Aa 型 I 式砖 室墓		Aa 型Ⅱ式罐, J 型 I 式 井, Ba 型Ⅲ式仓, B 型Ⅵ式 灶, B 型酒, B 型灶 扰土: Ab 型Ⅳ式 壶, B 型Ⅱ式釜	A 型Ⅳ式碗			东汉 晚期
二炮厂 (10HFP) M16	81°	无		1.34	17°	4.76× 1.94－2.2		单棺	Aa 型 I 式砖 室墓 尾端带壁龛		扰土: B 型Ⅳ式井, B 型 罐残片	扰土: B 型 I 式灯			东汉 晚期

续附表

墓号	墓向	墓葬结构							随葬器物				年代
		封土		墓道		墓室		葬具	其他	陶、釉陶器	铜器	铁器	其他	
		高	直径	宽	坡度	前长×宽—深	后长×宽—深							
二炮厂M17	75°	无		0.92	22°	4.16×1.08—1.14		单棺	Aa型I式砖室墓尾端带壁龛	B型瓿			扰土：A型石黛砚	东汉晚期
二炮厂M19	235°	无		1.6	8°	4×2.1—2.54		无棺无椁	土坑墓	无				东汉晚期
二炮厂M22	90°	无		1.16	35°	4.1×1.2—0.42		单棺	Aa型I式砖室墓	无				东汉晚期
二炮厂M24	55°	无		1.1	23°	1.79×2.14—1.81	3.37×1.62—1.62	单棺	Aa型III式砖室墓	扰土：蕉壶残件，B型灯，B型III式釜，案足				东汉晚期
二炮厂(12HFP)M28	55°	无		1.6	16°	2.7×2.6—2.45	3.05×2.1—2.25	单棺	Aa型III式砖室墓尾端带壁龛	扰土：III式鼎，Ab型V式壶，A型樵壶，A型III式瓿，K型II式罐2，M型II式罐，双耳直身罐，圆盘，樽盖，II式耳杯，B型II式甗，B型I式器盖4，E型器盖，B型II式器盖，B型VIII式井，陶片，釉陶盆，釉陶盘，釉陶勺，釉陶器盖	扰土：铜钱（五铢钱，8枚）		扰土：B型滑石暖炉，A型石黛砚	东汉晚期

续附表

墓号	墓向	封土		墓道		墓葬结构 墓室		葬具	其他	随葬器物 陶、釉陶器	铜器	铁器	其他	年代
		高	直径	宽	坡度	前长×宽-深	后长×宽-深							
二炮厂 M30b	50°	无		1.26	16°	1.5×1.5-1.49	3.16×1.5-1.37	单棺	Aa型II式砖室墓封门上有额墙	无				东汉早期
廉罗厂(11HFL)M8	214°	无		1.44	19°	2.74×2.52-2.14	3.7×1.96-2	单棺	Aa型II式砖室墓尾端带壁龛	扰土：III式鼎，B型III式瓮残件，熏炉残件，A型I式器盖3，A型II式器盖，B型II式器盖，器盖残件，井残件，B型Bb型II式仓，B型II式屋，E型灶				东汉早期
廉罗厂 M9	212°	无		1.62/2.1	23°	2.56×3.32-3.08	4.32×2.72-2.9	单棺	Ab型II式砖室墓前室带两侧室	扰土：鼎残件，A型长颈壶，C型V式罐，罐残件2，B型II式樽，B型IV式提筒2，熏炉残件，案，B型II式耳杯，魁残件，C型I式盆，D型器盖2，厄2，C型器盖，井残件，F型灶，陶片2 C型釉陶罐	扰土：器把			东汉晚期

续附表

墓号	墓向	封土		墓道		墓葬结构 墓室		葬具	其他	随葬器物				年代
		直径	高	宽	坡度	前长×宽-深	后长×宽-深			陶、釉陶器	铜器	铁器	其他	
廉乳厂 M11	331°		无	0.94	10°	3.74×1.16-0.53		单棺	Aa 型 I 式砖室墓	扰土：A 型 III 式四系罐，A 型碗				东汉早期
精神病院（11HJY）M3	130°		无	1.42/1.65	17°	3.45×2.65-2.05	3.05×2.15-1.93	单棺	Aa 型 II 式砖室墓 尾端带壁龛	III 式鼎，A 型镶壶，温壶，B 型 IV 式瓿，J 型 I 式罐，K 型 I 式罐，A 型 III 式四系罐 3，B 型 II 式樽，B 型 VII 式井，Bb 型 II 式仓，D 型灶。扰土：鼎残片，熏炉残件，A 型 III 式器盖，C 型 III 式器盖，器盖残件		扰土：行灯残件	扰土：滑石残片、暖炉残片	东汉早期
电厂（11HD）M2	135°		无	0.8	12°	0.94×3.04-0.4	3.9×1.64-0.3	单棺	B 型 II 式砖室墓 前室横券		扰土：削			东汉晚期
迎宾大道（12HYD）M1	35°		无	1.18	22°	1.87×2.68-2.83	2.72×1.56-2.68	单棺	B 型 I 式砖室墓 前室横券	扰土：A 型 II 式器盖，Ba 型 III 式仓，B 型瓿				东汉晚期
迎宾大道 M2	125°		无	0.9/1	21°	2.38×1.38-1.72	2.34×1.38-1.49	单棺	Aa 型 II 式砖室墓 尾端带壁龛	扰土：器盖残片，B 型 I 式屋，陶片				东汉晚期

续附表

墓号	墓向	墓葬结构							随葬器物				年代
		封土		墓道		墓室		葬具	其他	陶、釉陶器	铜器	铁器	其他	
		高	直径	宽	坡度	前长×宽-深	后长×宽-深							
迎宾大道 M3	120°	无		1.03/1.2	22°	2.4×2.21-2.63	3.1×1.7-2.49	单棺	Aa型II式砖室墓	扰土：B型III式瓮				东汉晚期
沿海铁路（12HTL）M1	20°	无		1.6	17°	2.5×3.2-3	3.05×2.51-2.83	单棺	Aa型III式砖室墓 尾端带壁龛	扰土：Ab型I式壶、B型长额瓮、B型瓿、禀炉残件、篮、B型II式器器盖5、C型II式器器盖、案、Bb型I式仓				东汉晚期
公务员小区二期（13HYG）M2	?	无		1.16	21°	4.34×1.44-0.88		单棺	Aa型I式砖室墓	扰土：A型III式罐、A型盂、B型IV式釜、A型屋	扰土：A型III式碗、镜残片、铜钱（货泉，35枚）	扰土：削残件		东汉早期
公务员小区二期 M4a	10°	无		1.36	27°	1.88×1.84-1.12	3×1.6-1.08	单棺	Aa型II式砖室墓	扰土：壶残件、E型II式罐、Ba型III式碗、B型仓、B型灶	扰土：B型碗、F型镜、铜钱（五铢，26枚）	扰土：削	扰土：A型石黛砚、B型石黛砚	东汉晚期
公务员小区二期 M4b	10°	无		0.8	17°	4.48×1.6-1.08		单棺	Aa型I式砖室墓 尾端带壁龛	无				东汉晚期
公务员小区二期 M7	10°	无		1.6	15°	2.4×2.72-2.44	2.88×2.32-2.24	单棺	Aa型III式砖室墓	扰土：III式鼎、壶残件、B型V式瓮、Bb型I式仓、F型灶				东汉晚期

续附表

墓号	墓向	封土		墓道		墓葬结构		葬具	其他	随葬器物				年代
		高	直径	宽	坡度	墓室 前长×宽—深	墓室 后长×宽—深			陶、釉陶器	铜器	铁器	其他	
公务员小区二期M10	10°	无		1.18	27°	1.84×1.18—0.84	3.04×1.18—0.68	单棺	Aa型Ⅱ式砖室墓	扰土：C型Ⅱ式器盖，B型灶				东汉晚期
公务员小区二期M16	100°	无		2.55	15°	2.85×2.75—2.15	2.85×1.85—2.15	单棺	C型Ⅰ式砖室墓前室穹隆顶，尾端带壁龛	扰土：Ba型Ⅲ式仓，B型溷伴，B型屋残件，陶片				东汉晚期
公务员小区二期M17	95°	无		1.8	15°	3×3—3.35	4.9×2.4—3.2	单棺	C型Ⅰ式砖室墓，前室穹隆顶	扰土：B型溷残件，灶	扰土：铜钱（五铢钱），铜钱，3		扰土：玻璃珠	东汉晚期
机械厂（13HZJ）M1	335°	1.6	18	1.24	30°	2.84×2.92—2.96	3.12×2.12—2.64	单棺	C型Ⅱ式砖室墓前室穹隆顶，尾带一侧室；端带壁龛	扰土：B型四系罐，熏炉残件，B型Ⅱ式灯，B型Ⅱ式器盖3，井残件，F型灶，Ⅰ式屋，瓦，陶片，B型釉陶罐			扰土：A型滑石锅	东汉晚期
机械厂M4	190°	无		1.64	13°	5.8×2.4—3.16		单棺	Aa型Ⅰ式砖室墓	扰土：B型Ⅵ式井，Ba型Ⅳ式溷				东汉晚期

续附表

墓号	墓向	封土		墓道		墓室		葬具	其他	随葬器物				年代
		高	直径	宽	坡度	前长×宽×深	后长×宽×深			陶、釉陶器	铜器	铁器	其他	
机械厂M7	5°	无				2.76×2.68-2.56	2.8×2.12-2.36	单棺	Aa型III式砖室墓尾端带壁龛	扰土：M型I式罐，B型V式提筒，Ba型III式仓，B型灶，B型涧，器盖，器足，陶片				东汉晚期
机械厂M8	80°	无		1.55	15°	5.7×2.25-1.95		单棺	Aa型I式砖室墓	扰土：Aa型III式罐，K型I式壶，B型涧，甑	扰土：三足盘，樽盖，铜钱（大布黄千，1枚）		扰土：滑石暖炉残件，漆盆残件，漆耳杯残件2	东汉早期
庞屋队（13HZP）M1	275°	无		1.3	18°	2×2.32-1.76	3.84×1.76-1.6	单棺	Aa型II式砖室墓尾端带壁龛	扰土：B型III式瓮，C型III式罐，器盖，A型仓，A型涧，陶片				东汉晚期
火车站（13HTL）M2	0°	1.08	26			1.76×1.16-1.02	2.4×1.16-0.84	单棺	Aa型II式砖室墓	扰土：B型III式盆				东汉晚期

说明："随葬器物"的"陶、釉陶器"栏中，未注明质地者均为陶器，釉陶器指高温釉陶器。

第四章 三国墓

共 80 座，超过发掘墓葬数量的 50%。除合浦电厂和迎宾大道外，其余地点都有分布，其中，公务员小区 31 座、官塘岭 9 座、罗屋村 5 座、汽齿厂 2 座、二炮厂 9 座、廉乳厂 6 座、庞屋队 1 座、李屋村 5 座、沿海铁路 2 座、火车站 2 座、精神病院 2 座、森林公园 2 座、机械厂 4 座。这批墓葬均为砖室墓，盗扰严重，多数墓葬的器物已经扰动，有 8 座墓葬甚至器物无存（见本章附表）。

第一节 墓葬形制

官塘岭 M13 破坏较甚，形制不详。余 79 座，分 A、B 两型，下分式。

A 型 70 座。直券顶墓，墓室内多有砖柱。依带侧室与否，分两亚型。

Aa 型 44 座。无侧室。依墓室形制，分三式。

I 式 8 座。单室墓。由墓道和墓室两部分组成，属此式的有公务员小区一期 M4b（彩版九八，3），官塘岭 M9，汽齿厂 M5，二炮厂 M11（彩版九二，1）、M15 和 M25，廉乳厂 M1 和 M3。

廉乳厂 M3 墓口距地表深 0.8 米，墓向 210°，总长 7.83 米。墓道长 3.37、宽 1 米，坡度 19°。封门位于墓道底端，单砖错缝结砌。墓室长 4.46、宽 1.4、深 1.38 米，底部低于墓道底端 0.1 米。墓壁为单砖错缝结砌，墓底铺“人”字形砖。扰土中发现陶仓、灶、罐、溷、井、提筒盖等（图一二七）。

II 式 20 座。分室、无甬道墓。墓室券顶前高后低，墓底亦分级。由墓道、前室和后室三部分组成。属此式的有公务员小区一期 M5（彩版九二，2；彩版九三，1）、M8b、M11a（彩版九三，2）、M15（彩版九四，1）、M17（彩版九四，2；彩版九五）和 M19，二炮厂 M1、M13 和 M18，廉乳厂 M4、M6、M7 和 M10，官塘岭 M3 和 M4，罗屋村 M6，森林公园 M2，公务员小区二期 M11 和 M18 以及机械厂 M5。

公务员小区一期 M19 墓口距地表深约 1.05 米，墓向 153°，总长 10.54 米。墓道长 5.5、宽 1.04 米，坡度 20°。封门位于墓室内，最底三层为双砖错缝结砌，之上为一层丁砖，再以上为单砖错缝结砌，顶有“人”字形额墙。前室前端两侧有砖柱，前室长 2.3、宽 1.68、深 2.08 米，底部低于墓道底端 0.2 米；后室底部高于前室 0.17 米，长 2.74、宽 1.4 米。后室尾端偏一侧有拱形壁龛，深 0.3、宽 0.58、券高 0.46 米，内置陶溷 1 件。墓室两侧墓壁为单砖错缝顺砌，单层券顶，后室后壁下部为二顺一丁，以上双砖错缝。墓底铺“人”字形砖。扰土中发现陶鼎、陶樽、陶罐、陶熏炉、陶灯、陶盆、陶案、铜镜和石黛砚等（图一二八；彩版九六，1、2）。

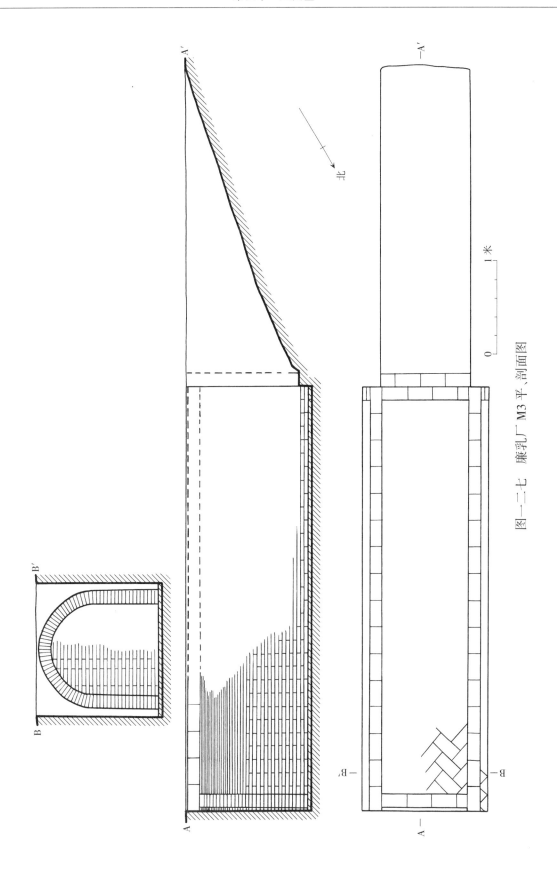

图一二七 廉乳厂 M3 平、剖面图

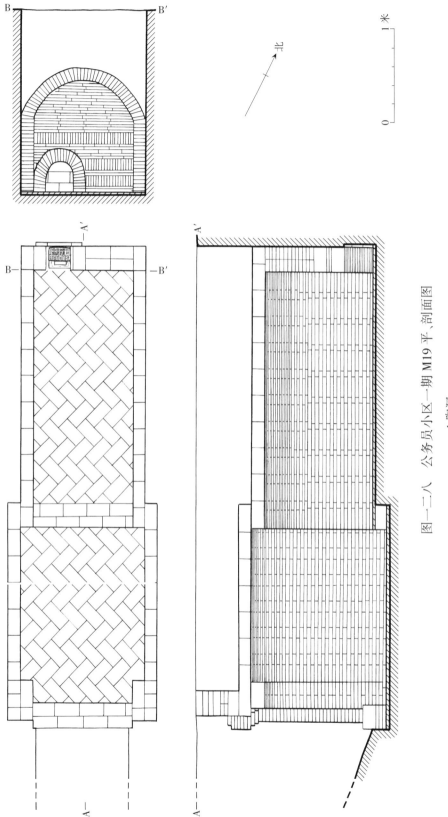

图一二八　公务员小区一期 M19 平、剖面图

1.陶罐

罗屋村 M6　墓口距地表深约 0.5 米，墓向 225°，总长 8.62 米。墓道长 3.46、前端宽 0.87、后端宽 1.03 米，坡度 26°。封门位于墓室内，二顺一丁结砌。前室长 2.26、宽 1.65、深 2.2 米，前端低于墓道底端 0.18 米，后端高于前端 0.16 米。后室长 2.9、宽 1.38 米，后室尾端带一壁龛，深 0.3、宽 0.58、高 0.66 米。墓壁下部为二顺一丁，上部双砖错缝结砌。墓底铺"人"字形砖，器物出土于前室，陶器有罐、双系罐、碗、壶、井、四系罐、仓、灶，高温釉陶器有罐、双系罐、壶、碗，另有铜碗、铜钱、铁剑和玻璃珠。墓室扰土中还发现陶盆、铁钩形器等（图一二九；彩版九六，3）。

Ⅲ式　16 座。分室带甬道墓。由墓道、甬道、前室和后室四部分组成。属此式的有公务员小区一期 M9、M11b（彩版九三，2）、M12（彩版九六，4）、M13（彩版九七，1）、M16（彩版九七，2）和 M21，公务员小区二期 M3，官塘岭 M2、M7、M11 和 M12，罗屋村 M7（彩版九七，3），庞屋队 M2（彩版九七，4），沿海铁路 M2 和 M3 及火车站 M3。其中，罗屋村 M7 和公务员小区一期 M21 的墓道前端为阶梯式，后端缓平，墓室券顶平直，以墓底分级表示前后室；余为斜坡式墓道，券顶和墓底均分级。

沿海铁路 M3　墓口距地表深 1 米，墓向 75°。因墓道前端为农田，未掘，后端墓道长 2.54、宽 1.64 米。封门位于墓道内，二顺一丁结砌。甬道长 1.2、宽 2.44、深 2.48 米，前端两侧有双砖砖柱。前室长 2.8、宽 2.96 米，后端有祭台，祭台高于前端 0.17 米。后室长 2.82、宽 2.44 米，底部高于祭台 0.09 米，前端两侧亦有双砖砖柱。后室尾端带壁龛，深 0.29、宽 0.92、高 0.72 米。墓壁下部顺、丁砖组合，以上为双砖错缝。墓底铺方砖。扰土中发现陶瓮、陶井、陶罐、陶瓿、陶仓、高温釉陶罐、铜镜、铜碗、铜盆、铜泡钉和铁钉等（图一三〇；彩版九八，1）。

公务员小区一期 M21　墓口距地表深 0.2 米，墓向 31°，总长 10.22 米。墓道长 5.38、宽 0.98 米，前端为阶梯式，有 6 级高低不一的台阶，后端呈缓坡状。封门位于墓道内，平砖纵砌。甬道长 0.7、宽 1.35、深 2.96 米。墓底分级以示前后室，前室长 1.26、宽 1.9 米，底部同甬道持平。后室长 2.88、宽 1.9 米，底部高于前室 0.12 米。墓壁双砖错缝结砌，底铺"人"字形砖。墓室盗扰严重，仅在扰土中发现陶片若干（图一三一；彩版九八，2）。

Ab 型　26 座。带侧室。依带甬道与否，分两式。

Ⅰ式　1 座（公务员小区二期 M12）。无甬道。由墓道、前室和后室三部分组成。

公务员小区二期 M12　墓口距地表深约 1 米，墓向 353°，总长 15.31 米。墓道长 8.97、宽 1.75 米，坡度 20°。封门位于墓道内，二顺一丁结砌。前室长 3.15、宽 3.03、深 2.36 米，两侧各带一侧室，大小相同，深 1.2、宽 1.52 米。后室长 3.2、宽 2.4，底部高于前室 0.19 米，尾端偏东侧带一壁龛，宽 0.32、深 0.28 米。墓壁仅残存下部，为二顺一丁结砌。墓底铺"人"形砖。墓室盗扰严重，无出土器物（图一三二；彩版九九，1、2）。

Ⅱ式　25 座。带甬道。由墓道、甬道、前室和后室四部分组成。其中带一侧室的有公务员小区一期 M2（彩版九九，3）、M4a（彩版九八，3）、M7、M8a 和 M20，机械厂 M3 和 M6（彩版一

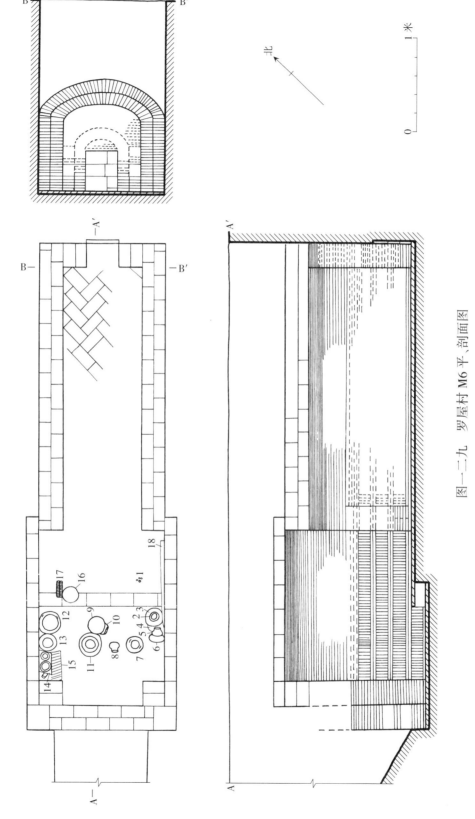

图一二九　罗屋村 M6 平、剖面图

1.玻璃珠　2、5、6.高温釉陶罐　3.高温釉陶双系罐　4.高温釉陶壶　7.陶双系罐　8.陶壶　9.高温釉陶碗　10.陶碗　11.陶井　12.陶四系罐　13.陶罐残片　14.陶灶　15.陶仓　16.铜碗　17.铜钱　18.铁剑

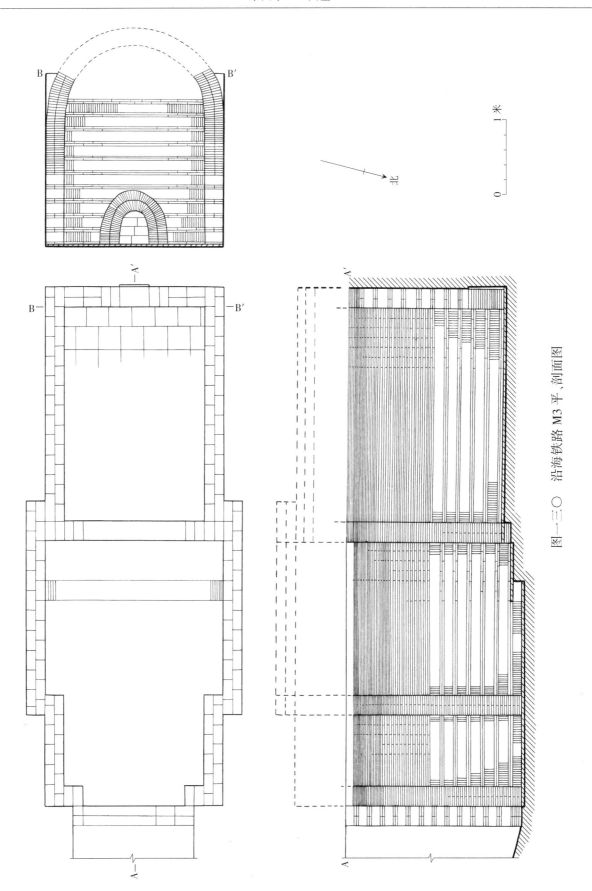

图一三〇　沿海铁路 M3 平、剖面图

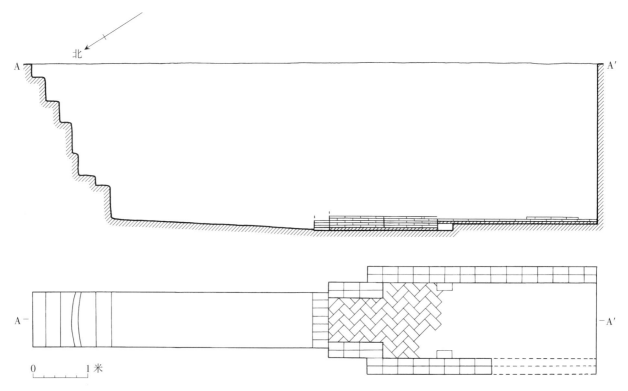

图一三一　公务员小区一期 M21 平、剖面图

○○，1），公务员小区二期 M1，汽齿厂 M1，罗屋村 M8（彩版一○○，2），李屋村 M1 和 M4，精神病院 M1 和 M2。余二炮厂 M23、M27 和 M29，罗屋村 M10（彩版一○一，1），公务员小区一期 M10，公务员小区二期 M6、M9、M13、M14 和 M15 及李屋村 M2（彩版一○一，2），带两侧室。

精神病院 M1　墓口距地表深约 0.9 米，方向 90°，总长 12.6 米。墓道长 4.3、宽 1.5 米，坡度 20°。封门位于墓道内，二顺一丁结砌；甬道长 1.4、宽 2.5、深 1.85 米，底部低于墓道底端 0.45 米；前室长 3.55、宽 3.65 米，墓底前端与甬道持平，后端有祭台，高于前端 0.2 米。前室北侧带一小侧室，深 1、宽 1.55、券高 1.6 米，三层起券；后室长 3.35、宽 2.5 米，底部高于祭台 0.35 米，尾端带一壁龛，深 0.4、宽 1、残高 0.6 米。墓壁下部为二顺一丁结砌，以上双砖错缝，双层券顶。甬道及前室前端铺"人"字形砖，后室和祭台铺方砖。器物出自前室、侧室和祭台处，有硬陶和高温釉陶两种。硬陶有罐、双系罐、四系罐、提筒、壶、长颈壶、鼎、四系盆、盒、灯和灶；高温釉陶器有碗、罐、四系罐、釜等（图一三三；彩版一○二）。

公务员小区二期 M9　墓口距地表深约 0.75 米，墓向 310°，总长 12.52 米。墓道长 5.08、前端宽 1.5 米，坡度 18°。封门有两排，一排位于墓道内，单砖错缝结砌，另一排位于甬道口，最底为一层丁砖，以上为二顺一丁，残高 0.86 米。甬道长 1.32、宽 2.32、深 2.1 米，底部低于墓道底端 0.18 米；前室长 2.8、宽 2.85 米，两侧各带一侧室，大小相同，深 1、宽 1.08、券高 1.24 米。前室后端有祭台，祭台高于前端 0.16 米；后室长 3.32、宽 2.32 米，底部高于祭台 0.16 米，尾端带一壁龛，深 0.48、宽 0.64、券高 0.68 米。墓壁下部为二顺一丁排列，上为双砖错缝。墓底铺方砖。扰土中发现罐、四系罐、簋、屋、灶、提筒和器盖等陶器（图一三四；彩版一○三，1）。

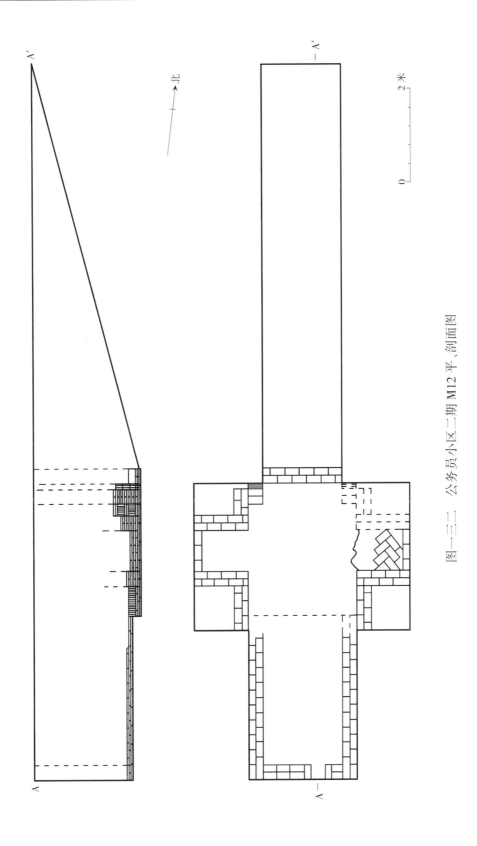

图一三二　公务员小区二期 M12 平、剖面图

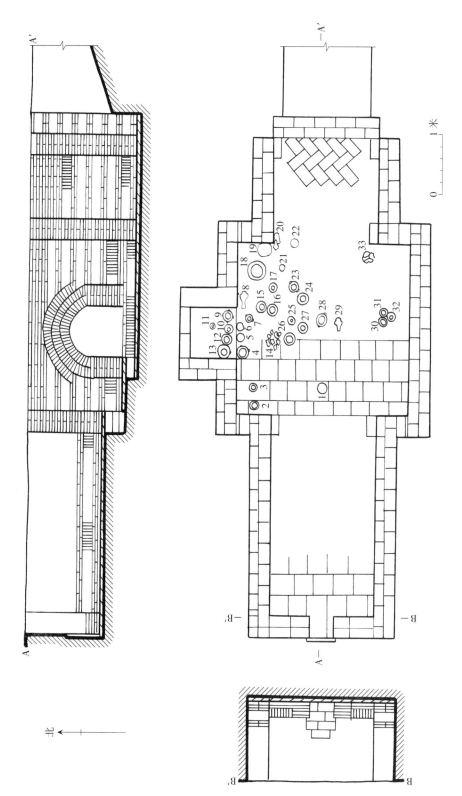

图一三三　精神病院 M1 平、剖面图

1、5.高温釉陶碗　2、10、12、14~16、24、26、27、30、31、33.高温釉陶罐　3.陶四系罐　4、9、13.高温釉陶四系罐　6.陶壶盖　7、17、23.陶双系罐　8、32.陶壶
11.高温釉陶盒　18.陶四系盒　19.陶盆　20.陶灶　21.陶罐　22.陶提筒　25.陶灯　28.陶鼎　29.陶长颈壶

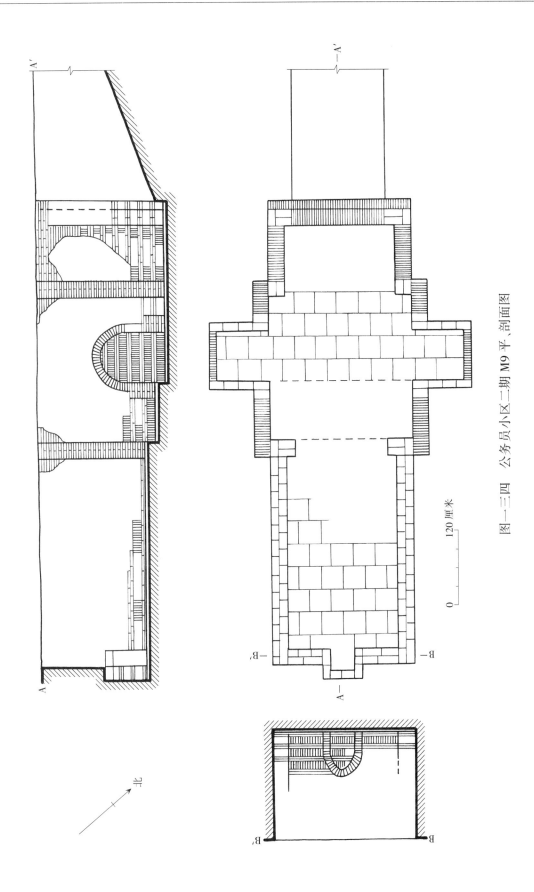

图一三四　公务员小区二期二期 M9 平、剖面图

B 型　9座。穹隆顶合券顶墓。依有无甬道，分两式。

Ⅰ式　2座。无甬道。其中，李屋村 M3（彩版一〇三，2）前室为直券顶，后室为穹隆顶；公务员小区二期 M5 前室为穹隆顶，后室为直券顶。

公务员小区二期 M5　墓口距地表深 0.7 米，墓向 300°。由墓道、前室和后室三部分组成，总长 19.45 米。墓道长 12.1、宽 1.9 米，坡度 17°。封门位于墓道内，二顺一丁结砌。前室为穹隆顶，长、宽均 2.5 米，深 3.55 米，前端有双砖砖柱。后室为直券顶，长 4.95、宽 1.9 米，底部高于前室 0.05 米。墓室两侧壁下部二顺一丁结砌，以上双砖错缝，后室后壁为单砖错缝结砌。墓底铺"人"字形砖。扰土中发现陶罐、陶釜、陶涵、高温釉陶罐、高温釉陶盂、铜弩机、铜戟、铜镦和铜衔镳等（图一三五）。

Ⅱ式　7座。带甬道。后室尾端均带壁龛。其中，森林公园 M1、罗屋村 M11 和火车站 M1（彩版一〇四、一〇五）前室为穹隆顶，带两侧室，后室为直券顶；机械厂 M2、李屋村 M5、公务员小区一期 M3 和官塘岭 M6，前室为直券顶，后室为穹隆顶，前后室之间以短过道相接，前室带一或两侧室。

罗屋村 M11　残存封土堆高约 2.5、径 21 米。墓向 325°。由墓道、甬道、前室和后室四部分组成，总长 11.65 米。墓道长 4.15、前端宽 1.25、后端宽 1.4 米，坡度 33°。封门位于墓道内，双砖错缝结砌。甬道长 1.5、宽 2.3、深 1.95 米。前室为穹隆顶，长、宽 2.7 米，底部前端与甬道持平，后端高于前端 0.2 米。前室两侧各带一侧室，大小相同，深 0.6、宽 1.35、券高 1.2 米。后室长 3.3、宽 2.2 米，底部高于前室后端 0.15 米，尾端带一壁龛，深 0.35、宽 0.5、券高 0.7 米，内置陶屋 1 件。墓壁下部为二顺一丁结砌，以上为双砖错缝，墓底铺方砖。后室出土高温釉陶碗 1 件，扰土中还发现陶盆、陶瓮、陶井亭盖、陶仓、陶灶、陶钵生莲花器、高温釉陶罐、铜镜和铜泡钉等（图一三六；彩版一〇六）。

李屋村 M5　残存封土堆高 1.6、直径约 20 米。墓口距地表深 0.25 米，墓向 100°。由墓道、甬道、前室、短过道和后室五部分组成，总长 16.7 米。墓道长 7.3、宽 1.4 米，坡度 18°。封门位于墓室内，下部为二顺一丁结砌，以上为双砖错缝。甬道长 1.72、宽 2.35、深 2 米；前室长 2.65、宽 2.95 米，底部与甬道持平。前室两侧各带一侧室，大小相同，深 1.3、宽 1.6、券高 1.5 米。短过道长 1.05、宽 2.3 米，底部高于前室 0.2 米；后室为穹隆顶，长 3.65、宽 3.63 米，底部高于过道 0.4 米。后室尾端带一壁龛，深 0.4、宽 1.55、券高 1.15 米，三层起券。墓壁下部均为顺、丁砖组合，以上为双砖错缝。墓底除侧室平铺条砖，余均铺方砖。过道前端出土铜镜 1 件，墓室扰土中还发现高温釉陶樽、高温釉陶杯、高温釉陶罐、陶锅、陶厕、陶簋、陶井、陶案、陶盆、陶仓、陶双系罐、陶灶和石黛砚等（图一三七）。

墓砖　有条砖、方砖及三角形砖三种，条砖又分为平砖和楔形砖。颜色多为灰白及淡红色，红色及灰色较少（图一三八～一四九）。

相对于东汉墓砖，烧成温度相对提高，变形开裂较普遍，制作显粗糙，纹饰则更丰富。墓砖纹饰仍以方格纹、菱格纹、条形纹、对角纹等较为多见，回形纹、米字纹、长方格纹亦较多，组合纹饰中，以方格加条形纹为常见。除正面纹饰外，少量墓砖侧面也有纹饰，还有部分墓砖仅侧

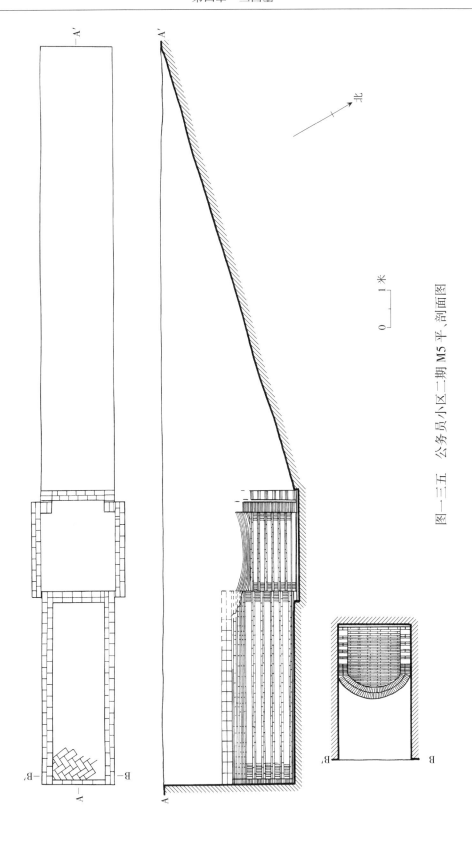

图一三五 公务员小区二期 M5 平、剖面图

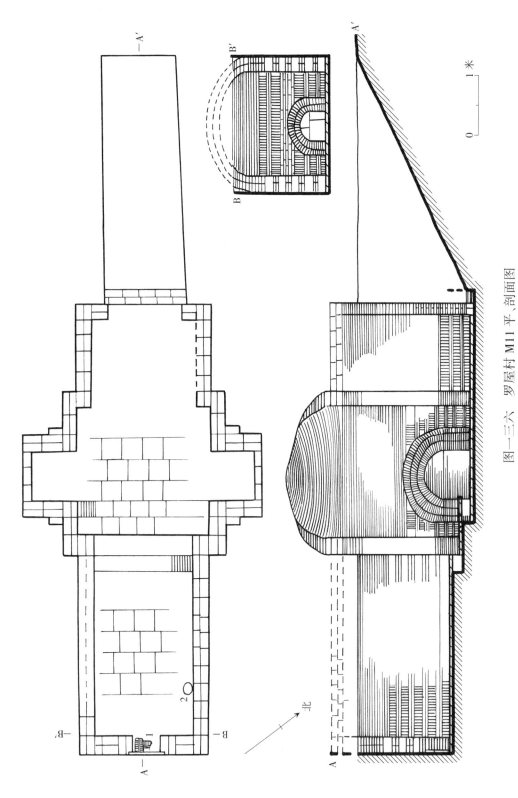

图一三六 罗屋村 M11 平、剖面图

1.陶屋 2.高温釉陶碗

北

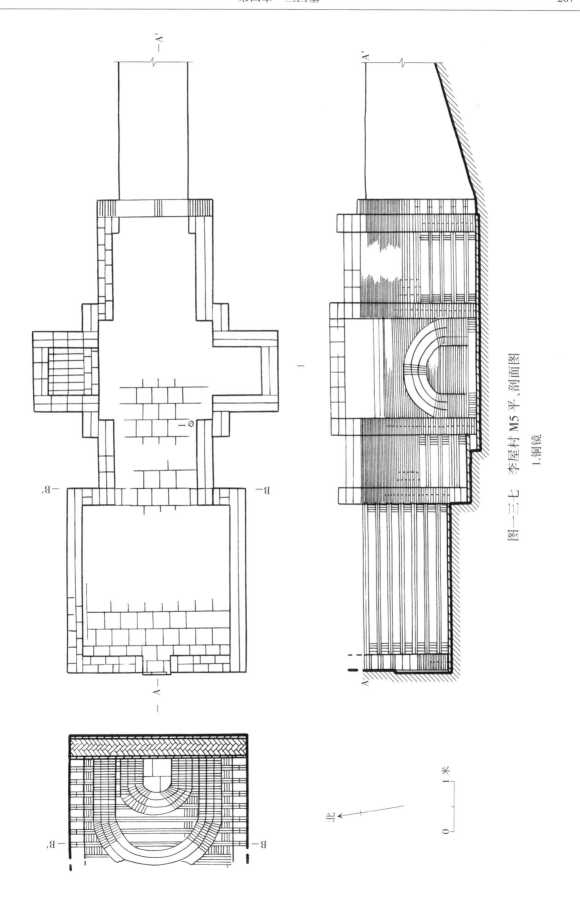

图一三七　李屋村 M5 平、剖面图

1.铜镜

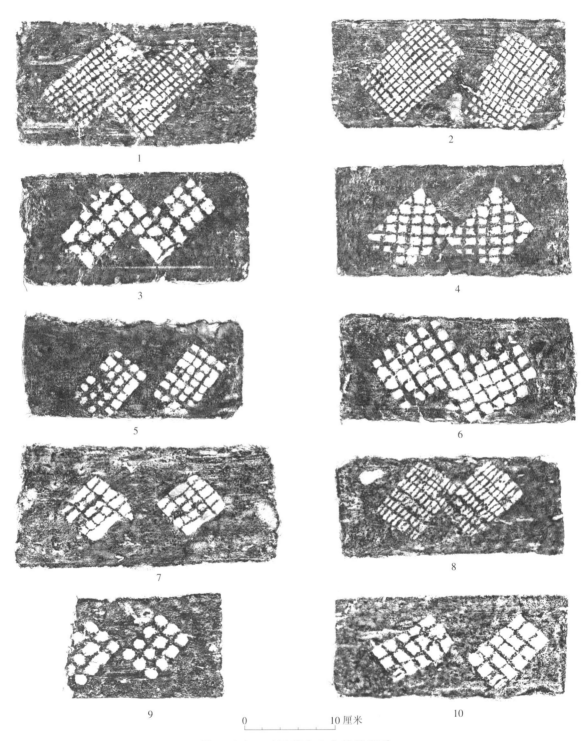

图一三八　三国墓出土方格纹墓砖

1. 廉乳厂 M3　2. 廉乳厂 M6　3、4. 公务员小区一期 M5　5、6. 公务员小区一期 M7　7. 公务员小区一期 M8a　8. 公务员小区一期 M9　9. 公务员小区一期 M11b　10. 公务员小区一期 M13

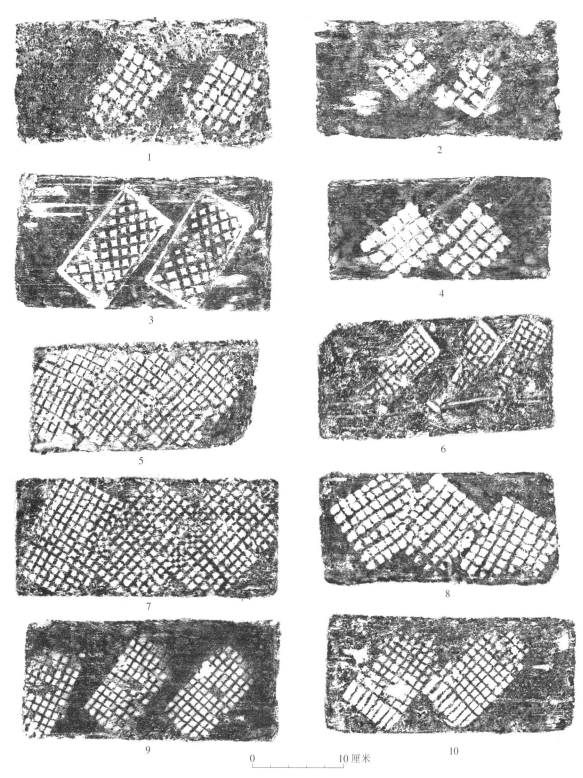

图一三九 三国墓出土方格纹墓砖

1. 公务员小区一期 M15　2. 机械厂 M3　3. 机械厂 M5　4. 庞屋队 M2　5. 公务员小区一期 M19　6. 二炮厂 M13　7. 廉乳厂 M1　8. 廉乳厂 M7　9. 机械厂 M6　10. 廉乳厂 M10

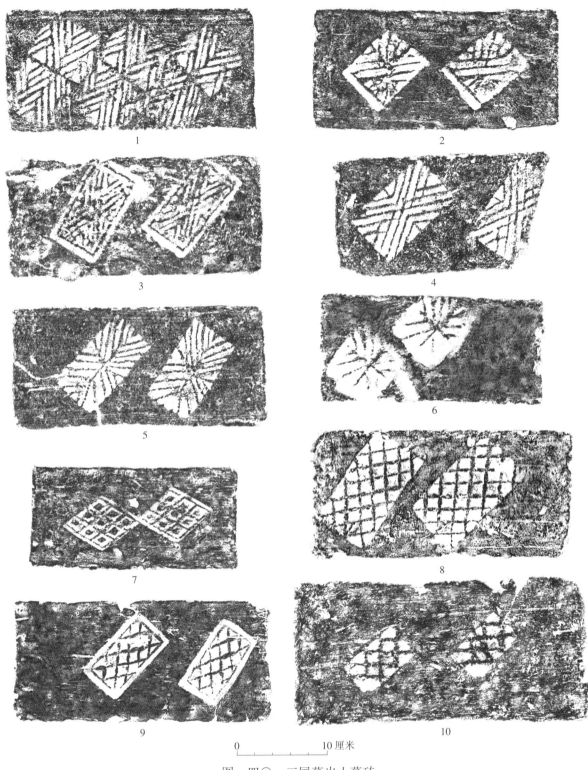

0　　　　　　　　10厘米

图一四〇　三国墓出土墓砖

1、4. 对称"V"形纹（二炮厂 M11）　2. 对称"V"形纹（公务员小区一期 M11b）　3. 对称"V"形纹（廉乳厂 M10）　5. 对称"V"形纹（廉乳厂 M4）　6. 对称"V"形纹（庞屋队 M2）　7. 菱格纹（公务员小区一期 M12）　8. 菱格纹（公务员小区一期 M8a）　9. 菱格纹（机械厂 M3）　10. 菱格纹（森林公园 M1）

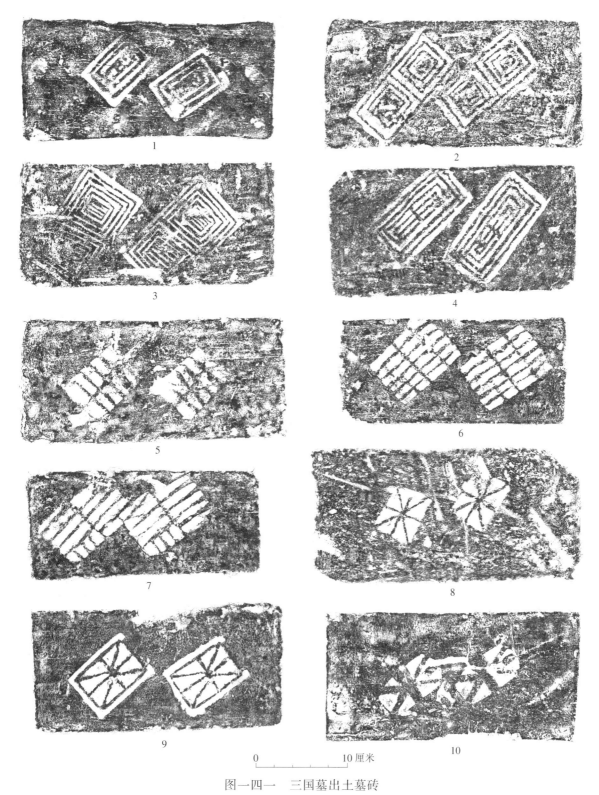

图一四一　三国墓出土墓砖

1. 回形纹（二炮厂 M13）　2、3. 回形纹（公务员小区一期 M17）　4. 回形纹（廉乳厂 M3）　5. 长方格纹
（公务员小区一期 M20）　6. 长方格纹（李屋村 M2）　7. 长方格纹（森林公园 M2）　8. 米字纹（李屋村
M3）　9. 米字纹（公务员小区一期 M11b）　10. 米字纹（李屋村 M4）

图一四二　三国墓出土墓砖

1. 方格加三角纹（机械厂 M5）　2. 方格加交叉斜线（二炮厂 M13）　3. 方格加叶脉纹（廉乳厂 M6）
4. 方格加卷曲纹（森林公园 M2）　5. 回形加方格纹（廉乳厂 M6）　6. 菱格加三角纹（公务员小区二期
M14）　7. 对角加长方格纹（沿海铁路 M2）　8. 方格加条形加三角纹（公务员小区一期 M9）　9. 条形加
斜杠纹（李屋村 M3）　10. 条形加长方格纹（机械厂 M3）

图一四三　三国墓出土墓砖

1. 条形加长方格纹（公务员小区一期 M11a）　　2. 方格加条形加三角纹（公务员小区一期 M11a）　　3. 方格加条形纹（公务员小区一期 M21）　　4. 条形加短斜线纹（机械厂 M2）　　5. 条形加三角纹（公务员小区一期 M11a）　　6. 条形加三角纹（公务员小区一期 M9）　　7. 条形加长方格加三角纹（李屋村 M1）　　8. 条形加方格加三角纹（公务员小区一期 M15）　　9. 条形加三角纹（沿海铁路 M2）

图一四四　三国墓出土墓砖

1. 曲线纹（机械厂 M3）　2. 曲线纹（公务员小区一期 M2）　3. "工"字形纹（公务员小区一期 M11a）

4. 四叶纹（机械厂 M2）　5. "十"字纹（公务员小区一期 M8a）　6. 弧线竖条组合纹（公务员小区一期 M2）　7. 对称杯形纹（公务员小区一期 M7）　8. 菱格纹（公务员小区一期 M13）　9. 椭圆点纹（公务员小区一期 M20）　10. 椭圆点纹（机械厂 M3）

图一四五　三国墓出土墓砖

1. 不规则图案（公务员小区一期 M8b）　2. 不规则图案（公务员小区一期 M11a）　3. 长方格纹（公务员
小区一期 M20）　4. "X" 加竖条纹（公务员小区一期 M20）　5. 不规则图案（公务员小区一期 M16）
6、7. 不规则几何纹（公务员小区一期 M7）　8. 不规则几何纹（公务员小区一期 M5）　9. 轮形纹（公务
员小区一期 M3）　10. 花蕊形纹（火车站 M1）

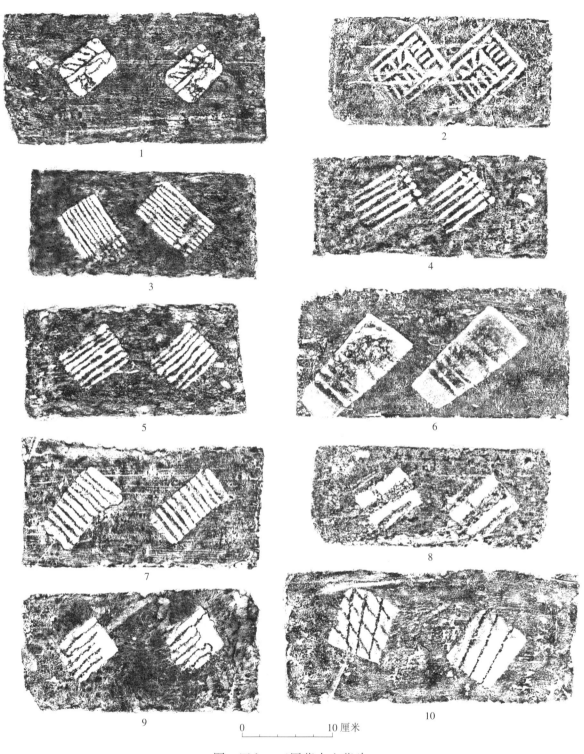

图一四六　三国墓出土墓砖

1. 不规则几何纹（公务员小区一期 M8a）　2. 不规则几何纹（公务员小区一期 M21）　3. 条形纹（公务员小区一期 M7）　4. 条形加方格纹（公务员小区一期 M13）　5. 条形纹（公务员小区一期 M12）　6. 条形纹（公务员小区一期 M20）　7. 条形纹（李屋村 M4）　8. 条形纹（公务员小区一期 M13）　9. 条形纹带柄（公务员小区一期 M2）　10. 菱格纹带柄（汽齿厂 M1）

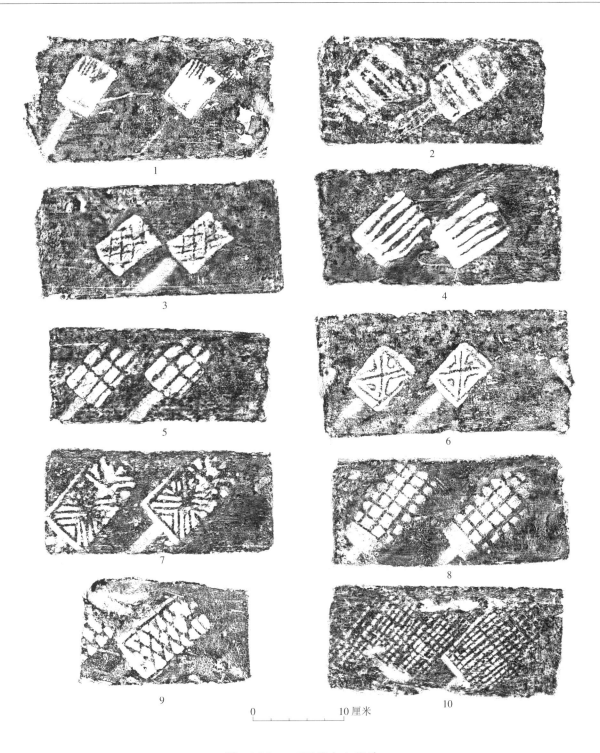

图一四七　三国墓出土墓砖

1. 条形纹带柄（公务员小区一期 M20）　2. 条形纹带柄（森林公园 M2）　3. 菱格纹带柄（公务员小区一期 M11a）　4. 条形纹带柄（公务员小区一期 M8a）　5. 长方格纹带柄（公务员小区一期 M9）　6. 对角纹带柄（公务员小区一期 M20）　7. 对称"V"形纹带柄（公务员小区一期 M7）　8. 方格纹带柄（公务员小区一期 M19）　9. 菱格纹带柄（公务员小区一期 M15）　10. 方格纹带柄（廉乳厂 M1）

图一四八　三国墓出土墓砖

1. 条形纹（精神病院 M1）　2. 菱格纹（公务员小区一期 M12）　3. 回形纹（精神病院 M1）　4. 铭文（鲁?）（公务员小区一期 M11b）　5. 交叉斜线纹（公务员小区一期 M3）　6. 铭文（主?）（公务员小区一期 M11a）　7. 菱格纹、对角纹（二炮厂 M11）

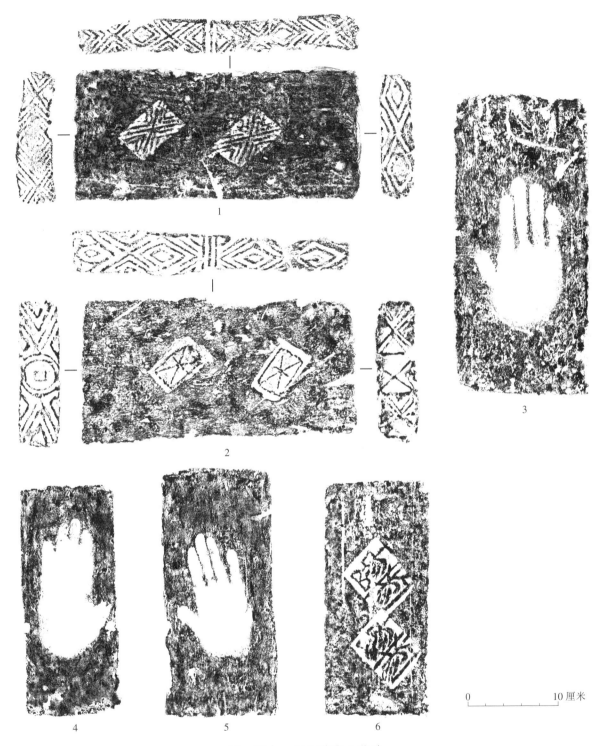

图一四九　三国墓出土墓砖

1. 对称 "V" 形纹（精神病院 M1）　　2. 交叉斜线纹（森林公园 M1）　　3. 掌纹（李屋村 M5）　　4. 掌纹（庞屋队 M2）　　5. 掌纹（机械厂 M2）　　6. 铭文（陽遂）（公务员小区一期 M13）

面有纹饰。与正面戳印纹饰不同，砖侧纹饰采用模印制法，多为复线菱格纹，并有少量单线菱格纹及钱纹。砖面戳印纹组数为一组到三组，以两组、三组居多，一组极少。铭文及掌纹在这一时期开始流行。图像及近似字符的纹饰较东汉晚期增多，如"工"字形、"十"字形、车轮形、四叶纹等。用于铺地的方砖上仅见少量划痕，且线条简单，似随意划就，如椭圆形划痕、"N"字形划痕等。三角形砖用于穹隆顶墓转角处，体形小，且均为素面。

平砖规格差异较大，小者长25.6、宽11.7、厚2.7厘米，大者长31.8、宽16、厚4.2厘米，规格在两者之间的砖与东汉墓砖差别不大。方砖边长29～35.2、厚2.8～4.6厘米。三角形砖底宽3.5～6.8、高8～12.5、厚2.9～4厘米。

第二节　出土遗物

共计698件。有陶器、高温釉陶器、铜器、铁器、石器、滑石器、漆器以及玛瑙、玻璃、琥珀、蚀刻石髓珠等串饰。

一　陶器

485件，其中27件为碎片，器形不明。可辨器类有鼎、盒、壶、镶壶、长颈壶、瓮、四系瓮、罐、双系罐、双耳直身罐、四系罐、樽、簋、簠、魁、提筒、锅、釜、甑、盆、四系盆、三足盘、熏炉、灯、案、钵、碗、卮、盂、耳杯、仓、屋、涫、厕、灶、井、钵生莲花器、帐座和板瓦、筒瓦等。

鼎　6件。依腹部形制，分五型。

A型　1件（11HFLM6：扰6），廉乳厂M6出土。灰白胎，外有褐色陶衣。扁圆腹。子口内敛，平底，三足弯曲，外撇明显，横截面呈半圆形。腹部有一周凸棱，棱间出长方形附耳，耳斜直，上部镂孔。口径14.4、腹径18.8、通高17.6厘米（图一五〇，2；彩版一〇七，1）。

B型　1件（13HZJM2：扰10），机械厂M2出土。灰胎。扁腹下坠，上腹斜直，下腹弧收。子口较敛，腹最大径处出耳，三足外撇，横截面呈三角形。上腹饰两组弦纹，间以曲线纹和斜行篦点纹。口径10.5、腹径16.4、高14.9厘米（图一五〇，1；彩版一〇七，2）。

C型　1件（11HJYM1：28），精神病院M1出土。灰白胎。扁腹，上腹较鼓，下腹折收。直口，圆唇，沿较高，平底，三足斜直，横截面呈半圆形。腹部凸出一周宽棱，棱间附两半环耳。上腹饰一组复线曲线纹，间以一组弦纹。口径8.6、腹径16.9、高15.3厘米（图一五〇，3；彩版一〇七，3）。

D型　1件（09HYGM19：扰6），公务员小区一期M19出土。灰白胎，烧制温度低。扁圆腹下坠。子口内敛，圜底，三斜足较矮。上腹饰一组弦纹，纹间出扁环耳，足间饰一组弦纹。口径11.7、腹径17.4、高13.2厘米（图一五〇，4；彩版一〇七，4）。

E型　2件，公务员小区一期M9和官塘岭M12各出土1件，均已残缺。烧制温度较低。上腹直，下腹弧收。腹间出长方形耳，足较直。

09HYGM9：扰2，口径16、残高15厘米。

图一五〇　三国墓出土器物

1. B 型鼎（13HZJM2：扰 10）　　2. A 型鼎（11HFLM6：扰 6）　　3. C 型鼎（11HJYM1：28）　　4. D 型鼎
（09HYGM19：扰 6）　　5. A 型盒（11HJYM1：扰 1）　　6. B 型盒（11HJYM1：19）

盒　2 件，精神病院 M1 出土。依腹部形制，分两型。

A 型　1 件（11HJYM1：扰 1）。上腹直，下腹弧收。带盖，盖顶平圆，中央有半环纽，复线曲
线纹纽座，外旋刮一周凸棱，棱间等布三乳丁，外圈斜直，饰一组弦纹，间以复线曲线纹，盖下

有凸唇扣入器内。敞口，圆唇，高圈足外撇。上腹饰两组复线曲线纹，间以一组弦纹，弦纹间附两圆纽衔环。口径 20.4、圈足径 12.8、通高 17.9 厘米（图一五〇，5；彩版一〇七，5）。

B 型　1 件（11HJYM1：19）。上腹鼓，下腹弧收。子口内敛，矮圈足。上腹最大径处有两组对称小圆孔。腹部饰复线弦纹和曲线纹。口径 22.1、圈足径 12.6、高 13.6 厘米（图一五〇，6；彩版一〇七，6）。

壶　10 件。硬陶。依大小，分两型，各型又依腹部形制下分式。

A 型　8 件。形体大。束颈，溜肩，圈足外撇，肩腹间附两耳。罗屋村 M10 出土 2 件残存底部圈足，廉乳厂 M4 出土 1 件残存部分口沿和腹部，余 5 件依腹部不同，分三式。

Ⅰ式　3 件，其中精神病院 M1 出土 2 件，形制、大小相同，余 1 件出自公务员小区二期 M13。灰白胎。圆鼓腹下坠。带盖，盘口，长颈敛束，高圈足外撇，肩腹间附两半环耳。

11HJYM1：6＋8，盖面隆起，顶略平圆，中央有乳丁纽，纽外饰一周弦纹，外圈斜直，盖下有凸唇扣入器内。盖面饰复线曲线纹，近沿处旋刮一周，肩腹间有圆纽衔环，耳际和腹部饰复线细弦纹，耳上下饰复线曲线纹。口径 11.5、腹径 17、足径 11.2、通高 29.5 厘米（图一五一，1；彩版一〇八，1）。

13HYGM13：扰 7，灰白胎，施青黄釉。盖面隆起，顶部平圆，中央有圆纽扣环，外圈斜直分二级，盖下有凸唇扣入器内。颈部较收束，腹部较扁，略下坠，圈足分两节，圈足与耳相对处有穿孔。颈部饰一周弦纹，耳际饰一组弦纹，间以复线曲线纹。口径 11.6、腹径 19、足径 11.6、通高 29.4 厘米（图一五一，2；彩版一〇八，2）。

Ⅱ式　1 件（11HFLM6：扰 5），廉乳厂 M6 出土。灰白胎。扁圆腹，最大腹径居中。盘口，颈部较Ⅰ式短，肩腹间附两半环耳，圈足与耳相对处有穿孔。口沿外旋刮一周凹槽，最大径处旋刮一周，颈部饰一周弦纹，耳际和腹部各饰一组弦纹。口径 8.9、腹径 17.2、足径 9.8、高 19.8 厘米（图一五一，5；彩版一〇八，5）。

Ⅲ式　1 件（11HFLM1：扰 3），廉乳厂 M1 出土。淡红胎，烧制温度较低。圆鼓腹。口沿和圈足部分残，颈部较粗，圈足外撇明显。肩腹间附两鼻耳，圈足与耳相对处有穿孔。腹径 19.6、足径 15.2、残高 22.3 厘米。

B 型　2 件。灰白胎。形体矮小。圈足较矮，与耳相对处有穿孔。

Ⅰ式　1 件（11HFLM10：扰 2），廉乳厂 M10 出土。施青黄釉，多已脱落。扁圆腹。盘口，束颈，溜肩，肩腹间附方形耳，中部穿圆孔。口沿外旋刮出一周凸棱，耳际饰一周弦纹，下腹饰三周细弦纹。口径 5.6、腹径 10.9、足径 6.4、高 12 厘米（图一五一，3；彩版一〇八，3）。

Ⅱ式　1 件（12HLWM6：8），罗屋村 M6 出土。外有褐色陶衣。扁折腹。直口，圆唇，短颈部略收束。口沿处旋刮一周凹槽，耳际饰两组弦纹，圈足饰一周弦纹。口径 6.2、腹径 11.6、足径 7.4、高 11.1 厘米（图一五一，4；彩版一〇八，4）。

长颈壶　1 件（11HJYM1：29），精神病院 M1 出土。灰白胎硬陶。小口，细颈斜直，溜肩，扁腹下坠，喇叭形高圈足。肩、腹部饰多道弦纹，肩腹间饰复线曲线纹。口径 3.7、腹径 14.4、足径 9.6、高 20.8 厘米（图一五一，6；彩版一〇八，6）。

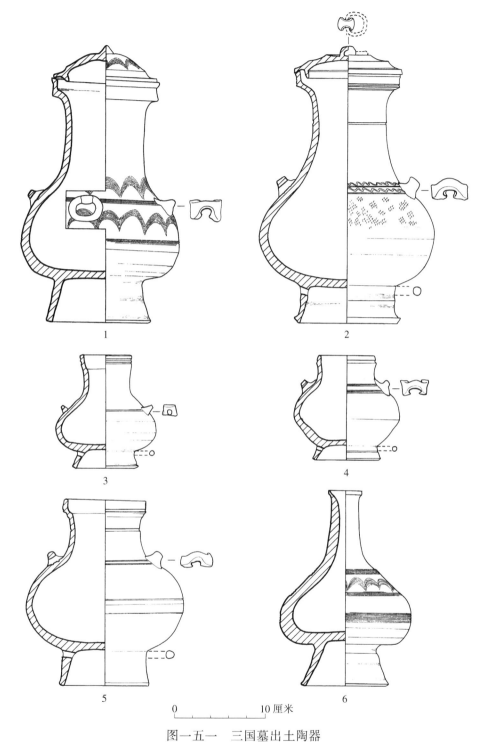

图一五一　三国墓出土陶器

1、2. A 型 I 式壶（11HJYM1：6 + 8、13HYGM13：扰 7）　3. B 型 I 式壶（11HFLM10：扰 2）　4. B 型 II
式壶（12HLWM6：8）　　5. A 型 II 式壶（11HFLM6：扰 5）　6. 长颈壶（11HJYM1：29）

镟壶　2 件，公务员小区一期 M3 和 M15 各出土 1 件。均为硬陶。把截面呈八边形。

09HYGM3：扰 3，残存把。把中空，中部竖穿孔。残长 7.9 厘米。

09HYGM15：扰 11，残存把及两足。把实心，足为柱状。把残长 6.2、足高 8.8 厘米。

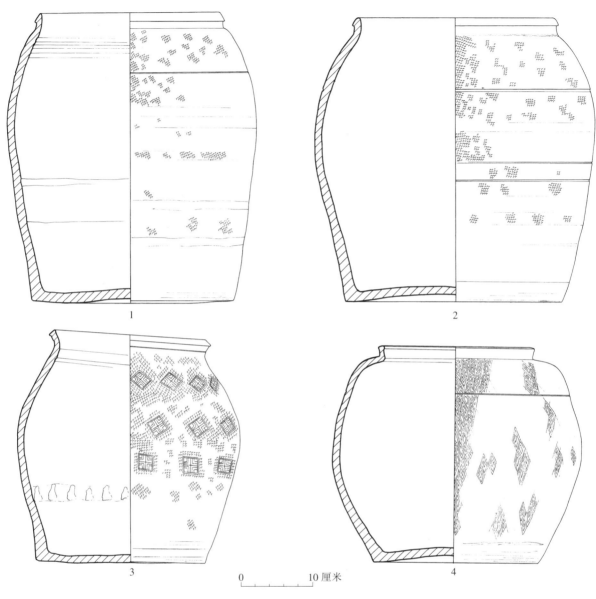

图一五二　三国墓出土陶瓮

1. C 型（12HTLM3：扰 4）　2. B 型（12HLWM11：扰 9）　3. A 型（09HYGM17：扰 1）　4. D 型（09HYGM11a：6）

瓮　6 件。硬陶。依腹部形制，分四型。

A 型　1 件（09HYGM17：扰 1），公务员小区一期 M17 出土。红胎，外有褐色陶衣。长圆腹，最大腹径居中。敞口，尖唇，沿外折，溜肩，平底。器身饰方格纹加方形戳印。口径 22.6、腹径 30.6、底径 23.3、高 30.8 厘米（图一五二，3；彩版一〇九，1）。

B 型　2 件，罗屋村 M11 和李屋村 M2 出土，其中 1 件残。长圆腹，最大腹径靠上。溜肩，平底。

12HLWM11：扰 9，灰白胎。敞口，圆唇，平底内凹。器身通饰方格纹，部分被抹光；上腹饰一周弦纹，下腹饰一组弦纹。口径 28、腹径 38、底径 29.4、高 37.5 厘米（图一五二，2；彩版一〇九，2）。

C 型　2 件，精神病院 M2 和沿海铁路 M3 各出土 1 件，其中 1 件残。器身瘦高。上腹略鼓，下腹弧收。溜肩，平底。

12HTLM3：扰 4，淡红胎，灰色陶衣。敞口，圆唇，平底内凹。器身局部饰方格纹，上腹饰一周弦纹，腹部有不连贯的细弦纹。口径 26、腹径 34.1、底径 27.8、高 38.4 厘米（图一五二，1；彩版一〇九，3）。

D 型　1 件（09HYGM11a：6），公务员小区一期 M11a 出土。青灰胎。圆鼓腹，最大腹径居中。敞口，圆唇，沿较高，丰肩，平底内凹。器身饰菱格纹，上腹饰一周弦纹。口径 21.3、腹径 33.9、底径 22.4、高 28.5 厘米（图一五二，4；彩版一〇九，4）。

四系瓮　4 件。硬陶。肩部附四对称半环耳。依口部形制，分两型。

A 型　3 件，其中李屋村 M3 出土 2 件，罗屋村 M10 出土 1 件。均为大口。上腹鼓，下腹弧收。

12HZLM3：扰 17，灰白胎。近直口，圆唇，平底内凹。耳际饰一周弦纹；肩部饰方格纹，部分被抹光。口径 25.2、腹径 29.6、底径 25.2、高 31.5 厘米（图一五三，1；彩版一一〇，1）。

12HZLM3：扰 18，淡红胎。口微敛，圆唇，平底内凹。口沿外旋刮出一周凸棱，耳际饰一组弦纹，上腹饰一周带纹；肩、腹部饰方格纹，多被抹光。口径 26.2、腹径 32、底径 26.5、高 35.7 厘米（图一五三，4；彩版一一〇，2）。

12HLWM10：扰 13，红胎，外有灰色陶衣。直口，圆唇，平底内凹。口沿外旋刮出一周凸棱，耳际饰一组弦纹；肩和上腹饰方格纹，多被抹光。口径 28.7、腹径 38.3、底径 31.6、高 44 厘米（图一五三，3；彩版一一〇，3）。

B 型　1 件（09HYGM8b：1），公务员小区一期 M8b 出土。青灰胎。小口直。圆唇，溜肩，上腹弧，下腹较直，平底内凹。口沿外旋刮一周凸棱；肩和上腹饰方格纹，多被抹光。口径 17、腹径 29.5、底径 27、高 34.7 厘米（图一五三，2；彩版一一〇，4）。

罐　67 件。其中公务员小区一期 M2、M8a、M9、M15、M19，李屋村 M1、M3，汽齿厂 M1，二炮厂 M27，廉乳厂 M3、M10，罗屋村 M6、M7、M8、M10，机械厂 M2、M3、M6，火车站 M1、M3，公务员小区二期 M3、M5、M13、M18 和官塘岭 M6，出土 31 件残损严重，无法拼复，形制不明。多为灰白胎硬陶，其中 15 件为红色、淡红色或灰色软陶。依形状，分十一型，下依腹部形制分式。

A 型　1 件（12HZLM3：扰 16），李屋村 M3 出土。灰白胎硬陶，外有褐色陶衣，施青黄釉。形体大。敞口，圆唇，沿外折，溜肩，上腹鼓，下腹斜直，平底内凹。肩和上腹饰方格纹，肩部和最大腹径处各饰一组弦纹。口径 17.8、腹径 26.9、底径 20、高 28.1 厘米（图一五四，1；彩版一一一，1）。

B 型　16 件。硬陶。器形高。大口，圆或尖唇，沿外折，溜肩，上腹鼓，下腹弧收，平底。

Ⅰ式　3 件，二炮厂 M18、公务员小区一期 M15 和公务员小区二期 M13 各出土 1 件。上腹和肩部较鼓。肩和上腹饰方格纹加方形戳印。

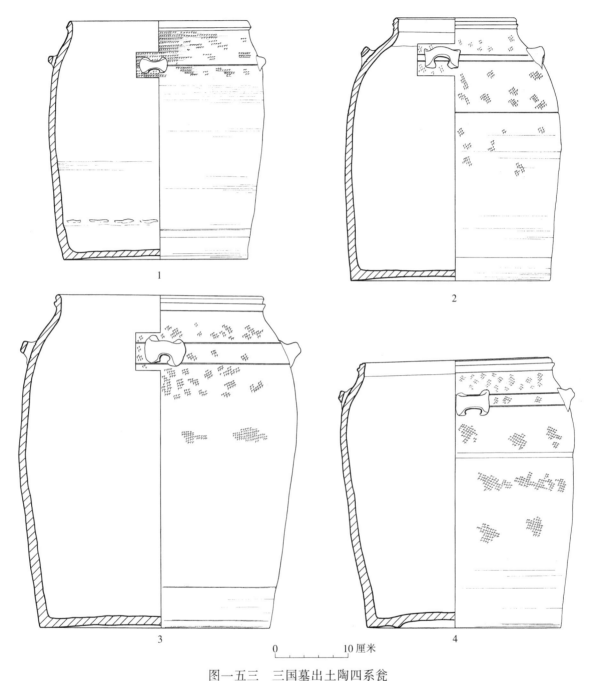

图一五三　三国墓出土陶四系瓮

1、3、4. A 型（12HZLM3：扰 17、12HLWM10：扰 13、12HZLM3：扰 18）　2. B 型（09HYGM8b：1）

11HFPM18：扰 1，敞口，圆唇。下腹局部有方格纹，近底处饰一周弦纹。口径 17.7、腹径 23.1、底径 17.7、高 22.2 厘米（图一五四，2；彩版一一一，2）。

Ⅱ式　13 件，其中公务员小区一期 M7、M8a，李屋村 M1、M3，罗屋村 M8，庞屋队 M2，火车站 M1、M3 和公务员小区二期 M9 各出土 1 件，公务员小区一期 M8b 和李屋村 M2 各出土 2 件。上腹略鼓。肩和上腹饰方格纹。

09HYGM7：扰 2，近直口，圆唇，平底略内凹。口径 15.3、腹径 19.1、底径 15.4、高 19 厘米

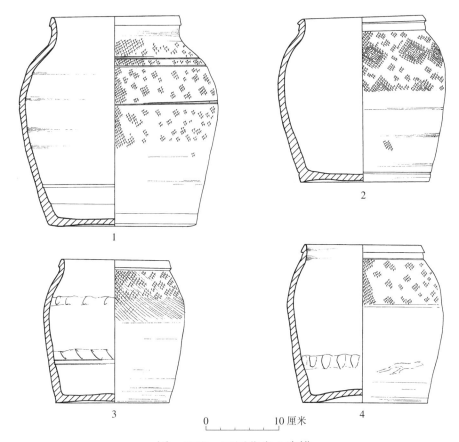

图一五四　三国墓出土陶罐

1. A 型（12HZLM3：扰 16）　 2. B 型 Ⅰ 式（11HFPM18：扰 1）　 3、4. B 型 Ⅱ 式
（09HYGM7：扰 2、12HLWM8：扰 1）

（图一五四，3；彩版一一一，3）。

12HLWM8：扰 1，近直口，尖唇，平底内凹。器内见压制所留的凹窝。口径 17、腹径 21.4、底径 17.2、高 21 厘米（图一五四，4；彩版一一一，4）。

C 型　3 件。硬陶。器形矮小，口较大，口径和底径相若。敞口，沿外折，溜肩，平底内凹。器身饰方格纹加方形戳印。

Ⅰ 式　2 件，二炮厂 M13 和廉乳厂 M3 各出土 1 件。鼓腹。

11HFPM13：扰 6，灰白胎。尖唇。口径 13.3、腹径 17.9、底径 15、高 13.2 厘米（图一五五，1；彩版一一二，1）。

Ⅱ 式　1 件（13HYGM11：扰 1），公务员小区二期 M11 出土。灰黑胎。扁圆腹。圆唇。口径 13.5、腹径 17.8、底径 13、高 11.4 厘米（图一五五，2；彩版一一二，2）。

D 型　5 件。硬陶。器形矮小，口径略小于底径。敞口，溜肩。

Ⅰ 式　2 件，公务员小区一期 M16 和沿海铁路 M3 各出土 1 件。均为扁鼓腹，最大腹径居中。

09HYGM16：扰 2，灰白胎。平唇，略内斜，沿较高，平底略内凹。口沿外旋刮一周凸棱，肩部饰一周弦纹。口径 9.3、腹径 15.8、底径 10.9、高 12.4 厘米（图一五五，3；彩版一一二，3）。

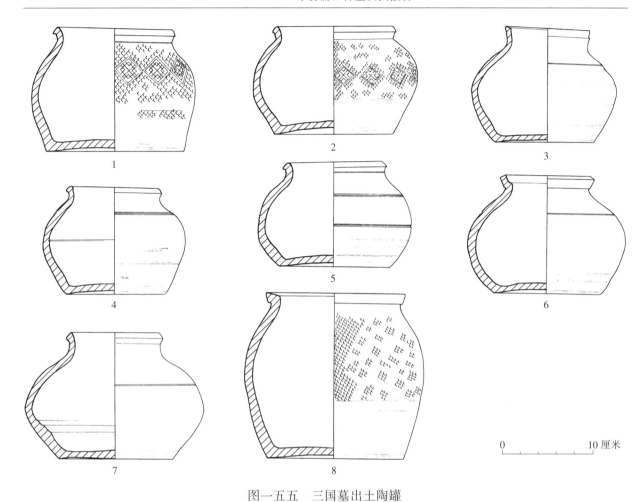

图一五五　三国墓出土陶罐

1. C 型 I 式（11HFPM13：扰 6）　2. C 型 II 式（13HYGM11：扰 1）　3、4. D 型 I 式（09HYGM16：扰 2、12HTLM3：扰 7）
5、6. D 型 II 式（10HJGM12：扰 1、13HYGM3：扰 2）　7. D 型 III 式（09HYGM16：扰 1）　8. E 型（09HYGM8b：9）

　　12HTLM3：扰 7，深灰胎。圆唇，沿外折，平底内凹。肩部饰一组弦纹，下腹饰一周细弦纹。口径 10.3、腹径 15.4、底径 10.9、高 11.4 厘米（图一五五，4；彩版一一二，4）。

　　II 式　2 件，官塘岭 M12 和公务员小区二期 M3 各出土 1 件。灰白胎，外有褐色陶衣，施青黄釉，多已脱落。扁圆腹下坠。

　　10HJGM12：扰 1，圆唇，沿外折，平底内凹。肩、腹部各饰一组弦纹。口径 11.4、腹径 16.8、底径 11.9、高 11.3 厘米（图一五五，5；彩版一一二，5）。

　　13HYGM3：扰 2，斜平唇，平底内凹。肩部饰一周弦纹。口径 10.2、腹径 17.1、底径 11.5、高 12.5 厘米（图一五五，6；彩版一一二，6）。

　　III 式　1 件（09HYGM16：扰 1），公务员小区一期 M16 出土。灰白胎。扁折腹。尖唇，沿外折，平底略内凹。肩腹间饰一周弦纹。口径 9.6、腹径 19.4、底径 12.4、高 13.4 厘米（图一五五，7；彩版一一三，1）。

　　E 型　1 件（09HYGM8b：9），公务员小区一期 M8b 出土。红色软陶。长圆腹。敞口，宽沿外折，溜肩，平底内凹。肩腹部饰方格纹。口径 15.2、腹径 19.4、底径 14.9、高 17.6 厘米（图一五五，8；彩版一一三，2）。

F型 2件，公务员小区一期 M8b 和沿海铁路 M3 各出土 1 件。灰白胎硬陶。器形矮小。宽平沿外折，溜肩，扁圆腹，平底。

09HYGM8b：12，下腹刮削一周。口径 9.8、腹径 12.8、底径 8.9、高 8.9 厘米（彩版一一三，3）。

12HTLM3：扰 8，腹部较圆。肩部和下腹各饰一周弦纹。口径 10.3、腹径 14.2、底径 9.4、高 10.1 厘米（图一五六，1；彩版一一三，4）。

G型 1件（09HYGM11a：4），公务员小区一期 M11a 出土。深灰胎硬陶，外有褐色陶衣。大敞口，圆唇，矮颈，溜肩，上腹鼓，下腹弧收，最大腹径靠上，平底内凹。肩和上腹饰大菱格纹。口径 12.3、腹径 16.1、底径 12.4、高 13.5 厘米（图一五六，2；彩版一一三，5）。

H型 2件，公务员小区一期 M8b 和李屋村 M3 各出土 1 件。灰白胎，烧制温度低。近直口，丰肩，腹中部鼓，平底。

09HYGM8b：25，平唇，平底内凹。口径 11、腹径 17.3、底径 11.7、高 12 厘米（图一五六，3；彩版一一三，6）。

12HZLM3：扰 6，形体大。斜平唇，腹部较扁。腹部饰多道弦纹。口径 14.8、腹径 20.7、底径 11.6、高 14.5 厘米（图一五六，4；彩版一一四，1）。

I型 1件（13HYGM5：扰 2），公务员小区二期 M5 出土。淡红胎，外有灰色陶衣。敛口，平

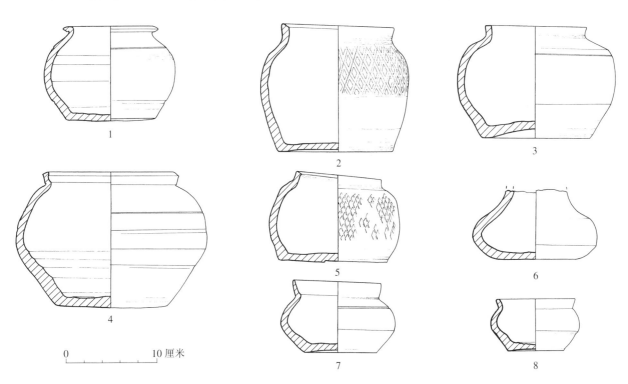

图一五六 三国墓出土陶罐

1. F 型（12HTLM3：扰 8） 2. G 型（09HYGM11a：4） 3、4. H 型（09HYGM8b：25、12HZLM3：扰 6） 5. I 型（13HYGM5：扰 2） 6. J 型（12HLWM8：扰 3） 7、8. K 型（13HYGM5：扰 5、11HJYM1：21）

唇内斜，丰肩，弧腹，平底。器身饰菱格纹。口径 9.2、腹径 14.1、底径 11.7、高 9.8 厘米（图一五六，5；彩版一一四，2）。

J 型　1 件（12HLWM8：扰 3），罗屋村 M8 出土。淡红色软陶。口沿残，溜肩，扁腹，大平底。腹径 13.6、底径 8、残高 7.4 厘米（图一五六，6；彩版一一四，3）。

K 型　3 件，官塘岭 M6、公务员小区二期 M5 和精神病院 M1 各出土 1 件。灰白胎硬陶，形体矮小。敞口，圆唇，沿较高，溜肩，束颈，扁鼓腹，平底内凹。

13HYGM5：扰 5，肩部饰一周弦纹。口径 9.6、腹径 12.5、底径 7.9、高 7.6 厘米（图一五六，7；彩版一一四，4）。

11HJYM1：21，器身略矮。口径 8.6、腹径 9.7、底径 6.2、高 5.5 厘米（图一五六，8；彩版一一四，5）。

双系罐　17 件。灰白胎硬陶，多施青黄釉，部分已脱落。肩部附两耳。依形状，分四型，各型依腹部形制下分式。

A 型　8 件。器形较高。附半环耳。

Ⅰ式　5 件，其中李屋村 M1 出土 1 件，火车站 M1 出土 2 件，公务员小区二期 M13 出土 2 件（残损严重）。上腹鼓，下腹弧收。溜肩。

12HZLM1：扰 3，口微敛，圆唇，短束颈，上腹较鼓，平底内凹。口沿外旋刮一周凸棱，耳际和腹部各饰一组弦纹。口径 11.1、腹径 19.4、底径 13、高 18.5 厘米（图一五七，1；彩版一一四，6）。

13HTLM1：扰 3，形体矮小。敛口，斜平唇，平底略内凹。耳际和腹部各饰一周弦纹，肩、腹部拍印方格纹。口径 9.3、腹径 15.4、底径 11.3、高 12.3 厘米（图一五七，3；彩版一一五，1）。

13HTLM1：扰 4，口微敛，圆唇，平底内凹。口沿外旋刮一周凸棱，耳际饰一周弦纹，腹部饰三周弦纹，肩和上腹拍印方格纹。口径 10.8、腹径 17.2、底径 12、高 16.6 厘米（图一五七，2；彩版一一五，2）。

Ⅱ式　3 件，公务员小区一期 M8b，罗屋村 M6 和 M10 各出土 1 件。扁鼓腹，最大腹径居中。直口，圆唇，束颈，溜肩，平底内凹。口沿外旋刮一周凸棱。

09HYGM8b：26，腹部略圆。耳际饰一组弦纹。口径 10、腹径 16.6、底径 11.8、高 14 厘米（图一五七，4；彩版一一五，3）。

12HLWM6：7，腹部较扁。耳际和腹部各饰一周弦纹。口径 9.9、腹径 17.6、底径 11.5、高 14.2 厘米（图一五七，5；彩版一一五，4）。

12HLWM10：扰 2，腹部流釉。耳较宽。颈部和耳际各饰一周弦纹，腹中部饰方格纹。口径 9.6、腹径 14、底径 10.8、高 11.7 厘米（图一五七，6；彩版一一五，5）。

B 型　7 件。形体矮小。溜肩，腹部下坠，平底。附半环耳。

Ⅰ式　4 件，精神病院 M1 出土。下腹斜直。敛口，斜平唇，肩部较长。耳际和腹部各饰一周弦纹，肩和上腹饰复线水波纹。

11HJYM1：17，口径 9.1、腹径 14.2、底径 10.4、高 11.4 厘米（图一五七，7；彩版一一五，6）。

11HJYM1：7，肩部斜直，折棱被抹光。口径 8.1、腹径 13.7、底径 10.4、高 11.4 厘米（彩版

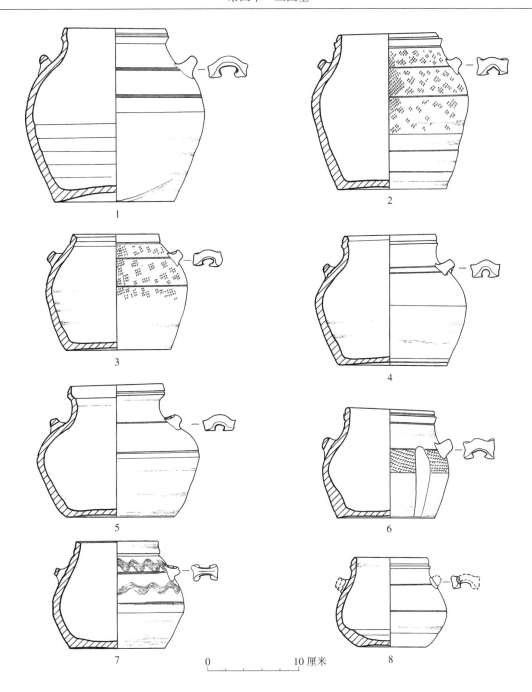

图一五七　三国墓出土陶双系罐

1～3. A 型 I 式（12HZLM1：扰 3、13HTLM1：扰 4、13HTLM1：扰 3）　　4～6. A 型 II 式（09HYGM8b：26、
12HLWM6：7、12HLWM10：扰 2）　　7. B 型 I 式（11HJYM1：17）　　8. B 型 II 式（11HJYM2：扰 8）

一一六，1）。

II式　1件（11HJYM2：扰 8），精神病院 M2 出土。腹部较 I 式扁圆，下腹弧收。敛口，圆
唇。口沿外旋刮一周凹槽，耳际和腹部各饰一周弦纹。口径 8.4、腹径 12.3、底径 7.6、高 9.5 厘
米（图一五七，8；彩版一一六，2）。

III式　2件，李屋村 M5 和汽齿厂 M1 各出土 1 件。扁折腹。耳际饰一周弦纹。

12HZLM5：扰 8，直口，圆唇，肩部斜直，平底略内凹。口沿外旋刮一周凸棱。口径 8.8、腹径 13.3、底径 9.8、高 10.5 厘米（图一五八，1；彩版一一六，3）。

10HTQM1：扰 2，敞口，圆唇，短直颈，腹部较扁，平底内凹。口径 10、腹径 15.9、底径 10.6、高 10.6 厘米（图一五八，2；彩版一一六，4）。

C 型　1 件（10HJGM3：6），官塘岭 M3 出土。外有褐色陶衣。形体较大。附半环耳。敞口，圆唇，沿较高，束颈，溜肩，圆鼓腹，平底内凹。口沿外旋刮一周凹槽，耳际和腹部各饰一组弦纹。口径 10.8、腹径 20.5、底径 13.2、高 18.3 厘米（图一五八，4；彩版一一六，5）。

D 型　1 件（09HYGM8b：24），公务员小区一期 M8b 出土。烧制温度较低。形体小。敞口，圆唇，束颈，溜肩，上腹扁圆，下腹弧收，最大腹径靠上，平底略内凹。耳较扁，截面呈梯形。耳际旋刮一组凹槽。下腹近底处加底痕迹明显，未抹光。口径 10、腹径 15.1、底径 7.8、高 10.3 厘米（图一五八，3；彩版一一六，6）。

四系罐　9 件。硬陶，多施青黄釉。肩部附四对称半环耳。其中机械厂 M2、罗屋村 M7 各出土 1 件残，余 7 件依腹部形制，分三型。

A 型　1 件（13HYGM9：扰 1），公务员小区二期 M9 出土。灰白胎。圆鼓腹，最大腹径居中。直口，圆唇，溜肩，平底内凹。口沿外旋刮一周凸棱，耳际饰两组弦纹，腹中部和近底处各饰一组弦纹，肩和上腹局部拍印方格纹加方形戳印。内壁可见按压痕迹。口径 16.4、腹径 27.8、底径 18.3、高 27.4 厘米（图一五八，6；彩版一一七，1）。

B 型　3 件，二炮厂 M13、罗屋村 M6 和 M10 各出土 1 件。形制、大小相近，其中 1 件残（12HLWM10：扰 7）。灰白胎。长圆腹，最大腹径略靠上。直口，圆唇，溜肩，平底内凹。口沿外旋刮一周凸棱，耳际饰一周弦纹，肩和腹中上部饰方格纹。

12HLWM6：12，腹部饰一周弦纹。口径 17.1、腹径 26.7、底径 18.7、高 28.8 厘米（图一五八，8；彩版一一七，2）。

C 型　3 件，精神病院 M1、李屋村 M1 和机械厂 M3 各出土 1 件。上腹鼓，下腹斜直。

11HJYM1：3，灰白胎。形体较小。直口，圆唇，溜肩，平底内凹。口沿外旋刮一周凸棱，耳际饰一周弦纹。口径 12.6、腹径 17.8、底径 14.1、高 17.2 厘米（图一五八，5；彩版一一七，3）。

12HZLM1：扰 7，灰白胎。耳际和上腹各饰一周弦纹，肩、腹部饰方格纹。口径 16、腹径 22、底径 16.8、高 23.2 厘米（图一五八，7；彩版一一七，4）。

13HZJM3：扰 1，土黄胎。耳际饰一组弦纹，肩部局部饰方格纹。口径 15.2、腹径 20.9、底径 17.7、高 24 厘米（彩版一一七，5）。

双耳直身罐　1 件（13HTLM1：扰 5），火车站 M1 出土。灰色硬陶，施青黄釉，多已脱落。盖面圆隆，中央附半环纽，纽上饰一周弦纹，盖面饰一组弦纹，盖沿下折。器身敞口，短直颈，肩斜直，折肩处旋刮一周凸棱，圆筒腹，平底内凹。腹上部附两对称半环耳。耳际及下腹各饰一周弦纹。口径 8.8、底径 13.3、通高 16.2 厘米（图一五九，1；彩版一一八，1）。

簋　3 件，公务员小区一期 M4b、官塘岭 M12 和公务员小区二期 M9 各出土 1 件，其中 1 件（10HJGM12：扰 8）残。灰白胎硬陶，外有褐色陶衣，施青黄釉，多已脱落。敞口，高唇，上腹

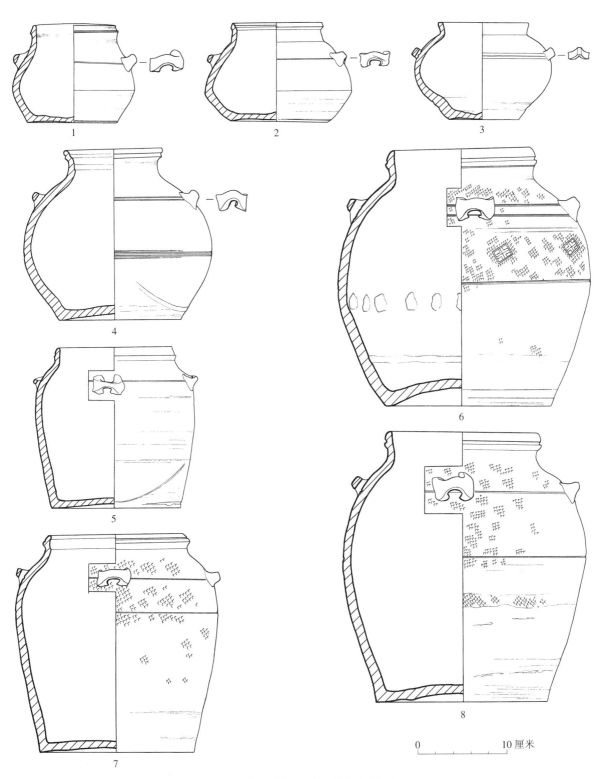

图一五八　三国墓出土陶器

1、2. B 型Ⅲ式双系罐(12HZLM5：扰 8、10HTQM1：扰 2)　3.D 型双系罐(09HYGM8b：24)　4.C 型双系罐(10HJGM3：6)
5、7.C 型四系罐(11HJYM1：3、12HZLM1：扰 7)　6.A 型四系罐(13HYGM9：扰 1)　8.B 型四系罐(12HLWM6：12)

直，下腹弧收，圈足外撇。唇上下有两周对称圆孔，孔间刻划交叉斜线。

13HYGM9：扰 3，带盖，盖面圆隆，中央有乳丁纽，纽两侧有两对称圆孔，盖沿下折。盖面饰三组弦纹，器唇上圆孔较密。孔际饰一周弦纹，腹部饰一组弦纹。口径 23.1、足径 12.3、通高 19 厘米（图一五九，2；彩版一一八，2）。

09HYGM4b：扰 2，唇较高。腹部饰一组弦纹。口径 21.6、足径 11.7、高 16 厘米（彩版一一八，3）。

樽　2 件，公务员小区一期 M4b 和 M19 各出土 1 件。灰白胎硬陶。依盖面形制，分两型。

A 型　1 件（09HYGM4b：扰 4）。仅存器盖。盖面隆起，顶平圆，中央有半环纽，柿蒂纹纽座，座外等布三乳丁，外圈略隆起。盖面饰弦纹和曲线纹，近盖沿处旋刮一周凹槽。盖口径 17.7、高 4.8 厘米。

B 型　1 件（09HYGM19：扰 5）。盖面平圆，中央有矮圆柱形纽，底部有横穿孔。盖面外圈饰两组弦纹。子口敛，平唇，唇上旋刮一周凹槽，器身直，平底，下等布三矮足，足横截面呈圆形。有两对称的圆纽扣环，环已残。上腹饰三周弦纹，口径 12、底径 14、通高 14.3 厘米（图一五九，3；彩版一一八，4）。

四系盆　1 件（11HJYM1：18），精神病院 M1 出土。灰白胎硬陶。敛口，圆唇，沿外折，深弧腹，平底内凹。上腹附四对称半环耳。耳际饰一组弦纹。口径 30.8、底径 21.4、高 13.2 厘米（图一五九，4；彩版一一八，5）。

案　18 件，其中机械厂 M2 出土 1 件残碎，形制不明。硬陶，烧制温度较低。平面呈长方形，案沿外折，底部有纵条形支撑加固。依形状，分两型。

A 型　16 件。平面呈长方形。依有无案足，分两式。

Ⅰ 式　16 件，公务员小区一期 M3、M4a、M7、M8a、M10、M11a、M12、M13，二炮厂 M27、李屋村 M3、M5，汽齿厂 M1，罗屋村 M10 和机械厂 M3 各出土 1 件，森林公园 M1 出土 2 件，其中 12 件均有不同程度残缺，无法修复。无案足。

09HYGM7：扰 6，灰白胎。长 54、宽 41.4、高 5.1 厘米（图一五九，5；彩版一一九，1）。

12HSM1：扰 2，红胎。长 59.9、宽 41.4、高 5 厘米（图一五九，6；彩版一一九，2）。

Ⅱ 式　1 件（09HYGM9：扰 11），公务员小区一期 M9 出土。案下有蹄足。案身淡红色，足为灰色。案沿外折较明显，足顶有方形榫头与案身铆合。案面厚 1.8、通高 13.6 厘米。

B 型　1 件（09HYGM19：扰 2），公务员小区一期 M19 出土。淡红胎。圆形，盘面平，沿凸起外折，平底，底部等布三矮足。盘内和底部均饰同心圆圈纹。口径 31.3、高 4.2 厘米（图一五九，7；彩版一一九，3）。

卮　3 件。硬陶。圆筒形腹，腹部附一把手。依底部形制，分两型。

A 型　1 件（09HYGM8b：20），公务员小区一期 M8b 出土。平底内凹。敞口，尖唇。把手扁平，近方形，上穿圆孔。腹中部饰一组弦纹，下部饰一周弦纹。口径 10.2、底径 9.5、高 9 厘米（图一五九，8；彩版一一九，4）。

B 型　2 件，廉乳厂 M6、M10 各出土 1 件。平底，下附三乳丁状矮足。直口，斜平唇。把手

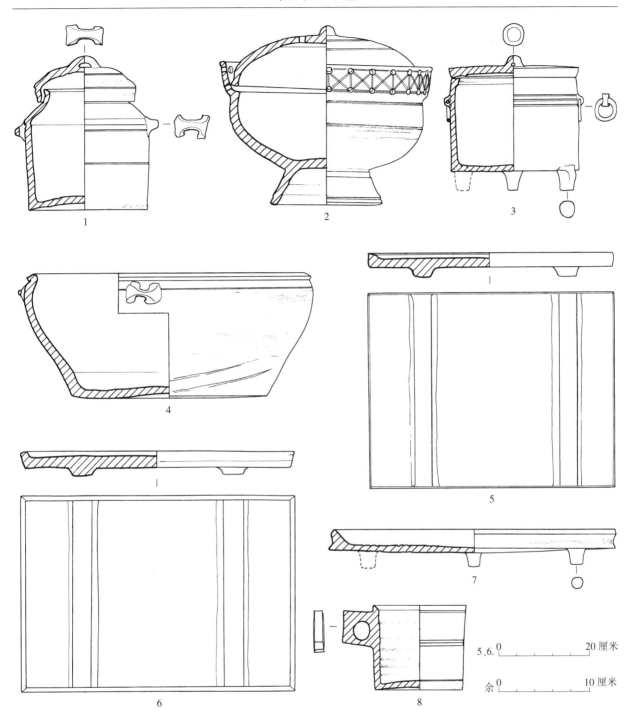

图一五九 三国墓出土陶器

1. 双耳直身罐（13HTLM1∶扰5） 2. 簋（13HYGM9∶扰3） 3. B 型樽（09HYGM19∶扰5） 4. 四系盆（11HJYM1∶18） 5、6. A 型 I 式案（09HYGM7∶扰6、12HSM1∶扰2） 7. B 型案（09HYGM19∶扰2） 8. A 型卮（09HYGM8b∶20）

近环状。

11HFLM6∶扰7，腹部上下各饰两组弦纹。口径11、底径9.8、高8.5厘米（图一六〇，1；彩版一一九，5）。

11HFLM10：扰 3，腹部饰两组弦纹，间以复线菱格纹，菱格内刻划一组短竖线。口径 10.4、底径 9.7、高 8.3 厘米（图一六〇，2；彩版一二〇，1）。

提筒　56 件。多硬陶，烧制温度较低。仅少部分见耳。其中公务员小区一期 M4a、M8a、M8b、M9、M10、M13、M15，二炮厂 M18，廉乳厂 M3，李屋村 M2，森林公园 M1，公务员小区二期 M9 和庞屋队 M2，出土的 24 件残破严重，型式不明，余 32 件依腹身形制，分五型。

A 型　11 件，其中公务员小区一期 M9、二炮厂 M18、精神病院 M1、李屋村 M2 和公务员小区二期 M13 各出土 1 件，公务员小区一期 M13、M15 和官塘岭 M11 各出土 2 件。腹身斜直，口径略小于底径。均直口。

13HYGM13：扰 4，灰白色软陶。盖面微隆，顶部平圆，中央有凹形立纽，上有墨书"小豆千石"，外圈斜直，盖下有凸唇扣入器内。腹部饰一组弦纹。口径 16.5、底径 17.8、通高 16.1 厘米（图一六〇，3；彩版一二〇，2、3）。

12HZLM2：扰 5，灰白胎软陶。盖面微隆，中央有"山"字形纽，盖下有凸唇。口沿下附两对称半环耳。口径 14.4、底径 15.8、通高 13.6 厘米（图一六〇，4；彩版一二〇，4）。

B 型　4 件，官塘岭 M12 和公务员小区二期 M3 各出土 2 件。腹身直，中部略收束。直口。

10HJGM12：扰 4，浅灰色软陶。盖面微隆，顶有凹形立纽。口径 14.9、底径 14.7、通高 16 厘米（彩版一二〇，5）。

C 型　9 件，其中公务员小区一期 M4a、精神病院 M2、机械厂 M3 各出土 1 件，二炮厂 M13 出土 2 件，公务员小区二期 M15 出土 4 件。腹身较斜直。敛口，口部明显小于底部。

09HYGM4a：扰 2，灰白胎软陶。带盖，盖面较平，中央有"山"字形纽。无耳。口径 12.6、底径 15.4、通高 13.3 厘米（图一六〇，5；彩版一二〇，6）。

13HYGM15：扰 7，灰胎硬陶，烧制温度较高，原施青黄釉，大都已脱落。无盖，无耳。口沿外刻划三道平行的短斜线。口径 12.2、底径 14、高 12.4 厘米（彩版一二一，1）。

D 型　7 件，其中公务员小区一期 M8a 出土 2 件，M8b、M10 各出土 1 件，M11a 出土 3 件。弧腹，上部内收明显。敛口。

09HYGM11a：3，灰白胎软陶。盖面较平，中央有"山"字形纽。口沿外有刻划符号。口径 10.3、底径 13.2、通高 12 厘米（图一六〇，7；彩版一二一，2）。

09HYGM8b：扰 2，灰白胎软陶。器形矮小。无盖。腹部较弧。两对称附耳，附耳为一泥条盘成圆形，外侧交叉延伸为八字。口径 13、底径 14.6、高 11.6 厘米（图一六〇，8；彩版一二一，3）。

E 型　1 件（09HYGM5：扰 5），公务员小区一期 M5 出土。红胎硬陶，外有灰色陶衣。腹上部斜直，中部弧，下腹内收，最大径偏下。盖面平，中央有圆纽。敛口。口径 8.8、底径 8.4、通高 14.7 厘米（图一六〇，6）。

盆　13 件。硬陶。依腹部形制，分五型。

A 型　6 件，其中罗屋村 M7 和公务员小区一期 M9 出土 2 件残，型式不明。深腹，上腹扁鼓，下腹斜直。依底部形制，下分两式。

Ⅰ式　3 件，公务员小区一期 M11a、M19 和汽齿厂 M1 各出土 1 件。平底。

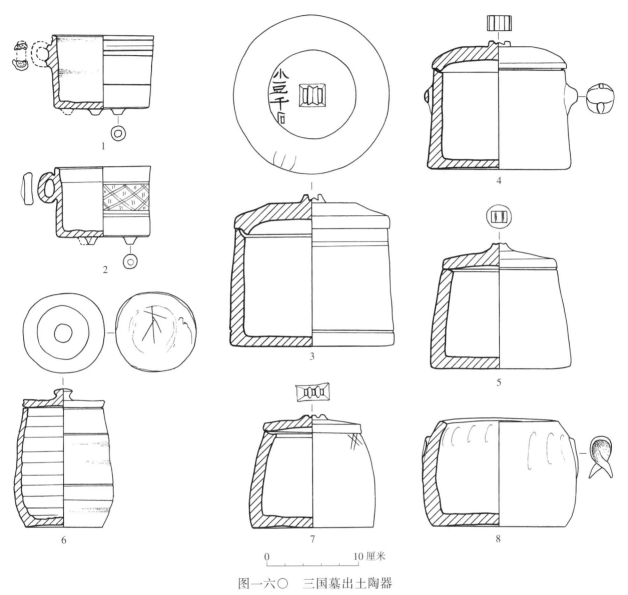

图一六〇 三国墓出土陶器

1、2. B 型卮（11HFLM6：扰 7、11HFLM10：扰 3） 3、4. A 型提筒（13HYGM13：扰 4、12HZLM2：扰 5） 5. C 型提筒（09HYGM4a：扰 2） 6. E 型提筒（09HYGM5：扰 5） 7、8. D 型提筒（09HYGM11a：3、09HYGM8b：扰 2）

09HYGM11a：8，红胎。口微敞，宽沿外折，平底内凹。上腹饰方格纹和一周弦纹。下腹有一周刮削痕迹。口径 28.1、底径 20.4、高 12.1 厘米（图一六一，1；彩版一二一，4）。

09HYGM19：扰 9，灰白胎，烧制温度较低。敛口，宽沿。口径 28.7、底径 15.4、高 8.6 厘米（图一六一，2；彩版一二一，5）。

10HTQM1：扰 4，灰白胎，施青黄釉。敞口，平唇，平底略内凹。上腹饰一周弦纹，中部旋刮一周凹槽。口径 22.5、底径 16.2、高 9.6 厘米（图一六一，3；彩版一二一，6）。

Ⅱ式 1 件（12HZLM5：扰 6），李屋村 M5 出土。施土黄色釉。小平底略凸。口沿变形，上腹鼓，下腹内收明显。上腹饰一周弦纹，下腹饰三周弦纹。口径 20、底径 9.5、高 11.5 厘米（图一六一，4；彩版一二二，1）。

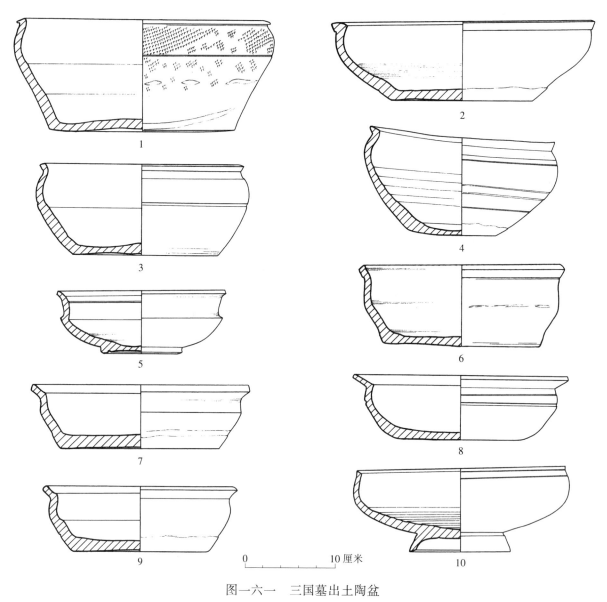

图一六一　三国墓出土陶盆

1～3. A 型 I 式（09HYGM11a：8、09HYGM19：扰 9、10HTQM1：扰 4）　4. A 型 II 式（12HZLM5：扰 6）　5. B 型
（10HJGM9：扰 1）　6、7. C 型（09HYGM15：扰 3、10HJGM3：4）　8、9. D 型（09HYGM19：扰 11、09HYGM15：
扰 6）　10. E 型（12HLWM11：扰 6）

　　B 型　2 件，官塘岭 M9 和罗屋村 M6 各出土 1 件，其中 1 件残。灰白胎。上腹收束，下腹弧
收。敞口，宽沿外折，假圈足，平底。底部、足底外圈各旋刮一周凹槽。

　　10HJGM9：扰 1，口径 18.8、足径 8.1、高 6.7 厘米（图一六一，5；彩版一二二，2）。

　　C 型　2 件，公务员小区一期 M15 和官塘岭 M3 各出土 1 件。灰白胎，烧制温度低。腹中部略
鼓，下部斜直。敞口，尖唇，平底。

　　09HYGM15：扰 3，口径 22.4、底径 17、高 8.7 厘米（图一六一，6；彩版一二二，3）。

　　10HJGM3：4，腹部较浅。口径 24、底径 17.5、高 6.8 厘米（图一六一，7；彩版一二二，4）。

　　D 型　2 件，公务员小区一期 M15 和 M19 各出土 1 件。烧制温度较低。浅弧腹，最大径靠上。

侈口，宽沿外折，平底。

09HYGM19：扰 11，灰胎。沿较宽。腹最大径处旋刮一周凹槽。口径 23.7、底径 13、高 6.8 厘米（图一六一，8）。

09HYGM15：扰 6，土黄胎。平底略内凹。底外加痕迹明显，外侧未抹光。口径 21.5、底径 15、高 6.9 厘米（图一六一，9；彩版一二二，5）。

E 型　1 件（12HLWM11：扰 6），罗屋村 M11 出土。上腹扁鼓，下腹弧收。敛口，平唇内斜，圈足外撇。口沿外饰一组弦纹。口径 22.8、足径 11.2、高 9 厘米（图一六一，10；彩版一二二，6）。

钵生莲花器　6 件。均为灰白色软陶，胎质松软，火候较低。完整的器物由莲花、钵、方柱和座足四部分组成，莲花外刻瓣。依有无底座，分两型。

A 型　2 件，出自公务员小区一期 M8a、机械厂 M3。无底座。

13HZJM3：扰 3，钵缺失。莲花外刻划为四瓣，下部方形，穿孔，插入柱内。方柱方形，内空，两侧有方形卯孔，并以一长方形榫横穿莲花下部以固定，方榫长度超出方柱的宽度。座足底长 13.7、宽 13.5、通高 24.1 厘米（图一六二，3；彩版一二三，1）。

09HYGM8a：扰 6，钵存。钵径 27.6、通高 24.3 厘米（图一六二，2；彩版一二三，2）。

B 型　4 件，出自公务员小区一期 M20、二炮厂 M13、罗屋村 M11、森林公园 M1。有方形座足，抹角。

09HYGM20：扰 3，莲花分四瓣，顶尖，四面略平。座足边长 29、通高 27.1 厘米（图一六二，1；彩版一二三，3）。

11HFPM13：扰 5，用减地法刻出四花瓣，瓣间空隙较宽。座足长 31.5、宽 28.4、通高 32.4 厘米（图一六三，1；彩版一二三，4）。

12HLWM11：扰 11，四瓣花为模贴，已脱落，仅剩花蕾。座足方形较大。座足长 16、宽 15.2、通高 35.2 厘米（图一六三，2）。

帐座　1 件（12HTLM2：扰 1），沿海铁路 M2 出土。灰白色软陶。器分两截，上为覆钵形，中有圆孔；下部方形，略大。底边长 13、高 6.5 厘米（图一六四，1；彩版一二四，1）。

簋　1 件（12HZLM5：扰 3），李屋村 M5 出土。灰白胎硬陶。仿青铜器。通体长方形，套盖，盖呈覆斗状，盖顶平面四角各有一乳丁，坡面斜直，至盖沿竖直。子口合盖，平底，下折角成四足如几。长 33.6、宽 24.6、通高 19.6 厘米（图一六四，2；彩版一二四，2）。

魁　1 件（09HYGM4b：扰 1），公务员小区一期 M4b 出土。灰色硬陶，原施青黄釉，多已脱落。敞口，圆唇，直腹，上部收束，下腹近底处弧收成假圈足。腹部出简化龙首形把。口径 13、足径 7.3、通高 7.7 厘米（图一六四，3；彩版一二四，3）。

锅　3 件，其中公务员小区一期 M8b 出土 1 件，李屋村 M5 出土 2 件。依底部形状，分两型。

A 型　1 件（09HYGM8b：11）。红色夹砂软陶。小平底略内凹。盘口，平唇，深弧腹。口沿外出两半环耳。上腹饰一周弦纹。口径 19.2、底径 7.4、通高 10 厘米（图一六四，4；彩版一二四，4）。

B 型　2 件，夹砂硬陶，红胎，灰色陶衣。大平底。敞口，圆唇，浅鼓腹，底径约等于口径。两大环耳立于口沿上。

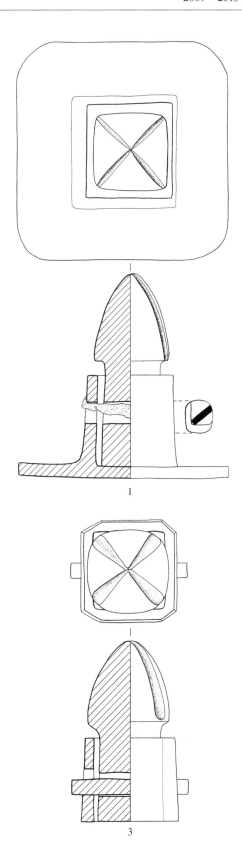

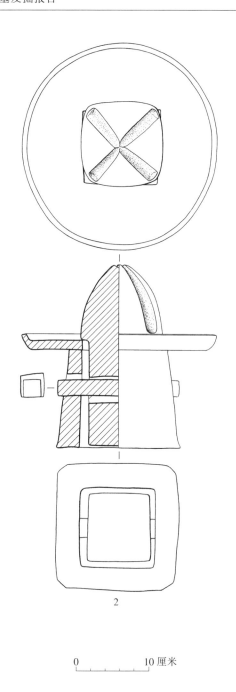

图一六二　三国墓出土陶钵生莲花器
1. B 型（09HYGM20：扰 3）　　2、3. A 型
（09HYGM8a：扰 6、13HZJM3：扰 3）

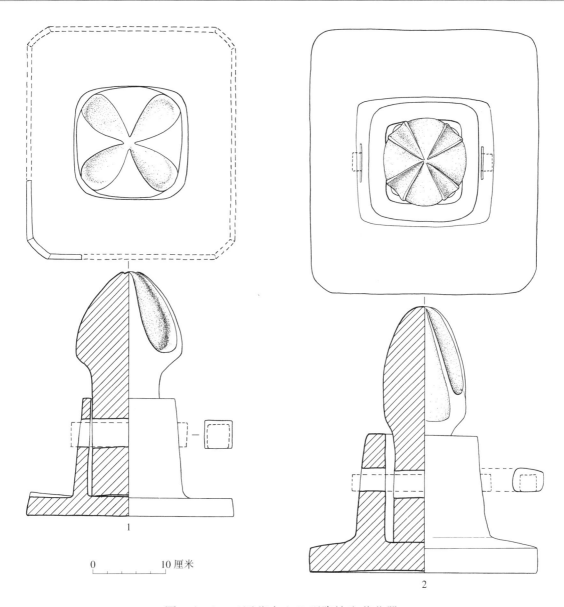

图一六三 三国墓出土 B 型陶钵生莲花器

1.11HFPM13：扰 5 2.12HLWM11：扰 11

12HZLM5：扰 4，口沿外有按压痕迹。口径 19.8、底径 19.4、通高 10.9 厘米（图一六四，5；彩版一二四，5）。

12HZLM5：扰 5，较小。口径 15.7、底径 15.5、残高 5.5 厘米（图一六四，6；彩版一二四，6）。

灯 7 件。依圈足形状，分两型。

A 型 6 件，其中公务员小区一期 M9、M19，二炮厂 M27，精神病院 M1，廉乳厂 M1 和罗屋村 M7 各出土 1 件，其中 5 件有不同程度残损。覆钵形圈足。

11HJYM1：25，暗红胎硬陶，灰色陶衣。灯盘侈口，圆唇外折，盘中央有一圆锥形支钉，尖残断；上腹斜直，下腹折收接圆柱形把，把较细。口径 10.4、足径 11.5、高 15.6 厘米（图一六五，1；彩版一二五，1）。

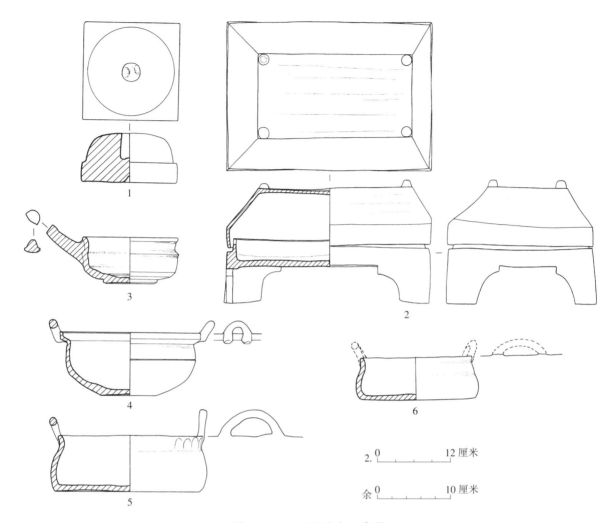

图一六四　三国墓出土陶器

1. 帐座（12HTLM2：扰 1）　2. 簋（12HZLM5：扰 3）　3. 魁（09HYGM4b：扰 1）　4. A 型锅（09HYGM8b：
11）　5、6. B 型锅（12HZLM5：扰 4、12HZLM5：扰 5）

B 型　1 件（11HFPM13：扰 2），二炮厂 M13 出土。灰白胎，烧制温度低。喇叭形圈足。灯盘敞口，平唇，浅弧腹，灯把往下逐渐增大成座足。口径 11.4、足径 9.7、高 11.6 厘米（图一六五，2；彩版一二五，3）。

熏炉　9 件，其中公务员小区一期 M19、官塘岭 M12、精神病院 M1、庞屋队 M2 出土 4 件残，型式不明，余 5 件依有无承盘，分两型。

A 型　4 件，公务员小区一期 M9、M15，机械厂 M5 和 M6 各出土 1 件。有承盘。炉身豆形，子母口，子口敛，圆唇，浅弧腹，柄呈亚腰形。承盘广口，沿外折，浅腹。其中 3 件盖缺失。

09HYGM15：扰 2，灰白胎夹细砂，烧成温度偏低。炉盖博山形，顶附卷角形纽，盖面镂两周气孔，上层五个，下层六个，上下层气孔错位分布。承盘底内凹。盖沿及口沿下刻划线条，扣合后为"X"形刻划符号。炉身口径 9、承盘口径 19、通高 21 厘米（图一六五，3；彩版一二五，2）。

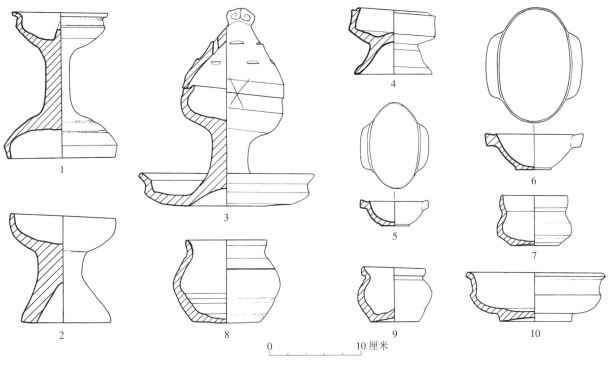

图一六五 三国墓出土陶器

1. A 型灯（11HJYM1：25） 2. B 型灯（11HFPM13：扰 2） 3. A 型熏炉（09HYGM15：扰 2） 4. B 型熏炉
（11HFPM13：扰 7） 5. A 型耳杯（10HJGM4：扰 3） 6. B 型耳杯（14HYGM18：扰 4） 7. A 型盂（09HYGM8a：扰
15） 8. B 型 I 式盂（11HFPM18：扰 4） 9. B 型 II 式盂（13HYGM13：扰 5） 10. A 型碗（09HYGM4b：扰 7）

  B 型 1 件（11HFPM13：扰 7），二炮厂 M13 出土。灰色硬陶，局部有薄层灰褐色陶衣。无承盘。盖缺失，炉身子口内敛，圆唇，上腹斜直，下腹折收，短把，喇叭形底座。口径 7.5、足径8.7、高 7.1 厘米（图一六五，4；彩版一二五，4）。

  耳杯 4 件。硬陶。除二炮厂 M27 出土 1 件残缺外，余 3 件均为敞口，耳与口沿之间有凸棱间隔，假圈足，平底。依器耳形制，分两型。

  A 型 2 件，出自官塘岭 M4。翘耳。器形较小。

  10HJGM4：扰 3，灰白胎。长 9.1、通耳宽 7.6、高 2.8 厘米（图一六五，5；彩版一二五，5）。

  B 型 1 件（14HYGM18：扰 4），公务员小区二期 M18 出土。淡红胎，灰色陶衣。平耳。器形较大。长 12.2、通耳宽 10.6、高 3.8 厘米（图一六五，6；彩版一二五，6）。

  盂 4 件，出自公务员小区一期 M8a、M11b，二炮厂 M18 和公务员小区二期 M13 各出土 1 件，其中 1 件（09HYGM11b：扰 5）残损，形制不明。硬陶。余 3 件束颈，溜肩，依口沿形制，分两型。

  A 型 1 件（09HYGM8a：扰 15）。灰白胎。口沿较高。敞口，圆唇，扁折腹，平底略内凹。口径 7.3、腹径 8.2、底径 5.2、高 5.3 厘米（图一六五，7；彩版一二六，1）。

  B 型 2 件。口沿矮。敞口，圆唇。依腹部形制，分两式。

  I 式 1 件（11HFPM18：扰 4）。淡红胎。扁鼓腹，最大腹径居中。肩部饰一周弦纹。口径8.8、腹径 11.7、底径 7.2、高 8.8 厘米（图一六五，8；彩版一二六，2）。

Ⅱ式　1件（13HYGM13：扰5）。灰白胎。扁鼓腹，最大腹径靠上。口沿较Ⅰ式高，平底内凹。口径6.9、腹径8.1、底径5.2、高5.8厘米（图一六五，9；彩版一二六，3）。

碗　10件。均为硬陶，部分烧成温度低，多为灰胎。其中公务员小区一期M2、M15，庞屋队M2，火车站M3和二炮厂M27出土5件残，型式不明，余5件依足部形状，分两型。

A型　3件。假圈足。其中廉乳厂M4出土1件口沿残，余2件出自公务员小区一期M4b和罗屋村M6。圆唇，上腹收束，下腹弧收。

09HYGM4b：扰7，灰胎。敞口，浅腹。口径15.2、足径7.9、高5.2厘米（图一六五，10）。

12HLWM6：10，灰胎。敞口，深腹，足缘旋刮一周。上腹饰三周弦纹，底外圈饰一周弦纹。口径13.8、足径8、高7.4厘米（图一六六，1；彩版一二六，4）。

B型　2件，公务员小区一期M8a、火车站M3各出土1件。喇叭形圈足。敞口，圆唇，弧腹。

09HYGM8a：扰10，灰胎。上腹饰一周弦纹。口径14.4、足径8.4、高8.7厘米（图一六六，2；彩版一二六，5）。

盘　1件（11HJYM1：扰5），精神病院M1出土。灰胎硬陶。广口，宽沿，上腹斜直，下腹折收，平底略内凹，盘内底下凹。口沿和内底饰多道细弦纹。口径14、底径6.1、高4.2厘米（图一六六，4；彩版一二六，6）。

钵　2件。依大小，分两型。

A型　1件（13HTLM1：扰7），火车站M1出土。灰胎硬陶。器形较小。敛口，尖唇，弧腹，平底略内凹。口径17.1、底径12.4、高7.4厘米（图一六六，3；彩版一二六，7）。

B型　1件（09HYGM8b：5），公务员小区一期M8b出土。黄褐色硬陶。器形较大。口较A型敛，圆唇，平底内凹。口径26.7、底径16.6、高8厘米（图一六六，6；彩版一二七，1）。

甑　11件。多出自扰土，仅1座（09HYGM9）与灶同出。底部均有圆孔。依外形，分两型。

A型　6件，公务员小区一期M2、M4b、M8b、M11b，沿海铁路M3和廉乳厂M6各出土1件。杯形。

11HFLM6：扰1，灰褐色硬陶。广口，圆唇，腹壁斜直，小平底。口径7.8、高4.6厘米（图一六六，7）。

09HYGM8b：28，灰色硬陶。敞口，平唇，腹壁微弧，近底折收成小平底。口径7.2、底径3.4、高4.4厘米（图一六六，8；彩版一二七，2）。

12HTLM3：扰9，灰白色软陶。敞口，圆唇，圜底。口径6、高5.2厘米（图一六六，5）。

B型　5件，公务员小区一期M4a、M9，官塘岭M6、M11和庞屋队M2各出土1件。碗形。上腹斜直，下腹折或弧收成平底。

09HYGM9：扰12，灰白色软陶。下腹折收。口径9.3、底径5.6、高4.1厘米（图一六六，9）。

10HJGM6：扰3，灰白色硬陶。下腹弧收。口径9.9、底径5.2、高4.5厘米（图一六六，10）。

釜　16件。依大小，分两型。

A型　2件，汽齿厂M1和罗屋村M7各出土1件，其中1件残。器形较大，属实用器。

12HLWM7：1，灰黑色夹砂软陶。侈口，宽折沿，深弧腹，圜底。底腹有烟炱。口径17.5、高

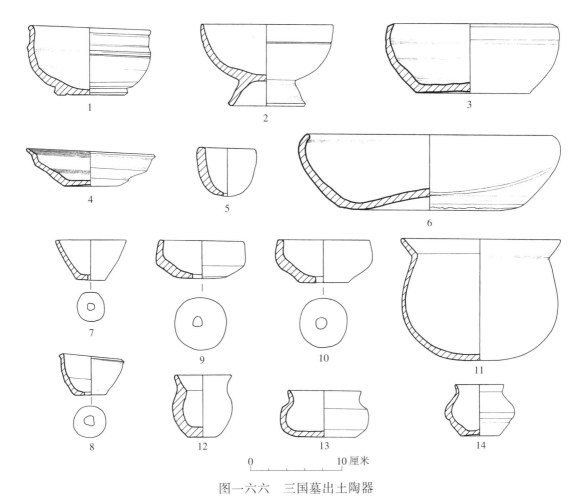

图一六六　三国墓出土陶器

1. A 型碗（12HLWM6：10）　2. B 型碗（09HYGM8a：扰 10）　3. A 型钵（13HTLM1：扰 7）　4. 盘
（11HJYM1：扰 5）　5、7、8. A 型甑（12HTLM3：扰 9、11HFLM6：扰 1、09HYGM8b：28）　6. B 型钵
（09HYGM8b：5）　9、10. B 型甑（09HYGM9：扰 12、10HJGM6：扰 3）　11. A 型釜（12HLWM7：1）
12. B 型Ⅰ式釜（13HYGM5：扰 9）　13. B 型Ⅱ式釜（09HYGM9：扰 8）　14. B 型Ⅲ式釜（10HJGM9：扰 2）

12.2 厘米（图一六六，11；彩版一二七，3）。

B 型　14 件，其中公务员小区一期 M3 和 M11b 出土 2 件残存碎片，型式不明。多出自扰土，仅 2 墓（09HYGM9、12HLWM8）与灶同出。器形矮小，属明器。3 件口沿残，其余均为敞口。除残碎 2 件外，余 12 件依腹部形状，分三式。

Ⅰ式　6 件，其中公务员小区一期 M2 出土 2 件，二炮厂 M18、精神病院 M2、机械厂 M2 和公务员小区二期 M5 各出土 1 件。均为软陶，胎色灰白。圆鼓腹。多为圜底。

13HYGM5：扰 9，圆唇，束颈，小平底。口径 6.2、底径 2.8、高 6.6 厘米（图一六六，12；彩版一二七，4）。

Ⅱ式　2 件，公务员小区一期 M9 和机械厂 M2 各出土 1 件。灰白色硬陶，烧成温度较低。扁圆腹，最大腹径偏下。大平底。

09HYGM9：扰 8，口径 7.9、腹径 9.7、底径 6.8、高 4.9 厘米（图一六六，13；彩版一二七，5）。

Ⅲ式　4件，官塘岭 M9、精神病院 M2、森林公园 M2、罗屋村 M8 各出土 1 件。均为灰色硬陶。扁鼓腹近折，最大腹径居中。小平底。

10HJGM9：扰 2，口径 5.4、腹径 7.9、底径 4.3、高 5.5 厘米（图一六六，14；彩版一二七，6）。

屋　14件，其中庞屋队 M2、公务员小区二期 M18、罗屋村 M7、机械厂 M3、汽齿厂 M1 和廉乳厂 M1 出土 6 件残存部分盖面和墙体，形制不明。硬陶，悬山顶。四面墙体刻划横直线条，表示梁架结构。余 8 件依平面形制，分两型。

A 型　4件。由两幢单层的长方形房子组成曲尺形，后侧相对的两面以矮墙围绕，成为后院，墙头多有瓦檐遮护。正屋内有舂米处。依屋顶形制，分两式。

Ⅰ式　2件，廉乳厂 M4 和公务员小区二期 M9 出土。两正脊等高相交，前后坡面合角，外侧有垂脊，脊末翘起，坡面饰筒板瓦垄相间。

11HFLM4：1，红胎，外有灰色陶衣。正屋居右辟长方形门，门槛较高，左侧镂直棂窗；右侧山墙门、窗形制同面墙，侧门内有一立俑，一手扶门框；另一俑面后墙而立，两俑间有两小圆形凹窝，以示舂米处；后墙开直棂窗。廊屋开长方形窗与后院相通，后墙上端有两三角形气孔。后院左墙镂一竖条和半圆形窦洞，后墙镂空菱格。面阔 20、进深 19.4、通高 20.1 厘米（图一六七；彩版一二八，1、2）。

13HYGM9：扰 7，红胎。正屋居右辟长方形门，右侧山墙亦开门，有矮门槛。正屋进门处有一圆形凹窝，以示舂米处。廊屋开长方形窗与后院相通，后院围墙镂空直棂。面阔 15.9、进深 15.8、通高 19.8 厘米（彩版一二八，3、4）。

Ⅱ式　2件，罗屋村 M11 和机械厂 M2 出土。屋顶分高低脊，正屋脊横列，两端翘起，侧屋较正屋矮，脊纵列，一端与正屋后坡相连。

12HLWM11：1，红胎。形体大。坡面筒板瓦垄凹凸相间，正屋有四垂脊，廊屋有两垂脊。屋两侧及前端有底板伸出，以示散水。正屋面墙以"十"字凸棱分为四部分，下部开两方形门，双扇，半掩，向内开，门四周刻划直线以示门框；上部开两长方形小窗，窗两侧均刻划复线方框纹，方框内有一组交叉线。左侧门口有一立俑，牵一狗，狗作向屋内张望状。屋内两俑相对而立，持杵舂米，中间有一臼。正屋两侧山墙上部各有一组三角形气孔，右侧山墙下部开一长方形侧门，单扇，半掩，门口有一俑，双手合，持杖而立。后墙有"凸"字形窗。后端廊屋开正方形门，双扇，其中一扇半掩，后墙上部有一组三角形气孔，廊屋有拱形门与后院相通。后院围墙有瓦檐遮护，镂直棂孔，右墙有一窦洞。右侧近正屋后墙处，有一立俑双手持簸箕，作喂食状，俑首残。院内有一羊，羊前有食槽。面阔 24、进深 22.6、通高 27.1 厘米（图一六八；彩版一二九）。

13HZJM2：扰 9，红胎，外有灰色陶衣。形体小。屋顶坡面刻划复线菱格纹。正屋面墙居中辟长方形门，门左侧镂相对的三角形孔，右侧下方开一窦洞，上部镂圆形、方形和三角形孔。屋内有一臼，一俑面臼而立，两臂残。左侧山墙亦开长方形门，两山墙上部均有一组三角形气孔，右侧山墙下部镂一组叶状孔，后墙有"凹"字形窗与后院相通。廊屋右墙镂直棂窗，后墙上部有两三角形气孔，下部镂一组叶状孔。后院墙头无瓦檐，围墙镂圆孔，其中一孔较大为窦洞。院内

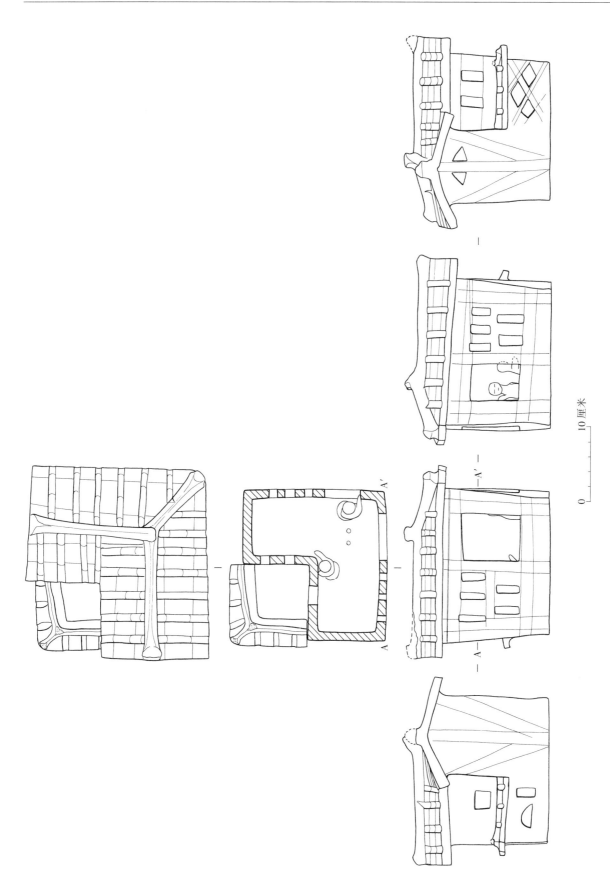

图一六七　三国墓出土 A 型 I 式陶屋（11HFLM4:1）

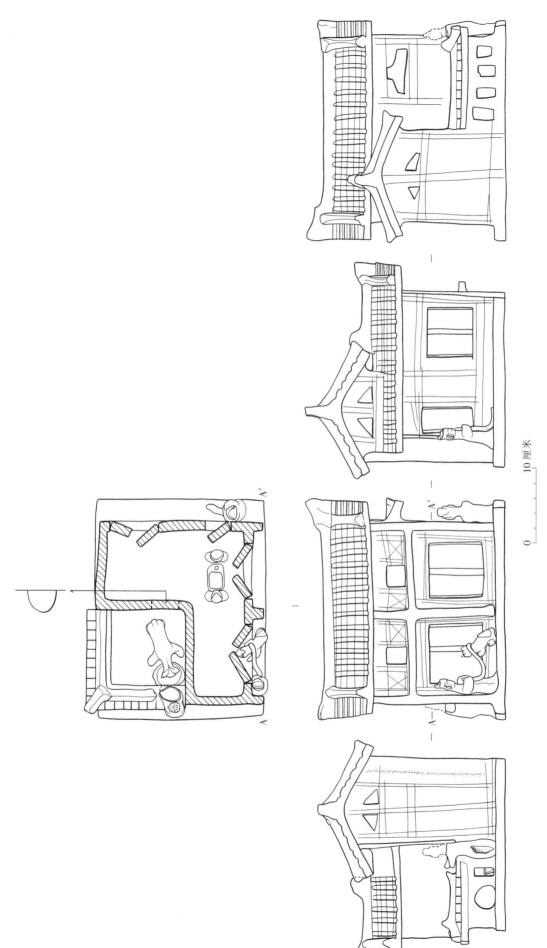

图一六八 三国墓出土 A 型 II 式陶屋（12HLWM1 1∶1）

0   10 厘米

有一羊，作吃食状，羊前有一槽。面阔 18.4、进深 15、通高 18.2 厘米（图一六九；彩版一三〇，1、2）。

B 型 4 件，李屋村 M1、罗屋村 M8、公务员小区一期 M3 和二炮厂 M27 各出土 1 件，其中李屋村 M1 和公务员小区一期 M3 出土 2 件残，形制不明。均为院落式。

12HLWM8∶扰 5，红胎，夹粗砂。后端分两层，前有庭院。后端上层左为室，右为厕，两室间有半开放横廊相连，下层为密封横廊，前为庭院。上层两室屋顶等高，垂直相交。左屋顶横列，正脊并列两条，末端略翘起，两坡各有四垂脊，脊上均附筒瓦，坡面饰板瓦排列整齐。右厕顶形制相同，纵置。上层底部两侧及后侧有伸出的底板，上铺瓦垄。厕朝向廊一侧墙面开长方形门，内镂两小长方形坑穴。庭院两侧及面墙两端同高。面墙中部墙体位于围墙内，与围墙咬合，较高，两侧有护墙，似为防护之用，正中开长方形门，门右侧下部有一窦洞。庭院左侧有瓦檐，呈"L"字形，前端与面墙中部高墙吻合。院内地面刻划横竖线条，分为六区，或以示路面。面阔 28.6、进深 27.2、通高 21.8 厘米（图一七〇；彩版一三〇，3）。

11HFPM27∶扰 2，由单体屋或厕组合而成，部分一侧带廊。悬山顶，屋顶筒板瓦垄相间，瓦面刻划细竖线纹。墙体略斜直（彩版一三〇，4、5；彩版一三一）。

其中一组较为明确，11HFPM27∶扰 2-1，两侧为单体厕，中间以廊相通，厕后端和一侧有底板伸出，铺瓦垄，依次推测，该组应为上层结构。其右侧应还有单体房屋与其相接。左厕室平面呈长方形，两侧山墙高起。屋顶有粗脊，脊两端不及顶边，盖顶有四个较粗的垂脊和若干细垂脊，粗脊末端较宽，上翘明显。厕前端有底板伸出，面墙居右开长方形门，门两侧有矮墙，为走廊，左侧矮墙上开长方形门。厕内开一长方形纵向坑穴，左侧山墙及后墙镂直棂窗。右厕室平面呈正方形，四周墙体等高，余形制与左厕室相同，两廊相接，上有瓦檐遮护，一正脊六垂脊。通长 52.8、宽 22.8、通高 18.6 厘米（图一七一）。

另有一厕，其位置不明。11HFPM27∶扰 2-2，平面呈正方形，四面墙体等高，四角凸起。四面均有底板伸出，上铺筒板瓦垄，四角斜脊粗大。厕内有一近长方形坑穴。相对的两面墙体镂菱格窗。墙体宽 14.5、底宽 21.6、高 13.8 厘米（图一七二，1）。

余还出土部分短瓦檐和宽大的屋顶，形制不明。

井 21 件。硬陶。其中公务员小区一期 M16、廉乳厂 M3 和机械厂 M2 出土 3 件，井栏残损，形制不明。公务员小区一期 M4b 和罗屋村 M11 出土 2 件残存四阿式井亭盖，硬陶，烧制温度高。09HYGM4b∶扰 3，灰胎。盖面平，中央有短脊，中部凹，四垂脊斜出，末端削斜直。长 13.5、宽 13、高 2.4 厘米。12HLWM11∶扰 3，灰胎。盖面隆起，四垂脊斜出，末端削斜直，中部呈柱形高起，顶部有一展翅凤鸟，鸟首残。盖面四坡刻划复线菱格纹。长 20、宽 19.4、高 13.7 厘米（图一七三，1）。

余 16 件依井栏形制，分五型。

A 型 1 件（09HYGM4a∶扰 9），公务员小区一期 M4a 出土。灰白胎，烧制温度高。残存下部，井栏较矮，上部收束，下部扁鼓，地台残。中部旋刮一组凹槽。下部最大径 14.6、残高 9.7 厘米。

B 型 1 件（11HFPM13∶扰 1），二炮厂 M13 出土。灰白胎，烧制温度较低。井栏上部敛束，下部直。敞口，斜平唇外折，圆形地台，台上有四方形柱础。上部饰一组弦纹，中部旋刮一周凹槽，下部饰一组弦纹，间以一周宽凹槽。井口径 11.6、地台径 24.1、高 21 厘米（图一七二，2；彩版一三二，1）。

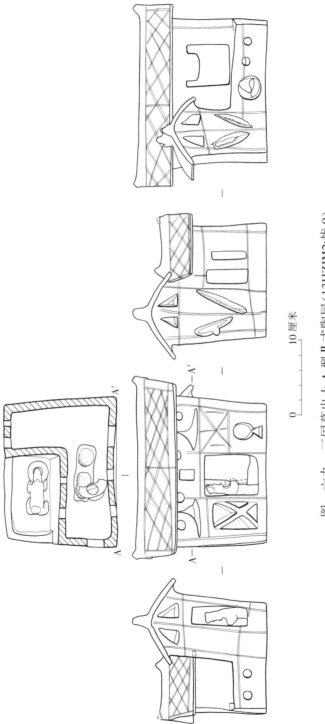

图一六九　三国墓出土 A 型 II 式陶屋（13HZJM2:扰 9）

0　　　　　10 厘米

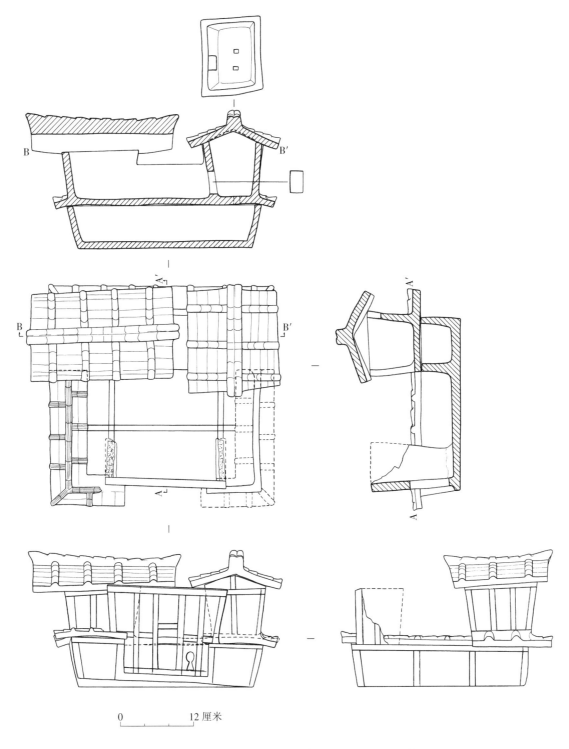

0   12 厘米

图一七〇　三国墓出土 B 型陶屋（12HLWM8：扰 5）

C 型　9 件，出自公务员小区一期 M2、M7、M9、M11b，公务员小区二期 M15，官塘岭 M3、M4，精神病院 M2 和罗屋村 M6。仅 1 件烧制温度较高。上部敛束，较短，下部略斜直。圆形地台，上有三长方形柱础。

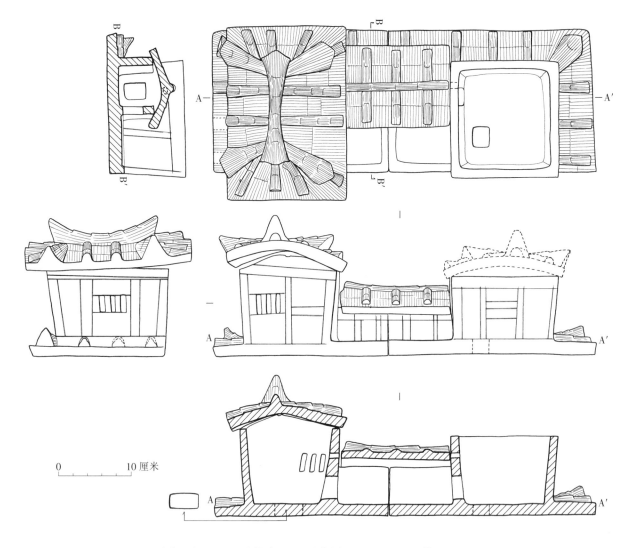

图一七一　三国墓出土 B 型陶屋（11HFPM27∶扰 2 - 1）

09HYGM2∶1，灰白胎。井栏敛口，圆唇。下部饰竖线纹。井口径 10.8、地台径 20.6、高 15.6 厘米（图一七二，3；彩版一三二，2）。

13HYGM15∶扰 3，灰胎，烧制温度高，施青黄釉，多已脱落。井栏直口，平唇。础上有圆孔。井口径 9.5、地台径 18.4、高 15.5 厘米（彩版一三二，3）。

10HJGM4∶扰 1，灰白胎。井栏敞口，平唇。井口径 11.2、地台径 19.6、高 14 厘米（图一七二，4；彩版一三二，4）。

D 型　3 件，出自公务员小区一期 M8a、M12 和沿海铁路 M3。烧制温度低。上部略收束，下部弧。圆形地台，较窄，台上等布三方形柱础。

09HYGM8a∶扰 1，灰白胎。敛口，圆唇。井口径 9.7、地台径 18.7、高 14.5 厘米（图一七二，5；彩版一三二，5）。

09HYGM12∶扰 1，淡红胎。直口，平唇，下部较粗。井口径 9.2、地台径 21.1、高 15.5 厘米（图一七三，2；彩版一三二，6）。

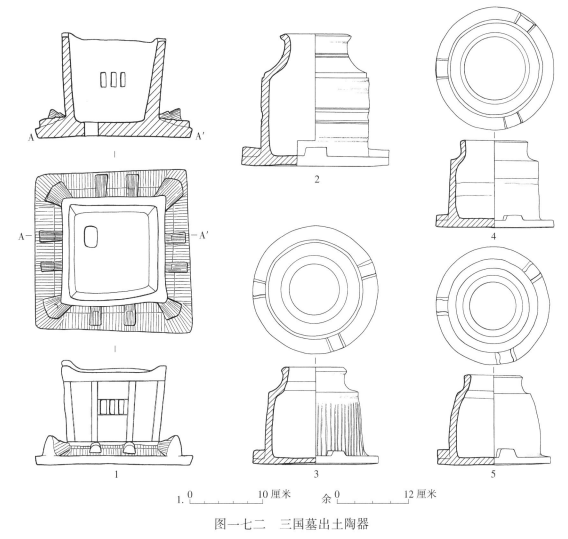

1. 0 ⊢———10 厘米 余 0 ⊢———12 厘米

图一七二 三国墓出土陶器

1. B 型屋(11HFPM27:扰 2-2) 2. B 型井(11HFPM13:扰 1) 3、4. C 型井(09HYGM2:1、10HJGM4:扰 1)
5. D 型井(09HYGM8a:扰 1)

12HTLM3：扰 6，淡红胎。敛口，圆唇，础上有圆孔。井口径 11.2、地台径 17.9、高 14.3 厘米（图一七三，4；彩版一三三，1）。

E 型 2 件，出自李屋村 M3 和 M5。烧制温度低。井栏上小下大，弧壁，上部近口沿处旋刮一周凹槽。大口内敛，圆形地台，较宽。

12HZLM3：扰 3，红胎。形体小。口较敛，圆唇，地台斜直，上随意捏制四长条形柱础，础相对的井栏处刻划纵向菱格纹，将井栏等分为四区，各区间有一组交叉斜线纹。井口径 11.2、地台径 23、高 14.4 厘米（图一七三，5；彩版一三三，2）。

12HZLM5：扰 15，红黄胎。形体较大。井口斜平唇，地台等布三长方形柱础。井口径 16、地台径 25.8、高 16.8 厘米（图一七三，3；彩版一三三，3）。

仓 35 件。硬陶。依有无柱足，分两型。

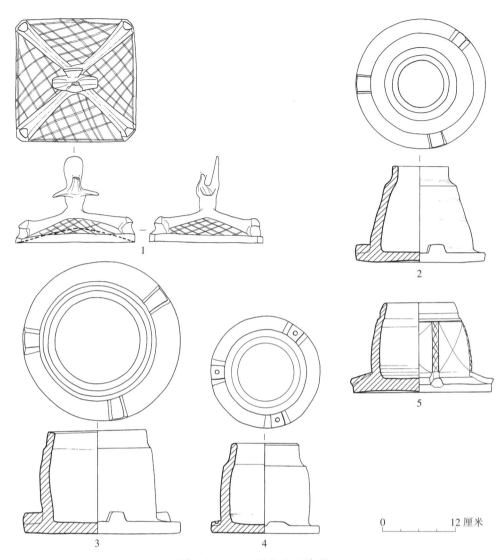

图一七三　三国墓出土陶井

1. 井亭盖（12HLWM11：扰 3）　2、4. D 型（09HYGM12：扰 1、12HTLM3：扰 6）　3、5. E 型井
（12HZLM5：扰 15、12HZLM3：扰 3）

　　A 型　5 件。无柱足。依底部有无圆形柱孔，分两式。

　　I 式　2 件，公务员小区一期 M15 和 M17 各出土 1 件。与西汉晚期 Ba 型 I 式仓形制相近。红
胎，烧制温度低。屋顶和仓体可分开，仓底无圆孔。面墙居中辟长方形门，有门槛。

　　09HYGM15：扰 1，屋顶缺。门槛较低，门两侧各有一组对称小圆孔，用以加栓。面阔 18.4、
进深 14.6、残高 15.4 厘米（图一七四，1）。

　　09HYGM17：扰 7，悬山顶，盖面有一正脊八组垂脊，脊上附筒瓦，坡面铺板瓦，筒板瓦均刻
划细线纹。前有底板伸出，门槛较高，四周有凸起的门框，门扇中间有一扁圆突。面阔 29、进深
21、通高 22.6 厘米（图一七四，2；彩版一三三，4）。

　　II 式　3 件，庞屋队 M2、罗屋村 M6 和公务员小区二期 M18 各出土 1 件。烧制温度较 I 式高。

图一七四　三国墓出土 A 型 I 式陶仓

1. 09HYGM15：扰 1　　2. 09HYGM17：扰 7

顶与仓体连为一体，不可分，仓底有四柱孔。盖顶有粗脊，两端翘起，两坡筒板瓦垄凹凸相间。四面墙体刻划横直线条，表示梁架结构。

　　13HZPM2：扰 14，灰胎。无横廊。正面开"凸"字形门，有矮门槛。门两侧上部镂"凸"字形孔，下部镂空菱格。两山墙近面墙处开长方形窗。面阔 23.4、进深 16.2、通高 22.7 厘米（图一七五；彩版一三三，5）。

　　12HLWM6：15，灰胎。无横廊。屋顶有粗脊上以竖线分段，以示筒瓦，坡面局部拍印方格纹。面墙居中开长方形门，有门槛，四周有凸起的门框，门左侧有一立俑，手持杖。门两侧镂空菱格，

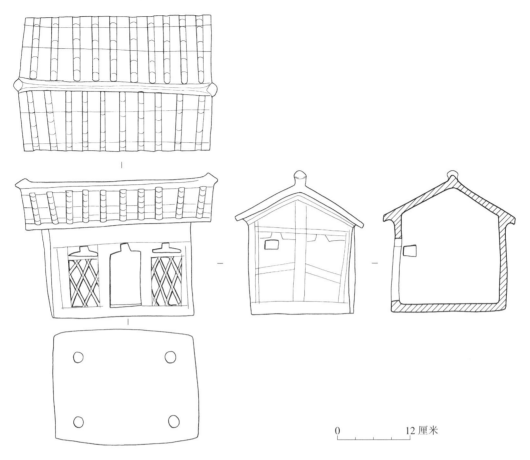

图一七五　三国墓出土 A 型Ⅱ式陶仓（13HZPM2：扰 14）

菱格间饰叶脉纹。屋四周有底板伸出，以示散水。两侧山墙加划斜线以示支撑加固。面阔 26.6、进深 23.4、通高 26.1 厘米（图一七六；彩版一三四，1）。

14HYGM18：扰 2，前廊后仓。横廊正面开"凸"字形门，有矮门槛，门两侧上部镂空"凸"字形窗，下部有竖条镂孔，孔间饰叶脉纹。窗和下部镂孔外侧刻划菱格纹。山墙和后墙加划斜线以示支撑加固。面阔 26、进深 20.2、通高 24.1 厘米（图一七七；彩版一三四，2）。

B 型　30 件，公务员一期 M2、M3、M4a、M10、M11b、M13，官塘岭 M3、M7、M12，二炮厂 M13，精神病院 M2，森林公园 M1、M2，李屋村 M1～M5，沿海铁路 M3，廉乳厂 M1、M3，罗屋村 M10、M11，机械厂 M3、M5、M6，火车站 M1，公务员小区二期 M3、M13、M15 各出土 1 件，其中 18 件有不同程度残损，无法拼复。烧制温度较低。仓底等布四或六柱足。与东汉时期 Ba 型Ⅲ式仓形制相同。悬山顶，盖面多有一正脊四垂脊，前坡一般比后坡略宽且低，筒板瓦垄均为刻划。均有开放式横廊，未封闭，仅有护栏。横廊正面开门，仓门与廊门相对，较廊门小，有矮门槛。门两侧及廊两端多镂孔，仓门多内外刻划长方形框，以示门。四面墙体刻划横直线条，表示梁架结构。

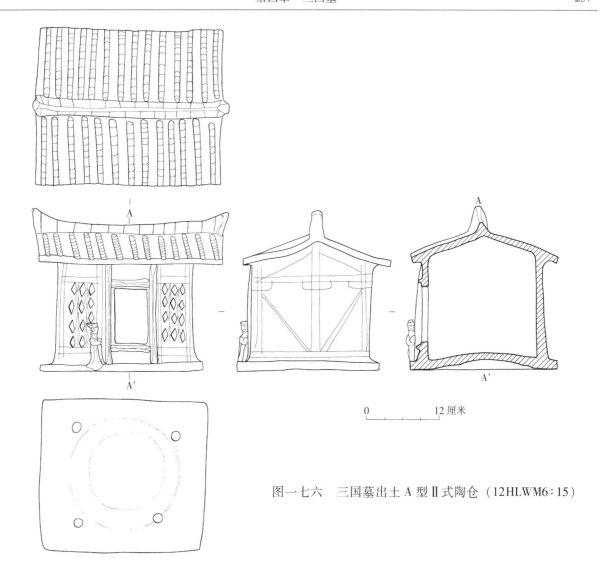

图一七六　三国墓出土 A 型 II 式陶仓（12HLWM6∶15）

0　　　　　　12厘米

13HYGM15∶扰 1，灰白胎，盖面烧制温度较高，坡面施青黄釉。仓底有六柱足。坡面刻划筒板瓦垄相间，有一正脊四垂脊。横廊正面开长方形门，门槛高，门及廊两侧有横条和"凸"字形镂孔。后仓中间隔墙分为两间，两仓亦开长方形门，门槛较高，有门扇，门框两侧各有一扁圆突，应为加栓之用。两侧山墙加划斜线以示支撑加固。面阔 35.5、进深 25.8、通高 32.3 厘米（图一七八；彩版一三四，3）。

11HFLM1∶扰 1，淡红胎。仓底有四柱足。盖面刻划筒板瓦垄相间，有一正脊四垂脊。廊门两侧及廊两端有横条镂孔。仓门有门扇，门槛较高。门板及门两侧均有一扁圆突，为加栓之用。面阔 26、进深 21.4、通高 28.6 厘米（图一七九；彩版一三四，4）。

13HYGM3∶扰 1，深灰胎。仓底有四柱足。盖面刻划筒板瓦垄相间，无垂脊。仓门较小，无门扇，门两侧各有一扁圆突。面阔 25、进深 20、通高 28.3 厘米（图一八〇）。

灶　29 件。硬陶。其中官塘岭 M12，李屋村 M2、M3，汽齿厂 M1，廉乳厂 M4 和公务员小区二期 M13 出土 6 件，残损严重，型式不明。余 23 件依灶面形制，分四型。

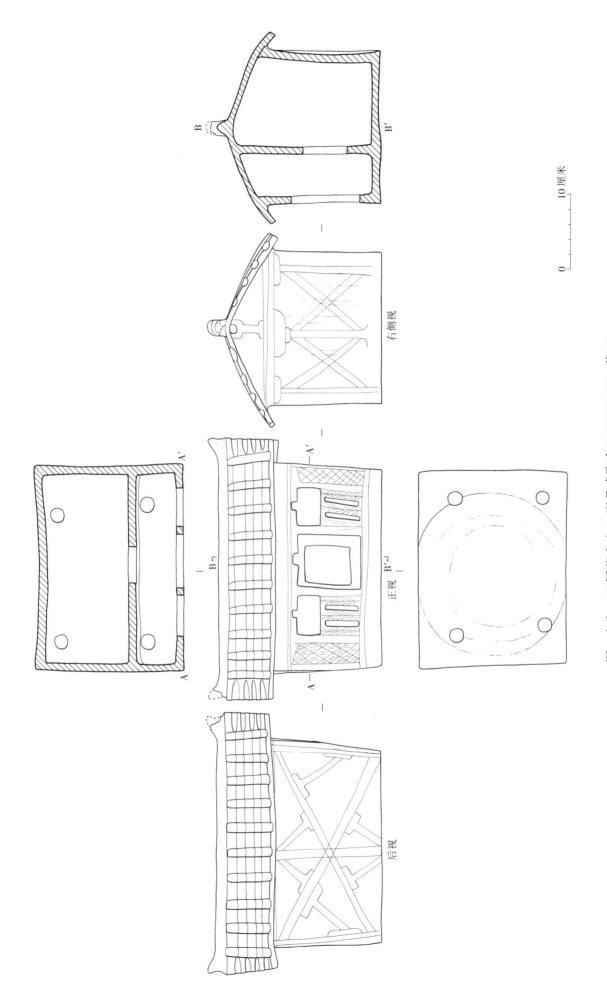

右侧视　正视　后视

10 厘米

0

图一七七　三国墓出土 A 型 II 式陶仓（14HYGM18：扰 2）

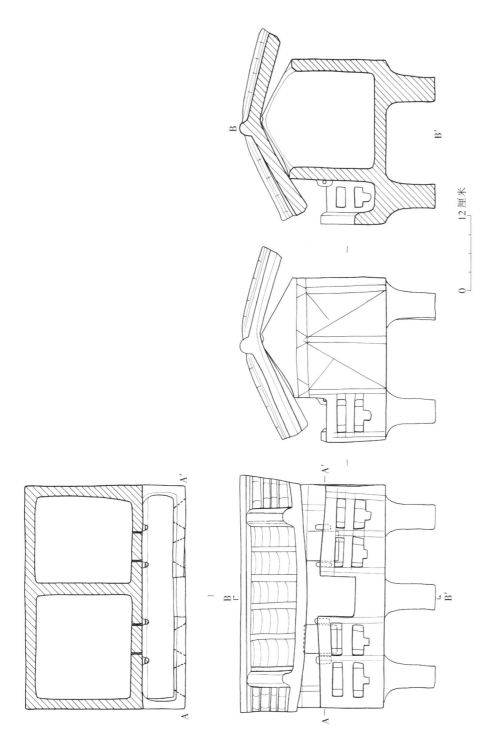

图一七八　三国墓出土 B 型陶仓（13HYGM15：扰 1）

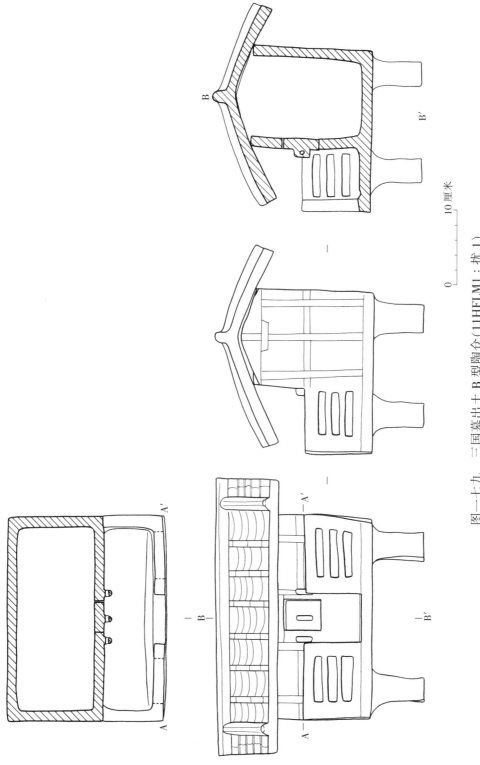

图一七九　三国墓出土 B 型陶仓（11HFLM1∶扰 1）

0　　　10 厘米

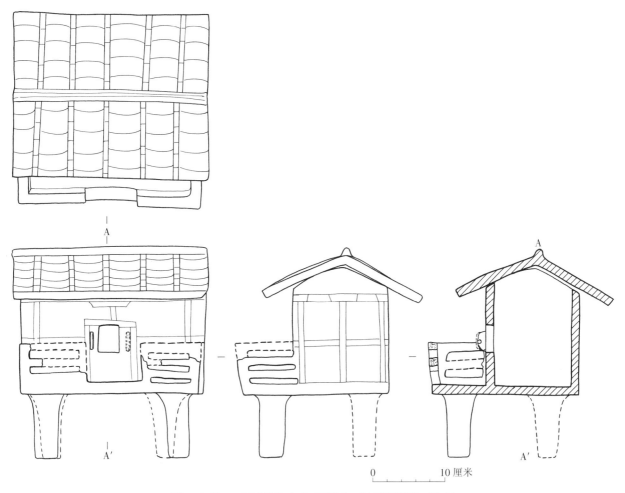

图一八〇　三国墓出土 B 型陶仓（13HYGM3：扰 1）

A 型　18 件。灶面平，呈长方形，部分中间略凹。拱形灶门，额墙高，均无地台。依灶眼，分两式。

Ⅰ式　3 件，廉乳厂 M1、官塘岭 M3 和公务员小区二期 M3 各出土 1 件。灶面开三灶眼。

10HJGM3：1，灶体灰胎，外有褐色陶衣，烧制温度高。灶面中间略凹，前置釜甑，后置一釜，釜甑烧制温度低。前釜敞口，圆唇，束颈，扁圆腹，平底；甑敞口，平唇，深弧腹，平底，底部有孔；后釜敛口，平唇，扁圆腹，平底。前有地台伸出，拱形灶门，有矮门槛。烟突残，下部有一圆形烟孔。灶体刻划横直竖线纹。残长 32、通宽 14.6、通高 18.4 厘米（图一八一，1；彩版一三五，1）。

13HYGM3：扰 6，灰白胎，烧制温度低。底部无地台。烟突残。残长 25.2、通宽 12.2、高 13.5 厘米（图一八一，2）。

Ⅱ式　15 件，公务员小区一期 M7、M9、M10、M12、M15，官塘岭 M2、M7，森林公园 M1，李屋村 M1、M5，廉乳厂 M3，罗屋村 M6，火车站 M1，公务员小区二期 M15 和 M18 各出土 1 件，其中 1 件烧制温度较高。灶面开两灶眼，多为柱形烟突。

09HYGM10：扰 3，淡红胎。灶体窄高，简化龙首形烟突，灶门有矮门槛。额墙和灶门四周刻划菱格纹。残长 29.1、通宽 12、残高 14.7 厘米（图一八一，3）。

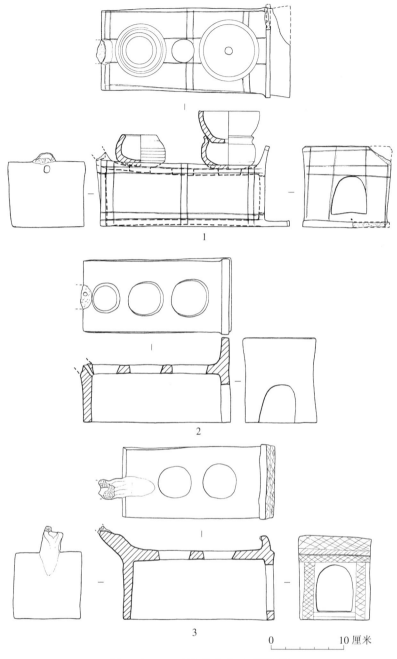

图一八一　三国墓出土 A 型陶灶

1、2. Ⅰ式（10HJGM3：1、13HYGM3：扰 6）　　3. Ⅱ式（09HYGM10：扰 3）

　　09HYGM12：1，灰白胎。灶体窄高，柱形烟突。前置釜甑，后置一釜。釜敞口，圆唇，束颈，溜肩，扁圆腹，小平底。甑敞口，平唇，深弧腹，平底，底部有圆孔。额墙残。通长 25.7、通宽 11.1、通高 18.5 厘米（彩版一三五，2）。

　　13HYGM15：扰 2，灰胎，施青黄釉，烧制温度高。灶体宽矮，柱形烟突。灶面后置一釜，淡红胎，烧制温度低，敞口，圆唇，束颈，扁圆腹，圜底。通长 32.4、通宽 16.3、通高 15.9 厘米（图一八二；彩版一三五，3）。

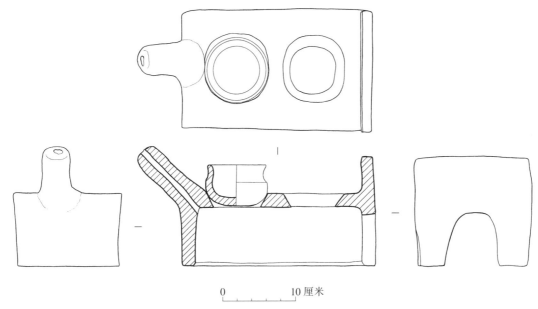

图一八二 三国墓出土 A 型 II 式陶灶 (13HYGM15：扰 2)

B 型 3 件，精神病院 M1、罗屋村 M11 和公务员小区二期 M9 各出土 1 件。红胎，烧制温度高。灶面呈梯形，前宽且高于后端，开两灶眼。有矮额墙，前有地台伸出，拱形灶门。

11HJYM1：20，外有浅灰色陶衣。灶面和灶体两侧略弧，前置釜甑，釜甑均为软陶，已残。釜折腹，小平底；甑敞口，平唇，浅腹，平底，底部镂圆孔。额墙两侧宽出，顶部压三处凹窝，两端弧。灶门右侧有一立俑，两手置于胸前，左手在上，右手在下。长方形烟突短扁。通长 20.2、通宽 14.4、通高 16.5 厘米（图一八三，1；彩版一三五，4）。

12HLWM11：扰 2，两灶眼各置一釜。釜与灶面结为一体，敞口，圆唇，深弧腹，腹部捏制两扁耳。后釜一侧前置一小水缸，后立一俑，已残。灶体两侧及前端均有地台伸出，两侧地台前均置一水缸，靠灶体一半凹进，缸敞口，圆唇，上腹斜直，下腹折收，平底；一俑立于前，双手搭于缸沿。灶门有矮门槛，左侧有一俑，弯腰，手持一扇，作煽火状。额墙右侧趴一狗，残存头部。烟突呈长方形，上附一卷角形装饰，下端对应的灶体处开长方形烟孔。灶体刻划横直竖线纹，灶门顶部饰菱格纹。通长 33、通宽 21、通高 15.6 厘米（图一八三，2；彩版一三六，1、2）。

13HYGM9：扰 8，外有深灰色陶衣。形体短小，烟突扁宽，已残。灶体刻划横直竖线纹。残长 20.2、通宽 13.4、通高 11.4 厘米（图一八四，1）。

C 型 1 件 (11HFPM27：扰 1)，二炮厂 M27 出土。淡红胎，夹粗砂，烧制温度高。平面呈船形，前端弧。灶面开两灶眼，有矮额墙，灶门宽阔呈梯形，前有地台伸出，灶门两侧有矮墙伸出与地台同长。烟突为鸟首，低头状，下部灶体上有近圆形烟孔。残长 38.9、通宽 19.2、通高 14 厘米（图一八四，2；彩版一三五，5）。

D 型 1 件 (12HLWM8：扰 6)，罗屋村 M8 出土。淡红胎。形体小，灶面弧，开两灶眼。灶体纵截面呈半圆形，有地台。有略突起的额墙。柱形烟突短小。残长 19.4、通宽 7.2、通高 5.6 厘米（图一八四，3；彩版一三五，6）。

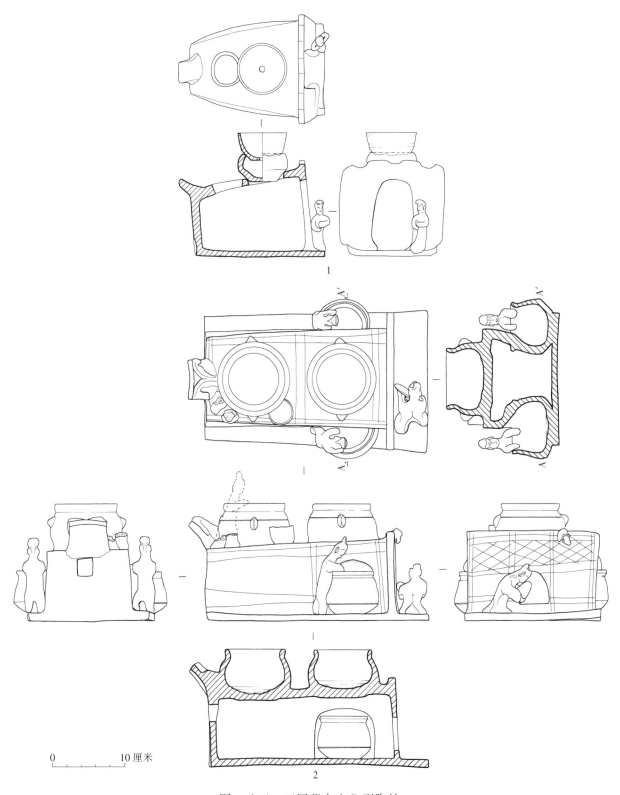

0　　　　　　10 厘米

图一八三　三国墓出土 B 型陶灶
1. 11HJYM1：20　2. 12HLWM11：扰 2

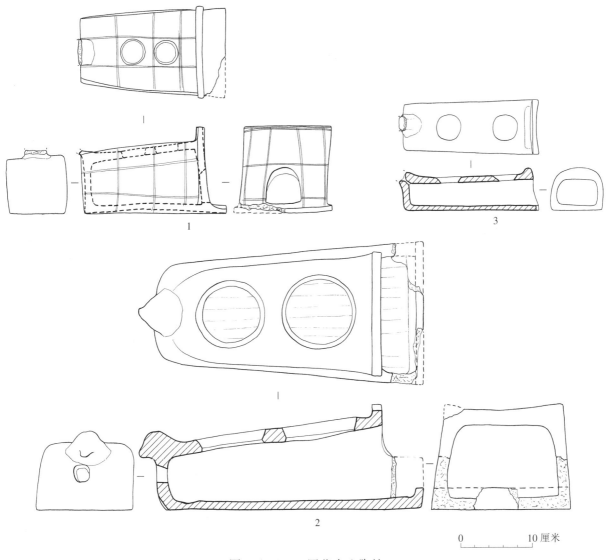

图一八四 三国墓出土陶灶
1. B 型（13HYGM9：扰 8）　2. C 型（11HFPM27：扰 1）　3. D 型（12HLWM8：扰 6）

溷 15 件，其中森林公园 M2，公务员小区一期 M7、M19，官塘岭 M3、M4、M13，二炮厂 M18，李屋村 M2，廉乳厂 M1、M3，机械厂 M5，庞屋队 M2，公务员小区二期 M5、M13 和 M18 各出土 1 件，其中 6 件残存下层基座，3 件残存基座和上层部分。硬陶，烧制温度较低。与东汉时期 B 型溷形制相同。干栏式建筑，上为厕所，下为畜圈，上下两层可分开。上层平面呈长方形，盖顶多有一正脊四垂脊，两坡刻划筒板瓦垄。面墙偏一侧开长方形门，上层厕内有长方形坑穴，部分两侧见长方形蹲位，前有挡板。下层基座呈纵长方形，有窦洞。后院后半围墙多高起，墙头有瓦檐遮护。四面墙体均刻划横直线纹，表示梁架结构。

09HYGM7：扰 4，灰白胎。盖面有垂脊。面墙左侧开门，单扇，半掩。坑穴纵向，两侧有蹲位高起，前有挡板。坑穴对应的后墙上部镂直棂窗。下层右侧围墙有一窦洞。山墙加划斜线以示支撑加固。面阔 23.4、进深 22、通高 27 厘米（图一八五；彩版一三六，3、4）。

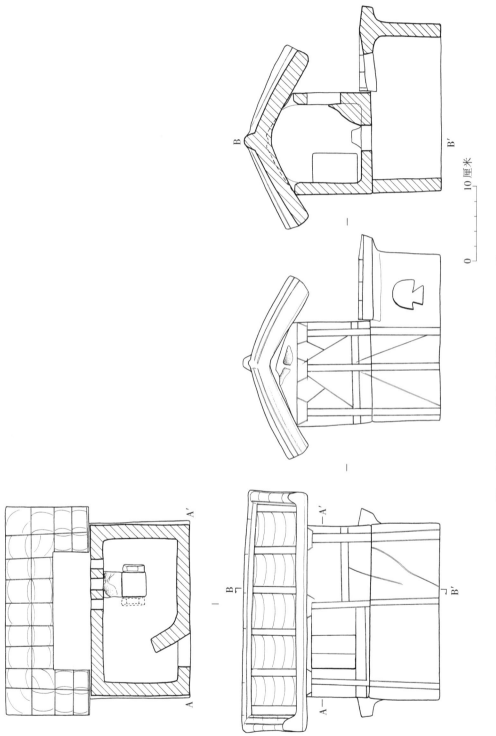

图一八五　三国墓出土陶溷(09HYGM7：扰 4)

图一八六　三国墓出土陶溷（14HYGM18：扰1）

14HYGM18：扰1，门四周有凸棱，以示门框，右侧刻划菱格纹。余形制同09HYGM7：扰4。面阔21.6、进深21.2、通高27.9厘米（图一八六；彩版一三七，1、2）。

12HSM2：5，灰白胎。形体小。盖面无垂脊。面墙左侧辟门，较小，门内两侧各有一扁圆突，为加栓之用，门槛较高。坑穴对应的后墙上部开长方形窗。下层基座围墙等高，无瓦檐遮护。面阔19.8、进深19.3、通高21.5厘米（彩版一三七，3）。

厕　5件，公务员小区一期M2、M10、M12，官塘岭M13和李屋村M5各出土1件。硬陶，烧制温度低。与溷上层厕形制相同，平面呈长方形。其中公务员小区一期M2出土1件，位于壁龛内，形制明确为单体厕，余均出自扰土，不排除为溷上层厕的可能。

09HYGM2：2，灰白胎。悬山顶，盖顶有一正脊，两坡刻划筒板瓦垄。面墙居左边开近方形门，门槛较高，门扇半掩。厕内有纵长方形坑穴，两侧见蹲位。后墙右侧开直棂窗。四面墙体均刻划横直线纹，表示梁架结构。面阔23、进深11、通高15.6厘米（图一八七，1；彩版一三七，4）。

09HYGM10：扰2，淡红胎。悬山顶，两坡筒板瓦垄凹凸相间，局部拍印方格纹，后坡内有一块凸起，将屋顶撑高。面墙居左开长方形门，厕内有横长方形坑穴，两侧有蹲位。后墙右侧有一小窗。面阔24.6、进深13、通高18.2厘米（图一八七，2；彩版一三七，5）。

图一八七 三国墓出土陶厕
1.09HYGM2：2 2.09HYGM10：扰2

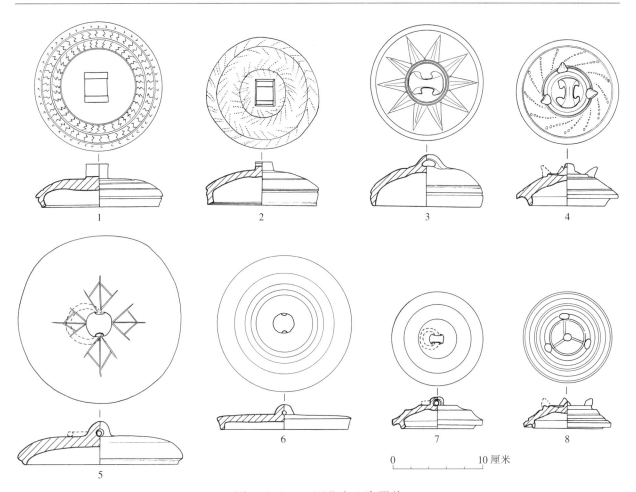

图一八八 三国墓出土陶器盖

1、2. A 型Ⅰ式（10HTQM1：扰 8、11HFLM6：扰 4）　3. B 型Ⅰ式（12HLWM10：扰 5）　4. B 型Ⅱ式（13HZJM3：扰 5）

5、7. C 型Ⅰ式（09HYGM15：扰 12、10HJGM4：扰 5）　6. C 型Ⅱ式（09HYGM19：扰 13）　8. D 型（11HFPM13：扰 9）

器盖 35 件。硬陶，部分烧制温度低，多为灰白胎。其中廉乳厂 M1、M10 和罗屋村 M11 出土 5 件残，型式不明。余 30 件依盖纽形状，分四型，各型依盖沿形状下分式。

A 型　6 件。凹形立纽。分两式。

Ⅰ式　5 件。公务员小区一期 M17 及廉乳厂 M6、M7 各出土 1 件，汽齿厂 M1 出土 2 件。盖面圆隆，盖沿下折。盖面饰弦纹。

10HTQM1：扰 8，灰白胎。盖面饰三周弦纹，间以折线纹。口径 12.6、高 4.6 厘米（图一八八，1）。

11HFLM6：扰 4，灰白胎。盖面饰两组弦纹，间以斜行篦点纹。口径 12、高 4.6 厘米（图一八八，2）。

Ⅱ式　1 件（13HYGM9：扰 5），公务员小区二期 M9 出土。灰白胎。盖顶平圆，外圈斜直，盖下有凸唇。口径 14.1、高 4.8 厘米。

B 型　14 件。半环纽。盖面多饰弦纹。分两式。

Ⅰ式　10 件，其中公务员小区一期 M4b、M20，机械厂 M2 和公务员小区二期 M9 各出土 1 件，精神病院 M2、廉乳厂 M6、罗屋村 M10 各出土 2 件。盖面圆隆，盖沿下折。

12HLWM10：扰 5，灰白胎。盖面饰两组弦纹，间以倒三角纹。口径 12、高 5.5 厘米（图一八八，3）。

Ⅱ式　4 件，其中公务员小区一期 M20 和机械厂 M3 各出土 1 件，二炮厂 M13 出土 2 件。盖顶平圆，外圈斜直，盖下有凸唇。

13HZJM3：扰 5，灰白胎。盖顶平凸，纽外等布三斜直乳丁。纽外圈饰两组弦纹，间以斜行篦点纹。口径 8、高 4.7 厘米（图一八八，4）。

C 型　8 件。鼻纽。部分扣圆环。

Ⅰ式　7 件，其中公务员小区一期 M8a、M15、官塘岭 M4、森林公园 M2、公务员小区二期 M13 各出土 1 件，廉乳厂 M10 出土 2 件。盖面隆起，盖下有凸唇。

09HYGM15：扰 12，淡红胎，烧制温度低。盖面圆隆，圆环残缺。四叶纹纽座。口径 16.8、高 4.6 厘米（图一八八，5）。

10HJGM4：扰 5，灰白胎。盖顶平圆，圆环残缺，外圈斜直分两级。口径 8、高 3.4 厘米（图一八八，7）。

Ⅱ式　1 件（09HYGM19：扰 13），公务员小区一期 M19 出土。灰白胎。盖面平。纽外饰两组弦纹。口径 14、高 2.7 厘米（图一八八，6）。

D 型　2 件，二炮厂 M13 出土。乳丁纽。盖面平凸，外有一周凸棱，棱上等布三乳丁，外圈斜直，盖下有凸唇。外圈乳丁和顶纽间以双直线相连，外圈饰一组弦纹，近沿处旋刮一周凹槽。

11HFPM13：扰 9，灰白胎。口径 9.7、高 2.8 厘米（图一八八，8）。

瓦　2 件，李屋村 M3 和汽齿厂 M1 各出土 1 件。硬陶。

12HZLM3：扰 23，灰色。筒瓦。瓦面饰绳纹，内饰布纹。厚 1.4 厘米。

10HTQM1：扰 14，灰白色。含板瓦及筒瓦残块。瓦面饰绳纹。板瓦厚 1.4～1.9 厘米，筒瓦厚 1.2～1.5 厘米。

器足　3 件，公务员小区一期 M7、二炮厂 M27、庞屋队 M2 各出土 1 件。灰白色硬陶。柱状，截面呈多边形或圆形。

09HYGM7：扰 1，横截面呈六边形。底宽 2.3、残高 10.6 厘米。

器把　1 件（11HFPM27：扰 14），二炮厂 M27 出土。灰白色硬陶。横截面呈六边形。把长 7.8、宽 3.4 厘米。

二　高温釉陶器

127 件，其中罗屋村 M8 和森林公园 M1 出土 2 件残，形制不明，余器类有壶、长颈壶、罐、双系罐、四系罐、樽、盆、熏炉、盂、碗、钵、杯、釜、勺等。胎质细腻，烧制温度高，多施青白釉。

壶　1 件（12HLWM6：4），罗屋村 M6 出土。灰白胎，饰土黄色釉。敞口，平唇，丰肩，扁圆腹，圈足外撇。腹部附两对称半环耳。唇上旋刮一周凹槽，耳际饰一周弦纹。口径 10.5、腹径 15.4、足径 10.4、高 11 厘米（图一八九，1；彩版一三七，6）。

长颈壶　1 件（12HSGM1：扰 8），森林公园 M1 出土。青白釉，火候高。仅存小部分的口沿、颈部及腹部。小口，颈斜直，往下略增大。口径 4 厘米。

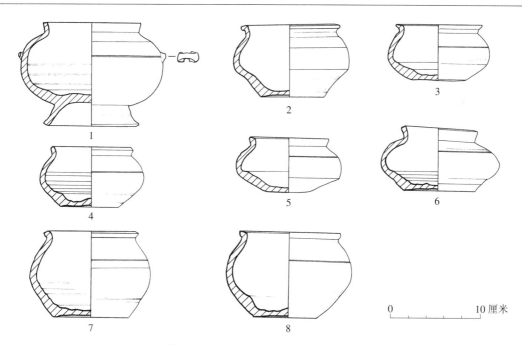

图一八九　三国墓出土高温釉陶器

1. 壶（12HLWM6∶4）　　2. A 型 I 式罐（09HYGM8b∶16）　　3、4. A 型 II 式罐（11HJYM2∶扰
1、09HYGM8b∶7）　　5、6. A 型 III 式罐（13HZJM6∶扰 3、12HSM2∶3）　　7、8. B 型 I 式罐
（11HJYM2∶扰 7、09HYGM8b∶17）

罐　84 件，其中公务员小区一期 M3，森林公园 M1、M2，罗屋村 M6，机械厂 M2 和公务员小
区二期 M5 出土 12 件，残损严重，形制不明。多为灰白胎，施青白釉。余 72 件依形状，分五型，
各型依腹部形制下分式。

A 型　10 件。灰白胎。形体矮小。

I 式　4 件，公务员小区一期 M8b、李屋村 M5、机械厂 M2 和火车站 M3 各出土 1 件。扁鼓
腹，下腹斜直。敞口，平唇外折。

09HYGM8b∶16，平底内凹。上腹饰一周弦纹。口径 10.7、腹径 12.6、底径 7、高 7.8 厘米
（图一八九，2；彩版一三八，1）。

12HZLM5∶扰 11，腹部多处流釉。口径 9.2、腹径 11.9、底径 7.7、高 7.4 厘米（彩版一三八，2）。

II 式　3 件，精神病院 M2、公务员小区一期 M8b 和罗屋村 M6 各出土 1 件。扁圆腹。敞口，
溜肩，平底。上腹饰一周弦纹。

11HJYM2∶扰 1，宽平唇，外折。口径 9.5、腹径 11.2、底径 6.2、高 6 厘米（图一八九，3；
彩版一三八，3）。

09HYGM8b∶7，圆唇，平底内凹。口径 9、腹径 11.3、底径 6.4、高 6.4 厘米（图一八九，4；
彩版一三八，4）。

III 式　3 件，机械厂 M6、森林公园 M2 和公务员小区一期 M8b 各出土 1 件。扁折腹。溜肩，平底。

13HZJM6∶扰 3，敞口，圆唇，小平底。肩部饰一周弦纹。口径 8.6、腹径 11.4、底径 4.4、高
5.9 厘米（图一八九，5；彩版一三八，5）。

12HSM2：3，敞口，平唇，束颈，平底略内凹。唇上、下腹近底处各旋刮一周凹槽，肩腹部饰一周弦纹。口径 8.5、腹径 13.1、底径 8、高 6.8 厘米（图一八九，6；彩版一三八，6）。

09HYGM8b：8，口沿变形，直口，宽沿外折，小平底。口径 9、腹径 11.3、底径 5.3、高 6.2 厘米（彩版一三九，1）。

B 型　20 件。器形矮。敞口，宽折沿，溜肩，平底。

Ⅰ式　11 件，其中公务员小区一期 M8b 出土 7 件，精神病院 M2 出土 2 件，余 2 件出自李屋村 M3 和罗屋村 M6。灰白胎。扁圆腹，最大腹径居中。上腹饰一周弦纹。

11HJYM2：扰 7，圆唇，平底内凹。下腹饰一周不连贯的弦纹。口径 10.4、腹径 13.2、底径 8.3、高 9.1 厘米（图一八九，7；彩版一三九，2）。

09HYGM8b：17，斜平唇。口径 11、腹径 13.6、底径 7、高 9.1 厘米（图一八九，8；彩版一三九，3）。

09HYGM8b：18，平唇，平底略内凹。唇上饰一周细弦纹。口径 11.2、腹径 13.6、底径 7.5、高 8.7 厘米（图一九〇，1；彩版一三九，4）。

Ⅱ式　6 件，其中沿海铁路 M3 出土 2 件，余出自公务员小区一期 M8a、M8b，机械厂 M3 和罗屋村 M8。灰白胎。扁鼓腹，最大腹径居中。平唇。肩腹间饰一周弦纹。

12HTLM3：扰 12，肩部较鼓，下腹折收，平底略内凹。下腹旋刮一周凹槽。口径 12.1、腹径 14.8、底径 7.6、高 9.3 厘米（图一九〇，2；彩版一三九，5）。

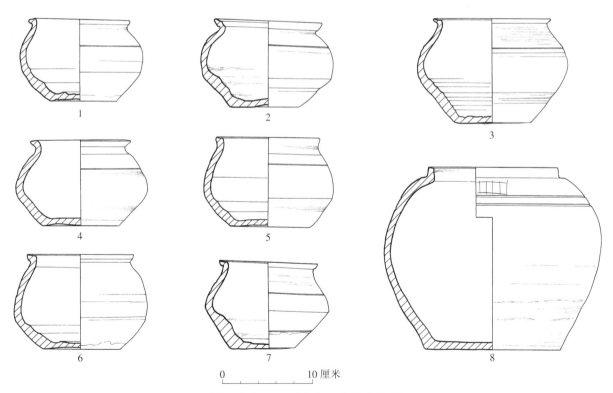

图一九〇　三国墓出土高温釉陶罐

1. B 型Ⅰ式（09HYGM8b：18）　2～4. B 型Ⅱ式（12HTLM3：扰 12、12HTLM3：扰 5、12HLWM8：扰 4）　5、6. B 型Ⅲ式（09HYGM8b：21、09HYGM8b：27）　7. B 型Ⅳ式（12HLWM6：6）　8. C 型Ⅰ式（12HZLM3：扰 12）

12HTLM3：扰 5，形体较大。口径 12.7、腹径 16.2、底径 7.8、高 11 厘米（图一九〇，3；彩版一三九，6）。

12HLWM8：扰 4，腹部较扁，平底略内凹。口径 11、腹径 14.4、底径 8.5、高 9.1 厘米（图一九〇，4；彩版一四〇，1）。

Ⅲ式　2 件，公务员小区一期 M8b 出土。淡红胎。扁鼓腹下坠。平唇，平底内凹。

09HYGM8b：21，下腹略折收。肩部饰一周弦纹。口径 11.6、腹径 14.3、底径 8.7、高 9.5 厘米（图一九〇，5；彩版一四〇，2）。

09HYGM8b：27，沿较宽。口径 11.7、腹径 14.6、底径 8.5、高 10.1 厘米（图一九〇，6；彩版一四〇，3）。

Ⅳ式　1 件（12HLWM6：6），罗屋村 M6 出土。扁折腹。上腹饰一周弦纹。口径 10.8、腹径 13.5、底径 7、高 9.4 厘米（图一九〇，7；彩版一四〇，4）。

C 型　16 件。灰白胎。形体较 B 型高。

Ⅰ式　1 件（12HZLM3：扰 12），李屋村 M3 出土。形体大。上腹鼓，下腹弧收。直口，斜平唇，丰肩。上腹饰一组弦纹，肩部有一方框刻划纹，框内纵向等分四小框，框下流青黄釉。口径 14、腹径 23.7、底径 15.1、高 19.3 厘米（图一九〇，8；彩版一四〇，5）。

Ⅱ式　10 件，其中公务员小区一期 M3 出土 2 件，精神病院 M1 出土 6 件，李屋村 M3 和机械厂 M2 各出土 1 件。形体较小。上腹鼓，下腹略折收。敞口，平唇，丰肩。

11HJYM1：16，上腹饰一组弦纹。口径 12.3、腹径 16.7、底径 8.4、高 12.2 厘米（图一九一，1；彩版一四一，1）。

11HJYM1：24，下腹折收明显。肩部饰一组弦纹。口径 12.3、腹径 16.2、底径 7.6、高 10.6 厘米（图一九一，2；彩版一四一，2）。

Ⅲ式　2 件，公务员小区一期 M8a 和机械厂 M2 各出土 1 件。上腹扁圆，下腹弧收。丰肩。

09HYGM8a：扰 16，直口，平唇，平底略内凹。上腹饰一周弦纹。口径 13.4、腹径 19.6、底径 9.6、高 11.5 厘米（图一九一，3；彩版一四一，3）。

13HZJM2：扰 4，敞口，圆唇，沿外折，上腹较扁，平底略鼓。口径 13.8、腹径 17.2、底径 8.4、高 9.8 厘米（图一九一，4；彩版一四一，4）。

Ⅳ式　3 件，其中机械厂 M2 出土 2 件，精神病院 M1 出土 1 件。扁圆腹，最大径居中。敞口，平唇，溜肩。

13HZJM2：扰 1，下腹较弧，平底略内凹。肩部饰一组弦纹。口径 13.8、腹径 17.1、底径 10、高 11 厘米（图一九一，5；彩版一四一，5）。

13HZJM2：扰 2，肩部较鼓。下腹饰一周弦纹。口径 13.2、腹径 17.5、底径 9、高 11.5 厘米（图一九一，6；彩版一四一，6）。

D 型　17 件，其中二炮厂 M27 出土 1 件残存口沿部分。灰白胎。形体高大，与东汉 A 型高温釉陶罐形制相近。敞口，唇平或斜平，高领，短束颈，溜肩，肩部鼓，最大腹径略靠上，平底。口沿外旋刮一周凸棱。

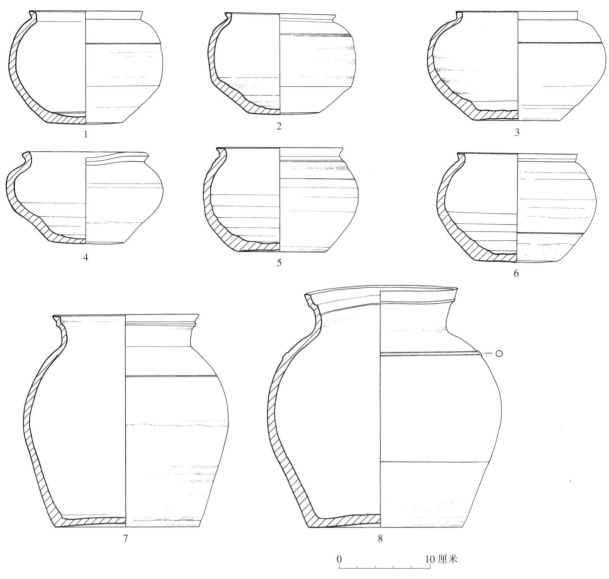

图一九一　三国墓出土高温釉陶罐

1、2. C 型 Ⅱ 式（11HJYM1：16、11HJYM1：24）　　3、4. C 型 Ⅲ 式（09HYGM8a：扰 16、13HZJM2：扰 4）　　5、6. C 型
Ⅳ式（13HZJM2：扰 1、13HZJM2：扰 2）　　7、8. D 型 Ⅰ 式（09HYGM11a：7、12HLWM11：扰 5）

　　Ⅰ式　4 件，公务员小区一期 M8b、M11a，罗屋村 M11 和火车站 M1 各出土 1 件。上腹鼓，下腹弧收。

　　09HYGM11a：7，平底内凹。肩部饰一周弦纹，下腹近底处饰一周不连贯的弦纹。口径 16.5、腹径 22.8、底径 16.2、高 22.5 厘米（图一九一，7；彩版一四二，1）。

　　12HLWM11：扰 5，平底内凹。肩部饰一组弦纹，弦纹处装饰两对称的小圆点。口径 16.4、腹径 25.4、底径 16.8、高 24.9 厘米（图一九一，8；彩版一四二，2）。

　　Ⅱ式　3 件，其中公务员小区一期 M8b 出土 2 件，罗屋村 M11 出土 1 件。上腹鼓，下腹折收，有明显的折棱。

　　09HYGM8b：6，肩部饰一组弦纹，弦纹处附两对称卷角形装饰。口径 14.8、腹径 20.4、底径

15、高 22.1 厘米（彩版一四二，3）。

09HYGM8b：2，平底内凹。肩部饰一周弦纹。口径 14.5、腹径 22.5、底径 14、高 23 厘米（图一九二，1；彩版一四二，4）。

Ⅲ式 9 件，其中公务员小区一期 M8a 和李屋村 M3 各出土 2 件，精神病院 M1 出土 3 件，汽齿厂 M1 和机械厂 M2 各出土 1 件。器形较小。上腹略鼓，下腹斜直。肩部较Ⅱ式鼓。肩部饰一周弦纹。

11HJYM1：27，平唇略外斜，平底内凹。最大腹径处略有一周凸棱。口径 12.3、腹径 17.4、底径 12.4、高 19.8 厘米（图一九二，2；彩版一四三，1）。

13HZJM2：扰 6，平唇，平底内凹。最大腹径处凸棱被抹平。口径 12.6、腹径 19.2、底径 12.9、高 21.1 厘米（图一九二，3；彩版一四三，2）。

E 型 9 件。灰白胎。形体小。上腹鼓，下腹内收，平底略内凹。分两式。

Ⅰ式 2 件，公务员小区二期 M5 出土。下腹弧收。丰肩。

13HYGM5：扰 1，形体高。敞口，平唇。肩部饰一周弦纹。口径 10.2、腹径 14.4、底径 10.4、高 13.5 厘米（彩版一四三，3）。

13HYGM5：扰 3，较小。敞口，尖唇，沿外折。口径 8.2、腹径 10.7、底径 6.6、高 7.7 厘米（图一九二，4；彩版一四三，4）。

Ⅱ式 2 件，精神病院 M1 出土。形制、大小相同。下腹折收，腹部有一周折棱。溜肩，平底

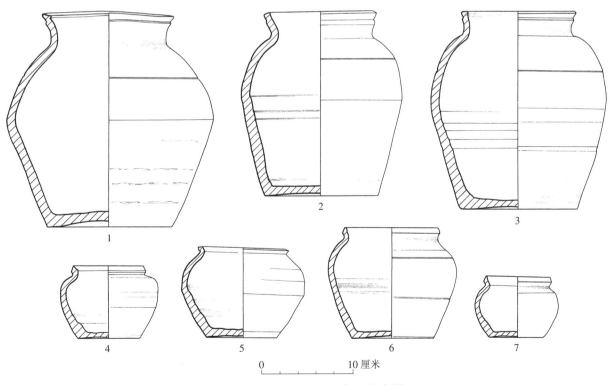

0   10 厘米

图一九二 三国墓出土高温釉陶罐

1. D 型Ⅱ式（09HYGM8b：2） 2、3. D 型Ⅲ式（11HJYM1：27、13HZJM2：扰 6） 4. E 型Ⅰ式（13HYGM5：扰 3）
5. E 型Ⅱ式（11HJYM1：30） 6、7. E 型Ⅲ式（12HZLM3：扰 13、12HZLM5：扰 12）

略内凹。

11HJYM1：30，敞口，平唇。口径 9.8、腹径 13.3、底径 7.5、高 9.7 厘米（图一九二，5；彩版一四三，5）。

Ⅲ式　5 件，其中李屋村 M3 出土 2 件，余 3 件出自李屋村 M5。器形较小。下腹弧收。溜肩。

12HZLM3：扰 13，平底内凹。腹部饰一组弦纹。口径 10.7、腹径 14.1、底径 9.1、高 11.8 厘米（图一九二，6；彩版一四四，1）。

12HZLM5：扰 12，较矮小。平底略内凹。肩部饰一周细弦纹。口径 7、腹径 9.1、底径 6、高 6.5 厘米（图一九二，7；彩版一四四，2）。

双系罐　2 件，庞屋队 M2 和罗屋村 M6 各出土 1 件。灰白胎，施青白釉。形制相近。丰肩，上腹鼓，下腹折收，平底。肩部附两对称扁耳，耳用两泥条捏制。耳际饰一组弦纹，腹部饰一周弦纹。

13HZPM2：扰 11，敞口，圆唇。口径 10.1、腹径 20.1、底径 12.3、高 14.4 厘米（图一九三，1；彩版一四四，3）。

12HLWM6：3，口微敛，宽平唇，耳较扁，平底内凹。口径 10.1、腹径 18.9、底径 12.2、高 13.4 厘米（图一九三，2；彩版一四四，4）。

四系罐　5 件。灰白胎，施青白釉。依腹部形制，分三型。

A 型　2 件，精神病院 M1 出土。丰肩，上腹鼓，下腹斜直，平底。敞口，圆唇，口沿外旋刮一周凸棱，耳际饰一组弦纹。

11HJYM1：4，口径 11.8、腹径 20、底径 14.7、高 23.2 厘米（图一九三，3；彩版一四五，1）。

11HJYM1：13，略大。口径 12.8、腹径 22.4、底径 15.7、高 25.8 厘米（图一九三，4；彩版一四五，2）。

B 型　2 件。溜肩，长鼓腹，平底内凹。耳际饰一组弦纹。依口沿形制，分两式。

Ⅰ式　1 件（12HZLM1：扰 1），李屋村 M1 出土。敞口，尖唇，沿外折，最大腹径靠上。口径 14.2、腹径 23.2、底径 17、高 23.9 厘米（图一九三，5；彩版一四五，3）。

Ⅱ式　1 件（12HZLM3：扰 9），李屋村 M3 出土。盘口，平唇，短束颈。口沿外旋刮一周凸棱。口径 12.6、腹径 22.7、底径 16.8、高 26.3 厘米（图一九三，6；彩版一四五，4）。

C 型　1 件（11HJYM1：9），精神病院 M1 出土。丰肩，圆鼓腹，圈足外撇。敛口，斜平唇。耳际饰一组弦纹，下腹饰一周弦纹。口径 12.2、腹径 20.2、足径 14.3、高 15.2 厘米（图一九四，1；彩版一四四，5）。

樽　1 件（12HZLM5：扰 1），李屋村 M5 出土。灰白胎，施土黄色釉。敞口，平唇，器身斜直，下腹弧收成平底，底部略鼓，下附三矮足，横截面呈圆形。上腹饰三周宽带纹，纹间有两铺首，下腹饰一周宽带纹，足间和底内圈各饰一周弦纹。口径 18.3、底径 16.4、高 15.4 厘米（图一九四，2；彩版一四六，1）。

盆　1 件（11HFPM27：扰 13），二炮厂 M27 出土。灰白胎，施青黄釉。残存口沿及腹片。广口，宽折沿，深弧腹。腹部饰三周弦纹。口径 31、残高 11 厘米。

熏炉　1 件（09HYGM5：1），公务员小区一期 M5 出土。灰胎，施青黄釉。仅存炉身及承盘，

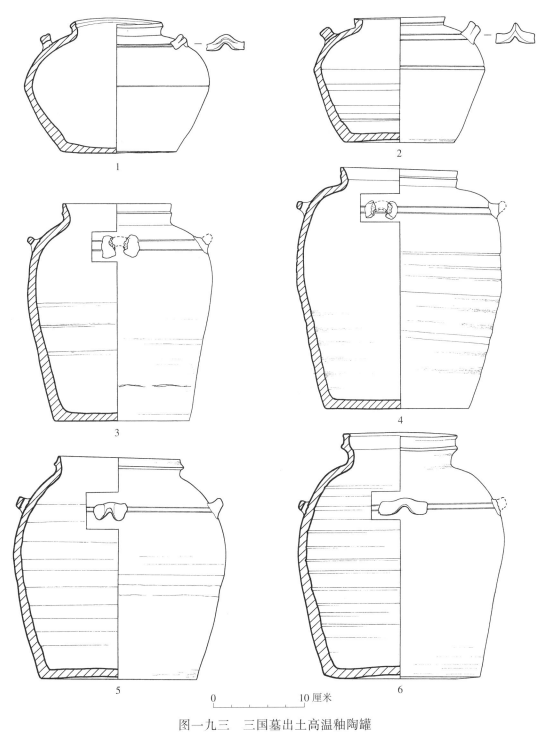

图一九三 三国墓出土高温釉陶罐

1、2. 双系罐（13HZPM2：扰 11、12HLWM6：3） 3、4. A 型四系罐（11HJYM1：4、11HJYM1：13）

5. B 型 Ⅰ 式四系罐（12HZLM1：扰 1） 6. B 型 Ⅱ 式四系罐（12HZLM3：扰 9）

盖缺失。炉身形体较小，低于口沿，子口敛，浅腹；承盘敞口，圆唇，上腹直，下腹弧收，平底，承盘直接与炉身相连。承盘口径 15.9、底径 6、通高 5.7 厘米（图一九四，3；彩版一四六，2）。

　　盂 3 件，公务员小区一期 M17、李屋村 M2 和公务员小区二期 M5 各出土 1 件。施青白釉。

敞口，圆唇，束颈，溜肩，平底。上腹饰一周弦纹。依口沿形制，分两型。

A 型　1 件（13HYGM5：扰 4）。口沿斜直高起。扁圆腹，平底略内凹。口径 11.2、腹径 12.2、底径 7.1、高 9.5 厘米（图一九四，4；彩版一四六，3）。

B 型　口沿较 A 型矮。依腹部形制下分两式。

Ⅰ式　1 件（12HZLM2：扰 2）。扁鼓腹，最大腹径居中。平底略内凹。下腹旋刮一周凹槽。口径 8、腹径 9.8、底径 6、高 7 厘米（图一九四，5；彩版一四六，4）。

Ⅱ式　1 件（09HYGM17：扰 4）。圆腹下坠，最大腹径靠下。口径 9.1、腹径 10.6、底径 7.6、高 7.9 厘米（图一九四，6；彩版一四六，5）。

碗　13 件。施青黄釉。其中公务员小区一期 M3、二炮厂 M27 和森林公园 M1 出土 3 件残，型式不明，余 10 件依足部形状，分三型。

A 型　5 件，公务员小区一期 M3、M11a，李屋村 M3，罗屋村 M6 和 M11 各出土 1 件。喇叭形

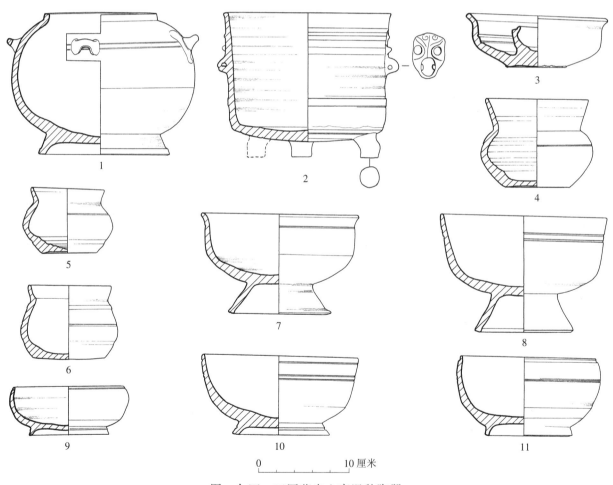

图一九四　三国墓出土高温釉陶器

1. C 型四系罐（11HJYM1：9）　2. 樽（12HZLM5：扰 1）　3. 熏炉（09HYGM5：1）　4. A 型盂（13HYGM5：扰 4）
5. B 型Ⅰ式盂（12HZLM2：扰 2）　6. B 型Ⅱ式盂（09HYGM17：扰 4）　7、8. A 型碗（12HLWM6：9、09HYGM3：扰
4）　9. B 型碗（09HYGM17：扰 2）　10、11. C 型碗（09HYGM3：扰 16、11HJYM1：5）

高圈足。敞口，圆唇，上腹稍直，下腹弧收。

12HLWM6：9，上腹饰一周弦纹。口径17.4、足径11.3、高10.8厘米（图一九四，7；彩版一四六，6）。

09HYGM3：扰4，上腹斜直。上腹饰一组弦纹。口径18.2、足径10.7、高12.6厘米（图一九四，8；彩版一四七，1）。

B型　1件（09HYGM17：扰2），公务员小区一期M17出土。矮圈足。器形较小。敛口，圆唇，浅弧腹。口沿外饰一周弦纹。口径11.9、腹径13.1、足径8.7、高5.2厘米（图一九四，9；彩版一四七，2）。

C型　4件。公务员小区一期M3、精神病院M1各出土2件。圈足较B型稍高，外撇较明显。圆唇，弧腹。腹部饰弦纹。

09HYGM3：扰16，直口。足上旋刮一周凹槽。口径17.3、足径10.6、高8.6厘米（图一九四，10；彩版一四七，3）。

11HJYM1：5，敛口。口径14.7、腹径15.6、足径9.6、高8.5厘米（图一九四，11；彩版一四七，4）。

钵　4件，其中森林公园M1出土2件，公务员小区一期M3和M8a各出1件。依腹部形制，分两型。

A型　3件。形制相近。器腹上部短直，下腹斜直较长。敛口，圆唇，平底。口沿外饰弦纹一周。

12HSM1：扰7，青黄釉，釉色较好，局部为冰裂纹。底中部略鼓。口径17.4、底径12、高8.2厘米（图一九五，1；彩版一四七，5）。

09HYGM8a：扰4，青黄釉，釉层不均匀，局部有冰裂纹。口微敛，下腹略内收，平底略内凹。口径17.6、底径8.4、高7.9厘米（图一九五，2；彩版一四七，6）。

09HYGM3：扰1，青黄釉，下腹釉层多已脱落。口较敛，腹壁略直，平底内凹。口径17.4、底径12、高8.3厘米（图一九五，3）。

B型　1件（12HSM1：扰6）。青黄釉。弧腹。敞口，圆唇，大平底。口径15.8、底径8.5、高7.6厘米（图一九五，4；彩版一四八，1）。

杯　4件。公务员小区一期M10出土2件，李屋村M5和汽齿厂M1各出土1件。口微敞，平底。依腹部形状，分两型。

A型　3件。灰白胎青黄釉。弧腹。

09HYGM10：扰5，腹上部较鼓，平底略内凹。口径7.6、底径4、高4.2厘米（图一九五，5；彩版一四八，2）。

12HZLM5：扰13，大口，大平底。口径8、底径6、高4.1厘米（图一九五，6）。

B型　1件（10HTQM1：扰1）。折腹。敛口。口径8.2、底径4.3、高3.3厘米（彩版一四八，3）。

釜　2件。精神病院M1、M2各出土1件。灰白胎，施青黄釉。溜肩，扁腹下坠，平底。

11HJYM1：11，直口，圆唇，肩部较鼓。口径5、腹径8.5、底径4、高3.8厘米（图一九五，7）。

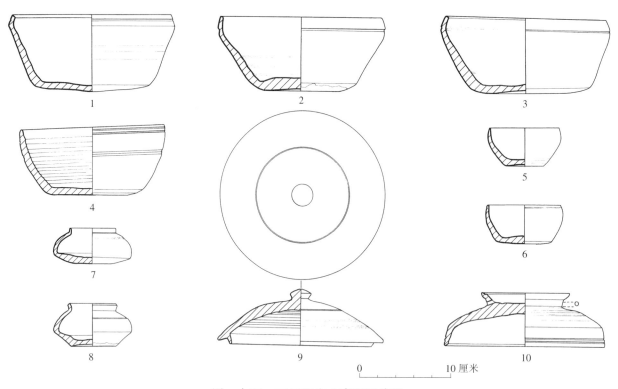

图一九五　三国墓出土高温釉陶器

1～3. A 型钵（12HSM1：扰 7、09HYGM8a：扰 4、09HYGM3：扰 1）　4. B 型钵（12HSM1：扰 6）　5、6. A 型杯
（09HYGM10：扰 5、12HZLM5：扰 13）　7、8. 釜（11HJYM1：11、11HJYM2：扰 2）　9、10. 器盖（12HLWM10：扰
6、13HYGM15：扰 8）

11HJYM2：扰 2，敞口，圆唇，平底内凹。肩部饰一周弦纹。口径 5.5、腹径 8.6、底径 4.9、高 4.6 厘米（图一九五，8）。

勺　1 件（11HFPM27：扰 4），二炮厂 M27 出土。青黄釉。仅存器把。截面为四边形，里侧宽出，尾端折曲。长 13 厘米。

器盖　2 件，公务员小区二期 M15、罗屋村 M10 各出土 1 件。青黄釉。

12HLWM10：扰 6，盖面隆起，以一周弦纹分为两圈，内圈略平，中为伞状纽，唇内凸出，扣入器内。口径 15.6、高 6 厘米（图一九五，9）。

13HYGM15：扰 8，盖面微隆，圆形握手，有一对穿孔，外侧较直，盖沿下折。盖沿上饰一组弦纹。口径 17.4、高 5.7 厘米（图一九五，10）。

三　铜器

49 件。器形有盆、盘、碗、行灯、耳杯、剑、弩机、戟、镦、牌饰、泡钉、镜、钱币及车马饰等。

盆　2 件。均为宽沿，上腹附一对铺首衔环。依腹部形状，分两型。

A 型　1 件（12HTLM3：扰 3），沿海铁路 M3 出土。侈口，腹斜直，大平底。底有两圈突匝，内圈有三凸棱交于中心，把内圈分为三等份。口径32.6、底径15、高5.9厘米（图一九六，1；彩版一四八，4）。

B型 1件（13HZJM6：扰4），机械厂M6出土。广口，腹部分为两截，上腹弧，下腹内收成凸起的平底，底部亦有三凸棱。口径35.4、底径17.4、高5.4厘米（图一九六，2）。

盘 1件（13HTLM1：扰11），火车站M1出土。广口，宽沿，浅腹，平底。口径22、高4.1厘米（图一九六，3）。

碗 6件。保存完整的仅1件，余5件残。依底部形制，分两型。

A型 5件，其中公务员小区一期M5、沿海铁路M3和罗屋村M6各出土1件，火车站M1出土2件。平底。敞口，圆唇，上腹斜直，下腹弧收。

13HTLM1：扰12，底略残。口径15.2、残高7.1厘米（图一九六，4）。

13HTLM1：扰13，底略残。口微敞，底中部略内凹。口径14、高约6.2厘米（图一九六，5）。

B型 1件（10HJGM12：扰2），官塘岭M12出土。矮圈足。敞口，圆唇，弧腹。腹中部饰两周凸棱。口径14.7、足径8.3、高6.1厘米（图一九六，6；彩版一四八，5）。

行灯 1件（11HJYM2：扰14），精神病院M2出土。残存灯把和一足。把长6.5、足高6.5厘米。

耳杯 1件（13HTLM1：扰14），火车站M1出土。敞口，平耳。耳长7.5、中宽1.8厘米。

剑 2件，公务员小区一期M19和火车站M1各出土1件。

09HYGM19：扰3，仅余剑首和锋两小部分。剑首径3.2、厚0.6厘米，锋残长5.5厘米。

13HTLM1：扰15，身扁平，两面刃，截面呈柳叶形。残长18.1、中宽3.1厘米（图一九六，8）。

弩机 2件，公务员小区二期M5出土。有郭，郭面中间有矢道。侧面前后各有一圆形穿孔，以圆柱形青铜键把悬刀、牙、钩心等贯连，键把前端穿孔，望山无刻度。

13HYGM5：扰11，悬刀下端稍残。郭残长6.7、宽2.2厘米（图一九六，7；彩版一四八，6）。

戟 2件，公务员小区二期M5出土。"卜"字形，戟刺直出，枝格横出，截面六边形，刺上两圆形穿，用以固定秘帽。

13HYGM5：扰14，残长15.7、刺宽1.3、厚0.4厘米（图一九七，1；彩版一四九，1）。

镦 3件，公务员小区二期M5出土。圆筒形，直口，平底。腹部饰一周凸起的宽带纹，宽带中央有一周凸棱。

13HYGM5：扰15，口径1.6、高6厘米（图一九七，2；彩版一四九，2）。

13HYGM5：扰16，略扁。最大口径2、高4.9厘米（图一九七，3；彩版一四九，3）。

盖弓帽 1件（09HYGM17：扰11），公务员小区一期M17出土。共13枚。盖弓中部向上突出一棘爪，顶端作四花瓣形。瓣径6、残高4.8厘米（图一九七，4；彩版一四九，4）。

軎 1件（09HYGM17：扰6），公务员小区一期M17出土。短圆筒形，中部有一周凸棱。径2.6、长2.4厘米（图一九七，5；彩版一四九，4）。

衔镳 3件，公务员小区一期M17出土2件，公务员小区二期M5出土1件。

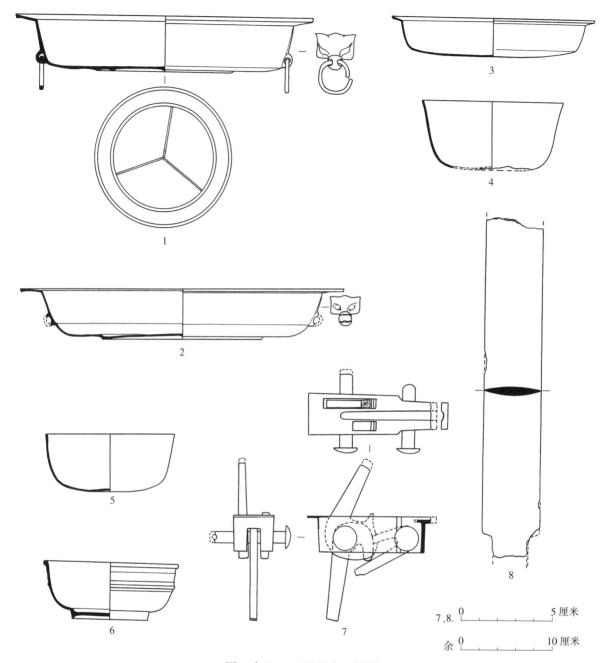

图一九六　三国墓出土铜器

1. A 型盆（12HTLM3∶扰 3）　　2. B 型盆（13HZJM6∶扰 4）　　3. 盘（13HTLM1∶扰 11）　　4、5. A 型碗
（13HTLM1∶扰 12、13HTLM1∶扰 13）　　6. B 型碗（10HJGM12∶扰 2）　　7. 弩机（13HYGM5∶扰 11）
8. 剑（13HTLM1∶扰 15）

　　13HYGM5∶扰 18，衔两端有环与镳上的环相扣，镳呈桨叶状，上穿孔。长约 9.3 厘米（图一
九七，9）。

　　09HYGM17∶扰 10，仅存马衔。活链状。长 12 厘米（彩版一四九，4）。

　　当卢　1 件（09HYGM17∶扰 8），公务员小区一期 M17 出土。叶片形，两端残断，中部束收，
正面突起两半环状系纽。残长 9.2、中宽 2.3、厚 0.1 厘米（图一九七，6；彩版一四九，4）。

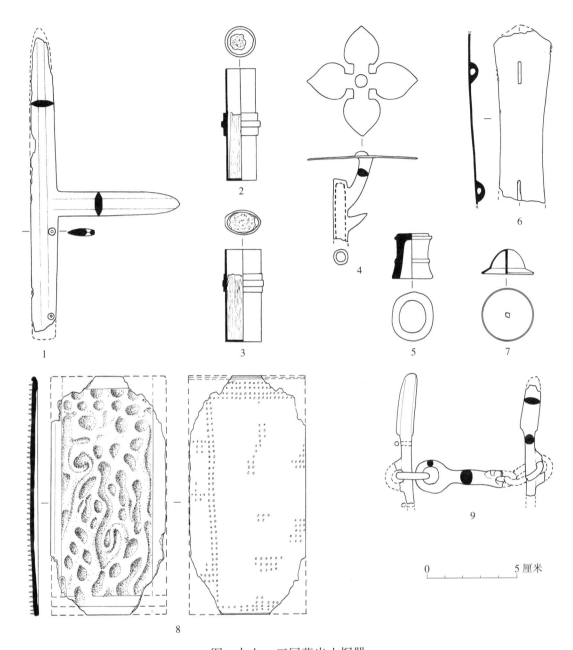

图一九七　三国墓出土铜器

1. 戟（13HYGM5：扰14）　2、3. 镦（13HYGM5：扰15、13HYGM5：扰16）　4. 盖弓帽（09HYGM17：
扰11）　5. 軎（09HYGM17：扰6）　6. 当卢（09HYGM17：扰8）　7. 泡钉（09HYGM10：扰1）
8. 牌饰（12HZLM4：2）　9. 衔镳（13HYGM5：扰18）

牌饰　1件（12HZLM4：2），李屋村M4出土。长方形，扁平状；正面凹凸起伏，纹路不甚规
则，背面密布细小乳丁。长12.7、宽6.3、厚0.4厘米（图一九七，8；彩版一四九，5、6）。

泡钉　10件，公务员小区一期M2、M10、M11a、M11b，官塘岭M3，精神病院M2，李屋村
M3，沿海铁路M3，廉乳厂M10和罗屋村M11各出土1件。圆帽形，下有圆锥形钉。
09HYGM10：扰1，径2.9、残高1.3厘米（图一九七，7）。

12HTLM3：扰 2，径约 3.2、残高 3.1 厘米。

镜 6 件。圆形，圆纽。其中罗屋村 M11 出土 1 件，残损破碎，不辨型式，余 5 件分五型。

A 型 1 件（09HYGM5：扰 4），公务员小区一期 M5 出土。六乳六禽镜。圆形座，纽及纽座残落。纽外有一周凸棱，棱外饰两周细弦纹，弦纹间等布六乳丁，乳丁间分布简化禽兽纹，其外为一周短直线纹，缘饰一周锯齿纹和细弦纹。直径 9.6、缘厚 0.3 厘米（图一九八，1）。

B 型 1 件（09HYGM19：扰 1），公务员小区一期 M19 出土。丹阳镜。圆纽座。座外一周凸棱，棱外为一周短斜线纹，短斜线纹外六乳六兽相间环绕，乳丁带圆形座，外一周铭文为“汉有善铜出丹阳□以银锡□□明□□□□□”，铭文以“∷”作为起读标记，铭文外为一周短斜线纹，宽缘饰锯齿纹和云纹。直径 13.8、缘厚 0.5 厘米（图一九八，2；彩版一五〇，1）。

C 型 1 件（10HJGM11：扰 3），官塘岭 M11 出土。博局镜。圆纽座，座外有一方框，框四角有四乳丁，间以博局纹，其外饰短斜线纹，缘饰一周锯齿纹和弦纹。直径 7.9、缘厚 0.3 厘米（图一九八，5）。

D 型 1 件（12HZLM5：1），李屋村 M5 出土。四乳四禽镜。圆纽座，窄素缘。纽外饰四乳四禽鸟相间环列，其外饰细弦纹、连珠纹和短斜线纹。直径 8.3、缘厚 0.5 厘米（图一九八，3）。

E 型 1 件（12HTLM3：扰 1），沿海铁路 M3 出土。六乳六禽镜。圆纽座，座外一周凸棱，其外为六乳六禽鸟环绕，外区铭文为“李氏作竟真大好上山人不知老”，铭文以“∷”作为起读标记。铭文外为一周短斜线纹，宽缘饰一周锯齿纹和折线纹。直径 11.6、缘厚 0.4 厘米（图一九八，4）。

铜钱 5 串，公务员小区一期 M8a、M8b、M11a 及李屋村 M3、罗屋村 M6 各出土 1 串，共约 271 枚。均为五铢钱。依正面钱文形制，分两型。

A 型 五字交笔交角较小，两端微向内收。铢字金旁四点较长，朱头方折。

09HYGM11a：扰 3 - 1，钱径 2.6、穿宽 1、外郭厚 0.1 厘米（图一九九，1）。

09HYGM11a：扰 3 - 2，钱径 2.6、穿宽 1、外郭厚 0.2 厘米（图一九九，2）。

09HYGM11a：扰 3 - 3，钱径 2.5、穿宽 0.9、外郭厚 0.2 厘米（图一九九，3）。

12HLWM6：17 - 2，钱径 2.6、穿宽 0.9、外郭厚 0.2 厘米（图一九九，4）。

B 型 五字交笔外放，较宽大。铢字金字头成三角形，下部四点较长；朱字头圆折。与东汉 C 型铜钱形制相同。

12HLWM6：17 - 1，钱径 2.6、穿宽 1、外郭厚 0.2 厘米（图一九九，5）。

12HLWM6：17 - 3，钱径 2.6、穿宽 1、外郭厚 0.1 厘米（图一九九，6）。

器足 1 件（09HYGM9：扰 3），公务员小区一期 M9 出土。蹄形。宽 1.4、残高 3.5 厘米。

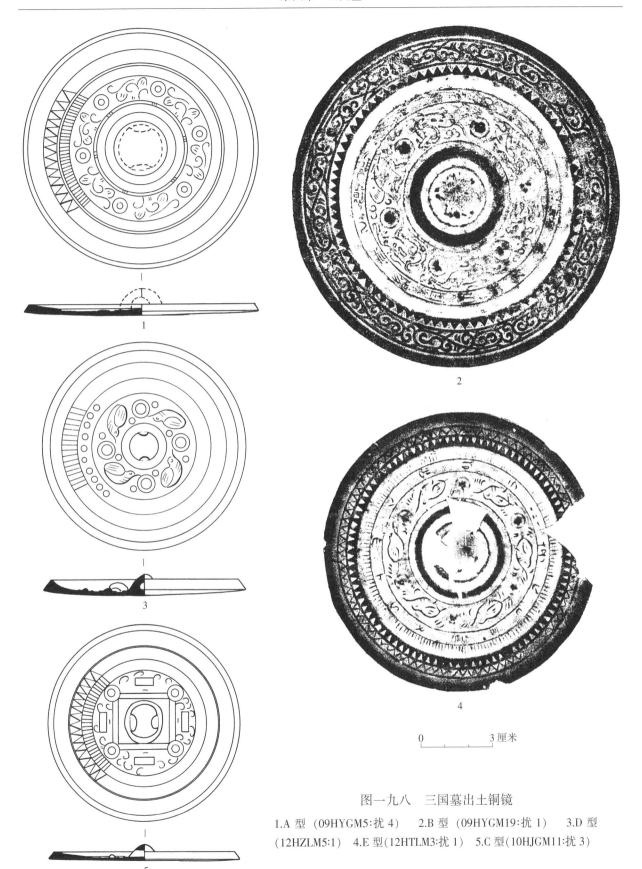

图一九八 三国墓出土铜镜

1.A 型 （09HYGM5:扰 4） 2.B 型 （09HYGM19:扰 1） 3.D 型
（12HZLM5:1） 4.E 型（12HTLM3:扰 1） 5.C 型（10HJGM11:扰 3）

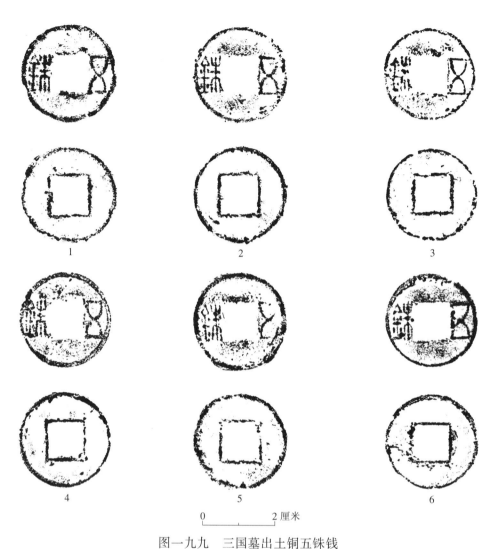

图一九九　三国墓出土铜五铢钱

1～4. A 型（09HYGM11a：扰 3 - 1、09HYGM11a：扰 3 - 2、09HYGM11a：扰 3 - 3、
12HLWM6：17 - 2）　5、6. B 型（12HLWM6：17 - 1、12HLWM6：17 - 3）

四　铁器

11 件，其中廉乳厂 M1 出土 1 件残，器形不明，其余器类有剑、削、钉、钩形器。

剑　3 件，其中罗屋村 M10 出土 1 件残损严重。

12HLWM6：18，罗屋村 M6 出土。首部锈蚀残损。剑身细长，一侧宽出呈刃，前端斜收成锋。残长 81.6、中宽 2.4、厚 0.8 厘米（图二〇〇，1；彩版一五〇，3）。

09HYGM17：扰 5，公务员小区一期 M17 出土。剑身宽扁，一侧宽出呈刃。茎稍细，与剑身之间套有椭圆形剑格。残长 30.3、中宽 3.6、厚 0.8 厘米（图二〇〇，2）。

削　4 件，公务员小区一期 M4a、M11a、M12 和机械厂 M5 各出土 1 件。均残损。形制相同，扁条形，一侧宽出呈刃，前端斜收成锋。

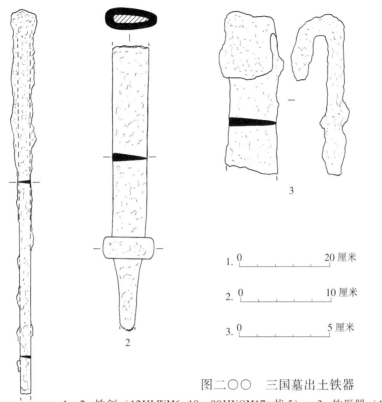

1. 0 |_____| 20 厘米

2. 0 |_____| 10 厘米

3. 0 |_____| 5 厘米

图二〇〇　三国墓出土铁器

1、2. 铁剑（12HLWM6：18、09HYGM17：扰5）　　3. 钩形器（12HLWM6：扰4）

13HZJM5：扰4，残长8.5、中宽1.6、厚0.3厘米。

钉　2件。依形状，分两型。

A型　1件（11HFPM11：扰1），二炮厂M11出土，共4枚。条状，横截面为长方形，上粗下细，部分首部弯曲，下端收尖。长9.8、中宽0.7厘米。

B型　1件（12HTLM3：扰11），沿海铁路M3出土。叉形，上端弯折，出双尖。残长6.2、中宽0.4厘米。

钩形器　1件（12HLWM6：扰4），罗屋村M6出土。以宽扁铁条弯曲成"S"形，中部略直。残长8.6、中宽2.6、厚0.5厘米（图二〇〇，3）。

五　石器

7件。均为石黛砚。

石黛砚　7件。磨面光滑，背面较粗糙。依形状，分两型。

A型　6件，公务员小区一期M5、M19，李屋村M5，廉乳厂M1、M4和庞屋队M2各出土1件。长方形。

09HYGM5：扰3，黑色砂岩。长13.8、宽5.5、厚0.4厘米（图二〇一，1）。

09HYGM19：扰7，一边不规整，但有打磨痕迹，似残断后继续使用所致。长10、宽4.9、厚0.6厘米（图二〇一，2）。

11HFLM1：扰 6，灰色砂岩。背面不平整。残长 7.5、宽 5、厚 0.7 厘米（图二〇一，3）。

B 型　1 件（09HYGM19：扰 10），公务员小区一期 M19 出土。黑色砂岩。近方形。长 3.2、宽 3.1、厚 0.3 厘米（图二〇一，4）。

六　滑石器

6 件，其中官塘岭 M12 出土 1 件滑石残件，器形不明，其余器类有滑石暖炉、锅、猪三种。

暖炉　1 件（11HFPM13：扰 3），二炮厂 M13 出土。形体较小。平面长方形，两端横出长方形耳。炉身长 3.8、通耳长 4.8、宽 3.3、高 1.3 厘米（图二〇一，5；彩版一五〇，2）。

锅　2 件，庞屋队 M2 和火车站 M1 各出土 1 件。形制相同。腹部横出两方耳，平底。

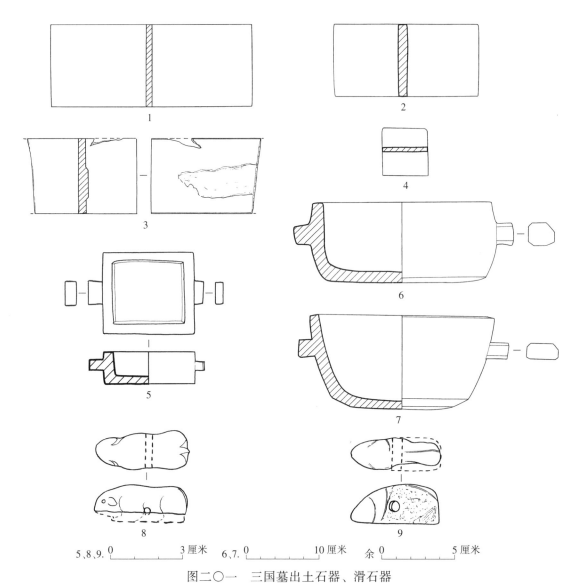

5、8、9. 0 ————— 3 厘米　　6、7. 0 ————— 10 厘米　　余 0 ———— 5 厘米

图二〇一　三国墓出土石器、滑石器

1~3. A 型石黛砚（09HYGM5：扰 3、09HYGM19：扰 7、11HFLM1：扰 6）　4. B 型石黛砚（09HYGM19：扰 10）
5. 滑石暖炉（11HFPM13：扰 3）　6、7. 滑石锅（13HZPM2：扰 17、13HTLM1：扰 8）　8、9. 滑石猪（11HFPM11：扰 2、11HFPM11：扰 3）

13HZPM2：扰 17，直口，平唇，腹壁内直。口径 24.5、底径 22、高 10.8 厘米（图二〇一，6；彩版一五〇，4）。

13HTLM1：扰 8，敞口，平唇，弧腹。口径 25.1、底径 14、高 12.5 厘米（图二〇一，7；彩版一五〇，5）。

猪　2 件，二炮厂 M11 出土。形状为一伏卧的猪，横穿孔，当属葬玉中的握。

11HFPM11：扰 2，灰白色。下部略残。长 3.8、宽 1.6、残高 1.1 厘米（图二〇一，8；彩版一五一，1）。

11HFPM11：扰 3，灰色。略高，侧面残。长 3.6、高 1.6 厘米（图二〇一，9）。

七　漆器

3 件。仅存漆器上的铜附件。

盆　2 件，官塘岭 M3 出土。

10HJGM3：3，残存口沿处及镶嵌的铜箍及两枚铺首衔环。平唇。箍口径 23.9、箍宽 1.2、高 0.55 厘米（彩版一五一，2）。

10HJGM3：9，残存铜箍。尖唇。箍口径 23.9、箍宽 0.8、高 0.6 厘米。

耳杯　1 件（13HZJM5：扰 5），机械厂 M5 出土。漆耳杯已朽烂，残存两侧镶嵌铜耳。外侧弧形，内侧略直，外侧边下折。耳残长 4.5、中宽 1.2 厘米。

八　其他

10 件。其中二炮厂 M18 出土 1 块浅绿色片状玻璃，器形不明，余有玻璃珠、蚀刻石髓珠、串饰、耳珰等。

玻璃珠　6 串。出自公务员小区一期 M2、M15，廉乳厂 M4、M6、M10 和罗屋村 M6。

09HYGM2：扰 2，2 颗。浅蓝色。扁圆形。圆径 0.4、扁径 0.3 厘米（图二〇二，1）。

09HYGM15：扰 9，4 颗。深蓝色。扁圆形。圆径 0.5~0.6、扁径 0.3~0.4 厘米（图二〇二，2）。

11HFLM4：2，58 颗。多为灰白色，部分泛青。扁圆形。圆径 0.6~0.8、扁径 0.2~0.4 厘米（图二〇二，4；彩版一五一，3）。

11HFLM6：扰 2，25 颗。深蓝色。扁圆形。圆径 0.4~0.7、扁径 0.2~0.3 厘米（图二〇二，5）。

11HFLM10：1，3 颗。已风化。白色长圆形。圆径 0.5、扁径 0.4 厘米（图二〇二，3）。

12HLWM6：1，4 颗。浅绿色。扁圆形。圆径 0.7、扁径 0.4~0.5 厘米（图二〇二，6）。

经检测，11HFLM4：2 的两个绿色珠样品以及 11HFLM10：1 的一个样品为铅玻璃，属我国自制体系，其余分属低钙型钾玻璃、中等钙铝型钾玻璃和泡碱型钠钙玻璃，前期均有出现。

蚀刻石髓珠　1 件（09HYGM8a：扰 9），公务员小区一期 M8a 出土。深棕色基体装饰一周白色条纹。圆榄形，有纵穿孔。长 1.8、最大径 0.8 厘米（图二〇二，7；彩版一五一，4）。

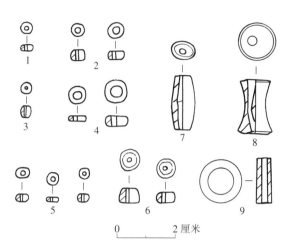

图二○二　三国墓出土饰品

1～6. 玻璃珠（09HYGM2：扰 2、09HYGM15：扰 9、11HFLM10：1、11HFLM4：2、11HFLM6：扰 2、12HLWM6：1）　7. 蚀刻石髓珠（09HYGM8a：扰 9）　8. 玛瑙耳珰（09HYGM11a：扰 2）　9. 琥珀串饰（09HYGM15：扰 8）

琥珀串饰　1 件（09HYGM15：扰 8），公务员小区一期 M15 出土。深黑色。扁圆形，中部横穿孔。径 1.5、厚 0.7 厘米（图二○二，9；彩版一五一，5）。

玛瑙耳珰　1 件（09HYGM11a：扰 2），公务员小区一期 M11a 出土。橘黄色。亚腰形，一端大一端小，纵穿孔。长 1.8、小端径 1.1、大端径 1.2 厘米（图二○二，8；彩版一五一，6）。

第三节　一座特殊的墓葬

二炮厂 M1 的出土器物比较特殊，难以与其他器物列分型式，故单独一节予以介绍。

1. 墓葬形制

前室打破东汉晚期 M16 墓室东南角。墓口距地表深约 0.2 米，墓向 73°。由墓道、前室和后室三部分组成，总长 10.26 米。墓道长 4.28、宽 1.2 米，坡度 21°。封门砖位于墓道内，下部以顺、丁砖结砌，以上双砖错缝，上有"人"字形额墙。封门与前室间有一渗水沟，宽 0.26、深 0.04 米。前室长 2.5、宽 2.32 米，前端有双砖砖柱，起双层券。后室长 3.2、宽 1.76、深 1.58 米，底部高于前室 0.18 米，尾端带一拱形壁龛，壁龛深 0.28、宽 0.68、券高 0.45 米。后室前端残存棺板灰痕，可知棺长 2、宽 0.76 米。墓室双层券顶，墓壁下部为两顺一丁，以上双砖错缝结砌，墓底铺"人"字形砖。器物多出自前室两侧和后室棺内，前室出土高温釉陶鼎、樽、镡壶、熏炉、罐、双系罐、壶、碗、釜、盂及陶提筒、盂、甑、井、仓、灶、双系罐，铜鼎、铜樽、铜镡壶、铜甋、铜碗、铜箍和铁镊。棺内出土铜镜、铜碗、铜钱、银指环等。壁龛内置陶屋 1 件（图二○三；彩版一五二、一五三）。

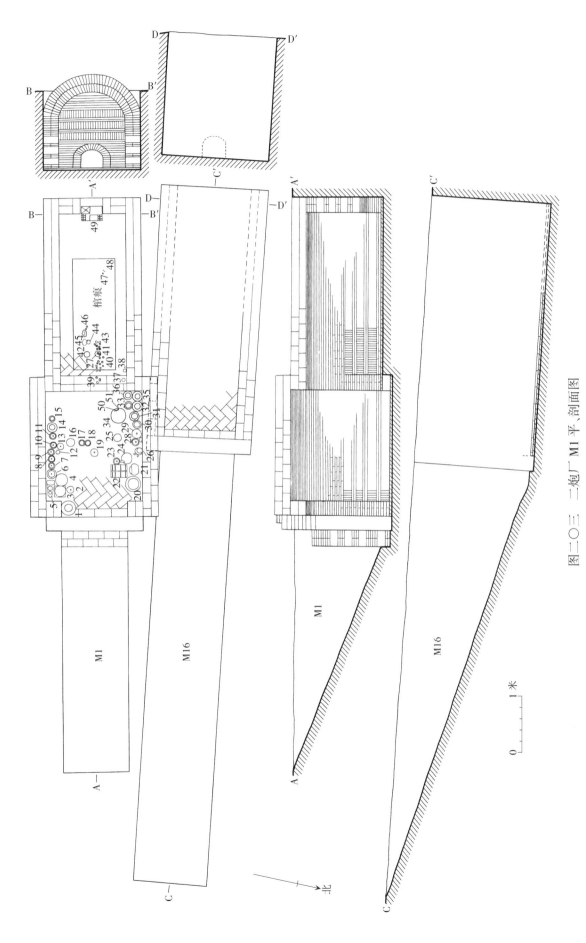

图二○三 二炮厂 M1 平、剖面图

1.陶双系罐 2.高温釉陶鼎 3.陶井 4、25.高温釉陶碗 5.陶灶 6、31.高温釉陶壶 7~11.陶提筒 12.陶甑 13.铜瓶 14、35.高温釉陶双系罐 15、17.陶盂
16、41、42.铜碗 18.高温釉陶盂 19.铜樽 20.陶瓮 21、30、32、33、36.高温釉陶罐 22.陶仓 23.铜锥壶 24.高温釉陶熏炉 26.高温釉陶锥壶 27、39、40、
43、46.铜钱 28.铜鼎 29.高温釉陶樽 34.漆盆残件 37、38、45.高温釉陶盆 44.铜镜 47、48.铜屋 49.陶屋 50、51.铁镶

2. 出土器物

共 51 件，包括陶器、高温釉陶器、铜器、铁器、银器和漆器五类。

（1）陶器

14 件，硬陶。有瓮、双系罐、提筒、屋、井、灶、仓、甑、盂。

瓮 1 件（10HFPM1∶20）。灰黑胎，夹砂。敞口，卷沿，溜肩，上腹鼓，下腹弧收，平底略内凹。肩部旋抹一周带纹，器身拍印方格纹，印痕较深。口径 20.5、腹径 29.9、底径 20.4、高 30.8 厘米（图二〇四，1；彩版一五四，1）。

双系罐 1 件（10HFPM1∶1）。灰白胎。直口，斜平唇，短颈，溜肩，上腹鼓，下腹斜收，平底内凹。肩部附两桥形耳。耳际饰三周弦纹，腹中部饰一周弦纹，下腹有一"X"形刻划符

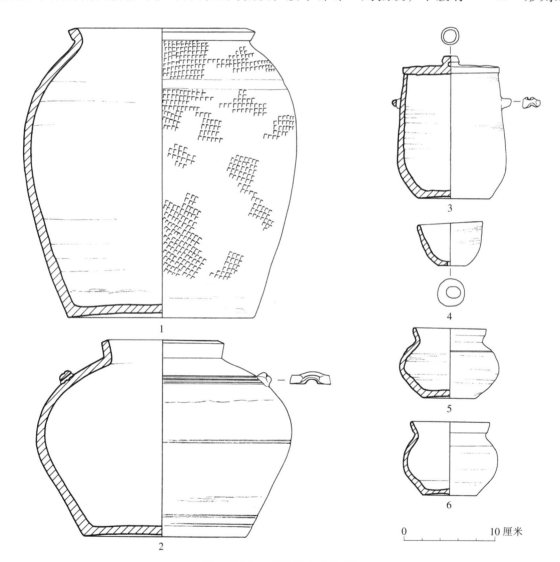

图二〇四　三国墓出土陶器

1. 瓮（10HFPM1∶20）　2. 双系罐（10HFPM1∶1）　3. 提筒（10HFPM1∶9）　4. 甑（10HFPM1∶12）　5、6. 盂（10HFPM1∶15、10HFPM1∶17）

号，近底处饰一组弦纹。口径13.3、腹径27.8、底径17.6、高23.2厘米（图二○四，2；彩版一五四，2）。

提筒　5件。土黄胎。形制、大小相近。带盖，盖面平圆，中央有矮柱形纽，顶圆凸，中部有一横穿孔。腹部斜直，下部弧收成平底。上腹附两扁耳，耳较小，以单泥条捏制，中部穿小圆孔。耳际多饰一周弦纹。

10HFPM1∶9，平底略内凹。口径10.6、腹径11.9、底径7.8、通高15.2厘米（图二○四，3；彩版一五四，3）。

甑　1件（10HFPM1∶12）。土黄色胎。敞口，圆唇，深弧腹，小平底。底部镂圆孔。口径7.2、底径3、高4.8厘米（图二○四，4；彩版一五五，4）。

盂　2件。灰色胎，施青黄釉，多已脱落。敞口，圆唇，沿较高，束颈，溜肩，平底略内凹。肩部饰一周弦纹。

10HFPM1∶15，扁腹。口径8.2、腹径10.8、底径5.6、高7.4厘米（图二○四，5；彩版一五五，5）。

10HFPM1∶17，扁圆腹。口径8.6、腹径10.4、底径5.7、高7.8厘米（图二○四，6；彩版一五五，6）。

屋　1件（10HFPM1∶49）。灰白胎。分上下两层，上层左为正室，右为厕；下层后为畜圈，前为庭院。正室屋顶为四阿式，中间有短脊，四垂脊斜出，脊末均翘起，脊上覆筒瓦，四坡饰复线水波纹以示瓦垄，筒瓦面饰竖线纹。面墙居中开"M"形门，有矮门槛，山墙及后墙开长方形窗。厕为悬山顶，与正室顶相接，顶有一正脊六垂脊，脊上覆筒瓦，脊端上翘，坡面刻划竖线纹以示瓦垄。厕亦开"M"形门，内有两纵长方形坑穴，正室与厕有门相通，山墙及后墙开长方形窗。下层畜圈以隔墙分两间，厕底一间外墙镂竖孔。前端庭院正中开"M"形门，门两侧有两对称圆孔。前有廊底板伸出，两端有护墙和围墙登高。三面围墙均有瓦檐遮护，瓦檐上正、垂脊凸起，脊上覆筒瓦，坡面刻划竖线纹以示板瓦。院内有横竖泥条象征路面，将地面分隔为六块，与正室和厕门相对的路面处压两凹槽，应原为放阶梯处。每块底部镂排列整齐的横纵圆孔或刻划叶子形小坑，或象征插秧苗或种其他作物。各面墙体均刻划横竖线条，以示梁架结构。面阔34、进深35.6、通高24.9厘米（图二○五；彩版一五四，4）。

井　1件（10HFPM1∶3）。淡红色胎，烧制温度低。方形地台，四周凸起，四角有圆形柱础，础上有圆孔。井栏呈圆形，上大下小，侈口，圆唇，一侧上部开长方形口，与其对应的地台有阶梯搭入井栏，应便于取水。口径19.9、地台长21.3、宽20.6、通高9.5厘米（图二○六，1；彩版一五五，1）。

灶　1件（10HFPM1∶5）。淡红色胎。灶体平面呈梯形，灶面前端高且宽于后端，灶面微隆，横截面呈弧形，开两眼，上各置一釜，前釜带一甑。釜盘口，束颈，扁腹，下平底；甑敞口，圆唇，斜直腹，平底，底部镂圆孔。灶门宽阔，前有地台伸出，灶门两侧有矮墙伸出与地台同长。额墙低矮，烟突为圆柱形，中空，较矮。通长28.6、通宽17.6、通高14.7厘米（图二○六，2；彩版一五五，2）。

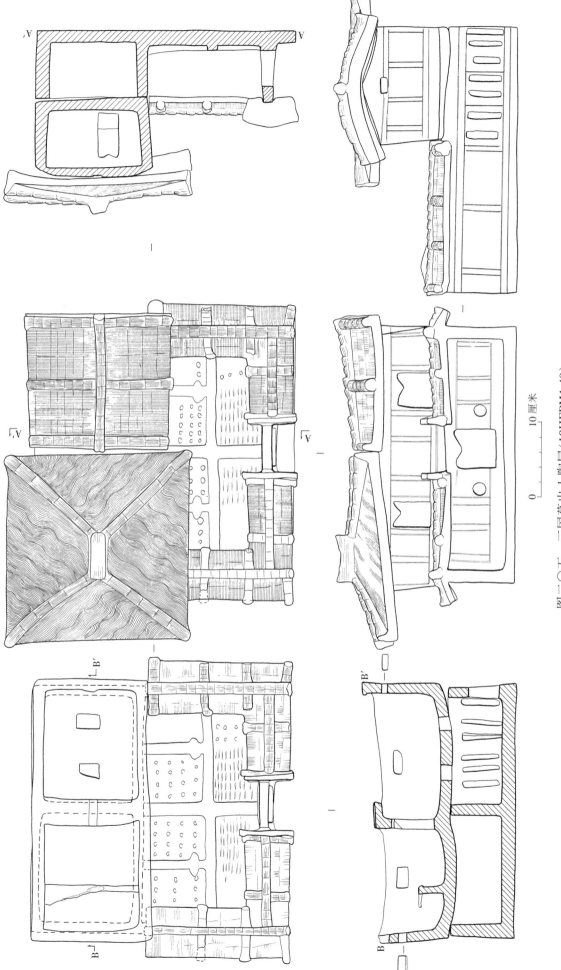

图二〇五　三国墓出土陶屋（10HFPM1:49）

0　　　　　　　10 厘米

图二〇六　三国墓出土陶器
1. 井（10HFPM1：3）　2. 灶（10HFPM1：5）　3. 仓（10HFPM1：22）

　　仓　1件（10HFPM1：22）。灰白胎。悬山顶，盖顶有一正脊八垂脊，脊末均上翘，脊上覆筒瓦，坡面饰板瓦。筒、板瓦面均刻划细竖线纹。仓体面墙居中辟长方形门，外有凸起的门框，门扇上有一扁圆突，中穿小孔，孔两侧对应的门框处亦有圆孔，用以固定门栓。前有走廊底板，廊两端有高起的矮护栏。仓内地面可见圆形的泥条盘筑痕迹。四面墙体均刻划横竖直线，以示梁架结构。面阔24.4、进深20.4、通高20.2厘米（图二〇六，3；彩版一五五，3）。

　　（2）高温釉陶器

　　19件，有鼎、壶、镳壶、罐、双系罐、樽、熏炉、碗、釜、盂。多为灰胎，施薄层的灰黄、青白或青黄釉。

　　鼎　1件（10HFPM1：2）。淡黄胎，施灰白釉，釉层局部脱落。带盖，盖面圆隆，中央有矮柱形纽，纽顶圆凸，中部有一横穿孔，盖沿下折。盖沿上饰一周弦纹。子母口，子口内敛，圆唇，弧腹，圜底，下附三斜足，明显外撇，截面呈不规则多边形。上腹折出一对近长方形竖耳，带孔。腹部饰一周宽带纹，宽带中央加一周凸棱。口径10.8、腹径15.2、通高17厘米（图二〇七，1；彩版一五六，1）。

壶　2件。灰胎，施青白釉。带盖，盖面平，中央有圆纽，纽顶圆凸，中部有横穿孔，盖下内圈呈饼形，圆凸，扣入器内。盘口，束颈，溜肩，扁圆腹下坠，圈足外撇分两节。肩腹间附两对称扁环耳，耳中间穿小圆孔，圈足上有对称穿孔与耳相对。扁耳以两泥条捏制，两端黏附于器身，抹光，中部捏扁，穿孔。口沿外旋刮一周凹槽。

10HFPM1∶6，颈部直，腹部较扁。耳际饰一组宽带纹，下腹有一周刮削痕迹。口径10.8、腹径16.8、足径10.4、通高18.7厘米（图二〇七，2；彩版一五六，2）。

10HFPM1∶31，短颈，腹部略圆。耳上部旋刮出三周凸棱，耳际饰一周弦纹。口径11、腹径17.2、足径10.2、高18.9厘米（彩版一五六，3）。

鐎壶　1件（10HFPM1∶26）。灰胎，施灰白釉。带盖，盖面平，中央有矮柱形纽，顶部圆凸，中部有横穿孔，盖下内圈圆凸，扣入器内。盘口，平唇，短束颈，溜肩，扁腹，圜底，三足外撇，足截面呈五边形。腹部处有把，把略斜直，横截面呈六边形，中空。肩部饰一周弦纹。口径9.6、通高16.6厘米（图二〇七，3；彩版一五六，4）。

罐　5件。浅灰胎，施青白釉。

10HFPM1∶21，形体较大。敞口，圆唇，沿较高，束颈，溜肩，圆鼓腹，最大腹径居中，平底略内凹。口沿外旋刮一周凹槽，肩、腹部各饰一周弦纹。口径13.7、腹径21.9、底径15.6、高18.2厘米（图二〇七，4；彩版一五六，5）。

10HFPM1∶30，敞口，尖唇，沿外折，束颈，溜肩，扁鼓腹下坠，平底。肩、腹部各饰一周弦纹。底部制作粗糙，下腹近底处未抹光。口径10、腹径15.2、底径9.8、高11.3厘米（图二〇七，5；彩版一五六，6）。

10HFPM1∶32，敞口，平唇，沿较高，束颈，溜肩，肩部略鼓，扁鼓腹下坠，平底。口沿外旋刮一周凹槽，肩、腹部各饰一周弦纹。口径10.5、腹径17.5、底径10.2、高14厘米（图二〇七，6；彩版一五七，1）。

10HFPM1∶33，敞口，圆唇，沿较高，束颈，溜肩，扁鼓腹，最大腹径居中，平底。口沿外旋刮一周凹槽，肩腹间饰一周凹弦纹。口径10.5、腹径14.9、底径9.2、高12.1厘米（图二〇七，7；彩版一五七，2）。

10HFPM1∶36，敞口，圆唇，沿较高，束颈，溜肩，扁圆腹，最大腹径居中，平底。口沿外旋刮一周凹槽，肩腹间饰一周凹弦纹，底刻划"X"形符号。口径11、腹径16、底径10、高12.3厘米（图二〇七，8；彩版一五七，3）。

双系罐　2件。灰胎，施青黄釉。敞口，溜肩，圈足，肩部附两扁耳。耳际饰一组弦纹。双耳以两泥条捏制，两端黏附于器身，抹光，中部捏扁，穿孔。

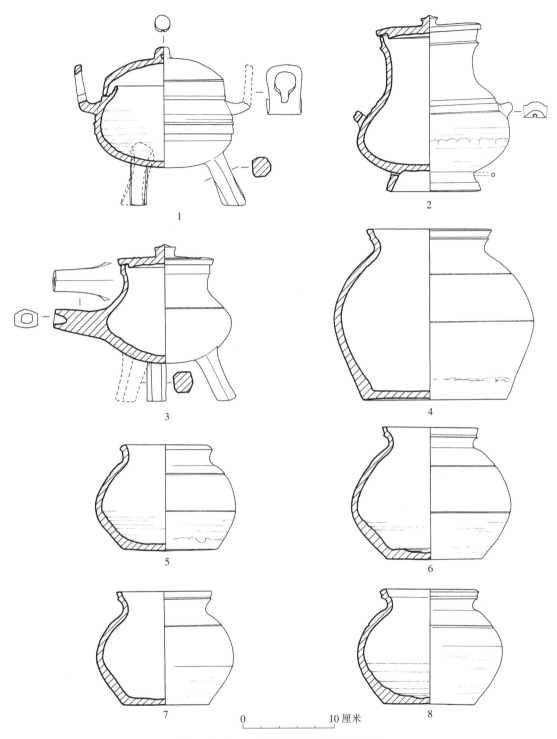

图二〇七 三国墓出土高温釉陶器

1. 鼎（10HFPM1：2） 2. 壶（10HFPM1：6） 3. 镳壶（10HFPM1：26） 4～8. 罐（10HFPM1：21、
10HFPM1：30、10HFPM1：32、10HFPM1：33、10HFPM1：36）

10HFPM1：14，平唇，扁腹。下腹饰一周弦纹。口径 10.3、腹径 18.2、足径 10.4、高 13.2 厘米（图二〇八，1；彩版一五七，4）。

10HFPM1：35，圆唇，扁圆腹。下腹旋刮一周凹槽。口径 11.1、腹径 17.7、足径 9.6、高 14.5 厘米（图二〇八，2；彩版一五七，5）。

樽　1 件（10HFPM1：29）。灰胎，施青白釉。带盖，盖面隆起，顶部平凸，中央有矮柱形纽，顶部圆凸，中部有横穿孔，盖面外圈斜直，旋刮一周凹槽，盖沿下折，与子口扣合。器敞口，圆唇，斜直腹，平底，底附三方形矮足。上腹附一对扁耳，中部有圆孔。耳际饰一组弦纹。口径 16.8、底径 13.6、通高 17.5 厘米（图二〇八，3；彩版一五八，1）。

熏炉　1 件（10HFPM1：24）。灰胎，施青白釉。见底部承盘，上部炉身应在入葬时已残。承盘侈口，圆唇，宽折沿，上腹斜直，下腹折收，底略平凸。承盘口径 20.8、足径 7.1、高 6.4 厘米（图二〇八，4；彩版一五八，2）。

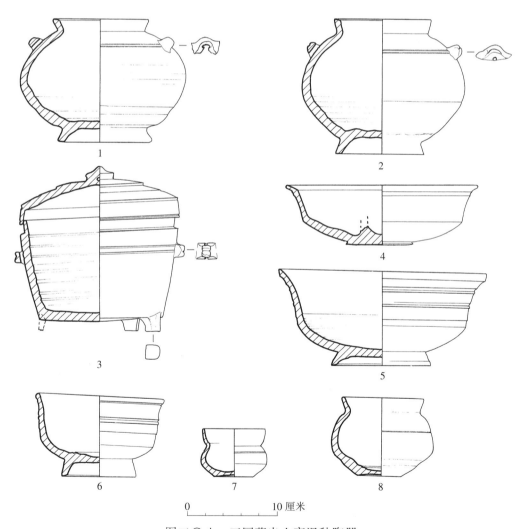

图二〇八　三国墓出土高温釉陶器

1、2. 双系罐（10HFPM1：14、10HFPM1：35）　3. 樽（10HFPM1：29）　4. 熏炉（10HFPM1：24）
5、6. 碗（10HFPM1：4、10HFPM1：25）　7. 釜（10HFPM1：37）　8. 盂（10HFPM1：18）

碗　2 件。灰胎，施青白釉。

10HFPM1：4，形体大。侈口，圆唇，上腹收束，下腹折收，圈足外撇。上腹旋刮三周凹槽。口径 22.6、足径 10.8、高 10.3 厘米（图二〇八，5；彩版一五八，3）。

10HFPM1：25，形体较小。敞口，圆唇，上腹较直，下腹弧收，圈足外撇。口沿外旋刮一周凹槽，腹部旋刮三周凹槽。口径 14.2、足径 8.1、高 8.8 厘米（图二〇八，6；彩版一五八，4）。

釜　3 件，大小、形制相同。灰胎，施青白釉。高盘口，圆唇，束颈，扁腹，小平底略内凹。肩部饰一周弦纹。

10HFPM1：37，口径 7、腹径 7.3、底径 4.2、高 5.1 厘米（图二〇八，7；彩版一五八，5）。

盂　1 件（10HFPM1：18）。灰胎，施青白釉。敞口，圆唇，沿较高，束颈，溜肩，扁圆腹，平底内凹。肩部饰一周弦纹，下腹旋刮一周凹槽。口径 8.9、腹径 11、底径 4.9、高 8.3 厘米（图二〇八，8；彩版一五八，6）。

（3）铜器

13 件，器类有鼎、镰壶、樽、甗、碗、镜、铜钱七种。

鼎　1 件（10HFPM1：28）。盖面微隆，顶部平圆，中央有圆纽扣环，纽外有一周凸棱。子口内敛，浅弧腹略下坠，平底，三足外撇明显，其中两足横截面呈半圆形；一足呈三角形，外侧可见铸缝，其相对的腹部两侧均可见铸缝。腹部有附耳，耳上圆下方。腹部、底部外圈各有一周凸棱。口径 11.4、腹径 13.4、通高 14.6 厘米（图二〇九，1；彩版一五九，1）。

镰壶　1 件（10HFPM1：23）。盖顶平圆，中央有圆纽扣环，外圈斜直，盖口缘处有枢轴贯连，可活动启合。盖下有凸唇，扣入器内，唇外圈等布四方形小钉。器敛口，平唇，束颈，扁腹，平底，三足外撇，足下端略宽，横截面呈三角形。腹部出把，把直，中空，略向上翘，横截面呈六边形。腹部饰一周凸棱。口径 8.1、底径 9.7、把长 9.2、通高 19.7 厘米（图二〇九，2；彩版一五九，2）。

樽　1 件（10HFPM1：19）。盖面隆起，顶部平圆，中央有圆纽扣环，纽外有一周凸棱，棱间等布三乳丁，外圈弧，近沿处旋刮一周凹槽，盖沿下折合子口。器身直，子口微敛，三足直，较矮，其中两足外侧磨平，横截面呈弧形，另一足外侧未磨，截面近三角形。口沿外有一周细带纹，纹下附铺首衔环，腹中部和近底处各饰一周宽带纹，中部宽带上有一周凸棱。口径 14.3、底径 14.6、通高 14.8 厘米（图二〇九，3；彩版一五九，3）。

甗　1 件（10HFPM1：13）。上甑下釜。甑敞口，沿平折，上腹斜直，下腹折内收，平底，底部镂圆孔。釜盘口，束颈，丰肩，圆鼓腹，圜底。釜腹部有一周凸棱。器身两侧及底部可见合范痕迹。甑口径 12、底径 5.5、孔径 3.3 厘米，釜口径 11.4、腹径 12 厘米，通高 14.6 厘米（图二〇九，4；彩版一五九，4）。

碗　3 件。形制相同。敞口，斜平唇，平底内凹。其中 1 件较大，10HFPM1：16，上腹斜直，下腹弧收。口径 14.2、底径 3.8、高 5.9 厘米（图二〇九，5；彩版一六〇，1）。

另 2 件大小相近，上腹直，下腹弧收。上腹饰三组弦纹，内底饰同心圆圈纹。10HFPM1：42，口径 11、底径 4、高 4.4 厘米（图二〇九，6；彩版一六〇，2）。

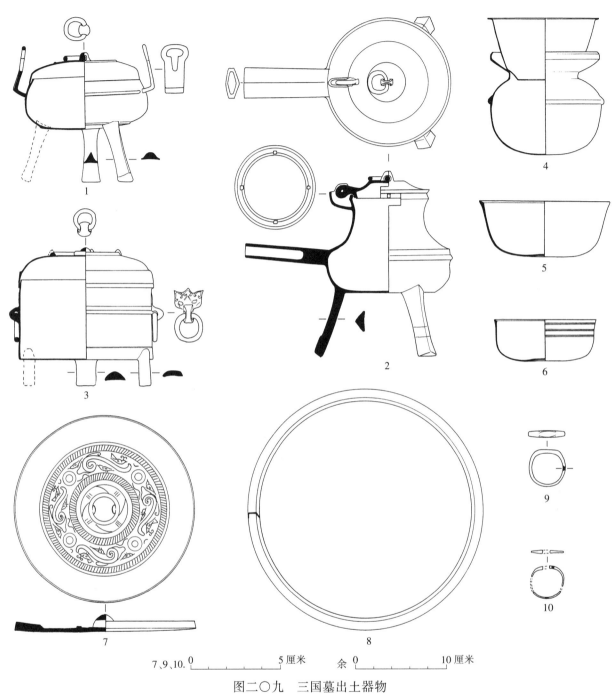

图二〇九　三国墓出土器物

1. 铜鼎（10HFPM1∶28）　　2. 铜鐎壶（10HFPM1∶23）　　3. 铜樽（10HFPM1∶19）　　4. 铜甂（10HFPM1∶13）　　5、
6. 铜碗（10HFPM1∶16、10HFPM1∶42）　　7. 铜镜（10HFPM1∶44）　　8. 漆盆残件（10HFPM1∶34）　　9、10. 银指环
（10HFPM1∶47、10HFPM1∶48）

　　镜　1 件（10HFPM1∶44）。四乳四虺镜。圆形，圆纽，纽外有一周凸棱，外饰一组短斜线纹，间以四乳四虺纹，虺两侧各有一小鸟，宽素缘。直径 9.9、缘厚 0.4 厘米（图二〇九，7；彩版一六〇，3）。

　　铜钱　5 串，约 227 枚。10HFPM1∶27，约 32 枚；10HFPM1∶39，约 7 枚；10HFPM1∶40，约

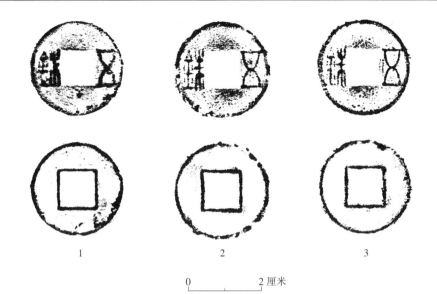

图二一〇　三国墓出土铜钱

1. 10HFPM1∶46 − 3　2. 10HFPM1∶46 − 1　3. 10HFPM1∶46 − 2

18 枚；10HFPM1∶43，约 42 枚；10HFPM1∶46，约 128 枚。有两类。

第一类　五字中间两笔弯曲，与上下两横相接处垂直，部分上下横两端略长出；金字的四点较短，朱字头方折。

10HFPM1∶46 − 3，钱径 2.6、穿宽 0.9、外郭厚 0.2 厘米（图二一〇，1）。第二类，数量较多。五字字体较宽大，笔顺微弧；铢字金字头成一三角形，下部四点较长，朱字头圆折。

10HFPM1∶46 − 1，钱径 2.6、穿宽 0.9、外郭厚 0.2 厘米（图二一〇，2）。10HFPM1∶46 − 2，钱径 2.6、穿宽 0.9、外郭厚 0.2 厘米（图二一〇，3）。

（4）其他

漆盆　1 件（10HFPM1∶34）。漆器已朽，残存口沿处镶嵌的铜箍，铜箍圆形，均鎏金，横截面为"凹"字形。直径 25.6 厘米（图二〇九，8；彩版一六〇，4）。

铁镊　2 件。锈蚀残损严重。用扁铁条对折成两股，两股同长。

10HFPM1∶50，铁条较窄。残长 7.5、中宽 0.6 厘米。

10HFPM1∶51，残长 2.5、中宽 1.2 厘米。

银指环　2 件。锈蚀氧化呈黑色。

10HFPM1∶47，环面呈柳叶形。直径 2、环厚 0.2 厘米（图二〇九，9；彩版一六〇，5）。

10HFPM1∶48，环面扁。直径约 1.8、环厚 0.1 厘米（图二〇九，10）。

3. 墓葬特点

二炮厂 M1 打破东汉晚期墓 M16，前室前端起砖柱的做法在三国较为常见。出土的提筒与公务员小区一期 M5 出土 E 型（09HYGM5∶扰 5）基本相同，出土的屋和仓顶均刻划密集的细直线纹，与本期出土 B 型屋大体一致，灶也与二炮厂 M27 所出 C 型灶（11HFPM27∶扰 1）相近。年代定为三国时期，应比较妥当。

但这座墓出土的其余器物，仍显较大不同。特别是施灰黄、青白或青黄釉的釉陶，烧成温度很高，叩之发出金属般的声音，这种质地的釉陶不见于之前当地的发现。座方体圆的仓，上大下小的樽，带圆纽平盖的壶，甚至通体饰较深方格纹的瓮等，造型或风格也与所见的汉至三国器物不同。

通过与周边地区及东吴墓葬的比对，这类器物的来源依然不确，但从胎质、烧成温度、器形等来看，应非本地自产。

第四节　年代特征

三国时期，合浦属孙吴辖地，黄武七年（228 年），合浦郡一度改称为"珠官郡"。近年来随着发掘墓葬的数量增加和研究的深入，寮尾①、岭脚村②、罗屋村③等一大批墓葬被断为三国墓。在"合浦汉墓群"的边缘地带，比如寮尾墓地，还是以三国墓占多数。这个时期的墓葬虽在形制和器物上与东汉晚期墓葬有一定的联系，但总的来说，变化十分明显，在一定程度上体现出从汉代大一统国家到三国分治深刻的社会变革。

本期墓葬数量较汉墓多，但均为遭不同程度盗扰的砖室墓。墓葬形制较东汉简单，近九成为直券顶墓，少量墓道为阶梯式，前端多带甬道，前室或后室前端两侧多有砖柱，起券门。横直券顶墓在这些墓地没有发现，穹隆顶合券顶墓的比例较东汉有所增加。

鼎、盒、壶在本期还有少量出土，形体较矮小，制作粗糙，部分烧制温度较低。瓮、罐的数量也较东汉时期减少，两汉常见的扁圆腹带盖双系和四系罐在本期已不见，本期各类罐普遍器形高大，东汉晚期出现的大口罐在本期较常见。出土的陶井、仓、灶、屋、溷等模型明器和提筒等器类整体烧制温度较低，部分屋和仓顶筒板瓦上刻划细线纹，陶屋数量较少，多以溷替代；灶形制简化，多为两灶眼，柱状烟突，无地台；提筒矮小，偶见两耳，多简化无耳。本期的出土陶器中，还见四系瓮、钵生莲花器、院落式陶屋、簋等。

高温釉陶在本期较为普遍，器类丰富，除东汉晚期所见罐、盘、盆、勺四类外，另有壶、长颈壶、四系罐、樽、盂、碗、钵、杯、釜等，其中高温釉罐的数量多于其他陶罐。但无论高温釉陶，还是硬陶，其烧成温度都较东汉时期略低（见附录二）。

铜器、铁器、珠饰品等均数量较少。仅 5 座墓出土铜钱，与东汉晚期的 B 型和 C 型铜钱形制相同。

---

① 广西文物考古研究所、合浦县博物馆、广西师范大学文旅学院：《广西合浦寮尾东汉三国墓发掘报告》，《考古学报》2012 年第 4 期。

② 广西壮族自治区文物工作队、合浦县博物馆：《广西合浦县岭脚村三国墓发掘报告》，《广西考古文集》（第二辑），科学出版社，2006 年。

③ 广西壮族自治区文物工作队、合浦县博物馆：《广西合浦县罗屋村古墓葬发掘报告》，《广西考古文集》（第二辑），科学出版社，2006 年。

附表 三国墓登记表

（长度单位：米）

墓号	墓向	封土		墓道		墓室		葬具	其他	随葬器物			
		高	直径	宽	坡度	前长×宽-深	后长×宽-深			陶、釉陶器	铜器	铁器	其他
公务员小区一期（09HYG）M2	304°	无		1	30°	2.26×2.38-1.04	2.76×1.89-0.84	单棺	Ab型Ⅱ式砖空墓前室带一侧室，尾端带壁龛	C型井，厕 扰土：罐残片，碗残件，B型Ⅰ式釜2，A型甑，B型仓	扰土：泡钉		扰土：玻璃珠
公务员小区一期 M3	0°	0.5	6	1.35	24°	2.45×2.8-2.72	3.6×3.6-2.25	单棺	B型Ⅱ式砖空墓前室，后室穹隆顶，尾端带壁龛	扰土：雉壶残件，A型Ⅰ式案，B型釜，B型屋，B型仓，陶片 C型Ⅱ式釉陶罐2，釉陶罐残件4，A型釉陶碗，C型釉陶碗2，釉釉陶碗残件，A型釉陶钵			
公务员小区一期 M4a	295°	无		1.25	32°	2×2.15-1.1	2.8×1.55-1.1	单棺	Ab型Ⅱ式砖空墓前室带一侧室	扰土：C型提筒，A型提筒残件3，A型Ⅰ式案，B型甑，A型井，B型仓		扰土：削	

续附表

墓号	墓向	封土		墓道		墓室		葬具	其他	陶、釉陶器	铜器	铁器	其他
		高	直径	宽	坡度	前长×宽-深	后长×宽-深						
公务员小区一期 M4b	295°	无		0.8	27°	4.82×1.35-1.05		单棺	Aa型I式砖室墓	扰土：A型樽、魁，簋，A型碗，B型瓿，A型器盖、井盖，B型I式器盖			
公务员小区一期 M5	335°	无		1.42	22°	2.5×1.95-1.4	2.88×1.43-1.2	单棺	Aa型II式砖室墓	釉陶熏炉；扰土：E型提筒，陶片	扰土：A型碗，A型镜		扰土：A型石黛砚
公务员小区一期 M7	356°	无		1.76		2.6×2.86-1.96	3.16×2.3-1.76	单棺	Ab型II式砖室墓；前室带一侧、尾端带壁龛	扰土：B型II式罐，A型I式案，C型井，涵，A型II式灶，器足			
公务员小区一期 M8a	347°	无		1.4	26°	3.24×2.98-1.84	3.18×2.02-1.48	单棺	Ab型II式砖室墓；尾端带壁龛	扰土：B型II式罐，罐残件，A型I式案，A型钵生莲花，D型提筒2，A型盂，D型碗，B型碗，C型井，D型器盖，C型I式釉陶罐，B型II式釉陶罐，D型III式釉陶罐2，A型III式釉陶钵	扰土：铜钱（五铢钱，17枚）		扰土：蚀刻石髓珠

续附表

墓号	墓向	墓葬结构							葬具	随葬器物			
		封土		墓道		墓室		其他		陶、釉陶器	铜器	铁器	其他
		直径	高	宽	坡度	前长×宽—深	后长×宽—深						
公务员小区一期M8b	347°		无	0.9/1.08	14°	2.2×1.8—0.9	2.9×1.32—0.74	单棺	Aa型II式砖室墓尾端带壁龛	B型四系瓷，B型II式罐2，E型罐，F型罐，H型罐，A型II式双系罐，D型双系罐，A型钵，B型钵，A型瓿，A型尾；A型I式釉陶罐，A型II式釉陶罐，A型III式釉陶罐，B型I式釉陶罐7，B型II式釉陶罐，B型III式釉陶罐2，D型I式釉陶罐，D型II式釉陶罐2 扰土：D型提筒，提筒残件，陶片	扰土：铜钱（五铢钱，7枚）		
公务员小区一期M9	310°		无	1.36/1.52	23°	2.3×2.54—2	2.72×2.07—1.84	单棺	Aa型III式砖室墓	A型II式灶 扰土：E型鼎，罐残件，A型盆，A型提筒，提筒残件，A型II式案，A型熏炉，A型灯，B型II式釜，B型瓶，C型井，器足	扰土：器足		

续附表

墓号	墓向	封土		墓道		墓室		葬具	其他	陶、釉陶器	铜器	铁器	其他
		高	直径	宽	坡度	前长×宽—深	后长×宽—深						
公务员小区一期 M10	294°	无		1	20°	2.36×2.34—1.12	2.98×1.8—0.94	单棺	Ab型II式砖室墓，室壁带前室带两侧室，尾端带壁龛	扰土：A型I式案，D型提筒残件2，B型仓，厕，A型II式灶 A型釉陶杯2	扰土：泡钉		
公务员小区一期 M11a	缺	无		1.34	20°	1.93×1.82—1.43	2.73×1.34—1.31	单棺	Aa型II式砖室墓，尾端带壁龛	D型瓮，G型罐，A型I式案，A型I式盆，D型提筒3 D型釉陶罐，A型釉陶碗	扰土：泡钉，铜钱（五铢钱，44枚）	扰土：削，残件	扰土：玛瑙耳珰
公务员小区一期 M11b	缺	无		1.18	28°	2.44×2.38—2.44	3×1.9—2.03	单棺	Aa型III式砖室墓，尾端带壁龛	扰土：B型釜，A型甑，盂残片，C型井，B型仓	扰土：泡钉		
公务员小区一期 M12	0°	无		1.5/1.32	24°	2.22×2.36—1.99	2.82×2—1.63	单棺	Aa型III式砖室墓，尾端带壁龛	A型II式灶 扰土：A型I式案，D型井，厕，陶片		扰土：削残件	
公务员小区一期 M13	62°	无		0.88/1.08	17°	1.82×2.02—1.28	2.94×1.5—1.12	单棺	Aa型III式砖室墓	扰土：A型I式案，A型提筒2，B型仓残件2，B型仓			

续附表

墓号	墓向	封土 高	封土 直径	墓道 宽	墓道 坡度	墓室 前长×宽-深	墓室 后长×宽-深	葬具	其他	陶、釉陶器	铜器	铁器	其他
公务员小区一期 M15	260°	无		1.28	20°	2×2.04-1.4	2.8×1.52-1.27	单棺	Aa型Ⅱ式砖室墓 尾端带壁龛	扰土：镰壶残件，C型盆，D型盆，B型Ⅰ式罐，罐残件，A型提筒2，提筒残件2，碗残件，A型熏炉，A型Ⅰ式灶，C型Ⅱ式仓，A型Ⅰ式器盖，C型Ⅰ式器盖			扰土：琥珀串饰，玻璃珠
公务员小区一期 M16	329°	无		1.2	22°	2.2×2.4-1.19	2.7×1.56-1.03	单棺	Aa型Ⅲ式砖室墓 尾端带壁龛	扰土：D型Ⅰ式罐，D型Ⅲ式罐，井残片			
公务员小区一期 M17	289°	无		1.36	16°	2.02×2.48-3.14	4.2×1.92-3.06	单棺	Aa型Ⅱ式砖室墓 尾端带壁龛	扰土：A型仓，A型Ⅰ式器盖，A型Ⅰ式器盖，B型釉陶碗，B型釉陶盂	扰土：兽片，当片，衔镳2，盖弓帽	扰土：剑	
公务员小区一期 M19	153°	无		1.04	20°	2.3×1.68-2.08	2.74×1.4-1.91	单棺	Aa型Ⅱ式砖室墓 封门上有额墙，尾端带壁龛	涸 扰土：D型鼎，罐残件，B型樽，B型案，A型Ⅰ式盆，D型盆，熏炉残件，A型灯，C型Ⅱ式器盖，陶片	扰土：B型镜，剑残片		扰土：A型石黛砚，B型石黛砚

续附表

墓号	墓向	封土 高	封土 直径	墓道 宽	墓道 坡度	墓室 前长×宽—深	墓室 后长×宽—深	葬具	其他	陶、釉陶器	铜器	铁器	其他
公务员小区一期M20	329°	无		1.56	19°	3.22×3.32—1.78	3.38×3.2—1.44	单棺	Ab型Ⅱ式砖室墓，前室带一侧室，尾端带壁龛	扰土：B型钵生花器，B型Ⅰ式生莲盖，B型Ⅱ式器器盖			
公务员小区一期M21	31°	无		0.98	墓道前端阶梯式，后端缓坡状	1.26×1.9—2.96	2.88×1.9—2.84	单棺	Aa型Ⅲ式砖室墓	扰土：陶片			
官塘岭(10HJG)M2	290°	无		1.06	29°	2.52×2.18—1.97	2.76×1.62—1.93	单棺	Aa型Ⅲ式砖室墓	扰土：A型Ⅱ式灶			
官塘岭M3	268°	无		1.1	32°	1.86×1.96—2.36	3.08×1.42—2.22	单棺	Aa型Ⅱ式砖室墓	C型双系罐，C型盆，B型仓，涵残件，A型Ⅰ式灶，C型井	泡钉		漆盆残件2
官塘岭M4	不明	无		0.9	21°	2.26×1.74—1.86	2.66×1.18—1.72	单棺	Aa型Ⅱ式砖室墓，尾端带壁龛	扰土：A型耳杯2，C型井，涵，C型Ⅰ式器盖			

续附表

墓号	墓向	封土		墓葬结构				葬具	其他	随葬器物			
				墓道		墓室				陶、釉陶器	铜器	铁器	其他
		高	直径	宽	坡度	前长×宽-深	后长×宽-深						
官塘岭 M6	0°	无		1.6	19°	2.65× 3.1-2.7	3.4× 3.5-2.4	单棺	B型Ⅱ式砖室墓 后室穹隆顶，尾端带壁龛	扰土：K型罐，罐残件，B型瓿			
官塘岭 M7	86°	无		1.04	29°	2.18× 2-1.06	2.74× 1.52-0.94	单棺	Aa型Ⅲ式砖室墓 尾端带壁龛	扰土：B型仓，A型Ⅱ式灶			
官塘岭 M9	276°	无		1.06	21°	4.2× 1.06-0.7		单棺	Aa型Ⅰ式砖室墓	扰土：B型盆，B型Ⅲ式釜			
官塘岭 M11		无				2.5× 1.66-2.28	3.1× 1.1-2.1	单棺	Aa型Ⅲ式砖室墓 尾端带壁龛	扰土：A型提筒2，B型瓿	扰土：C型镜		
官塘岭 M12		无				1.6× 2.36-?	3.1× 1.8-?	单棺	Aa型Ⅲ式砖室墓	扰土：E型鼎，D型Ⅱ式罐，筐残件，B型提筒2，B型仓，熏炉残件，B型仓，灶残件	扰土：B型碗		扰土：滑石器残片

续附表

墓号	墓向	封土 高	封土 直径	墓道 宽	墓道 坡度	墓室 前长×宽－深	墓室 后长×宽－深	葬具	其他	陶、釉陶器	铜器	铁器	其他
官塘岭M13	缺资料									扰土:涵、厕			
汽齿厂(10HTQ)M1	206°	无		1.3	17°	2.36×2.98－1.44	3.08×2.3－0.98	单棺	Ab型Ⅱ式砖室墓 前室带一侧室,尾室带壁龛	扰土:罐残件2,B型Ⅲ式双系罐,A型Ⅲ式盆,A型Ⅰ式案,A型Ⅰ式器盖2,屋陶残件,灶残件,瓦片,D型Ⅲ式釉陶罐,B型Ⅲ式釉陶杯			
汽齿厂M5	44°	无		1.54	残	4.37×1.9－0.6		单棺	Aa型Ⅰ式砖室墓	无			
二炮厂(10HFP)M1	73°	无		1.2	21°	2.5×2.32－1.76	3.2×1.76－1.58	单棺	Aa型Ⅱ式砖室墓 封门上有额墙,尾端带壁龛	瓿,双系罐,提筒5,屋,井,灶,仓,甑,盂2,鼎,壶 釉陶:鼎2,罐5,樽,镶壶,罐2,碗2,釜3,盂	鼎,镶壶,樽,甂,碗3,镜,铜钱5串(均为五铢,227枚)	镊2	漆盆残件,银指环2
二炮厂(11HFP)M11	254°	无		1.12	22°	4.48×1.6－0.81		单棺	Aa型Ⅰ式砖室墓			扰土:A型钉	扰土:A 滑石猪2

随葬器物

墓葬结构

续附表

墓号	墓向	封土		墓道		墓室		葬具	其他	随葬器物			
		高	直径	宽	坡度	前长×宽—深	后长×宽—深			陶、釉陶器	铜器	铁器	其他
二炮厂 M13	60°	无		1.04	20°	2×2.12—1.88	3.78×1.52—1.73	单棺	Aa型II式砖室墓	扰土：C型I式罐，B型四系罐，C型提筒2，B型薰炉，B型灯，B型钵生连花器，B型井，B型仓，B型II式器盖2，D型器盖2，陶片			扰土：滑石暖炉
二炮厂 M15	78°	无		1.4	16°	3.2×1.92—1.7		单棺	Aa型I式砖室墓	无			
二炮厂 M18	115°	无		1	16°	2.52×2.08—1.59	3×1.6—1.43	单棺	Aa型II式砖室墓尾端带壁龛	扰土：B型I式罐，A型提筒，提筒残件，B型I式盂，B型I式釜			
二炮厂 M23	128°	无		1.05/2.1	20°	2.7×3.5—2.4	2.8×2.4—2.05	单棺	Ab型II式砖室前室带两侧室，尾端带壁龛	无			
二炮厂 M25	165°	无		0.97	27°	5.1×1.8—1.04		单棺	Aa型I式砖室墓	无			扰土：玻璃残片

续附表

墓号	墓向	墓葬结构								随葬器物			
		封土		墓道		墓室		葬具	其他	陶、釉陶器	铜器	铁器	其他
		高	直径	宽	坡度	前长×宽—深	后长×宽—深						
二炮厂 M27	95°	无		1.55	16°	2.15×3.15—1.8	3×2.35—1.65	单棺	Ab 型 II 式砖室墓 前室带两侧室，尾室带壁龛	扰土：罐残件，A型I式案，A型灯，耳杯残件，碗残件，B型屋，C型灶，器把，器足，陶片，D型釉陶罐残片，釉陶盆残片，釉陶碗残片，釉陶勺把			
二炮厂 M29	125°	无		1.33	15°	2.65×2.75—1.8	2.85×2.15—1.55	单棺	Ab 型 II 式砖室墓 前室带两侧室，后室尾端带壁龛	无			
廉乳厂（11HFL）M1	122°	无		1.25	18°	4.45×1.83—1.75		单棺	Aa 型 I 式砖室墓	涵残件 扰土：A型III式壶，B型仓，A型灯，B型屋残件，A型I式灶，盖残件，器残件，陶片		残件	
廉乳厂 M3	210°	无		1	19°	4.46×1.4—1.38		单棺	Aa 型 I 式砖室墓	扰土：C型I式罐，罐残件，提筒残件，井残件，B型仓，涵残件，A型II式灶			扰土：A 型石黛砚

续附表

墓号	墓向	墓葬结构							随葬器物			
		封土		墓道		墓室		葬具	其他	陶、釉陶器	铜器	铁器	其他
		高	直径	宽	坡度	前长×宽-深	后长×宽-深						
廉孚厂 M4	57°	无		1.1	18°	2.1× 2.02-1.47	3.08× 1.46-1.33	单棺	Aa型Ⅱ式砖室墓 尾端带壁龛	A型Ⅰ式屋 扰土：A型壶，A型碗、灶残件			玻璃珠 扰土：A型石黛砚
廉孚厂 M6	39°	无		1.66	18°	2.68× 2.78-2.37	2.82× 2.22-2.21	单棺	Aa型Ⅱ式砖室墓 尾端带壁龛	扰土：A型鼎，A型甑，A型Ⅱ型匜，A型Ⅰ式器盖，B型器盖2，陶片2			扰土：玻璃珠
廉孚厂 M7	220°	无		1/1.26	20°	2.04× 2.14-1.02	3.34× 1.76-0.99	单棺	Aa型Ⅱ式砖室墓	扰土：A型Ⅰ式器盖	·		
廉孚厂 M10	55°	无		1.1	20°	2.16× 2.08-1.57	3.1× 1.52-1.43	单棺	Aa型Ⅱ式砖室墓	扰土：B型Ⅰ式壶，B型匜，C型Ⅰ式器盖2，器盖残件3，陶片 罐残件2，B型器盖2	扰土：泡钉		玻璃珠

续附表

墓号	墓向	墓葬结构								随葬器物			
		封土		墓道		墓室		葬具	其他	陶、釉陶器	铜器	铁器	其他
		高	直径	宽	坡度	前长×宽-深	后长×宽-深						
精神病院（11HJY）M1	90°	无		1.5	20°	3.55 × 3.65-1.85	3.35 × 2.5-1.3	单棺	Ab型II式砖室墓 前室带一侧室，后室尾端带壁龛	C型鼎，B型盒，A型壶I式2，长颈壶，K型罐，B型I式双系罐3，C型四系罐，四系盆，A型提筒，A型灯，B型灶，C型II式釉陶罐6，C型IV式釉陶罐，D型III式釉陶罐3，E型III式釉陶罐2，A型釉陶四系罐2，C型釉陶四系罐，C型釉陶碗2，釉陶盆 扰土：A型I式双系罐，B型I式双系罐，盘，熏炉残件，陶片			
精神病院 M2	75°	无		1.65	20°	3.1 × 2.95-3.05	3.48 × 3.4-2.85	单棺	Ab型II式砖室墓 前室带一侧室，前后室之间有过道相接，后室尾端带壁龛	扰土：C型瓮，B型II式双系罐，C型提筒，B型I式釜，B型III式釜，C型井，B型仓，B型II式器盖，A型II式釉陶罐，B型I式釉陶罐2，釉陶瓮	扰土：泡钉，行灯把		

续附表

墓号	墓向	封土		墓道		墓室		葬具	其他	随葬器物			
		高	直径	宽	坡度	前长×宽-深	后长×宽-深			陶、釉陶器	铜器	铁器	其他
罗屋村（12HLW）M6	225°	无		0.87/1.03	26°	2.26×1.65-2.2	2.9×1.38-2.04	单棺	Aa型Ⅱ式砖室墓 尾端带壁龛	B型Ⅱ式壶、C型井、罐残件、A型Ⅱ式双系罐、B型四系罐、A型罐、A型仓、A型Ⅱ式灶	A型碗 铜钱（五铢钱，192枚）	剑 扰土：钩形器	玻璃珠
罗屋村M7	340°	无		0.9	阶梯状	0.75×1.3-2.13	3.9×1.3-2	单棺	Aa型Ⅲ式砖室墓	A型釜 扰土：罐残件2、四系罐残件、A型盆、A型灯、屋残件、陶片2			
罗屋村M8	215°	无		0.8	42°	2.4×1.8-1.5	2.2×1.3-1.35	单棺	Ab型Ⅱ式砖室墓 前室带一侧室	扰土：B型Ⅱ式罐、J型罐、罐残件、B型Ⅲ式釜、B型屋、D型灶、B型Ⅱ式釉陶罐、釉陶片			

续附表

墓号	墓向	封土		墓道		墓室		葬具	其他	陶、釉陶器	铜器	铁器	其他
		高	直径	宽	坡度	前长×宽—深	后长×宽—深						
罗屋村 M10	240°	2	22	1.4	27°	2.6×2.6-3.25	3.15×2.1-2.9	单棺	Ab型II式砖室墓 前室带两侧室	扰土：A型壶2，A型四系瓮2，A型双系罐，B型四系罐，A型I式案，B型仓，B型I式器盖2 釉陶器器盖		扰土：剑残件	
罗屋村 M11	325°	2.5	21	1.25/1.4	33°	2.7×2.7-1.95	3.3×2.2-1.6	单棺	B型II式砖室墓 前室穹隆顶带两侧室，尾端带壁龛	A型II式屋 A型釉陶碗 扰土：B型瓮，E型盆，B型钵生莲花器，井器，B型盖，仓，B型灶，器盖残件，陶片 D型I式釉陶罐，D型II式釉陶罐	扰土：镜残件，泡钉		
沿海铁路 (12HTL) M2	60°	无		1.5	16°	1.68×2.18-2.5	3.17×1.9-2.4	单棺	Aa型III式砖室墓 尾端带壁龛	扰土：帐座			
沿海铁路 M3	75°	无		1.64		2.8×2.96-2.48	2.82×2.44-2.18	单棺	Aa型III式砖室墓 尾端带壁龛	扰土：C型瓮，D型I式甑，F型罐，A型井，D型井，B型仓 B型II式釉陶罐	扰土：镜，E型碗，A型盆，泡钉	扰土：B型钉	

续附表

墓号	墓向	封土		墓道		墓室		葬具	其他	陶、釉陶器	铜器	铁器	其他
		高	直径	宽	坡度	前长×宽-深	后长×宽-深						
李屋村(12HZL)M1	215°	无		1.6	25°	2.6× 2.56-3.05	3× 2.13-2.7	单棺	Ab型II式砖室墓 前室带一侧室	扰土：B型II式罐，罐残件，A型I式双系罐，B型仓，C型四系罐，A型II式灶屋，B型I式釉陶四系罐			
李屋村M2	135°	无		1.25	21°	2.95× 2.9-3.7	3.1× 2.2-3.3	单棺	Ab型II式砖室墓 前室带两侧室	扰土：B型瓮，B型II式罐2，A型提筒，提筒残件，B型涵、灶残件 B型I式釉陶盂			
李屋村M3	140°	无		1.95	18°	2× 2.5-2.8	3.71× 3.7-2.53	单棺	B型I式砖室墓 前室、后室带一侧室，尾端带弯隆顶，壁龛	扰土：A型四系瓮2，A型罐，H型罐，A型I式案，E型井，B型仓，灶残件，瓦片，陶片 B型I式釉陶罐，C型I式釉陶罐，C型II式釉陶罐，D型II式釉陶罐2，E型III式釉陶罐2，B型III式釉陶四系罐，A型釉陶碗	扰土：泡钉，铜钱（五铢钱，11枚）		

续附表

墓号	墓向	墓葬结构							随葬器物			
		封土		墓道		墓室		葬具	其他	陶、釉陶器	铜器	铁器	其他
		高	直径	宽	坡度	前长×宽-深	后长×宽-深					
李屋村 M4	200°	无		1.22	37°	2.32×2.06-1.76	2.81×1.5-1.6	单棺	Ab 型 II 式砖室墓 前室带一侧室，后室尾端带壁龛	B 型仓	牌饰		
李屋村 M5	100°	1.6	20	1.4	18°	2.65×2.95-2	3.65×3.63-1.7	单棺	B 型 II 式砖室墓 前室带两侧，后室穹隆顶，前后室之间有短甬过道，尾端带壁龛	扰土：B 型 III 式双系罐，A 型 II 式盆，A 型 I 式案，B 型锅 2，篦，E 型井，B 型仓，E 型灶，A 型 II 式碗罐 3，陶片，A 型 I 式釉陶罐，E 型 III 式釉樽，A 型釉陶杯	D 型镜		扰土：A 型石黛砚
森林公园 (12HS) M1	175°	无		1.5	20°	3.6×3.6-3.55	3.7×2.4-2.95	单棺	B 型 II 式砖室墓 前室穹隆顶带两侧室，尾端带壁龛	扰土：A 型 I 式案 2，B 型钵生莲花器，A 型 I 式提筒残件，B 型仓，A 型 II 式灶，釉陶长颈壶残件，釉陶罐残件，釉陶碗残件，A 型釉陶钵，B 型釉陶钵，釉陶片			

续附表

墓号	墓向	封土		墓道		墓室		葬具	其他	陶、釉陶器	铜器	铁器	其他
		高	直径	宽	坡度	前长×宽-深	后长×宽-深						
森林公园M2	95°	无		1.1	17°	1.34× 1.6-1.94	3.51× 1.6-1.9	单棺	Aa型Ⅱ式砖室墓 尾端带壁龛	B型Ⅲ式釜、洗、C型Ⅰ式器器盖 A型Ⅲ式釉陶罐、釉陶罐残件 扰土：B型仓			
公务员小区二期(13HYG)M1	310°	无		1.4	29°	2.52× 2.6-2.04	3× 2.12-1.92	单棺	Ab型Ⅱ式砖室墓 前室带一侧室	无			
公务员小区二期M3	10°	无		2.08	12°	3.2× 3.28-3.24	5.28× 2.4-3.24	单棺	Aa型Ⅲ式砖室墓	扰土：D型Ⅱ式罐 罐残件，B型提筒2，A型Ⅰ式灶，B型仓			
公务员小区二期M5	300°	无		1.9	17°	2.5× 2.5-3.55	4.95× 1.9-3.5	单棺	B型Ⅰ式砖室墓 前室穹隆顶	扰土：Ⅰ型罐、K型罐、罐残件2，B型Ⅰ式釜、洗、E型Ⅰ式釉陶罐2，釉陶罐残件，A型釉陶盂	扰土：弩机2，戟2，镞3，衔镳		
公务员小区二期M6		无		1.6	20.5°	3.12× 2.56-1.96	3.32× 2.08-1.72	单棺	Ab型Ⅱ式砖室墓 前室带两侧室	无			

墓葬结构　随葬器物

续附表

墓号	墓向	墓葬结构								随葬器物			
		封土		墓道		墓室		葬具	其他	陶、釉陶器	铜器	铁器	其他
		高	直径	宽	坡度	前长×宽一深	后长×宽一深						
公务员小区二期 M9	310°	无		1.5	18°	2.8×2.85－2.1	3.32×2.32－1.78	单棺	Ab 型Ⅱ式砖室墓 前室带两侧、尾端带壁龛	扰土：B 型Ⅱ式罐、A 型四系罐、筐，A 型提筒残件，B 型Ⅰ式屋，A 型Ⅰ式灶，B 型Ⅱ式器盖，B 型Ⅰ式器器盖			
公务员小区二期 M11	10°	无		1.84	26°	1.88×3.12－2.44	3.84×2.48－2.24	单棺	Aa 型Ⅱ式砖室墓 尾端带壁龛	扰土：C 型Ⅱ式罐			
公务员小区二期 M12	353°	无		1.75	20°	3.15×3.03－2.36	3.2×2.4－2.17	单棺	Ab 型Ⅰ式砖室墓 前室带两侧、后室尾端带壁龛	无			
公务员小区二期 M13	320°	无		1.68	21.5°	3.12×3.2－2.72	3.12×2.56－2.32	单棺	Ab 型Ⅱ式砖室墓 前室带两侧、尾端带壁龛	扰土：A 型Ⅰ式壶，B 型Ⅰ式罐，罐残件，A 型Ⅰ式罐2，A 型提筒，B 型Ⅱ式双系罐，B 型Ⅰ式盂，B 型仓，C 型Ⅱ式瓿，灶残件，C 型Ⅰ式器器盖			

续附表

墓号	墓向	封土		墓道		墓室		葬具	其他	随葬器物			
		高	直径	宽	坡度	前长×宽-深	后长×宽-深			陶、釉陶器	铜器	铁器	其他
公务员小区二期M14	30°	无		1.92	22.5°	2.48×2.92-2.04	3×2.32-1.8	单棺	Ab型II式砖室墓 前室带两侧壁龛，尾端带两壁龛	无			
公务员小区二期M15	255°	无		1.4	21°	3.08×3.12-2.44	3.68×2.24-2.04	单棺	Ab型II式砖室墓 前室带两侧室	扰土：C型提筒4，C型井，B型仓，A型II式灶 A型II式釉陶器器盖			
公务员小区二期（14HYG）M18	300°	无				1.8×1.96-2	2.9×2.7-1.85	单棺	Aa型II式砖室墓	扰土：罐残件，B型耳杯，A型II式仓，涧，案残件，B型A型II式灶，井残件，陶片			
机械厂（13HZJ）M2	335°	无		1.52	26°	2.8×2.96-1.72	3.56×3.6-1.24	单棺	B型II式砖室墓 后室穹隆顶，前后室之间有过道，前室带一侧室，尾端带壁龛	扰土：B型鼎，罐残件2，四系罐残件，B型I式釜，井屋，II式屋，B型I式器盖，陶片，A型I式釉陶罐，C型II式釉陶罐，C型III式釉陶罐，C型IV式釉陶罐2，D型III式釉陶罐，釉陶罐残件4			

续附表

墓号	墓向	封土		墓道		墓室		葬具	其他	陶、釉陶器	铜器	铁器	其他
		高	直径	宽	坡度	前长×宽—深	后长×宽—深						
机械厂 M3	335°	无		1.56	22°	3.16× 3.28-1.92	3.28× 2.32-1.48	单棺	Ab 型Ⅱ式砖室墓 前室带一侧室、尾端带壁龛	扰土：罐残件、C型四系罐、A型提筒、C型钵生莲花器、B型仓、屋残件、B型Ⅱ式器盖、陶片 B型Ⅱ式釉陶罐			
机械厂 M5	82°	无		1.15	19°	2.96× 2.36-1.88	2.88× 1.68-1.6	单棺	Aa 型Ⅱ式砖室墓 尾端带壁龛	扰土：A型薰炉、B型仓、涵		扰土：削残件	扰土：漆耳杯
机械厂 M6	13°	无		1.64	20°	2.96× 3-2	3.48× 2.2-1.64	单棺	Ab 型Ⅱ式砖室墓 前室带一侧室、尾端带壁龛	扰土：罐残件、A型薰炉、B型仓 A型Ⅲ式釉陶罐	扰土：B型盆		
庞屋队（13HZP） M2	245°	无		1.6	23°	2.62× 2.72-2.46	3× 2.16-2.26	单棺	Aa 型Ⅲ式砖室墓	扰土：B型Ⅱ式罐、提筒残件5、碗残件、B型甑、A型Ⅱ式罐、涵、屋残件、器足、陶片 釉陶陶双系罐			扰土：A型石黛砚、滑石钏

续附表

墓号	墓葬结构								随葬器物				
	墓向	封土		墓道		墓室		葬具	其他	陶、釉陶器	铜器	铁器	其他
		高	直径	宽	坡度	前长×宽—深	后长×宽—深						
火车站（13HTL）M1	76°	1.5	15	1.8	19°	3×3.3－3.1	3.6×2.4－2.6	单棺	B型Ⅱ式砖室墓 前室带两侧室，后室尾端带壁龛	扰土：B型Ⅱ式罐，罐残件，A型Ⅰ式双系罐2，双耳直身罐，A型钵，B型仓，A型Ⅱ式灶，D型Ⅰ式釉陶罐	扰土：剑残件，盘，A型碗2，耳杯		扰土：滑石锅
火车站M3	135°	无		1.5	19°	1.72×2.54－1.05	3.06×2.02－0.65	单棺	Aa型Ⅲ式砖室墓	扰土：B型Ⅱ式罐，罐残件，B型碗，陶片2 碗残件，A型Ⅰ式釉陶罐			

说明："随葬器物"的"陶、釉陶器"栏中，未注明质地者均为陶器，釉陶器指高温釉陶器。

第五章　晋墓

12 座。除 1 座为土坑墓外，余为砖室墓。其中罗屋村 7 座、二炮厂 1 座、电厂 2 座、公务员小区 2 座（见本章附表）。

第一节　墓葬形制

一　土坑墓

罗屋村 M2　现存封土堆直径约 10、残高 0.8 米。墓口距地表深约 0.5 米，墓向 165°。由墓道、前室和后室三部分组成，总长 7.3 米。墓道长 1.4、前端宽 0.9、后端宽 1.08 米，坡度 39°。前室长 2.24、宽 2.11、深 1.2 米，后端有祭台，高于前端 0.16 米，祭台铺砖。后室长 3.66、宽 2.11 米，底部同前室前端平。墓室扰土中发现陶圆盘、陶罐、陶屋残件和器盖等（图二一一；彩版一六一，1）。

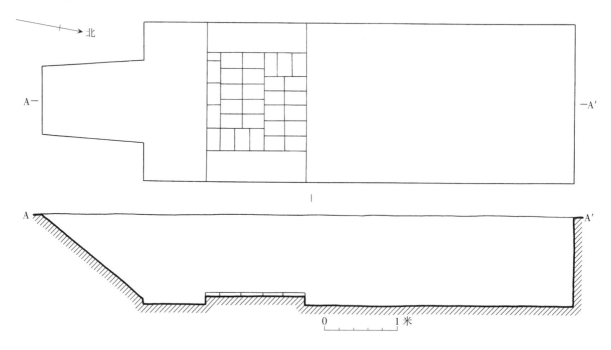

图二一一　罗屋村 M2 平、剖面图

二　砖室墓

11 座。均为直券顶墓，盗扰严重，部分仅存底部。

A 型　10 座。无侧室。依墓室形制，分四式。

Ⅰ式　3 座。单室墓。由墓道和墓室两部分组成。属此式的有电厂 M4，罗屋村 M3（彩版一六一，2）、M5b。

罗屋村 M5b　与 M5a 为异穴合葬墓。两座墓基本平行排列，M5b 位于 M5a 西侧，墓室前端有短过道相通。M5b 墓口距地表深约 1.2 米，墓向 335°，总长 8.55 米。墓道长 4.25、前端宽 0.9、后端宽 0.65 米，前端呈阶梯状，分 3 级，长 2.2 米；后端为暗道，上为生土，长 2.05、深 0.9 米，上部生土厚 1.7 米。封门位于墓道内，单砖错缝结砌。墓室长 4.3、宽 1.4、深 2.7 米，有矮过道和 a 墓相通，过道深 0.95、宽 0.43、高 0.6 米，底部高于墓室 0.35 米。墓室前端有单砖砖柱，起券。墓室后壁下端带一长方形壁龛，深 0.13、宽 0.2、高 0.15 米。墓壁下部为三顺一丁结砌，以上单砖错缝平铺。墓底铺"人"字形砖。器物散布在墓室，有铁钉、银钗和石黛砚等（图二一二；彩版一六二；彩版一六三，2；彩版一六四，1）。

电厂 M4　因建筑挖地基，上部遭破坏，墓向 270°，总长 7.02 米。墓道长 2.8、宽 1.14 米，坡度 11°。墓室长 4.22、宽 1.4、残深 0.61 米。墓壁下部为二顺一丁结砌，底铺"人"字形砖。墓室后壁下端有一长方形壁龛，深 0.12、宽 0.15、高 0.12 米。器物集中出土于墓室前端，有青瓷钵、青瓷碗和青瓷四系罐等，另墓室扰土中发现的陶器有罐、四系罐、碗、盏以及青瓷碗等（图二一三）。

Ⅱ式　5 座。分室墓。由墓道、前室和后室三部分组成。第一种，券顶不分级，墓底分级以示前后室，有二炮厂 M26 和罗屋村 M1（彩版一六四，2）；第二种，券顶和墓底均分级，罗屋村 M4、M9，公务员小区二期 M8。

二炮厂 M26　墓口距地表深约 0.6 米，墓向 172°，总长 6.14 米。墓道长 1.68、宽 0.92 米，坡度 10°。封门砖无存。墓底分级以示前后室。前室长 1.74、宽 1.48、残深 0.74 米，底部低于墓道底端 0.48 米。后室长 2.72、宽 1.48 米，底部高于前室 0.2 米。墓壁下部为二顺一丁，以上双砖错缝，丁砖为半砖。后室底部用平砖对缝纵铺，前室平砖错缝横铺。盗扰严重，无器物残存（图二一四；彩版一六四，3）。

罗屋村 M9　墓口距地表深约 0.75 米，墓向 41°，总长 6.14 米。墓道长 0.92、宽 1 米，坡度 41°。封门双砖结砌，一排位于墓道内，另一排位于墓室内，均为单砖错缝结砌。前室长 2.26、宽 1.82、深 1.02 米，前端有双砖砖柱。后室长 2.96、宽 1.34 米，底部高于前室 0.18 米。墓室底部仅存少量铺地方砖，无器物（图二一五）。

Ⅲ式　1 座（电厂 M3）。单室带甬道墓。

电厂 M3　因建筑挖地基，上部遭破坏，墓向 90°。由墓道、甬道和墓室三部分组成，总长 5.22 米。墓道平面呈弧形，长 0.7、宽 0.86 米，坡度 15°，底端高于墓室 0.07 米。甬道长 0.68、宽 1.1、残深 0.25 米。墓室长 3.84、宽 1.34 米，底部同甬道持平。墓壁下部为二顺一丁结砌，丁

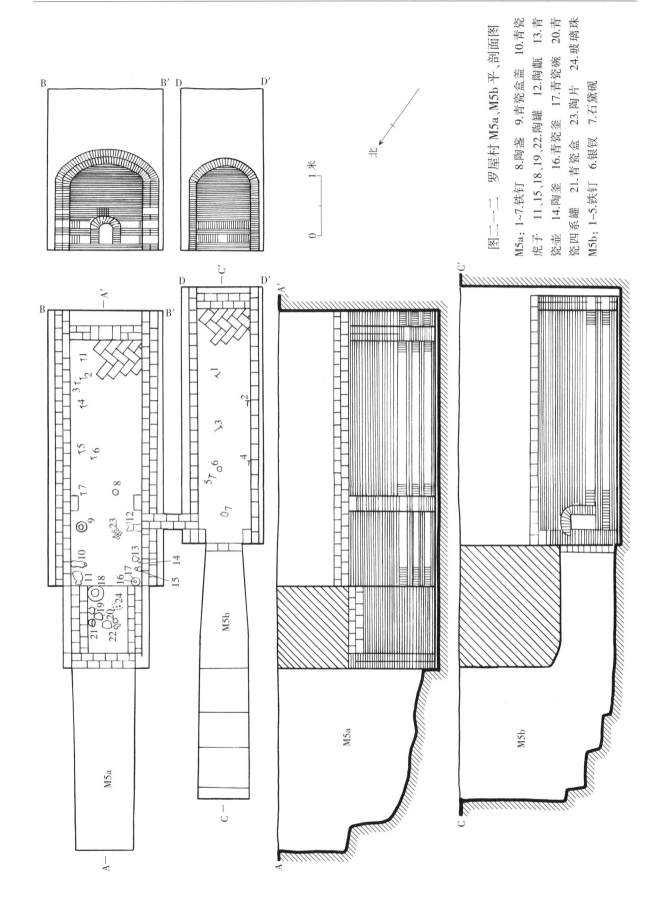

图二一二　罗屋村 M5a、M5b 平、剖面图

M5a：1～7.铁钉　8.陶鋬　9.青瓷盒盖　10.青瓷盒　11、15、18、19、22.陶罐　12.陶瓿　13.青瓷虎子　14.陶釜　16.青瓷釜　17.青瓷碗　20.青瓷壶　21.青瓷盒　23.陶片　24.玻璃珠瓷四系罐

M5b：1～5.铁钉　6.银钗　7.石黛砚

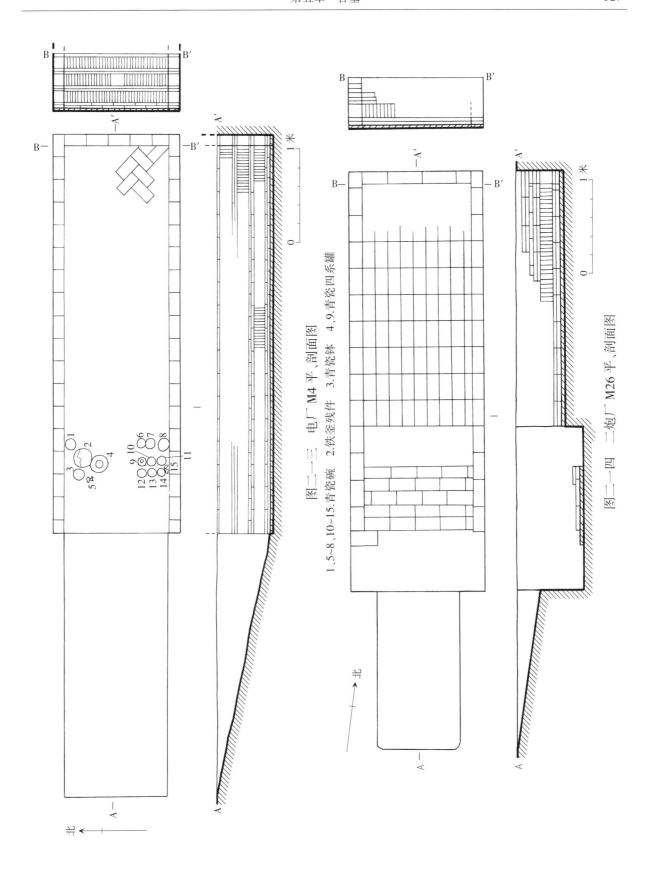

图二一三　电厂 M4 平、剖面图

1、5～8、10～15.青瓷碗　2.铁釜残件　3.青瓷钵　4、9.青瓷四系罐

图二一四　二炮厂 M26 平、剖面图

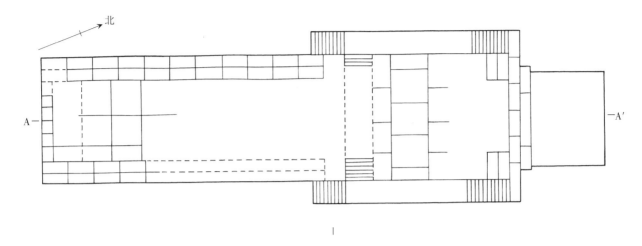

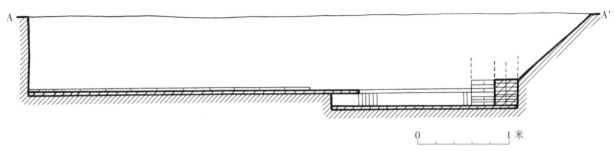

图二一五　罗屋村 M9 平、剖面图

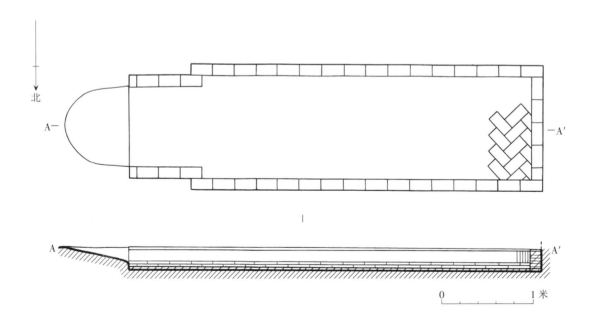

图二一六　电厂 M3 平、剖面图

砖为半砖，墓底铺"人"字形砖。扰土中发现陶罐 1 件（图二一六）。

　　Ⅳ式　1 座（罗屋村 M5a）。分室带甬道墓。

　　罗屋村 M5a　墓口距地表深 1.2 米，墓向 325°。由墓道、甬道和墓室三部分组成，总长 9 米。

墓道长 3.02、前端宽 1、后端宽 1.05 米，墓道前端呈阶梯状，有 1 级阶梯，后端呈坡状。封门位于甬道口，双砖错缝结砌。甬道为暗道，长 1.38、宽 1.45、券高 1.52、上部生土厚 1.23 米。墓室前端近过道处有单砖砖柱，起券门，以示前后室。前室 1.25、宽 1.7 米，后室长 3.35、宽 1.7、深 2.75 米。后室尾端带一壁龛，深 0.25、宽 0.35、高 0.5 米，单砖起券。甬道墓壁为双砖错缝结砌，前、后室壁下部为三顺一丁，以上双砖错缝平铺。墓底铺"人"字形砖。墓壁与外土圹间有约 0.15 米的间距，填灰黄色土。器物主要出自甬道和墓室前端，陶器有罐、甗、盏，青瓷器有虎子、碗、釜、盒、四系罐和壶等，玻璃珠散落于甬道内。墓室后端出土有铁钉（见图二一二；彩版一六二；彩版一六三，1、3）。

B 型　1 座（公务员小区一期 M1）。带两侧室。

公务员小区一期 M1　墓口距地表深约 0.2 米，墓向 156°。由墓道、前室和后室三部分组成。墓道被桉树林所压，未发掘，墓室后端遭破坏。封门位于墓室内，二顺一丁结砌，丁砖为半砖。

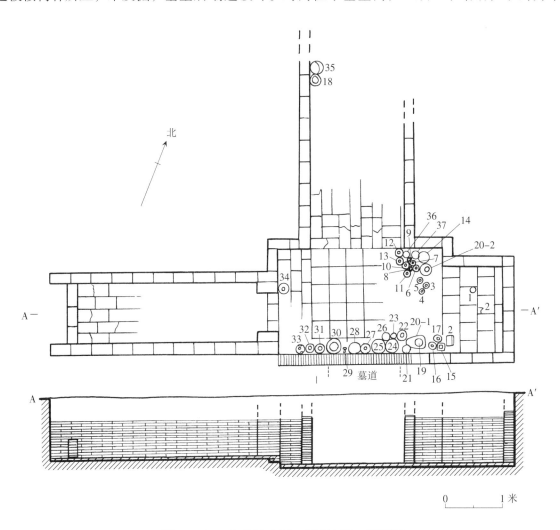

图二一七　公务员小区一期 M1 平、剖面图

1、6~8、10、11、19、36. 陶罐残片　2. 陶仓　3~5. 小陶罐　9、12、13、16、17、21~23、27、28、30、35、37. 陶罐　14、24、25、34. 陶钵　15. 陶井　18. 陶鸡埘　20. 陶灶　26. 陶釜　29. 陶灯残件　31. 陶钵残片　32、33. 陶壶

前室长 2.15、宽 3.2、残高 0.85 米，两侧各带一侧室，西侧室深 3.9、宽 1.4、残高 0.65 米，底部高于前室 0.15 米，前端有单砖砖柱；东侧室深 1.3、宽 1.8、残高 0.9 米，底部与前室平。后室残长 2.98、宽 2、深 1 米，底部同前室持平。墓壁单砖错缝结砌。后室和西侧室底铺条砖，前室和东侧室底铺方砖。器物集中出土于前室东北角和封门旁，均为陶器，有罐、钵、井、灶、鸡埘等。墓室扰土中发现陶罐、陶四系罐、陶釜、玻璃珠和铁削等（图二一七；彩版一六四，4）。

墓砖 均为条砖，砖色以灰色为主，余为灰白色及淡红色（图二一八、二一九）。

墓砖纹饰较三国少，无侧面拍印纹饰的类型。除少量为刻划纹之外，其余均为单面加拍印纹，纹饰仍以方格纹居多，另有菱格纹、对称"V"形纹、柿蒂纹和铭文砖等，组合纹饰多为条形纹与其他纹饰组合，如"X"形纹和三角纹，纹饰组数为两组到三组。

带纹饰的墓砖规格总体偏小，小者长 23.6、宽 11.2、厚 2.6 厘米，大者长 27.7、宽 14.1、厚 3.7 厘米，另有部分规格较大的素面砖，长 30.4、宽 16.2、厚 4.9～6.8 厘米。

第二节　出土遗物

共计 127 件，有陶器、高温釉陶器、瓷器、铁器、银器、石器及玻璃珠等。

一　陶器

78 件，其中部分为灰白胎软陶，火候低，制作较粗糙。除 9 件残破器形不明外，余有壶、罐、小罐、四系罐、圆盘、灯、钵、盏、井、仓、鸡埘、屋、灶、釜、甗、纺轮、瓦等。

壶 2 件，公务员小区一期 M1 出土。形制相近，长颈，丰肩，鼓腹，喇叭形圈足。颈部附一对横向半环耳。

09HYGM1：32，灰白色软陶。敞口，圆唇。肩部附一对横向半环耳。颈部饰两周细弦纹，腹部饰两组细弦纹，圈足下部饰一周弦纹，圈足触地处旋刮一周凹槽。口径 8.3、腹径 14、足径 11、高 20.1 厘米（图二二○，1；彩版一六五，1）。

09HYGM1：33，灰色硬陶，夹粗砂。侈口，沿外折，颈部和圈足略短。肩部附一对纵向半环耳。肩部饰一组细弦纹。口径 9.5、腹径 15.4、足径 12.6、高 20.9 厘米（图二二○，2；彩版一六五，2）。

罐 36 件。除 15 件残碎，不辨型式外，余 21 件依形状分为五型，各型依腹部形制下分式。

A 型　5 件。器形较大。直口，短颈，大平底。依腹部形制，分两式。

Ⅰ 式　2 件，公务员小区一期 M1 出土。灰白色软陶。圆鼓腹。丰肩。肩部饰叶脉纹和一周弦纹。

09HYGM1：30，圆唇。口径 16.9、腹径 26.4、底径 17.4、高 22.1 厘米（图二二○，4；彩版一六五，3）。

09HYGM1：35，平唇。口径 17.4、腹径 25.7、底径 16、高 21.6 厘米（图二二○，5；彩版一六五，4）。

Ⅱ 式　3 件，其中罗屋村 M5a 出土 2 件，电厂 M3 出土 1 件。扁圆腹。圆唇外翻，溜肩，平底

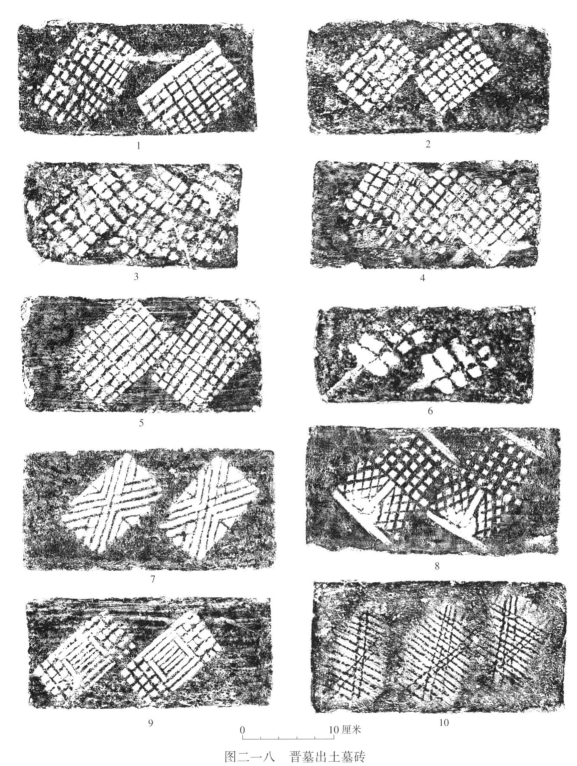

图二一八　晋墓出土墓砖

1. 方格纹（二炮厂 M26）　　2、6. 方格纹（电厂 M3）　　3. 方格纹（电厂 M4）　　4、5. 方格纹（公务员小区二期 M8）　　7. 对称 "V" 形纹（罗屋村 M5a）　　8. 方格加菱格纹（二炮厂 M26）　　9. 方格加条形纹（罗屋村 M5a）　　10. 条形加 "X" 形纹（电厂 M4）

图二一九　晋墓出土墓砖

1. 条形纹（电厂 M3）　2. 条形加三角纹（公务员小区一期 M1）　3. 条形纹（公务员小区一期
M1）　4. 斜条刻划纹（电厂 M4）　5. 草叶纹（公务员小区一期 M1）　6. 铭文（主）（公务员小
区一期 M1）　7. 铭文（張）（公务员小区一期 M1）　8. 柿蒂纹（罗屋村 M5a）

内凹。

11HDM3：扰 1，灰色硬陶。器身饰方格纹和条形纹，肩部饰一周弦纹。口径 13.8、腹径 24.7、底径 14.5、高 18.2 厘米（图二二〇，6；彩版一六六，1）。

12HLWM5a：18，淡红色软陶。器身饰复线菱格纹，腹部饰一周弦纹。口径 15.4、腹径 27、底径 16.8、高 20.8 厘米（图二二〇，7；彩版一六六，2）。

12HLWM5a：22，灰色硬陶。器身饰席纹，肩部饰一周弦纹。口径 14.9、腹径 25.6、底径

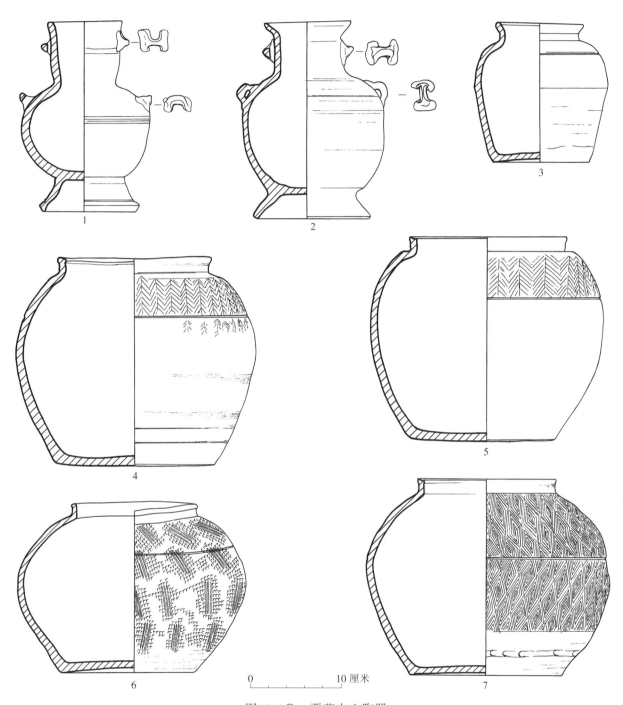

图二二〇　晋墓出土陶器

1、2. 壶（09HYGM1：32、09HYGM1：33）　　3. B 型Ⅰ式罐（09HYGM1：12）　　4、5. A 型Ⅰ式罐（09HYGM1：30、09HYGM1：35）　　6、7. A 型Ⅱ式罐（11HDM3：扰 1、12HLWM5a：18）

15.3、高 19.6 厘米（图二二一，1；彩版一六六，3）。

　　B 型　7 件。器形瘦长。丰肩，平底或平底内凹。依腹部形制，分两式。

　　Ⅰ式　1 件（09HYGM1：12）。灰色硬陶。上腹鼓，下腹微折。敞口，平唇，束颈，底略内凹。肩部饰一周弦纹。口径9.6、腹径14.6、底径10.6、高14.8厘米（图二二〇，3；彩版一六六，4）。

Ⅱ式　6件，公务员小区一期M1出土。灰白胎软陶。上腹鼓，下腹斜直。

09HYGM1：16，敞口，圆唇，平底内凹。口径11.4、腹径16.1、底径10、高15.2厘米（图二二一，2；彩版一六六，5）。

09HYGM1：22，近直口，平唇，平底。口径10.8、腹径16.5、底径10.4、高15.4厘米（图二二一，3；彩版一六七，1）。

C型　3件，罗屋村M5a出土。器形较矮。口微敞，圆唇，溜肩，圆腹，平底。

12HLWM5a：11，淡红色硬陶。平底略内凹。肩部饰一周弦纹。口径11.5、腹径16.6、底径9.5、高12厘米（图二二一，4；彩版一六七，2）。

12HLWM5a：15，深灰色硬陶。器形较小。器内有泥条盘筑痕迹。口径7、腹径11.1、底径6.3、高8厘米（图二二一，5；彩版一六七，3）。

D型　4件，公务员小区一期M1出土。器形较小。口微敞，圆唇，沿较高，丰肩，上腹鼓，下腹弧收，平底略内凹。

09HYGM1：21，灰白色软陶。口径8.5、腹径12.2、底径7.4、高9.6厘米（图二二一，6；彩版一六七，4）。

E型　1件（11HDM4：扰3），电厂M4出土。灰白色硬陶。敞口，宽沿，溜肩，扁腹下坠，平底。肩部饰一周弦纹。口径10.8、腹径13.8、底径8.4、高10.5厘米（图二二一，7；彩版一六七，5）。

F型　1件（12HLWM2：扰4），罗屋村M2出土。灰白色硬陶。器形小。敞口，圆唇，束颈，腹斜直，平底略内凹。肩部附一对交叉泥条，下饰一周弦纹。口径7.1、底径7.4、高8.4厘米（图二二一，8；彩版一六七，6）。

小罐　3件，公务员小区一期M1出土。灰白胎硬陶。依口沿和腹部形制，分三型。

A型　1件（09HYGM1：3）。扁圆腹。口微敞，圆唇，沿较高，丰肩，平底略内凹。口径4.9、腹径9.4、底径7、高6.3厘米（图二二二，1；彩版一六八，1）。

B型　1件（09HYGM1：4）。器形高。鼓腹，最大腹径靠上。敞口，圆唇，溜肩，平底略内凹。口径6.6、腹径8.4、底径5.4、高6.6厘米（图二二二，2；彩版一六八，2）。

C型　1件（09HYGM1：5）。上腹鼓，下腹弧收，最大腹径靠上。敞口，圆唇，沿较高，丰肩，束颈，平底略内凹。口径6.5、腹径7.9、底径5、高5.4厘米（图二二二，3；彩版一六八，3）。

四系罐　3件。灰白胎。丰肩，肩部附四半环耳。耳际饰一组弦纹，口沿外饰一周弦纹。其中1件残，形制不明；余2件依形状，分两型。

A型　1件（09HYGM1：扰3），公务员小区一期M1出土。软陶。器形较高。敞口，圆唇，丰肩，上腹鼓，下腹斜直，平底内凹。口径11.4、腹径19.9、底径13.2、高19.2厘米（图二二二，6；彩版一六八，4）。

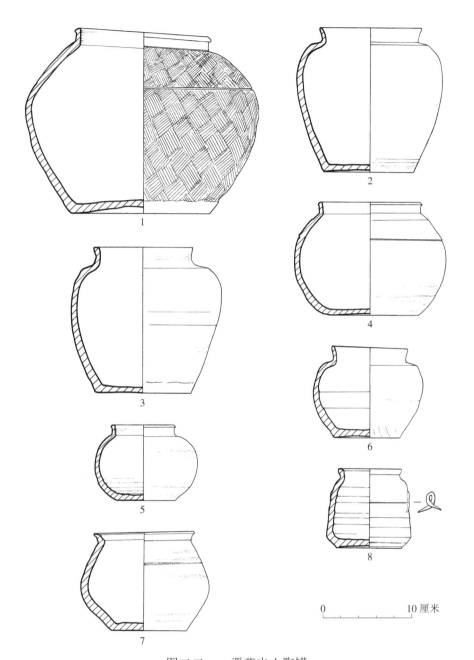

图二二一　晋墓出土陶罐

1. A 型Ⅱ式（12HLWM5a∶22）　　2、3. B 型Ⅱ式（09HYGM1∶16、09HYGM1∶22）　4、5. C 型（12HLWM5a∶11、12HLWM5a∶15）　6. D 型（09HYGM1∶21）　7. E 型（11HDM4∶扰3）　8. F 型（12HLWM2∶扰4）

　　B 型　1 件（11HDM4∶扰1），电厂 M4 出土。硬陶。器形较矮。直口，平唇，上腹圆鼓，下腹弧收，平底内凹。口径 9.9、腹径 17.5、底径 10.8、高 13.6 厘米（图二二二，7；彩版一六八，5）。

　　圆盘　1 件（12HLWM2∶扰3），罗屋村 M2 出土。灰白色硬陶。广口，沿向外斜出，平底。盘面饰三周弦纹，底面饰两周弦纹。口径 20.5、底径 19.6、高 2.6 厘米（图二二二，5；彩版一六八，6）。

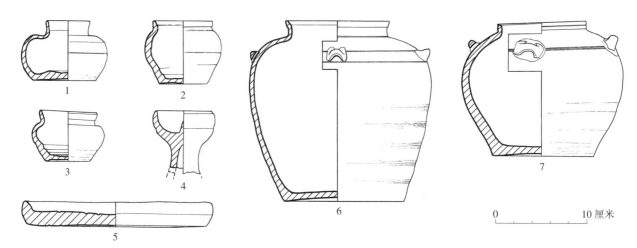

图二二二　晋墓出土陶器

1. A 型小罐（09HYGM1：3）　2. B 型小罐（09HYGM1：4）　3. C 型小罐（09HYGM1：5）

4. 灯（09HYGM1：29）　5. 圆盘（12HLWM2：扰 3）　6. A 型四系罐（09HYGM1：扰 3）

7. B 型四系罐（11HDM4：扰 1）

灯　1 件（09HYGM1：29），公务员小区一期 M1 出土。淡红色硬陶。灯盘直口，圆唇，盘内有一支钉，柄呈亚腰形，座残。灯盘口径 5.7、残高 6.7 厘米（图二二二，4）。

钵　5 件，公务员小区一期 M1 出土。敞口，近口沿处束收。深弧腹，圈足。其中 1 件残，余 4 件依圈足形制，分两式。

Ⅰ式　2 件。圈足外撇。

09HYGM1：14，灰色硬陶，夹细砂。平唇，足较高。腹部饰一周弦纹。口径 16.3、腹径 17.8、足径 13.4、高 12.3 厘米（图二二三，1；彩版一六九，1）。

Ⅱ式　2 件。灰白胎软陶。圈足低矮。上腹饰三周弦纹，下腹饰一周弦纹。

09HYGM1：24，圆唇。口径 19.7、腹径 21.8、足径 11、高 12.2 厘米（图二二三，3；彩版一六九，2）。

09HYGM1：25，圆唇。口径 18.6、腹径 21.2、足径 11、高 13.9 厘米（图二二三，2；彩版一六九，3）。

碗　2 件。电厂 M4 出土，均为口沿残片。灰白胎硬陶。敞口，尖唇。

11HDM4：扰 11，口径 13、残高 6.4 厘米。

盏　2 件。电厂 M4 和罗屋村 M5a 出土。灰白胎硬陶，施青黄釉，多已脱落。敞口，圆唇，弧腹，平底。口沿外饰一周弦纹。底部有泥条盘筑痕迹。

11HDM4：扰 8，内底一周弦纹。口径 7.1、底径 3.6、高 2.7 厘米（图二二三，5；彩版一六九，5）。

12HLWM5a：8，腹部较浅。内底饰一组弦纹。口径 7.2、底径 4.1、高 2.4 厘米（图二二三，4；彩版一六九，6）。

井　1 件（09HYGM1：15），公务员小区一期 M1 出土。红色硬陶，夹粗砂。井口方形，圆形

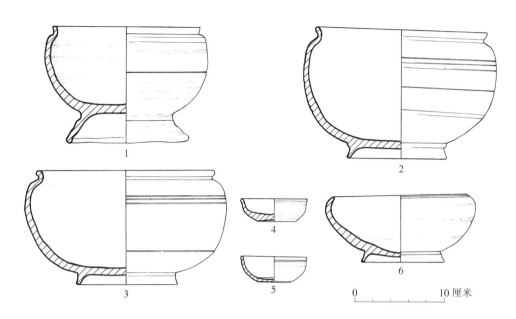

图二二三　晋墓出土陶器、高温釉陶器

1. Ⅰ式陶钵（09HYGM1：14）　　2、3. Ⅱ式陶钵（09HYGM1：25、09HYGM1：24）　　4、5. 陶
盏（12HLWM5a：8、11HDM4：扰8）　　6. 高温釉陶钵（09HYGM1：34）

井栏，方形地台，四角各有长条状柱础。井内附一小桶，桶直口，直壁，平底，口沿上竖出两耳，
耳上穿孔。井口边长13.9、井栏径15.5、井台边长19.3、井高14.6厘米，桶口径4.2、通高5.2
厘米（图二二四，3；彩版一七〇，2、3）。

仓　1件（09HYGM1：2），公务员小区一期M1出土。灰白色软陶。平面作长方形，悬山顶。
盖顶正脊突起，前后坡面各有八垂脊。仓体正面居中辟长方形门，门前附一横向凸棱。前有底板
伸出，以示廊，两端以泥条围起曲尺形护栏。右侧山墙中部有一圆形气孔。面阔19.7、进深
15.4、通高15.2厘米（图二二四，1；彩版一七〇，1）。

鸡坩　1件（09HYGM1：18），公务员小区一期M1出土。灰白色软陶。盖顶平圆，宽沿下折，
中部下凹，中央附饼形纽。器身敛口，上部鼓，下部弧收，平底下附四柱状矮足；前开一长方形
门，四周门框外凸，两侧框上各有一圆孔，上下框各有两圆孔。口径15.6、底径10.8、门宽
6.4、高4.1、鸡坩通高14.4厘米（图二二四，2；彩版一七〇，4）。

屋　1件（12HLWM2：扰6），罗屋村M2出土。红色软陶。屋顶盖残片。正脊突起，盖面刻
划短细槽以示瓦垄结构。盖面厚1.1、正脊高2.8厘米。

灶　1件（09HYGM1：20），公务员小区一期M1出土。灰白色软陶。灶体船形，灶面开两
眼，前眼略大，近灶门一侧两端翘起，灶门长方形，不设门槛，无地台。无烟突，后端开圆形
烟孔。前置一甑，甑敞口，圆唇，束颈，圆鼓腹，平底，底部镂一圈小圆孔，上腹附两扁耳。
甑口径15.8、底径9.3、高10.5厘米，灶体长35.5、宽21.2、高11.5厘米（图二二四，4；
彩版一七〇，5）。

釜　3件。依口沿特征，分两型。

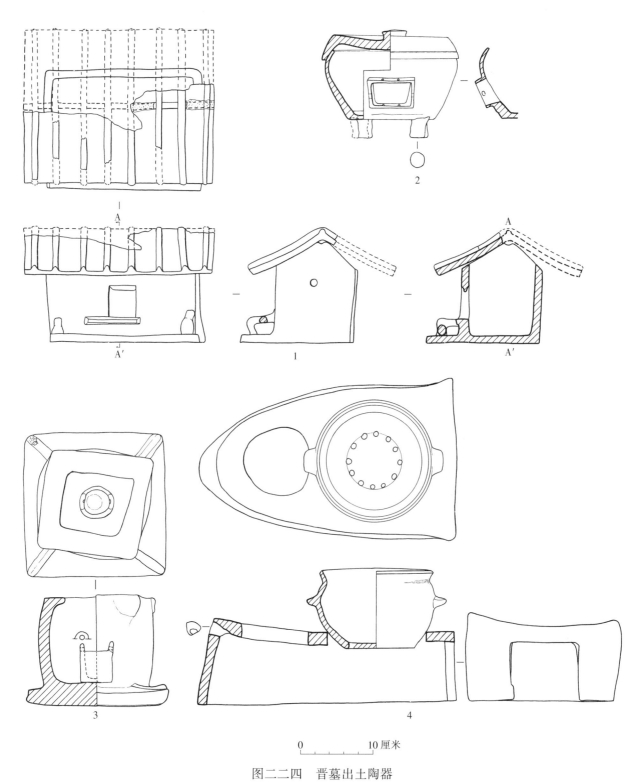

图二二四　晋墓出土陶器

1. 仓（09HYGM1：2）　　2. 鸡埘（09HYGM1：18）　　3. 井（09HYGM1：15）　　4. 灶（09HYGM1：20）

A 型　2 件。公务员小区一期 M1 出土。灰白色软陶。敞口。溜肩，弧腹。

09HYGM1：26，平底。口径 9.6、腹径 11.2、底径 6.6、高 9.6 厘米（图二二五，1；彩版一七一，1）。

09HYGM1：扰 6，残损不全。口径约 16、残高 9.7 厘米。

B 型　1 件（12HLWM5a：14），罗屋村 M5a 出土。灰色硬陶。直口。圆唇，扁圆腹，平底。肩部饰一周弦纹。口径 3.8、腹径 6.2、底径 3.9、高 4 厘米（图二二五，2；彩版一七一，2）。

甗　1 件（12HLWM5a：12），罗屋村 M5a 出土。淡红色软陶。上部甑敞口，沿外折，弧腹，平底，底面有七孔，中心一孔圆形，周边六孔呈梯形。腹部折出两耳，耳际饰一组弦纹。下部釜敞口，沿较高，扁圆腹，圜底。腹部饰一组弦纹。甑口径 16.9、底径 11.4、釜口径 18、通高 17.4 厘米（图二二五，4；彩版一七一，3、4）。

纺轮　1 件（12HLWM3：扰 5），罗屋村 M3 出土。灰色软陶。算珠状。径 2.55、高 2 厘米（图二二五，3；彩版一七一，5）。

器盖　3 件，罗屋村 M2 出土。灰白胎，硬陶，局部残存青黄釉。顶附亚腰形纽，纽顶锥凸。依形状，分两式。

A 型　1 件（12HLWM2：扰 5）。盖面微隆，沿下折。饰细弦纹。口径 16.4、高 4.8 厘米（图二二五，5）。

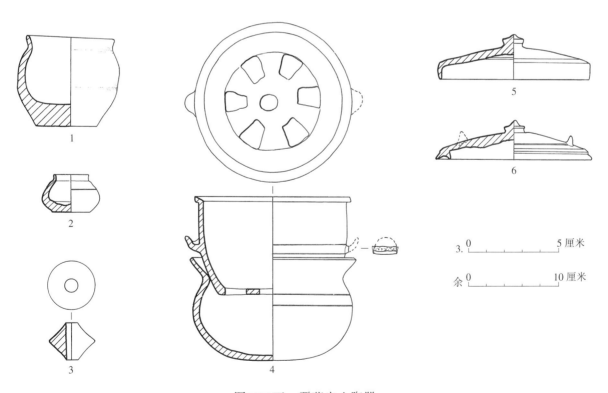

图二二五　晋墓出土陶器

1. A 型釜（09HYGM1：26）　2. B 型釜（12HLWM5a：14）　3. 纺轮（12HLWM3：扰 5）　4. 甗（12HLWM5a：12）　5. A 型器盖（12HLWM2：扰 5）　6. B 型器盖（12HLWM2：扰 1）

B 型　2 件。盖面稍平，上等布三乳丁，边缘微折，盖下凸唇。盖面饰一周弦纹。

12HLWM2：扰 1，口径 17.2、高 4.2 厘米（图二二五，6）。

瓦　1 件（09HYGM1：扰 8），公务员小区一期 M1 出土。残为若干片，均属板瓦，灰白色。瓦面饰绳纹。厚 1.3～1.6 厘米。

二　高温釉陶器

仅 1 件钵。

钵　1 件（09HYGM1：34），公务员小区一期 M1 出土。高温釉陶，施青黄釉。敛口，圆唇，上腹鼓，下腹弧收，最大腹径靠上，矮圈足外撇。近口沿处饰一组弦纹。口径 14.6、腹径 16.5、足径 9.1、高 7.2 厘米（图二二三，6；彩版一六九，4）。

三　青瓷器

29 件。多为灰白色硬陶胎，釉色有青黄及青绿两种，部分器物釉层脱落。器形有盒、壶、唾壶、四系罐、碗、钵、釜、虎子。

盒　1 件（12HLWM5a：9+21），罗屋村 M5a 出土。盖面隆突，圆帽形纽，沿下有凸唇扣入器口。盖面饰两组弦纹。器身敛口，圆唇，扁圆腹，平底内凹。腹部饰四周弦纹。内外底面各见四处支垫痕。口径 14.6、腹径 16.4、底径 9.4、通高 13.2 厘米（图二二六，1；彩版一七二，1）。

壶　1 件（12HLWM5a：13），罗屋村 M5a 出土。盘口，圆唇，短束颈，溜肩，扁圆腹，最大腹径偏下，假圈足。口径 9.3、腹径 13.5、足径 9.8、高 13 厘米（图二二六，2；彩版一七二，2）。

唾壶　1 件（12HLWM3：扰 1），罗屋村 M3 出土。颈部以上残缺。束颈，扁腹，最大腹径偏下，假圈足，平底内凹。腹径 18、足径 15.3、残高 11.1 厘米（图二二六，4；彩版一七二，3）。

四系罐　3 件。丰肩，上腹鼓，下腹弧收，最大腹径靠上，平底。依器形大小，分两型。

A 型　2 件，电厂 M4、罗屋村 M5a 各出土 1 件。器形较大。肩两侧附两组纵向半环耳。颈及肩部饰弦纹。

11HDM4：4，直口，平唇，平底略内凹。耳际饰两组弦纹。口径 9.9、腹径 17.5、底径 10.4、高 13.6 厘米（图二二六，3；彩版一七二，4）。

12HLWM5a：20，肩腹部点饰酱釉。敞口，圆唇。耳上饰叶脉纹，罐内有数周弦纹。口径 16.4、腹径 21、底径 11.4、高 14.4 厘米（图二二六，8；彩版一七二，5）。

B 型　1 件（11HDM4：9），电厂 M4 出土。器形较小。口部以上残损，肩部附四横向半环耳。耳际饰一周弦纹。腹径 8.2、底径 4.4、残高 5.4 厘米（图二二六，6；彩版一七三，1）。

碗　20 件。敞口，矮假圈足。内底饰一周弦纹。依形状，分三型。

A 型　3 件，电厂 M4 出土。深腹，平底内凹。依腹部形制，分两式。

Ⅰ 式　2 件。弧腹。

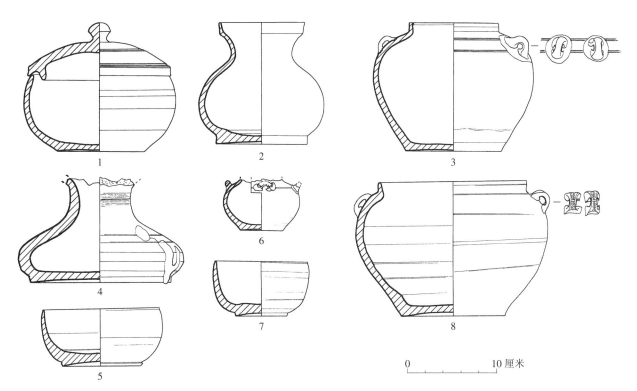

图二二六　晋墓出土青瓷器

1. 盒（12HLWM5a：9＋21）　　2. 壶（12HLWM5a：13）　　3、8. A 型四系罐（11HDM4：4、12HLWM5a：20）　　4. 唾壶
（12HLWM3：扰 1）　　5、7. A 型Ⅰ式碗（11HDM4：8、11HDM4：7）　　6. B 型四系罐（11HDM4：9）

11HDM4：8，口径 13.1、足径 8.6、高 6.2 厘米（图二二六，5；彩版一七三，2）。

11HDM4：7，器形稍小。口径 10、足径 5.7、高 5.9 厘米（图二二六，7；彩版一七三，3）。

Ⅱ式　1 件（11HDM4：扰 2）。上腹稍直，下腹弧收。口径 14.5、足径 8.9、高 7.9 厘米（图二二七，1；彩版一七三，4）。

B 型　1 件（12HLWM5a：17），罗屋村 M5a 出土。口较 A 型敞，圆唇，弧腹较浅。口沿下及碗内底部各饰一周弦纹。口径 15.3、足径 7.7、高 6.1 厘米（图二二七，2；彩版一七三，5）。

C 型　16 件。浅腹，器形较 A、B 型小。依腹部形制，分两式。

Ⅰ式　7 件，电厂 M4 出土。弧腹。

11HDM4：10，底面有"卄"形刻划符号。口径 8.5、足径 5.1、高 3.9 厘米（图二二七，3；彩版一七四，1）。

11HDM4：14，内底聚釉。口径 8.5、足径 5.6、高 4 厘米（图二二七，4；彩版一七四，2）。

11HDM4：扰 6，碗内底部有四支垫痕。口径 9.8、足径 6.2、高 4.2 厘米（图二二七，5；彩版一七四，3）。

Ⅱ式　9 件，电厂 M4 出土 6 件，罗屋村 M3 出土 3 件。上腹稍直，下腹弧收。

11HDM4：5，底面有"#"形刻划符号。口径 8.4、足径 5.4、高 3.9 厘米（图二二七，6）。

12HLWM3：扰 2，碗内底部有四支垫痕。口径 8.9、足径 5.5、高 5 厘米（图二二七，7；彩版

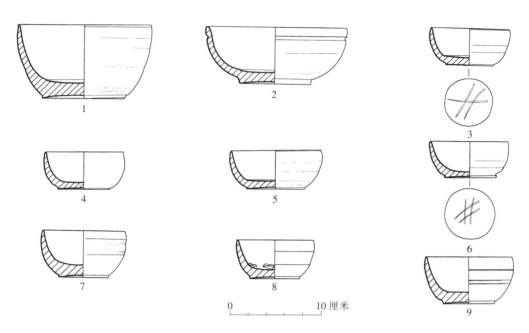

图二二七　晋墓出土青瓷碗

1.A 型Ⅱ式（11HDM4：扰 2）　2.B 型（12HLWM5a：17）　3～5.C 型Ⅰ式（11HDM4：10、11HDM4：14、11HDM4：扰 6）　6～9.C 型Ⅱ式（11HDM4：5、12HLWM3：扰 2、12HLWM3：扰 4、12HLWM3：扰 3）

一七四，4）。

　　12HLWM3：扰 4，碗内底部饰一周弦纹，有四支垫痕。口径 8.4、足径 5.4、高 4.1 厘米（图二二七，8；彩版一七四，5）。

　　12HLWM3：扰 3，碗内底部有四支垫痕。口径 9.4、足径 5.6、高 5 厘米（图二二七，9；彩版一七四，6）。

　　钵　1 件（11HDM4：3）。敛口，圆唇，扁圆腹，平底内凹。口径 9.1、底径 6.9、高 7.3 厘米（图二二八，1；彩版一七五，1）。

　　釜　1 件（12HLWM5a：16），罗屋村 M5a 出土。直口，尖唇，扁腹，平底内凹。上腹贴附四耳，耳均已脱落。肩部有一周凹棱，耳际饰两周弦纹。口径 3.8、底径 4.5、高 3.6 厘米（图二二八，2）。

　　虎子　1 件（12HLWM5a：10），罗屋村 M5a 出土。虎口近圆稍扁，侧面观呈竹节状，虎面部较写实，眉、眼、鼻、须、耳俱全，头、尾以弧条把手相连，臀上附贴泥条以示虎尾，虎体肥硕，腰部束收，臀后呈平面状，四足矮小，呈卧伏状。虎口径约 5.6、尾径 8、体长 23.8、宽 13.8、通高 16.3 厘米（图二二八，3；彩版一七五，2）。

四　铁器

　　15 件。其中罗屋村 M1 出土 1 件残件器形不明，其余器类有釜、削、钉。

　　釜　1 件（11HDM4：2），电厂 M4 出土。残损锈蚀严重。敞口，平唇，束颈，圜底。口径约

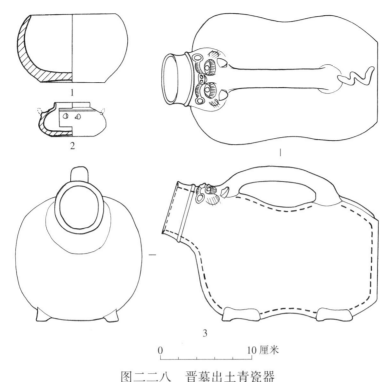

0　　　　　　　10 厘米

图二二八　晋墓出土青瓷器

1. 钵（11HDM4∶3）　　2. 釜（12HLWM5a∶16）　　3. 虎子（12HLWM5a∶10）

22 厘米。

　　削　1 件（09HYGM1∶扰 1），公务员小区一期 M1 出土。扁条形。中宽 1.5、厚 0.4 厘米。

　　钉　12 件，其中罗屋村 M5a 出土 7 件，罗屋村 M5b 出土 5 件。顶部宽，截面呈长方形，上粗下细，截面近方形，下端收尖。

　　12HLWM5a∶1，长 12.7、中宽 0.8 厘米（图二二九，1）。

　　12HLWM5a∶6，残长 9.8、中宽 0.9 厘米（图二二九，2）。

　　12HLWM5b∶1，顶端弧，较粗，横截面呈长方形。长 13.1、中宽 1.3 厘米（图二二九，3）。

五　其他

　　银钗　1 件（12HLWM5b∶6），罗屋村 M5b 出土。形体较小，呈“U”字状，钗首圜曲，扁薄似叶片形，双股钗身细短，截面圆形，尽端尖锐。长 3.85、钗首宽 0.7 厘米（图二二九，5；彩版一七五，3）。

　　石黛砚　1 件（12HLWM5b∶7），罗屋村 M5b 出土。灰色砂岩。平面长方形，各面均较粗糙，磨面残留墨迹。残长 9.6、宽 7.3、厚 0.7 厘米（图二二九，4；彩版一七五，4）。

　　玻璃珠　2 件，公务员小区一期 M1、罗屋村 M5a 各出土 1 件。

　　09HYGM1∶扰 4，1 粒，绿色。扁圆形。经检测，属钠铝玻璃。

　　12HLWM5a∶24，26 粒，深绿色。扁圆形。圆径 0.3～0.45、扁径 0.15～0.3 厘米（图二二九，

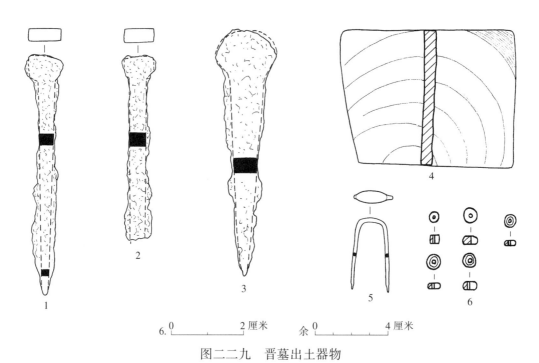

图二二九　晋墓出土器物

1～3. 铁钉（12HLWM5a：1、12HLWM5a：6、12HLWM5b：1）　4. 石黛砚（12HLWM5b：7）　5. 银钗
（12HLWM5b：6）　6. 玻璃珠（12HLWM5a：24）

6；彩版一七五，5）。经检测，属泡碱型钠钙玻璃。

第三节　分期与年代特征

吴太元二年（252年），珠官郡复称合浦郡，西晋沿袭。太康元年（281年），撤珠崖郡并入合浦郡，同年划出合浦县东北部设荡昌县（今容县）。建武元年（317年）以后，析合浦县地置新安县，合浦郡隶属交州，郡址北移至今浦北县旧州一带①。这一时期合浦地区墓葬数量的急剧减少，应与行政中心北移有关。

本期墓葬有土坑墓和砖室墓两类，仅罗屋村M2为土坑墓。砖室墓均为直券顶，依有无侧室分两型。随葬器物种类和数量相对较少，主要有陶器、高温釉陶器、青瓷器和铁器，银钗、石黛砚和玻璃珠也有发现，但未见铜器随葬。

公务员小区一期M1属B型砖室墓，两侧有侧室，这种做法常见于东汉晚期墓。该墓无青瓷器出土，陶器有完整的井仓灶组合，出土的B型Ⅱ式罐与三国墓D型Ⅲ式高温釉陶罐外形接近，但陶壶、A型Ⅰ式罐、D型罐、小罐、A型四系罐、陶灯、陶钵、鸡埘等均不见于三国墓。另罗屋村M2为土坑墓，扰土中发现陶圆盘、陶罐、陶屋残件和器盖等，无论陶质，还是从陶屋这类模型明器，与公务员小区一期M1更接近，因而这2座墓的年代定为西晋。西晋墓的陶器烧制温度偏低，与三国时期相比，器形种类减少，陶瓷已不见，瓮罐组合不再流行，鼎、盒、提筒、樽等

---

①　合浦县志编纂委员会：《合浦县志》第46页，广西人民出版社，1994年。

器形消失，壶的形制与前期不同，颈部竖长，除肩部附耳外颈部亦附耳。陶罐数量较多，纹饰有弦纹、方格纹、复线菱格纹、条形纹及叶脉纹等。模型明器井、仓、灶的组合仍旧存在，但器形已趋于简单，不见屋、溷等类型。

其余 10 座均属 A 型砖室墓，形制总体上来说，都比较简单，常见短墓道。罗屋村 M5 的形制独特，墓道似竖井，以暗道相连墓室，两异穴合葬墓的墓室之间还有短过道相通。罗屋村 M3、M5 和电厂 M4 已大量出现青瓷器，如盒、壶、唾壶、四系罐、碗、钵、釜、虎子等，胎质细腻，烧制温度极高，施釉均匀，但部分青瓷器的胎、釉黏结不够紧密，釉层易于脱落。罗屋村 M5a 出土的青瓷壶与南越宫苑遗址中两晋、南朝遗存第 1 期出土的青釉唾壶相似①；A 型青瓷四系罐与广东和平县晋墓出土 B 型青瓷四耳罐相似②；B 型青瓷碗与平乐银山岭晋墓出土青瓷碗同③；青瓷盒盖与广州市下塘狮带岗晋墓出土瓷器盖同④，年代应已属东晋时期。电厂 M3 出土的 A 型Ⅱ式罐与罗屋村 M5a 接近，罗屋村 M1 墓室尾端带壁龛的做法与罗屋村 M3 相同，也可归入东晋墓，其余 4 座虽出土器物全无，但从墓葬形制来看，为东晋墓的可能性更大。东晋墓无模型明器井、仓、灶发现，出土的青瓷器胎质细腻，烧制温度极高，施釉均匀，反映出较高的工艺水平。

① 南越王王宫博物馆筹建处，广州市文物考古研究所：《南越宫苑遗址 1995、1997 年考古发掘报告》（下）第 113～114 页，文物出版社，2008 年。
② 广东省文物考古研究所、和平县博物馆：《广东和平县晋至五代墓葬的清理》，《考古》2000 年第 6 期。
③ 广西壮族自治区文物工作队：《平乐银山岭晋墓》，《考古学报》1978 年第 4 期。
④ 广州市文物管理委员会：《广州市下塘狮带岗晋墓发掘简报》，《考古》1996 年第 1 期。

附表　晋墓登记表

（长度单位：米）

墓号	墓向	墓葬结构								随葬器物				年代
		封土		墓道		墓室		葬具	其他	陶、釉陶、瓷器	铜器	铁器	其他	
		高	直径	宽	坡度	前长×宽×深	后长×宽×深							
公务员小区一期（09HYG）M1	156°	无		1.25	（墓道未发掘）	2.15×3.2－1.2	2.98×2－1	单棺	B型砖室墓，前室带两侧室	壶2，A型Ⅰ式罐2，B型Ⅰ式罐，B型Ⅱ式罐6，D型罐残件8，A型小罐，B型小罐，C型小罐，Ⅰ式钵，Ⅱ式钵2，灯残件2，A型釜，井，仓，鸡埘，灶，陶钵；扰土：罐残件6，A型四系罐，A型钵残件，A型釜，陶片4，瓦片		扰土：削残件	扰土：玻璃珠	西晋
二炮厂（11HFP）M26	172°	无		0.92	10°	1.74×1.48－0.74	2.72×1.48－0.54	单棺	A型Ⅱ式砖墓	无				晋
电厂（11HD）M3	90°	无		0.86	15°	3.84×1.34－0.25		单棺	A型Ⅲ式砖墓	扰土：A型Ⅱ式罐				东晋
电厂M4	270°	无		1.14	11°	4.22×1.4－0.61		单棺	A型Ⅰ式砖墓，尾星端带壁龛	A型青瓷四系罐，B型青瓷四系罐，青瓷钵，A型Ⅰ式青瓷碗2，C型Ⅰ式青瓷碗4，C型Ⅱ式青瓷碗5；扰土：E型罐，B型四系罐，四系罐残件，碗残件2，盏，A型Ⅱ式青瓷碗，C型Ⅰ式青瓷碗3，C型Ⅱ式青瓷碗		釜残件		东晋

续附表

| 墓号 | 墓向 | 封土 | | 墓道 | | 墓室 | | 葬具 | 其他 | 随葬器物 | | | | 年代 |
		高	直径	宽	坡度	前长×宽—深	后长×宽—深			陶、釉陶、瓷器	铜器	铁器	其他	
罗屋村（12HLW）M1	320°	无		0.6/0.78	23°	3.1×0.78—1.18		单棺	A型II式砖室墓，尾端带壁龛	扰土：罐残片，陶片		扰土：残件		东晋
罗屋村M2	165°	0.8	10	0.9/1.08	39°	2.24×2.11—1.2	3.66×2.11—1.2	单棺	土坑墓，前室后端有祭台	扰土：F型罐，圆盘，A型器盖，B型器盖2，屋脊残片				两晋
罗屋村M3	40°	无		0.84/1.04	20°	4.12×1.28—1.32		单棺	A型I式砖室墓，尾端带壁龛	扰土：纺轮，陶片2，青瓷睡壶，C型II式青瓷碗3				东晋
罗屋村M4	335°	无		0.9/1.2	28°	1.95×2.05—3.25	2.95×1.5—3.2	单棺	A型II式砖室墓	无				晋
罗屋村M5a	325°	无		1/1.05	阶梯状	1.25×1.7—2.75	3.35×1.8—2.75	单棺	A型IV式砖室墓，墓道洞洞和墓室以暗洞相通，尾端带壁龛	陶片，B型釜，C型罐2，A型II式瓶，青瓷盒，青瓷壶，A型青瓷四系罐，青瓷虎子，B型青瓷碗，青瓷釜		钉7	玻璃珠	东晋
罗屋村M5b	335°	无		0.9	三级阶梯	4.3×1.4—2.7		单棺	A型I式砖室墓，墓道洞洞和墓室以暗洞相通，尾端带壁龛	扰土：陶片		钉5	银钗，石黛砚	东晋

续附表

墓号	墓向	墓葬结构									随葬器物					年代
		封土		墓道		墓室			葬具	其他	陶、釉陶、瓷器	铜器	铁器	其他	
		高	直径	宽	坡度	前长×宽一深	后长×宽一深								
罗屋村 M9	20°	无		1	41°	2.26× 1.82－1.02	2.96× 1.34－0.84		单棺	A 型 Ⅱ 式砖室墓	无				晋
公务员小区二期（13HYG） M8	300°	无		1.46	18°	1.62× 2.22－0.78	3.14× 1.46－0.64		单棺	A 型 Ⅱ 式砖室墓	无				晋

说明："随葬器物"的"陶、釉陶、瓷器"栏中，釉陶器指高温釉陶器，未注明质地者均为陶器。

第六章　相关问题的讨论

本章主要讨论西汉晚期卷棚顶的出现、有关汉代海上丝绸之路文物以及三国时期钵生莲花器与佛教海路传入的关系等。

第一节　西汉晚期卷棚顶的出现

中国建筑的形成和发展具有悠久的历史，因各地的气候、人文、地质等不同，形成了各具特色的建筑风格，其屋顶形式更是丰富多样。然而，由于风雨剥蚀、自然垮塌以及各种人为因素，许多古代建筑已不复存在，加之记载阙如，这些消失了的建筑，从布局到细部、从形式到结构的相关内容，很多难以考实。考古出土的较为完整的建筑明器，则多能弥补其中的缺憾。它以直观形象的表现方法，使我们得以研究古代建筑的形式和技术，管窥当时科学技术和生产力的发展水平，不失为重要的实物资料。

进入汉代，以仓、灶、井等模型明器为主要组合的随葬品成为汉墓最主要特征。屋顶式样已经发展成熟，出现了后代建筑比较常用的庑殿、歇山、悬山、囤顶和攒尖五种基本类型，"中国屋顶式样有四阿（清式称庑殿）、九脊（清称歇山）、不厦两头（清称悬山）、硬山和攒尖五种，汉代五种均已备矣"①。刘敦桢先生以"囤顶"取代"硬山"，认为"到汉代已有庑殿、歇山、悬山、囤顶、攒尖五种基本形体和重檐屋顶"②。不过，遍观这些汉代的屋顶形式，在之前合浦汉墓的出土中，尽管模型明器的数量巨大，但仓和屋的顶部形式则不多，发现几乎全为悬山，仅有极少部分为庑殿或攒尖。

分属西汉晚期和东汉晚期的合浦电厂 M1 和庞屋队 M1 出土的卷棚顶陶仓（11HDM1∶1、13HZPM1∶扰 3），是新出现的屋顶形式。卷棚顶是我国古代屋顶的形式之一，有悬山卷棚顶和歇山卷棚顶两种，其建筑为前后两坡不做大脊，瓦垄直接卷过屋面。屋面上的两条垂脊随瓦垄卷过屋面，呈罗锅状③。卷顶棚形式活泼美观，一般用于园林的亭台、廊榭及小型建筑上。至于卷棚

---

① 梁思成：《中国建筑史》第 63、299 页，百花文艺出版社，1998 年。
② 刘敦桢：《中国古代建筑史》（第二版）第 14 页，中国建筑工业出版社，2003 年。
③ 王效清主编：《中国古代建筑术语词典》第 264 页，文物出版社，2007 年。

顶最早出现的时间，论著基本没有涉及①，或仅举近代实例，如梁思成先生仅介绍圆明园，"屋顶形状仅安佑殿大殿为四阿顶，其余九脊顶，排山，硬山或作卷棚式"②。也有学者把辽宁旧城东门里东汉壁画墓③出土的陶屋，定为"硬山卷棚式"④，事实上，如报告所言，属悬山顶建筑。这件陶屋的屋面弧形，略同卷棚，但从其上的三个山字形脊饰来看，是有正脊的，不应算作卷棚顶。

合浦电厂 M1 的卷棚顶陶仓，平面作长方形，仓体正面开门，门两侧各有一加栓之用的扁圆突，前有走廊底板，仓底附四柱足，除屋顶外，与同时期的陶仓并无二样。延至东汉晚期，从庞屋队 M1 出土的陶溷可以看出，卷棚顶弧度变小，拱背略低，坡面上刻划有粗疏的瓦垄，且两侧带垂脊以加固。除此，其整体结构及外墙刻划梁架等，与同时期的陶溷也大致相同。尽管如此，这两件器物填补了目前国内汉代考古发现的空白，且年代确凿，把卷棚顶出现的时间上溯并明确在西汉晚期，这对于中国建筑史研究意义重大。

第二节　有关汉代海上丝绸之路文物

有关汉代海上丝绸之路，《汉书·地理志》有以下一段涉及航线、航程和贸易商品等内容的记载：

> 自日南障塞，徐闻、合浦船行可五月，有都元国；又船行可四月，有邑卢没国；又船行可二十余日，有谌离国；步行可十余日，有夫甘都卢国。自夫甘都卢国船行可二月余，有黄支国，民俗略与珠崖相类。其州广大，户口多，多异物，自武帝以来皆献见。有译长，属黄门，与应募者俱入海市明珠、璧流离、奇石异物，赍黄金杂缯而往。所至皆禀食为耦，蛮夷贾船，转送致之。亦利交易，剽杀人。又苦逢风波溺死，不者数年来还。大珠至围二寸以下。平帝元始中，王莽辅政，欲耀威德，厚遗黄支国，令谴使献生犀牛。自黄支船行可八月，到皮宗；船行可八（景祐、殿本作"二"）月，到日南、象林界云。黄支之南，有已程不国，汉之译使自此还矣。⑤

这里输入的"明珠、璧流离、奇石异物"，综合文献、考古发现与科技研究，我们认为主要有珍珠、玻璃、石榴子石、琥珀、水晶、绿柱石、玛瑙、蚀刻石髓珠、金花球、焊珠金箔等珠饰。

---

① 李金龙在《中国古建筑屋顶析》（《戏剧艺术》1993 年第 6 期）一文中提到"据专家考证，卷棚顶最早起于南北朝"，但出处不详。

② 梁思成：《中国建筑史》第 63、299 页，百花文艺出版社，1998 年。

③ 辽宁省博物馆、辽阳博物馆：《辽宁旧城东门里东汉壁画墓发掘报告》，《文物》1985 年第 6 期。

④ 周俊玲、高强：《从建筑明器看秦汉房屋的架构》，《文物世界》2012 年第 6 期。

⑤ （汉）班固：《汉书·地理志》第 1671 页，中华书局，1962 年。

一些零星出土的舶来器物，如波斯陶壶、铜钹等，为随身携带使用，不属于贸易商品①。在本次发掘中，尽管多数墓葬在历史上已被盗掘，但还是有不少相关的重要发现。

1. 玻璃

除西汉晚期汽齿厂 M7 出土 1 枚小巧的龟形饰外，其余均为串珠。串珠在三国墓发现 96 颗，晋墓发现 27 颗，其余绝大部分出自汉墓。汉墓出土的串珠共约 6043 颗，分出自西汉晚期的 6 座墓葬和东汉的 8 座墓葬，其中西汉晚期墓约有 3738 颗，出土数量最多的是汽齿厂 M7，约达 3000 颗；东汉墓约有 2305 颗，出土数量最多的是二炮厂 M8 出土，达 2131 颗。这些玻璃珠均为拉制珠，穿孔，扁圆或长圆形，有深蓝色、蓝色、浅蓝色、浅绿色、深绿色和铜红色等颜色。

我们选取有代表性的 25 份玻璃样品，送中国科学院上海光学精密机械研究所检测分析，结果显示，有低钙型钾玻璃、泡碱型钠钙玻璃、混合碱玻璃、中等钙铝型钾玻璃等四种成分体系（详见附录一）。广西和越南北部是低钙型钾玻璃（m-K-Al）和部分中等钙铝型钾玻璃（m-K-Ca-Al）亚类的产地之一，这部分玻璃珠大都属于交州本地自制；混合碱玻璃在印度和东南亚都有较多发现，尽管确切产地尚不明确，但应该来自这些地区；泡碱型钠钙玻璃，则属西方典型的罗马玻璃。

2. 琥珀

出自西汉晚期的 3 座墓葬。二炮厂 M4 出土扁圆形琥珀珠 2 颗、鸽形饰 1 枚，二炮厂 M12 出土半圆形琥珀珠 1 颗，汽齿厂 M7 出土珰形饰 1 枚。

两广沿海出土的琥珀制品，以合浦最多、最集中，据不完全统计，合浦有 30 多座汉墓出土。关于琥珀，《后汉书·西南夷传》记载，永昌哀牢夷（今云南西部）出产琥珀。宋人周去非《岭外代答》也提到，注辇国（今印度南部）有"杂色琥珀"。从云南的考古发现来看，在石寨山和李家山汉墓中，很少琥珀出土②，因此，合浦出土的琥珀来自云南的可能性很小。"汉晋时期，极有可能，中国境内的琥珀尚未得到成规模的开采。"③ 值得注意的是，在西方，很早就把琥珀作为贸易商品，且非常昂贵。合浦发现的多件圆雕狮子，其艺术创作的母题也来自域外。狮子并非中国固有，汉代进入中国之前，其分布区沿地中海南岸，延伸至伊朗高原和印度西部，最北可达阿富汗。至于合浦汉墓中曾出土的刻汉字琥珀印章，或为进口原材料加工。因此，合浦出土的琥珀制品或原材料从盛产琥珀的缅甸等地海路输入的可能性很大。

3. 石榴子石

仅见于东汉晚期的一组串饰中（二炮厂 M14a 出土），共 32 颗，为红褐色，圆形或扁圆形。

---

① 相关论述可参见：Xiong Zhaoming, The Hepu Han tombs and The Maritime Silk Road of the Han dynasty, *Antiquity*, Vol：88，342，pp. 1229 – 1243. 熊昭明、李青会：《广西出土的钠钙玻璃与汉代海上丝绸之路》，《汉代城市和聚落考古与汉文化》，科学出版社，2012 年；广西壮族自治区文物工作队、合浦县博物馆：《合浦风门岭汉墓——2003～2005年发掘报告》第 133～136 页，科学出版社，2006 年；熊昭明、李青会：《广西出土汉代玻璃器的考古学与科技研究》，文物出版社，2011 年。

② 石寨山出土 1 串，李家山出土 16 枚。参见张增祺：《晋宁石寨山》第 104、214 页，云南美术出版社，1998 年；云南省文物考古研究所、玉溪市文物管理所、江川县文化局：《江川李家山——第二次发掘报告》第 221 页，文物出版社，2007 年。

③ 霍巍、赵德云：《战国秦汉时期中国西南的对外文化交流》第 103 页，巴蜀书社，2007 年。

石榴子石珠是输入的另一类典型器物。石榴子石在大自然中分布广泛，斯里兰卡、印度、马达加斯加、美国、中国等国是石榴子石的主要产地，但在汉代及更早时期，印度、斯里兰卡是石榴子石加工的一个重要地区。合浦汉墓出土石榴子石串饰数量不少，形状多样，年代早至西汉晚期。合浦氮肥厂 M1 所出为系领状，合浦凸鬼岭齿轮厂 M6 所出为狮形，风门岭麻纺厂 M4 所出为双锥形、圆形和系领珠，这种器形的玻璃珠和矿石珠（包括石榴子石）在印度阿里卡梅度遗址都有发现①，它们应是通过海路从印度、斯里兰卡一带传入的。

4. 玛瑙

西汉晚期的二炮厂 M4、汽齿厂 M7 和东汉晚期二炮厂 M14a 有出土，其中保存完整的二炮厂 M4 出土较多，共 7 颗。有橘红和橘黄两种颜色，圆榄形、珰形、系领形、圆形等形状。此前，合浦汉墓出土玛瑙还有做成圆珠形或动物形的串饰、扁圆坠、耳珰、剑扣、戒指等，颜色多为橘红，偶见黑褐和浅灰。

《三国志·魏志》等文献亦谓大秦国土产红玛瑙，今柬埔寨拜林地区也出产玛瑙。现今玛瑙产地分布广泛，不过，我国古代见于史籍的产地并不多，所以往往把珍珠、玛瑙等并列为"珠宝"，可见在汉代其来源并不广。许多地区的战国、秦汉墓中都发现有玛瑙，但以港口城市的广州和合浦等地的汉墓中发现最多，这应该说与海上交通贸易有密切的关系。

5. 蚀刻石髓珠

西汉晚期的二炮厂 M4 和 M12 各出 2 枚，圆榄形，有纵穿孔。M4 所出其中 1 枚两端偏蚀刻成乳白色，另 1 枚中部大块露白。二炮厂 M12 所出蚀刻位置都在中部，为条状或带状，蚀刻浅的部分，可以看到露出条纹下的红色玛瑙层。

合浦汉墓发现的蚀刻石髓珠，主要为在红、黑色的玉髓基体上蚀刻白色条纹。从石髓蚀刻珠的发展历史看，在其早期和中期阶段，印度都是主要的生产地。这种珠饰的制作复杂，从石髓和蚀刻碱料的选择以及加工过程中的每一阶段都需要有长期的实践来摸索，传播多是家族继承式。但随着印度工匠的移动，蚀刻石髓珠的技术可能随玻璃技术一起传播到东南亚。合浦出土的器物，应来自南亚或东南亚地区。

6. 水晶

均出自西汉晚期墓。共发现白色透明水晶 4 颗，其中，二炮厂 M4 的 1 颗为圆榄形，二炮厂 M12 出土 1 颗为六面榄形，汽齿厂 M7 出土 1 颗为圆形，另 1 颗破碎。

合浦发现的水晶有无色和紫色两种，以无色居多，形状有管柱形、圆形、多面体等，无色水晶的透明度很高。印度南部的德干高原是紫水晶的主要产地，也是宝石加工的中心，其东部孟加拉湾沿岸的阿里卡梅度遗址也出土大量水晶、紫水晶、玛瑙、缟丝玛瑙、石榴子石等半宝石加工而成的珠子②。紫水晶应来自一带，而白水晶在本地也无可资开采的矿源，一同输入的可能性很大。

---

① FRANCIS, P. Beadmaking at Arikamedu and beyond. *World Archaeology*，1991，23（1）：28 - 43.

② Final report on Arikamedu, India. *The Margaretologist* Vol. 13，No. 2 Issue 30，2001.

此外，这批汉墓还出土熏炉 15 件，其中西汉晚期墓中有陶熏炉 1 件、铜熏炉 3 件，东汉墓中有陶熏炉 10 件、铜熏炉 1 件。熏炉在合浦汉墓中较常见，已出土达 54 件，其中陶质 33 件，铜质 21 件，一般为每墓 1 件，望牛岭 M1 号和风门岭 M26 等大中型墓葬则出土 2 件铜熏炉，而出土波斯陶壶等的寮尾 14B 号墓，虽已被盗，但出土最多，有 2 件陶熏炉和 1 件铜熏炉。从年代看，铜熏炉的出现时间较早，西汉中期后段的风门岭 M27 已有发现，其他多集中在西汉晚期。风门岭 M24B 出土的陶熏炉，内存炭条；堂排 M2B 的铜熏炉，"出土时内有少量香料和灰烬"①。据韩槐准《龙脑香料考》考证，汉时苏门答腊、马来半岛、婆罗洲等地以及波斯都盛产龙脑香，可能已辗转输入中国②。中原地区熏炉的出现相对晚一些，熏香的风气是自南往北逐步推广的，而高级香料最先是从南海输入我国的③。按当时的交通贸易情况，岭南所需的香料应是来自东南亚各地，而熏炉的广泛出现，意味着香料在汉代合浦已是寻常之物。

第三节　三国钵生莲花器与佛教的海路传入

发掘于 1972 年的合浦风门岭 M1，是一座横直券顶合穹隆顶砖室墓，年代属东汉末期。2005 年，笔者在广西博物馆库房看到该墓出土的残存器物，之后又查看原始发掘记录，觉得墓葬形制也独特，遂整理作 2003～2005 年风门岭汉墓发掘报告的附录发表④。墓葬出土一件原登记为"陶柱顶座"、后报告中更名为"陶灯模型"的器物，通高 65.6 厘米，分座、把、盘和火焰四部分。灯座方形，上宽下窄，截面呈倒梯形；灯把作长方柱，上有方卯；灯盘宽大，敞口折沿，浅腹，中开方孔；火焰似花蕾，上部尖，中间大，底部作方形榫头通过盘中方孔，套入灯把上端的卯口。当时类似器物除合浦县博物馆的 3 件旧藏"莲花顶"外，还有 1996 年禁山七星堆 M8 出土的 1 件"莲花状器"⑤。之后，在 2007 年合浦中粮集团 M8 和 2008 年合浦还珠南路 M1 的发掘中再各发现 1 件，加上本报告的 6 件，已有 13 件之多。

随着发掘资料的增加，一些认识逐渐清晰。首先是器物的出现时间和分布比较明确。东汉末期开始出现，仅 1 件，其余 12 件均属三国时期，到晋、南朝墓已消失，说明仅盛行于三国一代，且目前的发现限于合浦一地；其次是器物的演变比较清晰。相较于东汉末期，三国墓出土的器物虽有部分灯盘缺失，但结构却基本一致。不过，变化却很明显，器物变低矮，仅 24～30 厘米，部分简化无底座，象征火焰部分的莲花，表现形式更加丰富，一些如前期，仅有蕾，有些刻出了花瓣，还有一些作含苞欲放状，形象更为生动。

但是器物的定名问题，依然颇费周章。由于其他地区没有出土，且所出墓葬均已被盗，器物

---

① 广西壮族自治区文物工作队：《广西合浦县堂排汉墓发掘简报》，《文物资料丛刊》4，文物出版社，1981 年。

② 韩槐准：《龙脑香料考》，《南洋学报》第二卷第一辑第 3～19 页，1941 年。

③ 孙机：《汉代物质文化图说》第 358 页，文物出版社，1991 年。

④ 广西壮族自治区文物工作队、合浦县博物馆：《合浦风门岭汉墓——2003～2005 年发掘报告》附录一，科学出版社，2006 年。

⑤ 广西壮族自治区文物工作队：《广西合浦县禁山七星岭东汉墓葬》，《考古》2004 年第 4 期。M8 的年代在报告中定为东汉后期，但从其出土包括莲花状器在内的陶器和高温釉陶器来看，与寮尾及本报告的三国墓一致。

原来放置的准确位置不详。见诸于馆藏品和报告中的名称较为杂乱，部分可能可以排除，如"陶柱顶座"和"莲花顶"，是把器物作为墓室的建筑构件，但从完整的墓葬，特别是穹隆顶墓来观察，并无安置类似构件的位置。之前在风门岭 M1 报告中考虑为灯具，是因为其具备灯的主要结构，比如说灯盘、灯把、灯座等，莲花状尖锥部分似火焰，但也隐约感觉不妥，主要是现存的莲花灯造型，莲花均为盛开，是作为灯盘用途的，而且在本次发掘的二炮厂 M13 中，除这件器物外，还伴出 1 件陶灯，虽形制不一，但一座墓同出两件陶灯，这在合浦发掘的完整汉墓中，也似未曾见。

受佛教"钵生莲花"的故事及何志国先生《钵生莲花镜考》一文①的启发，我们初步把这件器物定名为"钵生莲花器"。理由如次：其一，器物的主要特征吻合。上半部分莲花和钵的造型与钵生莲花镜相似，下半部分作为座足，便于安放和供奉。其二，器物的出现与研究者认为佛教传入广西的年代相当。"佛教传入广西的时间，最晚不迟于东汉末年，最早当在西汉晚期。"② 能做佐证的是关于牟子的例子。苍梧广信（今广西梧州）人牟子，东汉末年避乱于交趾，交州一带佛教兴盛，后牟子返乡定居，潜心研究佛学，终成佛教经典著作《理惑论》。合浦毗邻交趾，又是广信通交趾的必经之路，无疑会受到佛教的直接影响，至晚到东汉末期，佛教在合浦当地已经形成气候。其三，合浦汉墓之前出土的其他相关文物，或说明这一时期佛教在当地的存在。有学者把狮、象、鸽子等象征性的动物形象，堆塑器、塔式罐之类的象征性建筑造型以及"托钵僧"俑（或称"俑形灯"——笔者注）、胡人俑和佛像等，作为佛教文化从战国以后至东汉时期在中国东南沿海地区逐渐流行的艺术积淀③。这种说法或过于笼统抽象，部分文物也很难证实与佛教有直接关系，但合浦汉墓出土不少琥珀、玛瑙的狮子饰件，还有绿松石鸽子饰件等，确与海上丝绸之路贸易相关，并不排除是佛教文化影响之下的产物。因此，在当时的文化交流背景下，出现钵生莲花器这类佛教文物，似也应在情理之中。钵生莲花器应是佛教通过海路传播的重要见证，有学者称海上丝绸之路也是"佛教传播之路"④，是有一定道理的。

在钵生莲花镜上，可见对着钵生莲花下跪作揖的两人形象，如此看来，钵生莲花器也是一件供奉神器。器物出自 Aa 型Ⅱ式、Ab 型Ⅱ式及 B 型Ⅱ式的砖室墓中，墓葬为分室或穹隆顶，规模相对较大，墓主人的身份地位应较高，反映出在东汉末期至三国时期，佛教已在合浦地区特别是在中上阶层扎根，并逐渐盛行，人们"一心向佛"，且通过随葬品的形式，延续到阴间。

吴景帝永安七年（264 年），东吴为便于治理，把南海、苍梧、郁林、高梁四郡从交州划出，另设广州，合浦以南（含合浦）原骆越之地依旧属交州。行政区划的重新调整，可能是钵生莲花器局限在合浦小范围的其中一个原因，而俑形灯在珠江流域的广州和广西梧州、贵县的汉墓多有出土，合浦则无发现，又反映出信仰观念和埋葬习俗方面的差异。

---

① 　何志国：《钵生莲花镜考》，《民族艺术》2011 年第 2 期。

② 　陈波江：《佛教传入广西时间考》，《学术论坛》1995 年第 5 期。

③ 　李刚：《佛教海路传入中国论》，《东南文化》1992 年第 5 期。

④ 　李庆新：《唐代南海交通与佛教交流》，《广东社会科学》2010 年第 1 期。

第七章 结语

本报告对象为 2009～2013 年在合浦汉墓群保护区内发掘的 154 座中小型汉晋墓，这批墓葬分属四个年代：西汉晚期、东汉、三国和晋。其中，东汉墓下划分为早、晚两期，晋墓下细分为西晋墓和东晋墓。

西汉晚期墓共 15 座，均为木椁墓，有带墓道和无墓道两型，以前者居多。出现合葬墓，为同穴和异穴各一。出土器物有陶器、铜器、铁器、石器及玛瑙、玻璃、琥珀、水晶、蚀刻石髓珠串饰等共计 376 件。陶器较为固定的组合为瓮、罐和井仓灶模型明器，其中井仓灶组合不甚完备，部分墓葬为井灶或仓灶组合。仿铜陶礼器中，壶较常见，而鼎盒很少，无钫出现。首次发现卷棚顶陶仓，把卷棚顶出现的时间上溯并明确至西汉晚期。铜器多出自中型墓葬，种类丰富，多为生活用具，三足盘、盒、三足小壶等器物多錾刻花纹。有约半数墓葬出土五铢钱。铜镜有日光镜、昭明镜、长乐未央镜、四乳四虺镜和四乳四兽镜，其中四乳四虺镜较小，长乐未央镜为合浦首次发现。滑石器相较于以往同期，数量有所减少；铁器多为剑、削等，数量更少。

东汉墓共 47 座，有木椁墓、土坑墓和砖室墓三类，其中以砖室墓占绝大多数，为 44 座，依墓室构筑形制，分直券顶墓、横直券顶墓和穹隆顶合直券顶墓三型。又以直券顶墓居多，下分两个亚型和五式，其余两型下分若干式。出土器物共计 523 件，有陶器、高温釉陶器、铜器、铁器、银器、漆器、石器、滑石器及珠饰。

从墓葬形制和出土器物来看，这批东汉墓可分为早、晚两期。早期墓共 9 座，除 1 座为木椁墓外，其余 8 座均为直券顶砖室墓，规模小，形制简单。东汉早期硬陶的胎质、颜色等与西汉晚期相近，烧制温度普遍较高，大部分器物延续使用，但器形出现了一些变化，鼎、盒、壶等仿铜陶礼器形体普遍较西汉晚期矮小，纹饰简化。瓮罐和井仓灶仍是主要的组合，但器形的变化明显。东汉晚期出现横直券顶墓和穹隆顶墓，墓室前端多带甬道，部分墓室带侧室，壁龛也较常见。陶壶、瓮、罐等数量减少，井仓灶模型明器的组合较为完备，多数墓葬以涠替代屋。新出现形体高大的 B 型四系罐，L、M 型罐，并出现了少量的高温釉陶器。东汉晚期墓中还出现 2 座土坑墓，在一定程度上反映了此时厚葬之风的衰落。

两汉时期出土的珠饰不少，有蚀刻石髓珠、琥珀、玛瑙、水晶、玻璃等。玻璃珠经检测为钾玻璃、泡碱型钠钙玻璃、混合碱玻璃三种玻璃体系，除钾玻璃外，上述珠饰多是通过海上丝绸之路贸易输入。在东汉墓中，有关海上丝绸之路文物的数量和种类均有所减少，不过，基于以往的发现，我们认为应与这批墓葬被严重盗掘有直接关系。

　　三国墓共 80 座，占这批墓葬的一半以上。均为砖室墓，除 1 座形制不明外，直券顶墓有 70 座，余 9 座为穹隆顶合券顶墓。横直券顶墓不见于这次发掘，穹隆顶合券顶墓数量较东汉有所增加。出土器物共计 698 件，有陶器、高温釉陶器、铜器、铁器、石器、滑石器、漆器及玛瑙、玻璃、琥珀、蚀刻石髓珠等串饰。鼎、盒、壶在本期还有少量出土，形体较矮小，制作粗糙，部分烧制温度较低。瓮、罐的数量也较东汉时期减少，两汉常见的扁圆腹带盖的双系罐和四系罐在本期已不见，本期各类罐器形普遍高大，东汉晚期开始出现的大口罐在本期较为常见。出土的井、仓、灶、屋、溷等模型明器和提筒等器类整体烧制温度较低，陶屋数量较少，多以溷替代；灶形制简化，多为两灶眼，柱状烟突，无地台；提筒矮小，偶见两耳，多简化无耳。陶四系瓮、院落式陶屋、簋等为本期新出现。高温釉陶在本期较为普遍，器类丰富，除东汉晚期所见罐、盘、盆、勺四类外，另有壶、长颈壶、四系罐、樽、盂、碗、钵、杯、釜等，其中高温釉罐的数量较多。铜器、铁器、珠饰品等数量均较少。钵生莲花器与佛教的海路传入有关，较多的出现，说明三国时期合浦地区特别是在中上阶层，佛教可能已较为兴盛。

　　晋墓共 12 座。除 1 座为土坑墓外，余为直券顶砖室墓，依有无侧室分为两型。墓葬形制总体较简单，短墓道较为常见，以暗洞相连墓道和墓室的做法，此前不见于当地墓葬，应是受中原和关中地区土洞墓的影响所致。随葬器物有陶器、青瓷器、铁器、银器、石器和珠饰品等，共计 127 件。西晋墓 2 座，陶器烧制温度偏低，与三国时期相比，器形种类减少，瓮、鼎、盒、提筒、樽等器形消失，亦无铜器随葬。壶的形制与前期不同，颈部竖长，除肩部附耳外，颈部亦附耳。模型明器井、仓、灶偶有发现，但器形已趋于简单，不见屋、溷等类型。另 11 座砖室墓中，除公务员小区一期 M1 为 B 型外，余 10 座均为 A 型砖室墓，可能全属东晋墓，其中罗屋村 M5 和电厂 M4 已大量出现青瓷器，如盒、壶、唾壶、四系罐、碗、钵、釜、虎子等，胎质细腻，烧制温度极高，施釉均匀，反映出当时较高的工艺水平。

　　合浦是汉代岭南的政治、经济和文化中心之一。西汉中期官方的海上丝绸之路航线正式开通后，频繁的海内外贸易使以交趾、合浦为中心的北部湾地区成为了汉王朝对外开放的桥头堡。三国至晋代，合浦在政治和经济上的地位虽不及前代，并逐渐有边缘化的趋势，但仍出土众多精美文物，三国墓出土的罗马钠钙玻璃等，说明海上丝绸之路贸易还在当地持续。总之，这批墓葬的发掘意义重大，除初步建立合浦地区从西汉晚期至晋的墓葬发展系列、为今后的深入研究积累丰富资料外，也为复原合浦的汉晋社会及研究中西文化交流提供了重要的实证。

附录一　合浦汉晋墓出土玻璃珠测试分析报告

李青会[1]　熊昭明[2]　刘　松[1]　赵虹霞[1]　董俊卿[1]

（1. 中国科学院上海光学精密机械研究所　2. 广西文物保护与考古研究所）

2009 年 11 月～2013 年 9 月，广西文物保护与考古研究所等单位相继对多个基建项目用地内发现的 154 座汉晋墓进行抢救性发掘，出土了不少玻璃制品。为解出土器物隐藏的科技信息，进一步确定器物的源流，我们从出土的玻璃串珠中选取各个时期有代表性的样品共计 25 份，进行检测和分析，现把结果报告如下。

（一）　实验方法

1. 便携式能量色散型 X 射线荧光光谱分析仪（PXRF）

本次测试采用中国科学院上海光学精密机械研究所科技考古中心的便携式能量色散型 X 射线荧光光谱分析仪（PXRF），仪器型号为 OURSTEX 100FA。该设备采用金属钯（Pd）作为 X 射线源，X 射线管的激发电压最高可达 40 kV，最大功率为 50 W，辐照到样品表面的 X 射线焦斑直径约为 2.5mm。设备主要由探测器单元、高压单元、控制单元和数据处理单元（PC）组成。数据处理单元主要包括控制软件及定性、定量分析软件。定量分析方法为校准曲线法或工作曲线法，即根据已知化学成分的标准参考样品来制作线性校准曲线或工作曲线，此种方法具有简单且准确度高的优点[1]。

探测器单元有一个低真空腔，是整台谱仪的核心部件，主要包括 X 射线管和 X 射线探测器。X 射线管部分由 X 射线毛细管光学透镜（实现聚焦和准直）、高定向热解石墨晶体［HOPG（0002）］和锆（Zr）过滤膜等组成。测量时有三种测量模式可供选择，分别是直接模式（White X-ray mode）、单色模式（Monochromatic mode）和过滤模式（Filter mode），一般为三种模式逐次测量，具体参数请参见表 1。

单色模式通过环形石墨晶体（0002）面获得 Pd-K 系特征 X 射线去激发样品，主要用来分析样品中 Si 以上中等和高原子序数元素，而连续 X 射线模式可同时分析样品中的轻、重元素。低真

---

① S. Liu, Q. H. Li, F. X. Gan, P. Zhang, Characterization of some ancient glass vessels fragments found in Xinjiang, China, using a portable energy dispersive XRF spectrometer, *X-Ray Spectrom.*, 2011, 40, 364 – 375.

表 1　三种测量模式的工作条件及测量元素范围

测量条件	模式 1	模式 2	模式 3
电压（kV）	15	40	40
电流（mA）	1	0.5	1
初级 X 射线模式	连续	单色	连续
锆过滤膜	OFF	OFF	ON
测量时间（s）	100	100	100
测量元素范围（Z*）	11～30（Na～Zn）	20～42（Ca～Mo），74～92（W～U）	47～56（Ag～Ba）

*"Z"表示原子序数。

空环境探测器采用硅漂移半导体探测器（SDD），是为了检测轻元素而专门研发，窗口材料为 MOXTEC AP 3.3 有机薄膜。为减少大气对于轻元素特征 X 荧光的吸收，还配备了低真空环境样品腔，通过真空泵可将其中的压强降低到 400～600Pa。低真空样品腔的尺寸为 15cm（直径）×10cm（高），高度可扩展至 30cm。同时配备的 CCD 成像系统，可以直接观察到需要检测部位的形貌特征。SDD 有效探测面积均约 5mm^2，通过珀耳帖效应电制冷装置（Peltier element）保持在 -28℃。设备的参数见表 2。

表 2　便携式 X 射线荧光分析仪的相关参数（低真空探测单元）

参数	数值
X 射线源靶材	Pd 靶
X 射线焦斑直径	2.5～3mm
测量模式	连续模式和单色模式
电压	≤ 40 kV
电流	0.05～1.5 mA
功率	≤ 50 W
探测器及制冷方式	SDD，Peltier 制冷（-28℃）
窗口材料	AP 3.3 有机材料
测试元素范围	Na～U
测试环境	低真空，400～600Pa
样品室尺寸	Φ20cm×（15～45）cm
测试时间	300 s

2. 便携式激光共焦显微拉曼光谱仪

本次测试采用 HORIBA Jobin Yvon S. A. S. 公司生产的 LabRAM XploRA 便携式激光共焦显微拉曼光谱仪，整机采用一体化设计，全自动操作，具有自动校准和自检功能，光学稳定性好。实验中采用 50 倍长焦物镜、532nm（25mW）高稳定固体激光器以及相应的滤光片组件，全自动切换激发波长，计算机控制多级激光功率衰减片。光谱仪拉曼频移范围：532nm 激发时为 70～

8000cm^{-1}；光谱分辨率≤2cm^{-1}；采用1800gr/mm光栅；光谱重复性≤±0.2cm^{-1}。每次测定样品前均应采用单晶Si标样进行校正。

（二）样品信息

选送样品25份，涉及器物24件，除1件玻璃片外，其余为各色玻璃珠，其中蓝色调的约占样品总数的80%。相对较为完整的样品有18件，其中，2件（HP14-07、HP14-25）为短管状，长和端面直径约为5mm，几何尺寸属于小型珠（直径范围3～5.5mm）；汽齿厂M7出土的红色珠（HP14-03）直径约为1mm，蓝色和黄色珠残片判断也为相似大小，几何尺寸属于米粒（seed bead，直径小于2.5mm）；其余为较扁的算珠形，直径在2～5mm，也属于小型珠。样品的概要信息见表3。

表3　样品概要信息

实验编号	原始编号	出土地点	描述	年代
HP14-01	10HTQM6b：22	汽齿厂	蓝色玻璃珠	西汉晚期
HP14-02	11HFPM12：6	二炮厂	绿色玻璃珠残片	西汉晚期
HP14-03	10HTQM7：4	汽齿厂	铜红珠，蓝色残片	西汉晚期
HP14-04	10HTQM2：12	汽齿厂	蓝色玻璃珠残片	西汉晚期
HP14-05	10HFPM4：20	二炮厂	深蓝色玻璃珠	西汉晚期
HP14-06	11HFPM5：25	二炮厂	深蓝色玻璃珠残片	东汉晚期
HP14-07	11HFPM10：扰5	二炮厂	蓝色玻璃珠	东汉晚期
HP14-08	09HYGM18：扰5-1	公务员小区一期	深蓝色玻璃珠	东汉晚期
HP14-09	09HYGM18：扰5-2	公务员小区一期	深蓝色玻璃珠	东汉晚期
HP14-10	10HJGM5：扰2	官塘岭	蓝色玻璃珠残片	东汉早期
HP14-11	11HFPM9：2	二炮厂	蓝色玻璃珠	东汉晚期
HP14-12	11HFPM14a：3	二炮厂	淡青色玻璃珠	东汉晚期
HP14-13	11HFPM18：扰3	二炮厂	绿色玻璃片	三国
HP14-14	11HFPM8：55	二炮厂	蓝色玻璃珠	东汉晚期
HP14-15	11HFPM8：40	二炮厂	蓝色玻璃珠	东汉晚期
HP14-16	11HFPM8：41	二炮厂	蓝色、绿色玻璃珠	东汉晚期
HP14-17	11HFPM14a：4	二炮厂	浅绿色、棕色玻璃珠残块	东汉晚期
HP14-18	11HFLM4：2	廉乳厂	绿色玻璃珠残片，大部分风化为白色	三国
HP14-19	11HFLM10：1	廉乳厂	白色风化玻璃残片，体积小	三国
HP14-20	11HFLM6：扰12	廉乳厂	蓝色玻璃珠（2颗）	三国
HP14-21	09HYGM15：扰9	公务员小区一期	深蓝色玻璃珠	三国
HP14-22	09HYGM2：扰2	公务员小区一期	蓝色玻璃珠	三国
HP14-23	12HLWM5a：24	罗屋村	深绿色玻璃珠	晋
HP14-24	12HLWM6：1	罗屋村	浅绿色玻璃珠	三国
HP14-25	09HYGM1：扰4	公务员小区一期	绿色玻璃珠	晋

（三）结果与分析

在同一原始编号中有多个样品的情况下，在实验编号中以序号和颜色的不同进行了区分。所选送的样品均受到不同程度的风化，为减少表面风化对化学成分定量分析的影响，根据样品的实际情况如大小、完整程度等，参照国外同行的做法，采用镀有金刚石膜的小型锉刀对部分样品进行了磨蚀，磨蚀层厚度为 $100\mu m$ 左右[1]，并对同一样品同一位置的风化面和新鲜面分别进行了测试，以确定风化对于定量分析结果的影响，并正确判断样品的化学成分体系，但由于部分样品体积较小，无法获其新鲜面，仅对风化表面进行了测试。

1. 化学成分分析结果

本次测试样品化学成分的定量/半定量分析结果如附表 1 和附表 2 所示。严重风化并且碎片很小的 4 件样品无法判定其成分体系，其余样品根据主要助熔剂的种类均可判定。

选取部分玻璃样品对其自然表面和新鲜面分别进行测试分析，以确定风化作用对于古代玻璃样品定量分析的影响，如图 1 所示。图 1 中横坐标为新鲜面组分或元素的含量，而纵坐标为自然表面，即风化表面的含量，各图中直线方程为 $Y = X$。通过图 1 中散点的分布情况，可以了解风化作用对于此种组分或元素产生的影响。对于 Al_2O_3，几乎所有坐标点均位于直线 $Y = X$ 上方，说明自然表面中 Al_2O_3 的含量高于新鲜面中 Al_2O_3 的含量，风化作用使得自然表面中 Al_2O_3 的含量水平升高；对于 CaO，大部分的坐标点位于直线 $Y = X$ 下方，说明风化作用使得自然表面中 CaO 的含量会有所降低；对于 Na_2O 和 K_2O 来说，坐标点的分布情况并不一致，当 Na_2O 和 K_2O 的含量水平较低时，风化作用对其影响程度较低，而当其含量水平较高时，则坐标点全部位于直线 $Y = X$ 下方，说明风化作用会使自然表面中的 Na_2O 和 K_2O 流失；对于微量元素 Rb 和 Sr，大部分的坐标点均匀分布在直线 $Y = X$ 两侧，个别点会有偏离，说明风化作用对于微量元素的影响程度较小，这与先前的工作结论是一致的[2]。

测试分析结果表明，本次选送的玻璃样品主要有四大类，分别是：氧化钾（K_2O）为主要助熔剂的钾硅酸盐玻璃，简称钾玻璃；以氧化钠（Na_2O）为主要助熔剂的钠钙硅酸盐玻璃，简称钠钙玻璃；以 K_2O、Na_2O 为助熔剂的混合碱硅酸盐玻璃，简称混合碱玻璃；以氧化铅（PbO）为助熔剂的铅硅酸盐玻璃，简称铅玻璃。

（1）钾玻璃

根据古代钾玻璃中 CaO 和 Al_2O_3 含量，通常将钾玻璃划分为 3 个亚类[3]。

---

[1] S. Liu, Q. H. Li, F. Gan, P. Zhang, J. W. Lankton. Silk Road glass in Xinjiang, China: chemical composition analysis and interpretation using a high-resolution portable XRF spectrometer. *Journal of Archaeological Science*, 2012, 39: 2128 - 2142.

[2] 付强、邝桂荣、吕良波、莫慧旋、李青会、干福熹：《广州出土汉代玻璃制品的无损分析》，《硅酸盐学报》2013 年第 7 期.

[3] J. W. Lankton, L. Dussubieux. Early glass in Asian maritime trade: a review and an interpretation of compositional analyses. *Journal of Glass Study*, 2006, 48: 121-143.

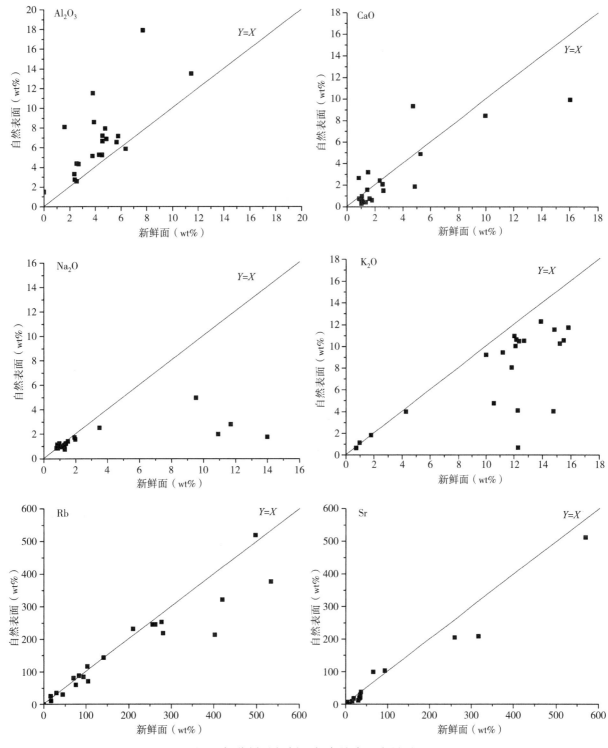

图 1　部分样品新鲜面与自然表面含量对比

1）低铝型钾玻璃：m-K_2O-CaO-SiO_2玻璃，简称为 m-K-Ca 钾玻璃。这个亚类的钾硅酸盐玻璃中 Al_2O_3 通常低于 1%（最高不超过 3%），而 CaO 含量多在 3% ~8% 之间变动。

2）低钙型钾玻璃：m-K_2O-Al_2O_3-SiO_2玻璃，简称为 m-K-Al 钾玻璃。这个亚类的钾玻璃中 CaO

通常低于 1%，Al_2O_3 多为 5%～10%。

3）中等钙铝型钾玻璃：$m-K_2O-CaO-Al_2O_3-SiO_2$ 玻璃，简称为 m-K-Ca-Al 钾玻璃。这个亚类的钾硅酸盐玻璃中的 CaO、Al_2O_3 含量通常都在 1%～4% 之间。

风化作用是影响古代硅酸盐玻璃定量分析的主要因素之一。正如上文所分析，钾玻璃由于风化作用使得玻璃样品表层助熔剂 K_2O 大量流失，同时，对钾玻璃中 CaO、Al_2O_3 等次量组分存在不同程度的影响。尽管在测试之前对样品表面进行了处理，但仍无法完全消除风化作用对于样品定量分析的影响。因此，利用 CaO 和 Al_2O_3 含量对钾玻璃进行亚类区分还是存在一定问题。因此，我们利用钾玻璃中的微量元素铷（Rb）、锶（Sr）的含量，并结合 CaO、Al_2O_3 的含量对钾玻璃亚类进行划分，获得了很好的效果[①]。本次所分析的钾玻璃样品亚类划分同样基于次量组分 CaO、Al_2O_3 和微量元素 Rb、Sr 含量划分而得。

本次测试为钾玻璃的共有 17 件，其中低钙型钾玻璃有 10 件，中等钙铝型钾玻璃有 7 件。低钙型钾玻璃中 Al_2O_3 含量较高，一般在 2.36%～6.37% 之间，而 CaO 的含量较低，一般小于 2%，大部分集中在 1% 以下；中等钙铝型钾玻璃中 Al_2O_3 和 CaO 的含量相差不多，分别主要集中在 2.39%～4.57% 和 1.33%～4.73%。我国发现的两个亚类钾玻璃的主要出现时间在西汉晚期至东汉。低钙型钾玻璃中 Rb 含量明显较高（多在 200～500 μg/g），而 Sr 含量较低（低于 20 μg/g），Rb/Sr 总体大于 5。而中等钙铝型钾玻璃中 Rb 含量较低，Sr 含量相对较高（多在 30～60 μg/g），Rb/Sr 总体低于 4。从我国两个亚类钾玻璃的分布看，中等钙铝型钾玻璃在广东、贵州、云南、吉林、甘肃、青海、四川、江苏等地汉代墓葬和遗址中均有发现，低钙型钾玻璃在广西、广东和湖南有发现。

根据已有文献中的研究结果[②]，东南亚发现不同亚类钾玻璃的情况如下：

1）泰国

Khao Sam Kaeo（公元前 4～前 1 世纪）的中等钙铝型钾玻璃约占总数 30%，低钙型钾玻璃约占总数 12%；空统（Khlong Thom）的钾玻璃较少，约为 2%，而在班东达潘（Ban Don Da Phet）发现的 81 件样品中低铝型钾玻璃约占 45%，低钙型钾玻璃低于 5%，中等钙铝型钾玻璃约占 25%，其余为混合碱和钠铝玻璃。

2）越南

在 40 件大致为公元前 4～前 1 世纪沙莹文化遗址出土的玻璃中，中等钙铝型钾玻璃约占 63%，低钙型钾玻璃约占 12%，钠铝（m-Na-Al）玻璃约占 20%。在 37 件大致为公元前 3～公元 2 世纪越南东山文化遗址出土的玻璃中，中等钙铝型钾玻璃约占 22%，低钙型钾玻璃约占 47%。

3）缅甸

在萨蒙谷（Samon Valley）发现的 18 件公元前 4～前 1 世纪的玻璃器中，低铝型钾玻璃约占

---

① S. Liu, Q. H. Li, Q. Fu, F. X. Gan, Z. M. Xiong. Application of a portable XRF spectrometer for classification of potash glass beads unearthed from tombs of Han Dynasty in Guangxi, China. *X-Ray Spectrometry*, 2013, 42 (6): 470 – 479.

② J. W. Lankton, L. Dussubieux. Early glass in Southeast Asia. In: K. Janssens, ed. *Modern methods for analysing archaeological and historical glass*. John Wiley & Sons, Ltd, 2013: 415 – 441.

5%，低钙型钾玻璃约占 23%，中等钙铝型钾玻璃约占 67%。

4）柬埔寨

Phum Snay 曾发现 10 多件中等钙铝型钾玻璃、低钙型钾玻璃，年代可能为公元 2~4 世纪。

在南亚地区，考古遗址中发现的玻璃制品主要是玻璃珠、玻璃手镯以及其他的个人装饰品。在印度的北部、西部和南部，许多遗址都发现有不同数量的钾玻璃，出现的时间主要在公元前 300 ~ 公元 300 年。阿里卡梅度（Arikamedu）被视为古代玻璃珠制作的一个重要中心，公元前 2 ~ 前 1 世纪，阿里卡梅度的玻璃工匠最早开始使用拉制技术制作印度—太平洋贸易珠，并且输出玻璃制品到东南亚地区。最近有学者分析近 100 件从这一遗址采集的玻璃样品，仅有 2 件样品属于低铀高钡亚类（lU-hBa）矿物碱型钠铝玻璃（m-Na-Al），这意味着在南亚地区最广泛发现的矿物碱型钠铝玻璃（m-Na-Al）与阿里卡梅度可能并无明显联系[1]。但是，阿里卡梅度发现的玻璃中约有 47% 为钾玻璃，有淡青绿色、深蓝色（钴蓝，占总数的 65%）、红色和绿色四种。在东南亚地区钾玻璃的颜色种类更多，除上述四种颜色外，还有无色、不透明黄色和黑色。如果钾玻璃是印度制作的，各种颜色的钾玻璃都应该在印度有发现，这说明印度不可能是钾玻璃的唯一产地。

不同亚类钾玻璃分布特点说明在亚洲范围内钾玻璃存在多个不同的产地，而我国广西和越南北部是低钙型钾玻璃和部分中等钙铝型钾玻璃亚类的产地之一。3 世纪之后，钾玻璃在我国的数量锐减，而东南亚广泛出土南亚所产的钠铝玻璃。

从制作原材料上来说，硝石（KNO_3）是钾玻璃采用的主要助熔剂[2]，但对于低钙型钾玻璃和中等钙铝型钾玻璃采用的部分原材料是有所差异的。基于目前研究结果，认为低钙型钾玻璃亚类中的 K_2O 是多源的。在广西平乐银山岭 M64 出土的西汉早期白云母（$KAl_2[Si_3AlO_{10}]$（OH，F）$_2$）质玉器中曾检测到较高的 Rb[3]。另外利用配备有能谱仪的扫描电子显微镜技术（SEM-EDS）分析在合浦出土的钾玻璃中曾检测到富 K-Al-Si 的微区[4]。我们在研究过程中也曾发现多件采用钾长石、云母和天河石等矿物制作的古代珠饰，含有较高含量的 Rb。因此，推测我国发现的低钙型钾玻璃中的部分 Al_2O_3 和 Rb 是通过含有钾长石、白云母等钾铝硅酸盐矿物的沙子作为原料带入的。

（2）钠钙玻璃

共有 6 份样品，分属 3 件器物，其中泡碱型钠钙玻璃（m-Na-Ca）2 件，其中 MgO 和 K_2O 的含量均低于 1 wt%，属于西方典型的罗马泡碱型钠钙玻璃。此种类型的玻璃在我国新疆（主要分布在塔里木盆地南部）和广州汉晋墓中也有发现。

---

① L. Dussubieux, B. Gratuze. Glass in South Asia. In: K. Janssens, ed. *Modern methods for analysing archaeological and historical glass.* John Wiley & Sons, Ltd, 2013, 399–413.

② 史美光、何欧里、周福征:《一批中国汉墓出土钾玻璃的研究》,《硅酸盐学报》1986 年第 3 期。

③ 广西文物保护与考古研究所和东京理科大学合作测试资料, 未刊。

④ 熊昭明、李青会:《广西出土汉代玻璃器的考古学与科技研究》, 文物出版社, 2011 年。

矿物碱型钠铝玻璃（m-Na-Al）仅 1 件（HP14 – 25），为半透明绿色，采用拉制工艺，其新鲜面 Al_2O_3 的含量达到了 7.69%。根据微量元素可以将矿物碱型钠铝玻璃（m-Na-Al）划分为 5 个亚类[1]，其中 3 个亚类与南亚、东南亚地区关系密切。根据 U、Ba、Sr、Zr 还可以区分出 m-Na-Al 的两个亚类：一是低铀高钡亚类（lU-hBa，m-Na-Al$_1$），同时含有较高的锶和锆，主要出现时间为公元前 300 年至公元 300 年；二是高铀低钡亚类（hU-lBa，m-Na-Al$_2$），同时含有较低的锶和锆，主要分布时间为 9～19 世纪，分布地点为印度西海岸和非洲撒哈拉沙漠周边地区。发现于泰国 Khao Sam Kaeo、越南南部、柬埔寨等东南亚地区的高铀低钡亚类（hU-lBam，m-Na-Al$_3$），年代为公元前 4～前 2 世纪，微量元素 Ce 含量比 m-Na-Al$_2$ 稍高，颜色有不透明红色、黑色和半透明绿色，目前在南亚未有发现。

（3）混合碱玻璃

共有 3 件，颜色为铜红和绿色。

铜红珠是一类比较典型的样品，在两广地区发现的整体数量比较少。铜红珠的制作工艺比较复杂，需要在强还原气氛或使用还原剂熔制玻璃，不同时期、不同地区的铜红玻璃的特点有一定差异。中国陶工是在 7～10 世纪才开始制造铜红釉，这比西亚、北非地区晚了很多。这种铜着色的不透明的红色玻璃大约出现于公元前 15 世纪的伊拉克东北部的奴孜地区以及第 18 王朝时期的古埃及。到罗马时期铜红珠的制备工艺已经比较成熟。公元前后的几个世纪内，古代印度铜红珠的制作技术较为发达，在多地出土有这类珠饰，其中包括拉制技术制作的铜红珠。不同成分体系的铜红珠在东南亚地区相当于我国两汉时期的遗址或墓葬中也有发现，可能由南亚地区传入。公元前 4 世纪至公元 5 世纪，混合碱玻璃在印度和东南亚都有较多发现，但确切产地尚不明确。

（4）铅玻璃

共有 2 件（HP14 – 18、HP14 – 19），已风化为不透明白色，风化较为严重。年代均为三国时期。铅玻璃在我国东汉时期已较为流行。

此外，在样品 HP14 – 02（钠钙玻璃）和 HP14 – 16（混合碱玻璃）中检测到了较高含量的铅（Pb）、锡（Sn）、铜（Cu），其颜色为不透明绿色。图 2 和图 3 分别为 2 份样品的拉曼图谱，从图中可以看出它们的特征振动峰主要分布在 133～135、323～324 和 444～447cm^{-1} 附近，与文献中所报道的铅锡黄 II 型（PbSn$_{1-x}$Si$_x$O$_3$）的特征振动峰完全一致[2]。同时，在这 2 件样品的化学成分中，我们发现 PbO 的含量分别达到了 6.48% 和 8.77%，SnO$_2$ 的含量分别为 0.25% 和 0.79%，与拉曼光谱得到的测试结果相一致。此外，这 2 份样品中 CuO 的含量分别为 0.64% 和 1.17%。在这种化合物着色剂/乳浊剂即铅锡黄 II 型以及离子着色剂 CuO 的共同作用下，样品呈现出不透明的绿色色调。

① Dussubieux L, Kusimba C M, Gogte V, et al. The trading of ancient glass beads: new analytical data from south Asian and east African soda-alumina glass beads. *Archaeometry*, 2008, 50 (5): 797 – 821.

② Q. H. Li, S Liu, B. M. Su, H. X. Zhao, Q. Fu, J. Q. Dong. Characterization of Some Tin-Contained Ancient Glass Beads Found in China by Means of SEM-EDS and Raman Spectroscopy. *Microsc Res Tech*. 2013, 76 (2): 133 – 140.

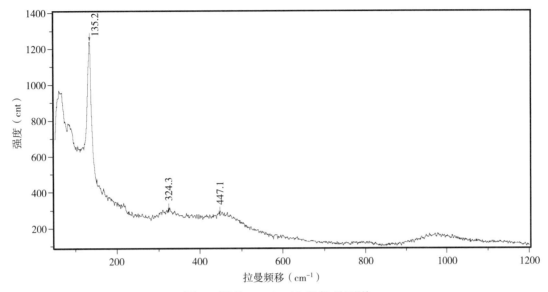

图 2　样品 HP14 - 02 的拉曼图谱

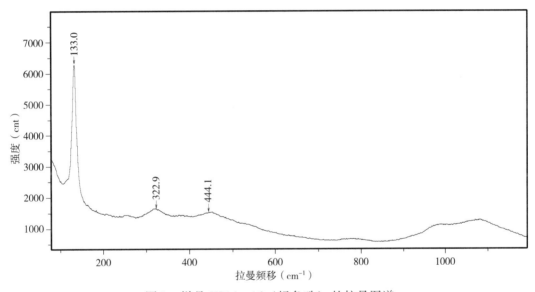

图 3　样品 HP14 - 16（绿色珠）的拉曼图谱

在世界范围内，铅锑黄（$Pb_2Sb_2O_7$）在埃及第十八王朝（公元前 1567 ~ 前 1320 年）已应用于釉砂和玻璃的生产中，并一直持续到第三中间时期（约公元前 1070 ~ 前 663 年）。在埃及阿玛纳（Amarna）、马尔卡塔（Malkata）发掘的第十八王朝时期釉砂和玻璃残片中都曾检测到铅锑黄[1]。随后，锑基着色剂和乳浊剂广泛应用于制作不透明的罗马马赛克镶嵌玻璃和玻璃珠[2]。大约

① Th. Rehren. A review of factors affecting the composition of early Egyptian glasses and faience: alkali and alkali earth oxides. *Journal of Archaeological Science*, 2008, 35: 1345 - 1354.

② P. Ricciardi, Ph. Colomban, A. Tournié, et al. A non - invasive study of Roman Age mosaic tesserae by means of Raman spectroscopy. *Journal of Archaeological Science*, 2009, 36: 2551 - 2559.

从公元前 2 世纪开始，特别是从罗马帝国晚期（4 世纪），锑基化合物在古代玻璃中的使用急剧减少，而锡基化合物在拜占庭王朝和欧洲范围内的玻璃制作中开始广泛应用[①]。在欧洲文艺复兴时期（14～17 世纪），铅锑黄又一次得到广泛应用，但是应用范围拓展到了釉、珐琅和油画等艺术品的制作[②]。从对中国新疆、河南、湖北、广西、广东等地出土古代钠钙玻璃中锑基和锡基着色剂、乳浊剂的研究结果，可以看出我国发现的古代钠钙玻璃珠与西方古代钠钙玻璃等制品中锑基和锡基着色剂、乳浊剂出现的时间顺序是一致的，但涉及的年代范围比西方同类着色剂/乳浊剂使用的年代范围窄，主要在战国至唐宋时期[③]。

从目前掌握的材料看，从公元前 5 世纪至公元 17 世纪在中国本土制作的 $PbO\text{-}BaO\text{-}SiO_2$、$PbO\text{-}SiO_2$、$K_2O\text{-}CaO\text{-}SiO_2$ 中还没有发现 Sb 或 Sn 基着色剂和乳浊剂。结合上文的化学成分分析结果，进一步确定研究所分析的采用 Sn 基乳浊剂/着色剂的钠钙玻璃珠是从印度或中西亚地区输入的。

2. 拉曼光谱对玻璃相的分析结果

本次测试选取了其中 9 件钾硅酸盐玻璃样品（全部为蓝色或深蓝色）进行拉曼光谱测试，拉曼光谱参数及相关成分见表 4。测试目的，一是确定这些样品是否以非晶态物质为主，二是初步推测其烧制温度。

表 4　钾硅酸盐玻璃样品的拉曼光谱分析结果（均测试新鲜面）

实验编号	原始编号	成分体系	K_2O	CaO	$Ip = A_{500}/A_{1000}$	Si-O 伸缩振动峰（cm^{-1}）
HP14 - 01	10HTQM6b：2	钾硅酸盐玻璃	12.69	1.05	1.234	1098
HP14 - 04	10HTQM2：12	钾硅酸盐玻璃	14.75	1.62	1.315	1102
HP14 - 05	10HFPM4：20	钾硅酸盐玻璃	13.89	1.44	1.101	1093
HP14 - 06	11HFPM5：25	钾硅酸盐玻璃	12.27	1.33	1.168	1098
HP14 - 07	11HFPM10：5	钾硅酸盐玻璃	14.81	0.87	1.275	1096
HP14 - 08	09HYGM18：扰 5 - 1	钾硅酸盐玻璃	12.24	2.35	1.557	1094
HP14 - 15	11HFPM8：40	钾硅酸盐玻璃	11.81	4.73	1.111	1101
HP14 - 21	09HYGM15：扰 9	钾硅酸盐玻璃	12.35	2.60	1.195	1097
HP14 - 24 蓝色珠	12HLWM6：1	钾硅酸盐玻璃	10.55	1.09	1.283	1096

① S. Lahlil, I. Biron, M. Cotte, J. Susini. New insight on the in situ crystallization of calcium antimonate opacified glass during the Roman period. *Applied Physics A*, 2010, 100：683 - 692.

② M. S. Tite, T. Pradell, A. Shortland. Discovery, production and use of tin - based opacifiers in glasses, enamels and glazes from the late Iron Age onwards：A reassessment. *Archaeometry*, 2008, 50：67 - 84.

③ H. G. M. Edwards. Analytical Raman spectroscopic discrimination between yellow pigments of the Renaissance. *Spectrochimica Acta Part A：Molecular and Biomolecular Spectroscopy*, 2011, 80：14 - 20.

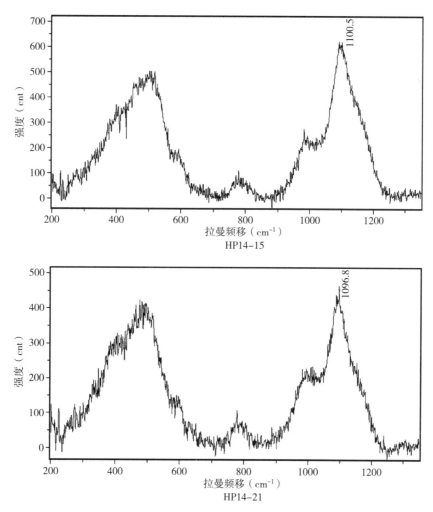

图4　两件钾硅酸盐玻璃的典型拉曼图谱

为了保证结果的准确性，本次测试部位的选择避开有晶体颗粒的微区和玻璃相中凹凸不平整的区域，绝大多数选择在打磨过的新鲜面上的玻璃相均匀光滑部位测试。这些钾玻璃样品的拉曼图谱特征非常相似，从图4（图谱已扣除背底）中可以看出，它们在 $500cm^{-1}$ 和 $1000cm^{-1}$ 处包络的相对强弱关系与包络中心位置存在以下现象：9件钾硅酸盐玻璃在 $500cm^{-1}$ 处包络半宽较宽，与 $1000cm^{-1}$ 包络处的差值较小，且 $1000cm^{-1}$ 处包络左侧仅有1个小包络，所测试样品的拉曼谱线均显示其主体为玻璃①。

聚合指数 Ip 与玻璃的成分、烧制温度密切相关，Philippe 等人曾根据古代玻璃和瓷釉样品的拉曼光谱进行拟合计算，得到了 Ip 值的分布与烧成温度之间的分布规律，即 Ip 越大烧制温度也相应越高。合浦出土的这批钾硅酸盐玻璃的 Ip 为 1.101～1.557，文献中认为当 Ip 范

---

① H. X. Zhao, Q. H. Li, S. Liu, F. X. Gan, Characterization of microcrystals in some ancient glass beads from China by means of confocal Raman microspectroscopy. *Journal of Raman Spectroscopy*, 2013, 44: 643–649.

围在1附近时，烧制温度应该在1000℃附近①，因此，推测其烧制温度应该在1000℃以上，甚至更高。考虑到秦汉时期广西合浦等地出现大批釉陶的烧成温度可达到1150～1200℃②，广西北流铜石岭汉代冶铜遗址已达到一定的生产规模（炉内温度在1200℃左右）等研究结果③，我们认为合浦当时满足制作钾硅酸盐玻璃的高温条件。但确切的熔制温度，仍需通过模拟实验来确认。

（四）小结

综合应用便携式能量色散型XRF和激光拉曼光谱技术的分析检测，确定了钾玻璃、钠钙玻璃、混合碱玻璃和铅玻璃四种主要化学成分体系，并探讨了其化合物和离子着色特性。

钾玻璃所占的比例最高，约占样品总数的55%，并可以划分为中等钙铝和低钙类型两个亚类。钠钙玻璃中的氧化镁和氧化钾均低于1.5%，为泡碱型钠钙玻璃。混合碱和钠钙类型玻璃中，均发现有锡酸铅化合物着色剂/乳浊剂。所有分析样品，主要采用了过渡金属离子着色（如 Co^{2+}、Cu^{2+} 和铁离子）。

从年代序列上看，钾玻璃在西汉晚期至东汉时期广泛出现，至晋代还有发现。泡碱型钠钙玻璃尽管在西汉晚期、东汉晚期、三国和晋代均有发现，但与其他成分体系玻璃一样，总体比例很小。2件三国时期的铅玻璃说明，我国自制的铅玻璃可能在东汉以后仍有一定的延续。

两汉时期钾玻璃的广泛出现再次说明我国合浦地区可能是亚洲古代钾玻璃的一个重要制作中心。钠钙玻璃、混合碱玻璃、矿物碱型钠铝玻璃尽管数量较少，也从一个侧面反映了合浦作为古代海上丝绸之路的重要贸易港口，在我国与东南亚、南亚乃至中西亚地区的经济、文化交流中发挥了重要作用。

此次研究较为薄弱的环节是对珠饰制作工艺的研究，从对珠体中的气泡特征和表面特征来看，至少存在拉制珠和缠绕珠两种不同类别。今后，应结合CT扫描等技术开展更进一步研究。

---

① Ph. Colomban. Raman identification of glassy silicates used in ceramics, glass and jewellery: a tentative differentiation guide, *J. Raman Spectrosc*, 2006, 37, 841－852.

② 邓泽群、卢晓珂、张志刚、李乃贤等：《广西东北部秦汉时期印纹硬陶和原始瓷的研究》，《古陶瓷科学技术国际讨论会论文集（7）》，上海科学技术文献出版社，2009年。

③ 孙淑云、刘云彩、唐尚恒：《广西北流县铜石岭冶铜遗址的调查研究》，《自然科学史研究》1986年第3期.

附表 1　选送样品定量分析结果——主量和次量组分（wt%）

实验编号	原始编号	测试点	玻璃体系	Na₂O	MgO	Al₂O₃	SiO₂	P₂O₅	Cl	K₂O	CaO	TiO₂	MnO	Fe₂O₃	CoO	CuO	SnO₂	PbO
HP14-01	10HTQM6b:2	自然表面	低钙型钾钙玻璃	0.86	0.59	6.89	76.34	0.24	0.16	10.51	0.97	0.29	1.10	2.04	n. d.	n. d.	n. d.	n. d.
HP14-01		新鲜面		0.87	0.64	4.88	75.73	0.63	0.28	12.69	1.05	0.26	1.09	1.89	n. d.	n. d.	n. d.	n. d.
HP14-02	11HFPM12:6	自然表面	泡碱型钠钙玻璃	2.47	0.48	2.22	70.77	n. d.	0.27	n. d.	15.38	0.02	0.05	0.98	n. d.	0.64	0.25	6.48
HP14-02	11HFPM12:6	自然表面	泡碱型钠钙玻璃	2.23	0.35	n. d.	74.05	n. d.	0.10	n. d.	12.97	n. d.	0.05	0.84	n. d.	1.11	0.56	7.73
HP14-03 红色珠	10HTQM7:4	自然表面	混合碱玻璃	3.95	1.09	n. d.	87.66	n. d.	0.56	4.61	0.14	n. d.	0.12	0.64	n. d.	0.76	n. d.	n. d.
HP14-04	10HTQM2:12	自然表面	低钙型钾钙玻璃	1.15	0.60	7.92	80.75	0.50	0.25	4.04	0.76	0.38	2.05	1.54	n. d.	n. d.	n. d.	n. d.
HP14-04		新鲜面		0.86	0.54	4.80	73.15	0.98	0.24	14.75	1.62	0.28	1.69	1.09	n. d.	n. d.	n. d.	n. d.
HP14-05	10HFPM4:20	自然表面	低钙型钾钙玻璃	0.97	0.48	6.66	73.08	0.44	0.22	12.30	1.56	0.32	2.06	1.65	0.19	0.02	n. d.	0.13
HP14-05		新鲜面		1.12	0.49	4.58	73.86	0.58	0.12	13.89	1.44	0.27	2.00	1.44	0.18	0.02	n. d.	0.12
HP14-06	11HFPM5:25	自然表面	中等钙铝型钾钙玻璃	1.24	0.42	2.74	88.41	0.98	0.23	0.70	0.41	0.30	2.31	1.99	0.24	n. d.	n. d.	n. d.
HP14-06		新鲜面		0.97	0.46	2.39	77.49	1.01	0.23	12.27	1.33	0.31	1.82	1.50	0.19	n. d.	n. d.	n. d.
HP14-07	11HFPM 10:扰5	自然表面	低钙型钾钙玻璃	0.86	0.67	7.17	75.73	0.28	0.06	11.54	0.76	0.28	1.20	1.27	n. d.	0.05	n. d.	n. d.
HP14-07		新鲜面		0.80	0.69	5.78	73.62	0.58	0.16	14.81	0.87	0.29	1.16	1.11	n. d.	0.02	n. d.	n. d.
HP14-08-1	09HYG M18:扰5-1	自然表面	中等钙铝型钾钙玻璃	1.06	0.48	4.32	82.43	0.97	0.16	4.12	2.44	0.25	1.72	1.80	0.19	n. d.	n. d.	n. d.
HP14-08-2	09HYG M18:扰5-2	新鲜面		0.98	0.44	2.71	76.98	0.77	0.08	12.24	2.35	0.23	1.54	1.52	0.17	n. d.	n. d.	n. d.
HP14-09	09HYG M18:扰5-2	自然表面	中等钙铝型钾钙玻璃	0.95	0.44	3.01	80.78	0.68	0.11	8.64	1.82	0.21	1.57	1.61	0.18	n. d.	n. d.	n. d.
HP14-10	10HJGM5:扰2	自然表面	低钙型钾钙玻璃	0.98	0.46	6.54	76.76	0.79	0.17	11.75	0.75	0.26	0.75	0.66	n. d.	0.09	n. d.	n. d.
HP14-10		新鲜面		0.87	0.49	5.67	73.13	1.17	0.18	15.79	1.01	0.33	0.71	0.58	n. d.	0.08	n. d.	n. d.

续附表 1

实验编号	原始编号	测试点	玻璃体系	Na₂O	MgO	Al₂O₃	SiO₂	P₂O₅	Cl	K₂O	CaO	TiO₂	MnO	Fe₂O₃	CoO	CuO	SnO₂	PbO
HP14-11	11HFPM9:2	自然表面	低钙型	1.20	0.39	5.87	78.28	n.d.	0.23	10.55	0.33	0.30	1.24	1.39	n.d.	0.21	n.d.	n.d.
HP14-11		新鲜面	钾钙型	1.37	0.47	6.37	70.48	0.86	0.32	15.45	1.02	0.43	1.40	1.52	n.d.	0.31	n.d.	n.d.
HP14-12	11HFPM14a:3	自然表面	低钙型	1.05	0.51	5.26	78.56	0.70	0.10	10.26	0.55	0.16	0.13	0.39	n.d.	1.92	0.12	0.29
HP14-12		新鲜面	钾钙型	0.98	0.40	4.31	73.67	1.08	0.22	15.19	1.02	0.23	0.12	0.35	n.d.	2.03	0.12	0.28
HP14-13	11HFPM18:扰3	自然表面	混合碱玻璃	2.01	0.56	13.50	70.17	0.39	0.10	10.64	0.61	1.08	0.02	0.85	n.d.	n.d.	n.d.	n.d.
HP14-13		新鲜面		10.92	0.90	11.47	59.75	0.17	0.08	12.14	1.79	1.26	0.03	1.43	n.d.	n.d.	n.d.	n.d.
HP14-14	11HFPM8:55	自然表面	中等钙铝型	1.42	0.50	5.11	75.89	0.26	0.18	10.96	1.86	0.28	1.45	2.09	n.d.	n.d.	n.d.	n.d.
HP14-14		新鲜面	钾玻璃	1.52	0.55	3.78	72.87	0.56	0.14	12.02	4.85	0.25	1.45	2.01	n.d.	n.d.	n.d.	n.d.
HP14-15	11HFPM8:40	自然表面	中等钙铝型钾玻璃	1.74	0.46	2.59	74.72	n.d.	0.27	8.03	9.33	0.05	1.25	1.42	n.d.	n.d.	n.d.	n.d.
HP14-15		新鲜面		1.92	0.49	2.55	74.56	0.17	0.40	11.81	4.73	0.18	1.48	1.62	n.d.	n.d.	n.d.	n.d.
HP14-16蓝色珠	11HFPM8:41	自然表面	中等钙铝型钾玻璃	1.56	0.51	4.35	76.38	0.11	0.18	10.05	3.20	0.22	1.44	2.01	n.d.	n.d.	n.d.	n.d.
HP14-16蓝色珠		新鲜面		1.97	0.56	2.55	77.54	n.d.	0.25	12.09	1.51	0.21	1.40	1.89	n.d.	n.d.	n.d.	n.d.
HP14-16绿色珠	11HFPM8:41	自然表面	混合碱玻璃	2.53	0.42	1.49	69.62	n.d.	0.29	4.00	9.91	n.d.	0.22	0.79	n.d.	1.17	0.79	8.77
HP14-16绿色珠		新鲜面		3.51	0.41	0.00	67.80	n.d.	0.33	4.26	16.01	n.d.	0.17	0.62	n.d.	0.99	0.65	5.26
HP14-17浅绿珠残片	11HFPM14a:4	自然表面	低钙型	1.12	0.48	5.23	79.88	0.09	0.11	9.43	0.71	0.14	0.13	0.46	n.d.	1.90	0.04	0.30
HP14-17浅绿珠残片		新鲜面	钾玻璃	1.28	0.46	4.55	77.36	0.75	0.24	11.17	0.96	0.20	0.14	0.52	n.d.	2.07	n.d.	0.30
HP14-17棕色珠残片	11HFPM14a:4	自然表面	泡碱型钠钙玻璃	1.01	0.47	9.40	34.64	n.d.	0.25	n.d.	1.43	2.61	n.d.	47.77	n.d.	n.d.	n.d.	n.d.
HP14-18较小片	11HFLM4:2	自然表面	铅玻璃	1.70	0.54	n.d.	87.28	n.d.	0.27	n.d.	4.63	n.d.	0.03	0.15	n.d.	n.d.	n.d.	5.39
HP14-18较大片	11HFLM4:2	自然表面	铅玻璃	1.60	0.30	0.46	81.11	n.d.	0.16	n.d.	5.26	n.d.	n.d.	0.35	n.d.	0.02	n.d.	10.74
HP14-19	11HFLM10:1	自然表面	铅玻璃	1.12	0.58	1.66	92.37	n.d.	0.07	n.d.	0.60	n.d.	n.d.	0.39	n.d.	0.17	n.d.	3.03
HP14-20	11HFLM6:扰12	自然表面	低钙型	1.23	0.52	3.31	78.91	n.d.	0.09	9.22	2.67	0.18	1.43	2.45	n.d.	n.d.	n.d.	n.d.
HP14-20		新鲜面	钾玻璃	1.39	0.51	2.36	81.50	n.d.	0.19	10.00	0.83	0.15	1.27	1.79	n.d.	0.17	n.d.	n.d.

续附表 1

实验编号	原始编号	测试点	玻璃体系	Na₂O	MgO	Al₂O₃	SiO₂	P₂O₅	Cl	K₂O	CaO	TiO₂	MnO	Fe₂O₃	CoO	CuO	SnO₂	PbO
HP14-21	09HYGM15:扰9	自然表面	中等钙铝型钾玻璃	0.75	0.47	7.21	73.37	0.34	0.17	10.47	1.51	0.43	2.81	2.22	0.25	n.d.	n.d.	n.d.
HP14-21		新鲜面		1.32	0.72	4.57	72.90	0.32	0.23	12.35	2.60	0.37	2.57	1.80	0.23	n.d.	n.d.	n.d.
HP14-22	09HYGM2:扰2	自然表面	泡碱型	1.76	0.93	11.51	77.54	n.d.	1.13	0.63	2.10	0.32	1.78	2.18	n.d.	n.d.	n.d.	n.d.
HP14-22		新鲜面	钠钙玻璃	13.97	0.45	3.81	73.34	n.d.	1.24	0.73	2.54	0.20	1.88	1.80	n.d.	n.d.	n.d.	n.d.
HP14-23	12HLWM5a:24	自然表面	泡碱型	2.81	0.46	8.11	72.91	n.d.	0.50	1.10	8.46	1.08	n.d.	2.03	n.d.	1.97	0.23	0.16
HP14-23		新鲜面	钠钙玻璃	11.72	0.36	1.62	70.53	n.d.	0.49	0.96	9.96	0.80	n.d.	1.48	n.d.	1.60	0.19	0.11
HP14-24 蓝色珠	12HLWM6:1	自然表面	低钙型	1.01	0.77	8.58	80.55	0.39	0.25	4.78	0.52	0.25	1.23	1.67	n.d.	n.d.	n.d.	n.d.
HP14-24 蓝色珠		新鲜面	钾玻璃	0.88	0.54	3.91	80.18	0.21	0.16	10.55	1.09	0.20	0.98	1.29	n.d.	n.d.	n.d.	n.d.
HP14-25	09HYGM1:扰4	自然表面	矿物碱型	4.96	0.85	17.88	64.06	0.04	0.56	1.83	4.90	0.79	1.75	2.38	n.d.	n.d.	n.d.	n.d.
HP14-25		新鲜面	钠铝玻璃	9.54	0.60	7.69	69.25	0.95	0.70	1.78	5.28	0.57	1.87	1.77	n.d.	n.d.	n.d.	n.d.

说明：表中"n. d."表示此种组分的含量低于检测限而无法检测到。

附表 2　选送样品定量分析结果——微量元素 （μg/g）

实验编号	原始编号	测试点	玻璃体系	Cr	Ni	Cu	Zn	Rb	Sr	Pb
HP14-01	10HTQM6b：2	自然表面	低钙型钾钙玻璃	n. d.	69	179	38	246	7	45
HP14-01		新鲜面		n. d.	55	233	48	262	5	60
HP14-02	11HFPM12：6	自然表面	泡碱型钠钙玻璃	120	n. d.	M	n. d.	n. d.	n. d.	M
HP14-02	11HFPM12：6	自然表面	泡碱型钠钙玻璃	122	10	M	n. d.	n. d.	n. d.	M
HP14-03 红色珠	10HTQM7：4	自然表面	混合碱玻璃	24	n. d.	M	n. d.	7	n. d.	37
HP14-04	10HTQM2：12	自然表面	低钙型钾玻璃	n. d.	83	283	4	219	12	660
HP14-04		新鲜面		n. d.	87	261	47	281	30	820
HP14-05	10HFPM4：20	自然表面	低钙型钾玻璃	26	139	469	80	253	29	116
HP14-05		新鲜面		n. d.	127	448	29	277	35	119
HP14-06	11HFPM5：25	自然表面	中等钙铝型钾玻璃	8	93	185	45	71	21	42
HP14-06		新鲜面		13	117	180	72	105	33	40
HP14-07	11HFPM10：扰 5	自然表面	低钙型钾玻璃	n. d.	46	593	16	245	9	M
HP14-07		新鲜面		n. d.	29	481	17	256	16	M
HP14-08	09HYGM18：扰 5－1	自然表面	中等钙铝型钾玻璃	15	190	201	50	117	103	552
HP14-08		新鲜面		n. d.	114	164	47	103	94	543
HP14-09	09HYGM18：扰 5－2	自然表面	中等钙铝型钾玻璃	11	127	179	36	97	60	752
HP14-10	10HJGM5：扰 2	自然表面	低钙型钾玻璃	47	33	882	9	519	n. d.	117
HP14-10		新鲜面		n. d.	69	818	n. d.	497	n. d.	79
HP14-11	11HFPM9：2	风化面	低钙型钾玻璃	n. d.	13	998	n. d.	214	n. d.	38
HP14-11		新鲜面		n. d.	55	M	37	402	n. d.	28
HP14-12	11HFPM14a：3	风化面	低钙型钾玻璃	23	0	M	27	377	n. d.	M
HP14-12		新鲜面		n. d.	17	M	22	533	n. d.	M

续附表 2

实验编号	原始编号	测试点	玻璃体系	Cr	Ni	Cu	Zn	Rb	Sr	Pb
HP14-13 蓝色珠	11HFPM18：扰3	自然表面	混合碱玻璃	29	6	174	126	88	205	32
HP14-13	11HFPM18：扰3	新鲜面	混合碱玻璃	25	31	241	147	83	258	18
HP14-14	11HFPM8：55	自然表面	中等钙铝型钾玻璃	n.d.	71	101	33	84	21	78
HP14-14	11HFPM8：55	新鲜面	中等钙铝型钾玻璃	55	76	109	65	94	35	65
HP14-15	11HFPM8：40	自然表面	中等钙铝型钾玻璃	90	11	29	21	60	18	46
HP14-15	11HFPM8：40	新鲜面	中等钙铝型钾玻璃	46	48	63	27	76	33	60
HP14-16 蓝色珠	11HFPM8：41	自然表面	中等钙铝型钾玻璃	18	36	90	7	81	18	122
HP14-16 蓝色珠	11HFPM8：41	新鲜面	中等钙铝型钾玻璃	n.d.	54	68	37	70	19	72
HP14-16 绿色珠	11HFPM8：41	自然表面	混合碱玻璃	40	13	M	n.d.	n.d.	n.d.	M
HP14-16 绿色珠	11HFPM8：41	新鲜面	混合碱玻璃	99	n.d.	M	n.d.	n.d.	n.d.	M
HP14-17 浅绿色珠残片	11HFPM14a：4	自然表面	低钙型钾玻璃	12	n.d.	M	15	322	n.d.	M
HP14-17 浅绿色珠残片	11HFPM14a：4	新鲜面	低钙型钾玻璃	n.d.	n.d.	M	20	420	n.d.	M
HP14-17 棕色珠残片	11HFPM14a：4	自然表面	泡碱型钠钙玻璃	Cr_2O_3:2.37%	n.d.	46	80	0	n.d.	166
HP14-18 较小片	11HFLMM4：2	自然表面	铅玻璃	90	n.d.	323	n.d.	n.d.	n.d.	M
HP14-18 较大片	11HFLMM4：2	自然表面	铅玻璃	148	15	423	10	45	n.d.	M
HP14-19	11HFLM10：1	风化物	铅玻璃	113	15	981	n.d.	n.d.	n.d.	M
HP14-20	11HFLM6：扰12	自然表面	低钙型钾玻璃	n.d.	54	99	7	30	n.d.	54
HP14-20	11HFLM6：扰12	新鲜面	低钙型钾玻璃	n.d.	55	62	n.d.	45	10	56
HP14-21	09HYGM15：扰9	风化面	中等钙铝型钾玻璃	n.d.	133	197	63	143	38	24
HP14-21	09HYGM15：扰9	新鲜面	中等钙铝型钾玻璃	19	97	147	66	141	37	52
HP14-22	09HYGM2：扰2	自然表面	泡碱型钠钙玻璃	12	36	154	34	11	209	113
HP14-22	09HYGM2：扰2	新鲜面	泡碱型钠钙玻璃	42	45	225	35	17	317	149

续附表 2

实验编号	原始编号	测试点	玻璃体系	Cr	Ni	Cu	Zn	Rb	Sr	Pb
HP14-23	12HLWM5a:24	自然表面	泡碱型钠钙玻璃	90	12	M	29	26	99	913
HP14-23		新鲜面		94	n. d.	M	n. d.	16	66	647
HP14-24 蓝色珠	12HLWM6:1	自然表面	低钙型钾玻璃	n. d.	80	126	43	232	7	127
HP14-24 蓝色珠		剥开面		17	60	115	n. d.	210	4	103
HP14-25	09HYGM1:扰4	自然表面	矿物碱型钠铝玻璃	70	76	120	78	35	512	68
HP14-25		新鲜面		126	104	153	45	30	569	46

注：表中"M"表示此种元素为主量或次量组分，以区别于微量组分。

附录二　合浦东汉晚期至三国墓葬出土陶器测试分析报告

刘　松[1]　熊昭明[2]　李　强[3]　董俊卿[1]　李青会[1]

(1. 中国科学院上海光学精密机械研究所　2. 广西文物保护与考古研究所　3. 中国科学院上海硅酸盐研究所)

为了解合浦东汉晚期至三国时期高温釉陶、几何印纹硬陶等器物化学成分、烧成温度的变化，以及高温釉陶和几何印纹硬陶的发展演变等信息，我们从 2009～2013 年合浦发掘的 154 座汉晋墓出土陶器中，选取东汉晚期和三国两个时期有代表性的样品共计 6 份，进行检测和分析，现把结果报告如下。

(一) 实验方法

1. 便携式能量色散型 X 射线荧光光谱分析仪 (PXRF)

本次测试采用中国科学院上海光学精密机械研究所科技考古中心的便携式能量色散型 X 射线荧光光谱分析仪 (PXRF)，仪器型号为 OURSTEX 100FA。定量分析方法为校准曲线法或工作曲线法，即根据已知化学成分的标准参考样品来制作线性校准曲线或工作曲线，此方法具简单且准确度高的优点[1]。

针对陶瓷釉和胎的定量分析，分别利用玻璃标准样品和陶胎标准物质建立相应的工作曲线。瓷釉工作曲线主要采用从德国 Breitlander Eichproben und Labomaterial GmbH 公司购买 22 件 XRF 定量分析的玻璃标准样品，建立了瓷釉主量、次量组分及微量元素工作曲线，并对 NIST 1411 和 Corning D 玻璃标准样品重复测试 12～15 次，对仪器精确度、准确度和检出限进行评估，测试结果表明，仪器具有较高的精确度和准确度[2]。部分组分的工作曲线如图 1、2 所示。

---

① S. Liu, Q. H. Li, F. X. Gan, P. Zhang, Characterization of some ancient glass vessels fragments found in Xinjiang, China, using a portable energy dispersive XRF spectrometer, *X-Ray Spectrom.*, 2011, 40, 364–375.

② S. Liu, Q. H. Li, F. X. Gan, P. Zhang, J. W. Lankton, Silk Road glass in Xinjiang, China: chemical compositional analysis and interpretation using a high-resolution portable XRF spectrometer, *Journal of Archaeological Science*, 2012, 39 (7), 2128–2142.

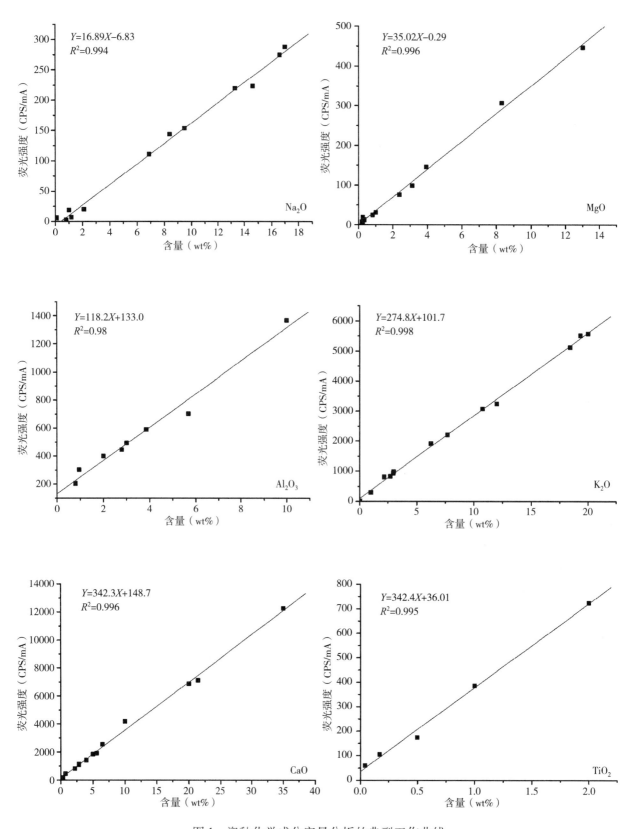

图 1　瓷釉化学成分定量分析的典型工作曲线

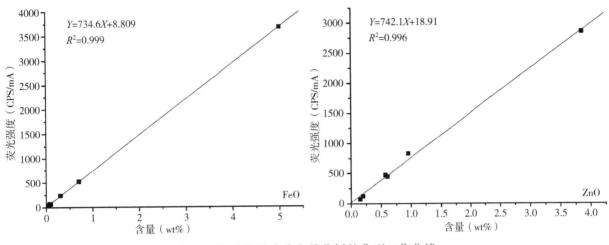

图2　瓷釉化学成分定量分析的典型工作曲线

针对瓷器胎体样品，利用中国科学院上海硅酸盐研究所古陶瓷研究中心提供的一套陶胎标准样品作为标准样品建立胎体中主次量组分，包括 Na_2O、MgO、Al_2O_3、SiO_2、K_2O、CaO、TiO_2、Fe_2O_3 和常见微量元素 P、Cr、Mn、Cu、Zn、Pb、Rb、Sr 等工作曲线。主次量组分及部分微量元素的工作曲线如图3、4所示。

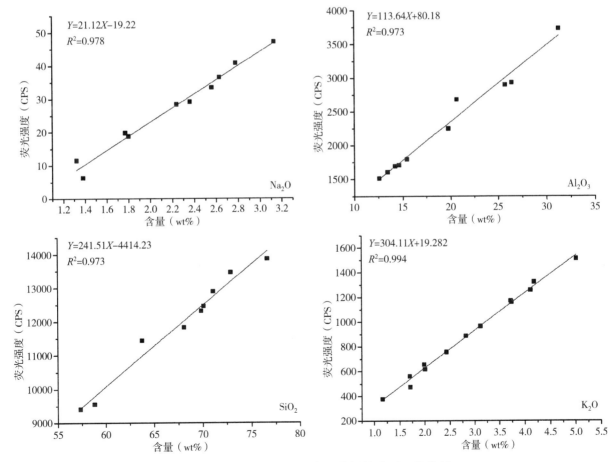

图3　陶瓷胎体化学成分定量分析的典型工作曲线

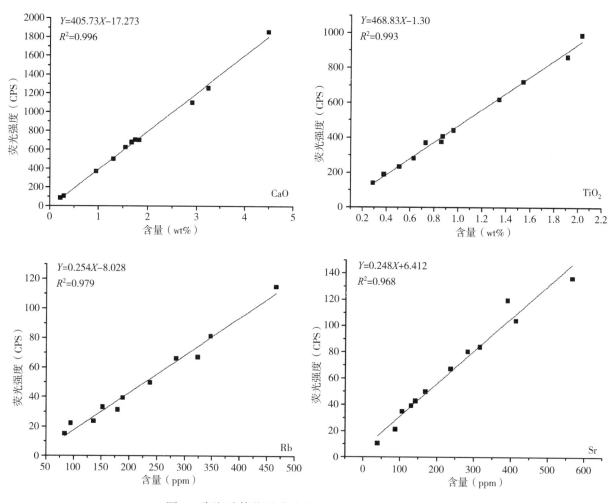

图 4　陶瓷胎体化学成分定量分析的典型工作曲线

瓷釉和陶胎工作曲线已经在宁波市东钱湖郭童岙窑址瓷器样品测试中得到成功应用①。

2. 热膨胀分析仪

烧成温度测试采用德国 NETZSCH 公司产 DIL 402C 型热膨胀分析仪。瓷器在烧成过程中由于原料间的相互物理化学作用，使得它有一个膨胀—收缩—再膨胀的过程。当瓷器在烧成后重新加热时，在加热未达到它的原始烧成温度前，所发生的长度变化应该是该瓷器的受热膨胀。超过该瓷器原来烧成温度时，所发生的长度变化应该是该瓷器在烧成过程中所发生长度变化的继续。随着该瓷器在烧成时是"生烧"、"正烧"或是"过烧"这种变化可能有下列两种情形：一是当瓷器是"生烧"时，重新加热到它的烧成温度时就会发生收缩；二是当瓷器是"正烧"或"过烧"时，就会发生"过烧"膨胀。不论是发生收缩和膨胀都使得瓷器的重烧膨胀曲线上出现一个转折点，即根据这一转折点来决定它的烧成温度②。

---

① 刘松、李青会、董俊卿、干福熹：《宁波市东钱湖郭童岙窑址瓷器样品分析测试报告》，《郭童岙越窑遗址发掘报告》，科学出版社，2013 年。

② 王昌燧：《科技考古进展》第 12～16 页，科学出版社，2013 年。

具体测试过程中，要将陶瓷样品进行切割，并制备成一个约 2.5×0.5×0.5cm³ 的规则长方体，然后进行烧成温度的测试。

3. 光学相干层析成像技术（OCT）系统

实验采用扫频源 OCT 系统（普通硅酸盐材料中的纵向分辨率约 5.3μm），主要包括高速扫描激光（HSL）光源（中心波长为 1315～1340nm，最大功率为 50mW）、干涉部件（日本 santec 公司 IV-2000 型）、测量臂、探测部件和分析软件。实验测量条件为：（1）2D 测量模式下横向扫描范围为 5mm，材料折射率近似取 1.5，积分次数为 4，输出图像分大小为 1000pixel×1000pixel；（2）2D 测量模式下扫描分为 X 轴 3mm，Y 轴 3mm，X、Y 轴向像素点个数都为 700，Z 轴像素点个数为 512，样品折射率取 1.5，Z 轴方向 5.3μm/pixel。有效的成像信号取 −1～60dB。

4. 共焦拉曼光谱分析技术

激光拉曼测试采用 LabRAM XploRA 便携式激光共焦拉曼显微光谱仪对样品进行测试。本实验采用 532nm 激发波长，50 倍长焦物镜，光栅参数为 1800gr/mm。空间分辨率横向好于 1μm，纵向好于 2μm。拉曼频移范围为 70～4000cm⁻¹，光谱分辨率 ≤2cm⁻¹，光谱重复性 ≤±0.2cm⁻¹。每次测定样品前均应采用单晶 Si 标样对激光拉曼光谱进行校正。本光谱仪在中国古代玻璃和玉器研究中应用，体现出了仪器的优良性能[①]。

（二）样品信息

所选送 6 件陶器样品的概要信息见表 1。其中，表 1 中的红色软陶样品（HP14－31）由于强度太低，无法制样，未进行烧成温度的测试。

表 1　陶器样品概况

实验编号	原始编号	出土地点	样品描述	年代
HP14－26	10HFPM3：扰 5	二炮厂	高温釉陶罐残片	东汉晚期
HP14－27	12HLWM7：扰 4	罗屋村	几何印纹硬陶罐残片	三国
HP14－28	09HYGM3：扰 6	公务员小区一期	高温釉陶罐残片	三国
HP14－29	13HYGM5：扰 8	公务员小区二期	高温釉陶罐残片	三国
HP14－30	09HYGM18：扰 21	公务员小区一期	几何印纹硬陶瓮残片	东汉晚期
HP14－31	12HZLM1：扰 8	李屋村	红色软陶罐残片	三国

---

① Zhao H X, Li Q H, Liu S, Fu X G. Characterization of microcrystals in some ancient glass beads from China by means of confocal Raman microspectroscopy. *Journal of Raman Spectroscopy*, 2013, 44（4）：643－649.

Zhao H X, Li Q H, Liu S, Hu Y Q, Gan F X. Nondestructive analysis of jade artifacts from the Cemetery of the Ying State in Henan Province, China using confocal Raman microspectroscopy and portable X-ray fluorescence spectrometry. *Journal of Raman Spectroscopy*, 2014, 45（2）：173－178.

（三）结果与分析

1. 化学成分分析结果

6 件釉陶样品釉及胎体的化学成分定量分析结果如表 2 所示。

表 2　陶器样品定量分析结果

实验编号	原始编号	测试点	Na_2O (wt%)	MgO (wt%)	Al_2O_3 (wt%)	SiO_2 (wt%)	P_2O_5 (wt%)	K_2O (wt%)	CaO (wt%)	TiO_2 (wt%)	MnO (wt%)	Fe_2O_3 (wt%)
HP14-26	10HFPM3：扰5	外层釉1	7.01	2.10	17.86	59.67	n. d.	6.69	2.60	1.61	0.15	2.31
		外层釉2	7.30	1.91	17.80	59.63	n. d.	6.59	2.72	1.60	0.16	2.18
		胎体	0.84	0.25	22.31	72.16	0.16	0.81	0.02	0.91	n. d.	2.54
HP14-27	12HLWM7：扰4	红色表面	1.04	0.68	18.87	63.49	0.02	7.27	0.97	0.71	n. d.	6.95
		胎体	0.84	0.52	23.37	67.56	0.17	0.95	0.08	0.90	n. d.	5.62
HP14-28	09HYGM3：扰6	釉	7.04	1.17	15.49	66.31	0.22	6.12	0.12	1.10	0.03	2.39
		胎体	1.08	0.41	16.32	77.34	0.32	1.67	0.10	0.54	n. d.	2.22
HP14-29	13HYGM5：扰8	表面	1.06	1.11	25.59	63.55	0.10	2.03	0.17	1.14	n. d.	5.26
		胎体	0.72	1.40	27.17	63.69	0.07	0.82	0.05	0.93	n. d.	5.14
HP14-30	09HYGM18：扰21	表面	0.90	1.47	24.82	61.42	0.09	3.70	0.68	0.83	n. d.	6.09
		胎体	0.88	0.87	25.67	65.94	0.13	1.24	0.13	0.95	n. d.	4.20
HP14-31	12HZLM1：扰8	胎体	0.84	1.39	25.14	59.76	0.13	1.96	0.11	0.84	n. d.	9.84

在化学组分上，高温釉陶器中釉和胎体存在差异。以样品 HP14-26 和 HP14-28 为例，釉中碱金属元素氧化物（Na_2O、K_2O）和碱土金属元素（MgO、CaO）的含量明显高于胎体，同时，釉中 TiO_2 和 MnO 的含量稍微高于胎体，而 P_2O_5 的含量则稍微低于胎体。

对于几何印纹硬陶样品，样品 HP14-27 和 HP14-30，尽管其表面并非釉层，但其表层化学成分与胎体同样存在差异。从表 2 可知，印纹硬陶表层的碱金属元素氧化物中，K_2O 的含量明显高于胎体，Fe_2O_3 的含量也高于胎体，同时，碱土金属元素氧化物的含量稍微高于胎体。这与釉和胎体的差别有些类似，而几何印纹硬陶表层与釉的差别在于其 Na_2O 和 CaO 的含量远低于釉。上述分析表明，几何印纹硬陶的表层与胎体并非同种物质，其表层物质可能为在胎体成型之后，在其表面涂了一层物质，类似陶衣，也有可能是在烧制过程中草木灰落至陶器表面形成。本文将在下文对几何印纹硬陶表层物质进行探讨。

高温釉陶胎体与几何印纹硬陶的胎体在 Al_2O_3 和 SiO_2 的含量上存在一定差异。高温釉陶胎体中 SiO_2 的含量稍微高于几何印纹硬陶，而 Al_2O_3 的含量则稍微低于几何印纹硬陶。胎体中的其他组分差异并不明显。需要说明的是，由于测试分析样品数量有限，上述结论还有待于进一步通过系统测试高温釉陶和几何印纹硬陶样品来验证其正确性。

2. 烧成温度测试结果

图 5 为所测试 5 件样品的烧成温度测试曲线。具体的烧成温度列于表 3，测试的误差为 ±20℃。从表 3 结果可以看出，所测试的几何印纹硬陶的烧成温度（约 1230℃ ~ 1300℃）均高于同时期高

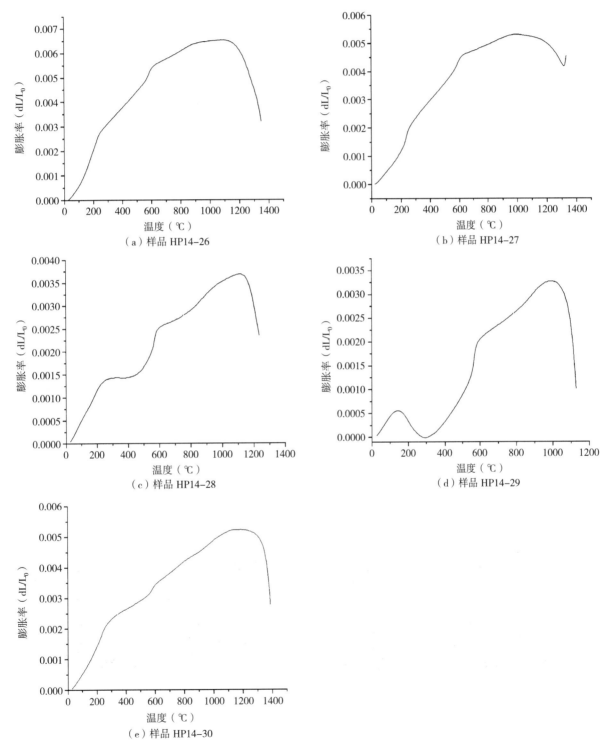

图 5　陶器烧成温度的测试曲线

温釉陶的烧成温度（约 1030℃~1180 ℃）。无论是高温釉陶还是几何印纹硬陶，从东汉晚期到三国时期的烧成温度都略有下降（降幅约为 50 ℃）。

表 3　陶器烧成温度的测试结果

实验编号	原始编号	样品描述	年代	烧成温度
HP14 - 26	10HFPM3：扰 5	高温釉陶罐残片	东汉晚期	1180 ℃
HP14 - 27	12HLWM7：扰 4	几何印纹硬陶罐残片	三国	1230 ℃
HP14 - 28	09HYGM3：扰 6	高温釉陶罐残片	三国	1150 ℃
HP14 - 29	13HYGM5：扰 8	高温釉陶罐残片	三国	1030 ℃
HP14 - 30	09HYGM18：扰 21	几何印纹硬陶瓮残片	东汉晚期	1300 ℃

3. OCT 测试结果

选取典型的高温釉陶和几何印纹硬陶样品，利用 OCT 系统对高温釉陶（HP14 - 26）和几何印纹硬陶（HP14 - 27）进行层析成像，成像结果如图 6 所示。高温釉陶表层的釉层在 OCT 图像中为空气釉层界面（亮线）和釉层胎体界面（亮线）之间的黑色区域，如图 6（a）所示。釉层之所以呈现出黑色，主要是由于釉层为玻璃态，不会造成对光的散射，因此在图像中呈现黑色。由于胎体的不光滑，其釉层的厚度不均匀，故而代表釉层的黑色条带宽度亦不相同。在图 6（b）几何印纹硬陶的 OCT 图像中，代表釉层的黑色条带不存在，说明几何印纹硬陶表层对光的散射极为严重，可以肯定的是其表面不存在釉层，但也不能确定其表面存在类似陶衣的一层物质。

为了确定几何印纹硬陶表面是否存在类似陶衣的一层物质，采用便携式数码显微镜（Anyty 3R）对表层物质与胎体结合处进行放大观测，放大倍率为 200 倍，观测图像如图 7 所示。通过图 7 可知，几何印纹硬陶表层与胎体的显微结构有一定差异。化学成分分析结果也表明，表层物质与胎体的化学成分也存在差异，即硬陶表面可能有一层陶衣。

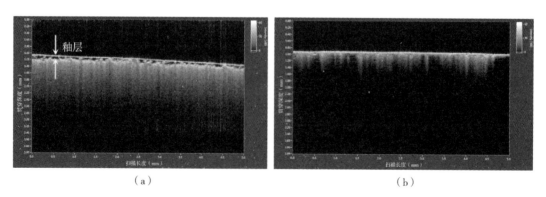

（a）　　　　　　　　　　　　　　　　（b）

图 6　OCT 图像
（a）高温釉陶（HP14 - 26）　　（b）几何印纹硬陶（HP14 - 27）

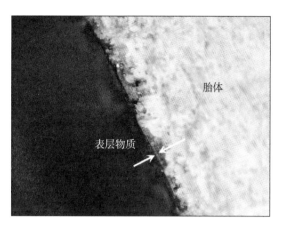

图 7　硬陶 HP14 - 27 便携式数码显微照片（200 倍）

4. 拉曼测试结果

几何印纹硬陶（HP14 - 27）表层物质的拉曼图谱如图 8 所示。图 8 中的谱峰 464cm^{-1}、205cm^{-1} 为石英的拉曼特征峰，1080cm^{-1} 为方解石拉曼特征峰，玻璃态包络特征峰并不明显，说明几何印纹硬陶表层以矿物相为主，玻璃相非常少，这与上文根据 OCT 图像得到的结论是一致的。

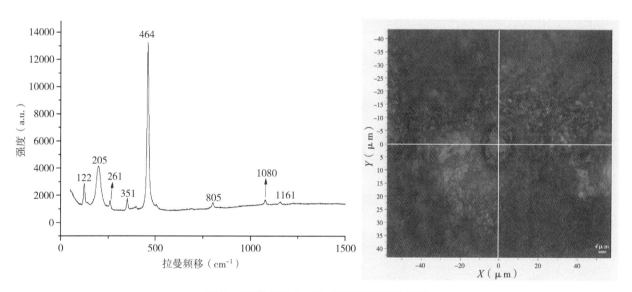

图 8　硬陶 HP14 - 27 表层颗粒拉曼图谱

（四）　结　论

所分析高温釉陶的釉层为采用氧化钠（Na_2O）和氧化钾（K_2O）为主要助熔剂的混合碱釉，而并非采用氧化钙为主要助熔剂的钙釉。高温釉陶的釉与印纹硬陶表层物质与其胎体在化学成分上存在差异。高温釉陶釉中的碱金属元素氧化物（Na_2O、K_2O）和碱土金属元素氧化物（MgO、CaO）的含量明显高于胎体，而印纹硬陶表层物质中 K_2O 的含量也明显高于胎体。高温釉陶和几何印纹硬陶胎体在 Al_2O_3 和 SiO_2 的含量上存在一定差异。几何印纹硬陶的烧成温度均高于同时期高温釉陶的烧成温度，同时，无论是高温釉陶还是几何印纹硬陶，从东汉晚期到三国时期的烧成温度都略有下降。高温釉陶与几何印纹硬陶的 OCT 图像差异较大，高倍数码显微镜图像证实了几何印纹硬陶表层物质与胎体内部有一定差异，拉曼光谱分析结果表明此表层物质并非以玻璃相为主，而是以矿物相为主。造成这种差异的原因是否与烧制过程或制作工艺有关，值得进一步研究。

附录三 合浦西汉晚期汽齿厂 M6a 出土灶材料检测报告

温静娴[1]　阮向东[2]

（1. 广西大学材料科学研究所　2. 广西大学物理科学与工程技术学院）

检测编号：2014-XW-0071

样品名称	灶　体	检测类别	委托检验
商　　标	—	生产单位	—
委托单位	广西文物保护与考古研究所	单位地址	—
样品数量	3 份	样品状态	固体块状
型号规格	—	产品等级	—
检测项目	微区成分分析	送样人	阮向东
接收日期	2014.7.2	检验日期	2014.7.2
检测依据	GB/T 17359－1998 电子探针和扫描电镜 X 射线能谱定量分析通则		

检测结果			
样品原始编号	采样位置	检测出的元素	备注
1	灶体	氧、铝、氯、锡、铅	—

	元素	wt%	原子百分比
检验结论	O	14.98	62.72
	Al	2.14	5.20
	Cl	2.46	4.67
	Sn	5.46	3.10
	Pb	74.96	24.31
	总量	100.00	100.00

备　　注	—

　　图表 1、2 为同一样品不同部位的能谱图和元素成分表。检测结果所示元素，为两者的平均值。从检测结果看，样品属铅锡合金。

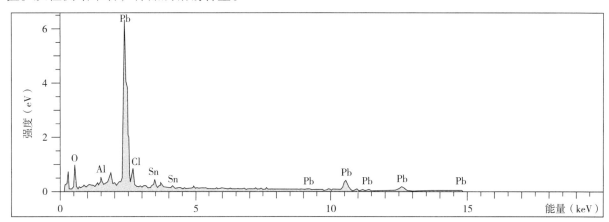

元素	线类型	wt%	wt% Sigma	原子百分比
O	K 线系	14.32	0.84	62.83
Al	K 线系	0.95	0.17	2.46
Cl	K 线系	2.78	0.33	5.49
Sn	L 线系	5.79	0.52	3.42
Pb	M 线系	76.16	0.96	25.80
总量		100.00		100.00

图表 1

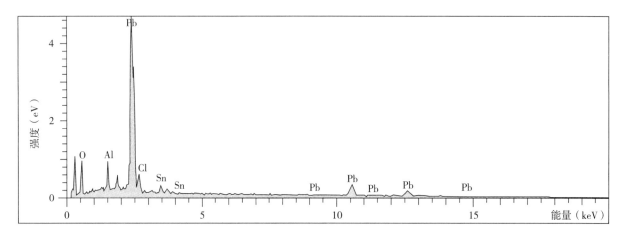

元素	线类型	wt%	wt% Sigma	原子百分比
O	K 线系	15.64	0.91	62.62
Al	K 线系	3.34	0.24	7.94
Cl	K 线系	2.14	0.34	3.86
Sn	L 线系	5.13	0.55	2.77
Pb	M 线系	73.75	1.02	22.81
总量		100.00		100.00

图表 2

后 记

　　本报告由熊昭明主编，负责编写框架的制定和后期的统稿及审定工作。各章编写分工如下：第一至三章由富霞负责；第四、六、七章由熊昭明负责，富霞也参与了第六章部分内容的撰写；第五章由陈启流负责。下册彩版的选编工作，由熊昭明、富霞和陈启流共同进行。附录一和附录二由李青会、熊昭明、刘松、李强、赵虹霞、董俊卿等撰写，附录三由温静娴、阮向东撰写。英文摘要由富霞翻译。

　　本报告是集体劳动的成果。历次发掘工地负责人无私地提供原始资料、交流发掘心得和体会，广西文物保护与考古研究所、合浦县文物管理局和合浦县博物馆全力保障资料整理所需的经费、场地和人员，使整理和报告编写工作得以顺利开展和完成。在此历时两年多的过程中，广西文物保护与考古研究所林强、中国社会科学院考古研究所白云翔、四川大学霍巍、中山大学郑君雷、中国科学院上海光学精密机械研究所李青会等专家莅临现场指导，提出诸多建设性意见；中山大学刘昭瑞先生为涉及的器物铭文进行了辨识，广西大学阮向东、广西文物保护与考古研究所谢广维、浙江省文物考古研究所胡继根等先生也给予了具体帮助；中国科学院上海光学精密机械研究所科技考古中心、中国科学院上海硅酸盐研究所古陶瓷研究中心、广西大学材料科学研究所为器物的测试和分析提供了技术支持；文物出版社编辑，在报告的校核和出版方面，做了大量卓著的工作。在此，对上述单位及专家、领导、同行和编辑的大力支持和帮助，一并致以诚挚的感谢。

　　报告的主要目的是提供科学的发掘资料，并作基本的解读，尽管我们一再努力，但囿于学识和时间，错漏在所难免，因此，我们冀望在报告出版后，得到专家和同行的教正。

编者

2015 年 3 月

Abstract

Hepu is located on the south coast of Guangxi Zhuang autonomous region, bordering the Gulf of Tonkin. From November 2009 until December 2013, the Guangxi institute of cultural relics protection and archaeology and the Hepu county administration of cultural relics etc. jointly implemented a rescue excavation in Hepu. In total 157 tombs have been excavated from 15 sites. Most of them had been looted before excavation. 154 of these can be further divided into four stages: late Western Han dynasty tombs, Eastern Han dynasty tombs, Three Kingdoms dynasty tombs and Jin dynasty tombs.

A total of 15 late Western Han dynasty tombs have been found during the excavation. They are all wood-chambered tombs. In total 376 objects have been unearthed including pottery, bronze and terne metal objects, stoneware, and agate, glass, amber, crystal and etched carnelian beads and ornaments.

47 Eastern Han dynasty tombs have been found, including 9 early period tombs and 38 late period tombs. According to building materials and type of construction they can be divided into three categories: wood-chambered tombs, shaft tombs and brick-chambered tombs. The majority of tombs are brick-chambered. In total 523 pieces of funerary objects have been unearthed including pottery, glazed pottery, bronze and iron objects, silver ware lacquer, stoneware, talc ware, and various beads and ornaments.

80 Three Kingdoms dynasty tombs, all belonging to the brick-chambered tombs type, have been excavated. A total of 698 objects have been unearthed. The categories of artifacts are basically the same as the Eastern Han dynasty tombs, with exception of the silverware.

A total of 12 Jin dynasty tombs were found. One belonged to the shaft-tomb type, and all the others belonged to the brick-chambered tombs type. 127 objects were unearthed including pottery, porcelain, iron, stoneware and glass etc.

The excavation report also discusses a type of paraboloid roof(卷棚顶) building, objects from overseas that reveal a close relationship with the maritime Silk Road, and "Bosheng Lianhua" (A Lotus Flower on top of a Begging Bowl) figures. A ceramic granary with paraboloid roof that was unearthed at tomb No. 1 at Hepu electric power plant can be traced back to the late Western Han dynasty. According to the research findings obtained by the author so far, it is the earliest paraboloid roof building discovery in China. Furthermore this type of roof contributes significantly to the history of Chinese architecture. In addition, findings of glass, amber, garnet, etched carnelian, crystal beads and incense burners are important material proofs to study the maritime Silk Road. Besides that, the "Bosheng Lianhua" figures are closely related to the dissemination of Buddhism into China by sea.

2009～2013年

合浦汉晋墓发掘报告 下册

编 著

广西文物保护与考古研究所
合浦县文物管理局

文物出版社

An Excavation Report of the Han-Jin Period Tombs at Hepu in 2009-2013

Ⅱ

Compiled by

Guangxi Institute of Cultural Relics Protection and Archaeology

Hepu County Administration of Cultural Relics

Cultural Relics Press

彩版目录

1. 汽齿厂M2（Aa型木椁墓，东北–西南）　　2. 廉乳厂M2（Ab型木椁墓，西南–东北）

3. 汽齿厂M3（Ac型木椁墓，西南–东北）

西汉晚期A型木椁墓

1. 二炮厂M4（西北-东南）

2. 汽齿厂M7（东北-西南）

3. 汽齿厂M7串饰（10HTQM7：4）出土情况

西汉晚期B型Ⅰ式木椁墓

1. 二炮厂M12（东南—西北）

2. 二炮厂M30a（东北—西南）

3. 汽齿厂M4（西北—东南）

西汉晚期B型Ⅱ式木椁墓

1. 汽齿厂M6a（右）、M6b（左）（东-西）

2. 汽齿厂M8封门（东南-西北）

3. 汽齿厂M9（东北-西南）

西汉晚期B型Ⅱ式木椁墓

1. 汽齿厂M11（东北-西南）

2. 汽齿厂M11（10HTQM11：10）铜印章出土情况

西汉晚期B型 Ⅱ 式木椁墓

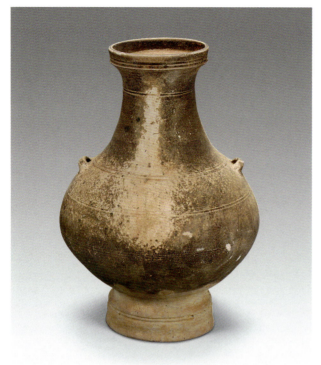

1. Aa型Ⅱ式壶（10HTQM2：4）

2. Ab型Ⅱ式壶（10HTQM2：1）

3. C型瓮（10HTQM2：3）

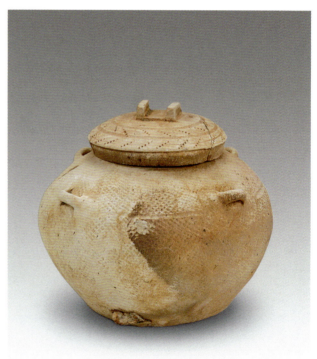

4. A型Ⅰ式四系罐（10HTQM2：2）

西汉晚期汽齿厂M2出土陶器

1. A型陶灯（10HTQM2：13）

2. C型陶井（10HTQM2：5）

3. B型陶灶（10HTQM2：6）

4. 砺石（10HTQM2：10）

5. 玻璃珠（10HTQM2：12）

西汉晚期汽齿厂M2出土器物

1. Ab型Ⅱ式壶（11HDM1∶5）

2. Ab型Ⅲ式壶（11HDM1∶6）

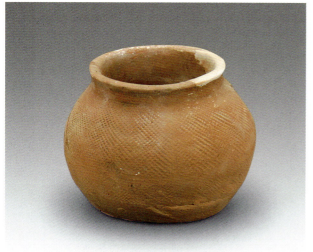

3. C型Ⅱ式罐（11HDM1∶2）

4. G型Ⅰ式罐（11HDM1∶7）

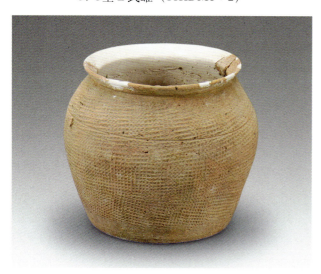

5. H型Ⅱ式罐（11HDM1∶3）

西汉晚期电厂M1出土陶器

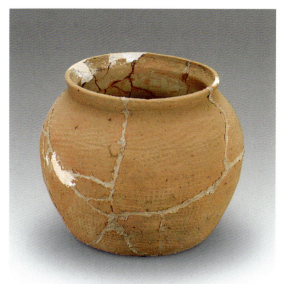

1. H型Ⅱ式罐（11HDM1：10）

2. H型Ⅲ式罐（11HDM1：4）

3. B型Ⅰ式井（11HDM1：9）

4. A型仓（11HDM1：1）

5. A型仓（11HDM1：1）

6. A型灶（11HDM1：8）

西汉晚期电厂M1出土陶器

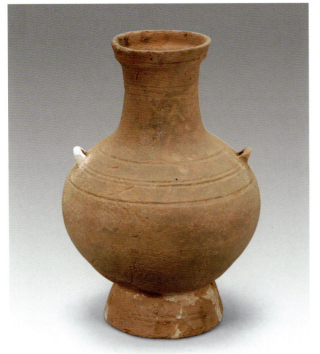

1. Ab型 I 式壶（11HFLM2：14）

2. Ab型 II 式壶（11HFLM2：15）

3. G型 I 式罐（11HFLM2：11）

4. I型 I 式罐（11HFLM2：9）

5. I型 I 式罐（11HFLM2：10）

西汉晚期廉乳厂M2出土陶器

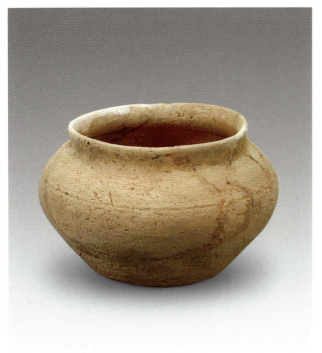

1. I型Ⅱ式陶罐（11HFLM2：8）

2. C型铜镜（11HFLM2：3）

3. 铜钱（11HFLM2：1）

4. A型铁剑（11HFLM2：2）

西汉晚期廉乳厂M2出土器物

1. I式鼎（10HTQM3：6）

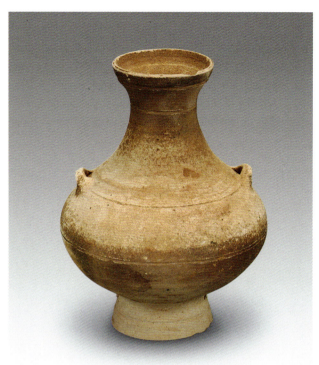

2. Ab型III式壶（10HTQM3：3）

3. B型I式壶（10HTQM3：4）

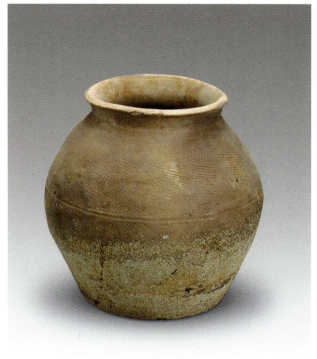

4. B型II式罐（10HTQM3：11）

西汉晚期汽齿厂M3出土陶器

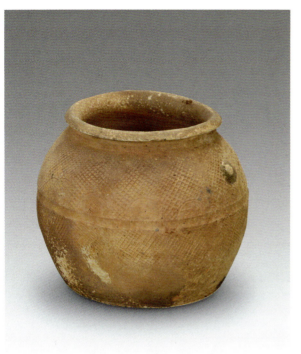

1. C型Ⅰ式罐（10HTQM3：9）

2. B型Ⅰ式提筒（10HTQM3：7+12）

3. B型Ⅱ式井（10HTQM3：10）

4. C型灶（10HTQM3：8）

西汉晚期汽齿厂M3出土陶器

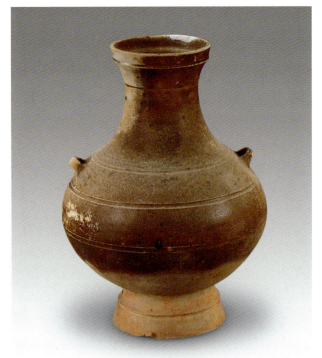

1. Aa型Ⅰ式壶（10HFPM4：11）

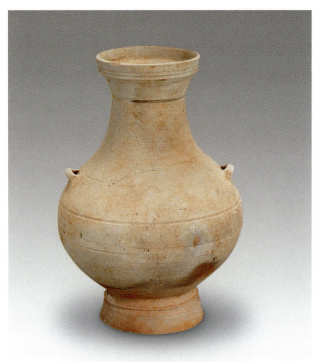

2. Aa型Ⅰ式壶（10HFPM4：14）

3. Ab型Ⅲ式壶（10HFPM4：15）

4. A型Ⅰ式瓮（10HFPM4：13）

西汉晚期二炮厂M4出土陶器

1. A型Ⅱ式瓮（10HFPM4：16）

2. B型Ⅰ式罐（10HFPM4：2）

3. B型Ⅰ式罐（10HFPM4：3）

4. B型Ⅰ式罐（10HFPM4：10）

5. C型Ⅰ式罐（10HFPM4：7）

西汉晚期二炮厂M4出土陶器

1. C型Ⅱ式罐（10HFPM4：5）

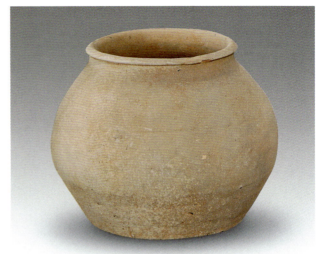

2. C型Ⅱ式罐（10HFPM4：9）

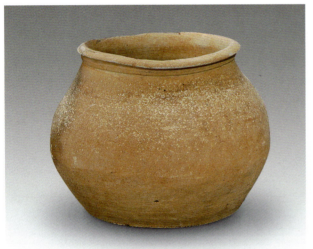

3. C型Ⅲ式罐（10HFPM4：12）

4. E型Ⅰ式罐（10HFPM4：4）

5. B型Ⅱ式釜（10HFPM4：34）

6. Ba型Ⅱ式仓（10HFPM4：1）

西汉晚期二炮厂M4出土陶器

1. C型陶灶（10HFPM4：17）

2. 铜三足小壶（10HFPM4：36）

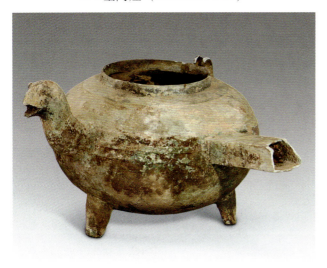

3. 铜盉（10HFPM4：18）

4. 铜盉（10HFPM4：18）把内残木

5. B型铜盆（0HFPM4：44）

6. 铜带钩（10HFPM4：27）

西汉晚期二炮厂M4出土器物

1. A型铜镜（10HFPM4：23）

2. 串饰（10HFPM4：20）

3. 铜钱（10HFPM4：30）

4. 铜钱（10HFPM4：32）

5. 串饰（10HFPM4：21）

6. 串饰（10HFPM4：26）

7. 蚀刻石髓珠（10HFPM4：28）

西汉晚期二炮厂M4出土器物

1. 铁熨斗（10HFPM4：41）

2. A型滑石耳杯（10HFPM4：42）

3. 滑石鼎（10HFPM4：19）

4. A型滑石暖炉（10HFPM4：40）

5. B型铁环首刀（10HFPM4：29）

西汉晚期二炮厂M4出土器物

1. Ⅱ式鼎（11HFPM12：31）

2. A型Ⅰ式盒（11HFPM12：32）

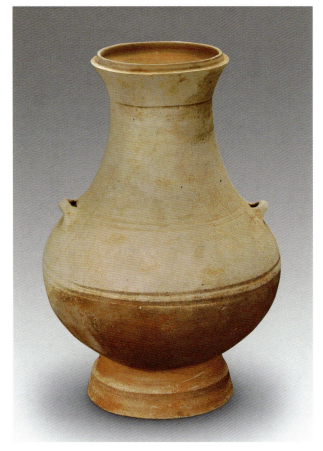

3. B型Ⅰ式壶（11HFPM12：33）

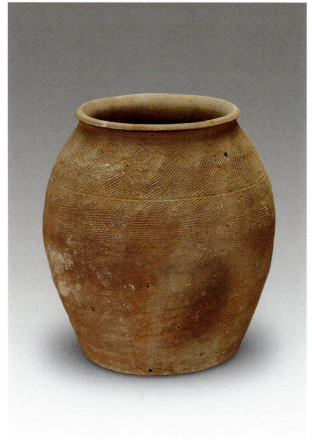

4. A型Ⅱ式瓮（11HFPM12：28）

西汉晚期二炮厂M12出土陶器

1. B型Ⅰ式（11HFPM12：12）

2. B型Ⅰ式（11HFPM12：13）

3. B型Ⅱ式（11HFPM12：17）

4. C型Ⅰ式（11HFPM12：27）

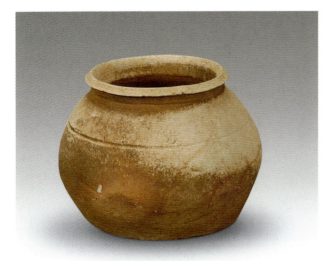

5. C型Ⅲ式（11HFPM12：14）

6. C型Ⅲ式（11HFPM12：15）

西汉晚期二炮厂M12出土陶罐

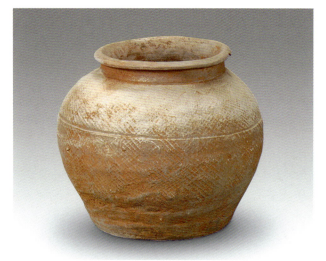

1. D型罐（11HFPM12：16）

2. A型Ⅱ式四系罐（11HFPM12：26）

3. B型Ⅱ式釜（11HFPM12：18）

4. A型Ⅰ式井（11HFPM12：36）

5. B型灶（11HFPM12：24）

西汉晚期二炮厂M12出土陶器

1. A型Ⅰ式鐎壶（11HFPM12：34）

2. A型Ⅰ式鐎壶（11HFPM12：34）

3. A型卮（11HFPM12：22）

4. A型Ⅱ式碗（11HFPM12：23）

5. 釜（11HFPM12：30）

西汉晚期二炮厂M12出土铜器

1. A型铜镜（11HFPM12：11）

2. B型铜镜（11HFPM12：7）

3. B型铁剑（11HFPM12：1）

4. A型滑石暖炉（11HFPM12：21）

5. 串饰（11HFPM12：6）

6. 串饰（11HFPM12：5）

西汉晚期二炮厂M12出土器物

1. B型Ⅱ式壶（10HTQM6a：23）

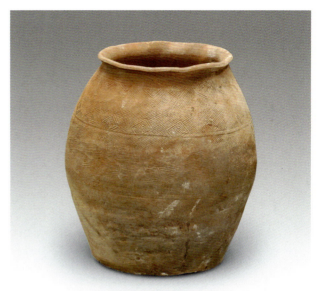

2. B型Ⅰ式瓮（10HTQM6a：25）

3. C型Ⅰ式罐（10HTQM6a：35）

4. C型Ⅰ式罐（10HTQM6a：36）

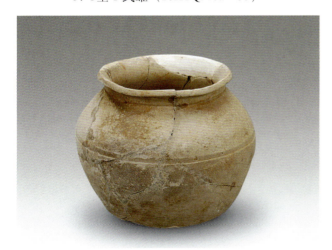

5. C型Ⅱ式罐（10HTQM6a：34）

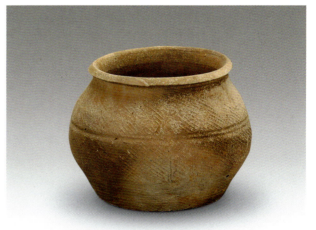

6. C型Ⅱ式罐（10HTQM6a：37）

西汉晚期汽齿厂M6a出土陶器

1. C型Ⅲ式罐（10HTQM6a：27）

2. B型Ⅲ式井（10HTQM6a：31）

3. A型碗（10HTQM6a：26）

4. B型Ⅱ式釜（10HTQM6a：22）

5. Ba型Ⅱ式仓（10HTQM6a：30）

西汉晚期汽齿厂M6a出土陶器

1. 铜盒（10HTQM6a：1）

2. 铅锡合金灶上铜釜（10HTQM6a：32）

3. 铅锡合金灶上铜甑（10HTQM6a：32）

4铅锡合金灶上铜甑（10HTQM6a：32）俯视

5. B型铁剑（10HTQM6a：39）

西汉晚期汽齿厂M6a出土器物

1. Aa型Ⅰ式壶（10HTQM6b：13）

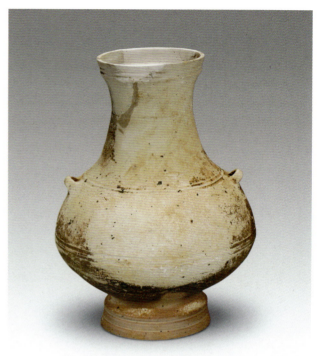

2. Aa型Ⅱ式壶（10HTQM6b：6）

3. Aa型Ⅱ式壶（10HTQM6b：16）

4. A型Ⅱ式瓮（10HTQM6b：18）

西汉晚期汽齿厂M6b出土陶器

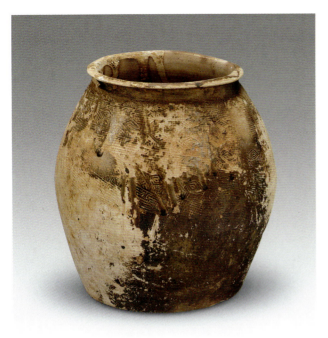

1. C型瓮（10HTQM6b：20）

2. B型Ⅱ式罐（10HTQM6b：3）

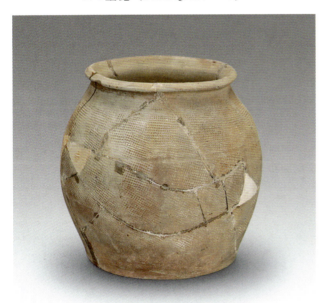

3. B型Ⅱ式罐（10HTQM6b：5）

4. C型Ⅰ式罐（10HTQM6b：17）

5. C型Ⅰ式罐（10HTQM6b：19）

西汉晚期汽齿厂M6b出土陶器

1. A型Ⅱ式四系罐（10HTQM6b：4）

2. A型Ⅱ式四系罐（10HTQM6b：11）

3. 铜扁壶（10HTQM6b：1）

4. 玻璃珠（10HTQM6b：22）

西汉晚期汽齿厂M6b出土器物

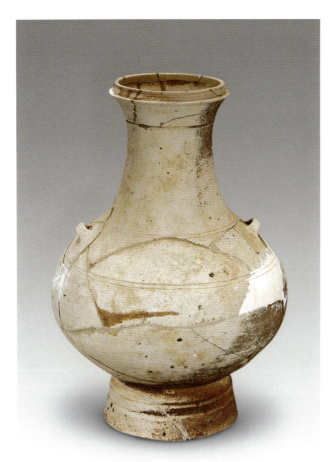

1. B型Ⅰ式壶（10HTQM9：12）

2. C型Ⅱ式罐（10HTQM9：15）

3. C型Ⅱ式罐（10HTQM9：19）

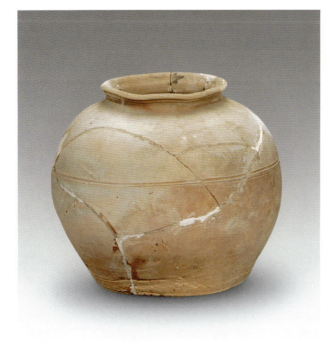

4. D型罐（10HTQM9：17）

5. C型Ⅲ式罐（10HTQM9：23）

西汉晚期汽齿厂M9出土陶器

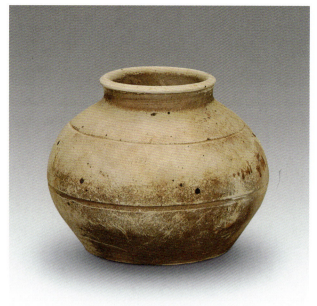

1. F型Ⅰ式罐（10HTQM9∶16）

2. A型Ⅱ式四系罐（10HTQM9∶18）

3. A型樽（10HTQM9∶13）

4. A型樽（10HTQM9∶25）

西汉晚期汽齿厂M9出土陶器

1. B型Ⅰ式陶樽（10HTQM9：22）

3. B型Ⅲ式陶釜（10HTQM9：20）

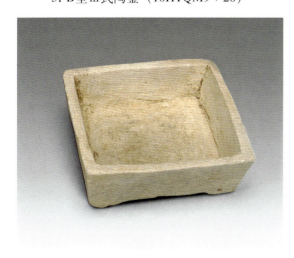

4. A型滑石暖炉（10HTQM9：4）

2. A型陶提筒（10HTQM9：24）

5. B型陶灶（10HTQM9：14）

西汉晚期汽齿厂M9出土器物

1. A型Ⅱ式盒（10HTQM11：13）

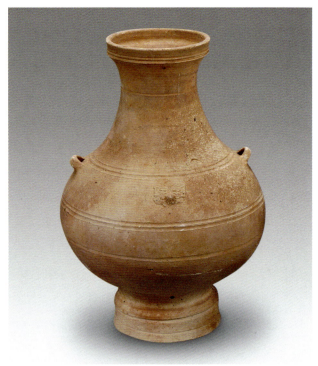

2. Aa型Ⅰ式壶（10HTQM11：27）

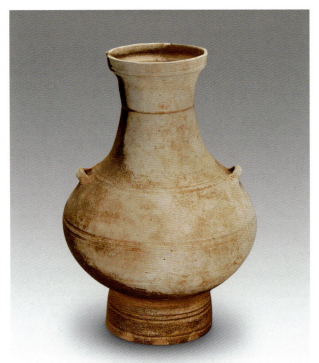

3. Aa型Ⅱ式壶（11HFPM20：10）

4. A型Ⅱ式瓮（10HTQM8：扰1）

西汉晚期墓出土陶器

1. A型Ⅱ式（10HTQM11：20）

2. B型Ⅰ式（10HTQM4：1）

3. B型Ⅰ式（10HTQM4：2）

4. B型Ⅰ式（10HTQM8：1）

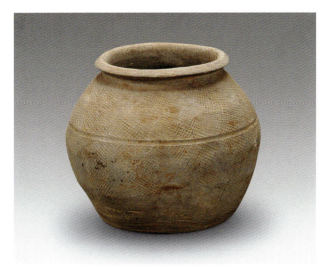

5. C型Ⅰ式（10HTQM8：3）

6. E型Ⅰ式（11HFPM20：12）

西汉晚期墓出土陶罐

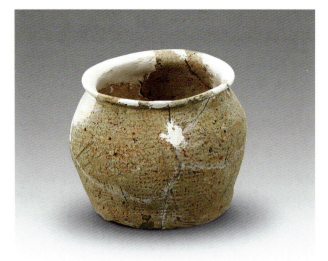

1. H型Ⅰ式罐（10HTQM11：16）

2. H型Ⅰ式罐（10HTQM11：30）

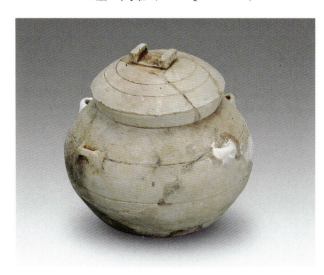

3. A型Ⅲ式四系罐（11HFPM30a：扰8）

4. B型Ⅰ式提筒（10HTQM11：22）

5. B型Ⅱ式提筒（10HTQM11：23）

西汉晚期墓出土陶器

1. A型盆（11HFPM20：13）

2. I 式耳杯（10HTQM11：6）

3. A型碗（10HTQM11：4）

4. B型 I 式碗（11HFPM30a：扰15）

5. A型釜（11HFPM20：扰3）

6. B型 I 式釜（11HFPM20：扰8）

7. B型 II 式釜（10HTQM11：3）

8. B型 II 式釜（10HTQM7：扰1）

西汉晚期墓出土陶器

1. A型盂（10HTQM11：25）

2. A型盂（11HFPM20：扰1）

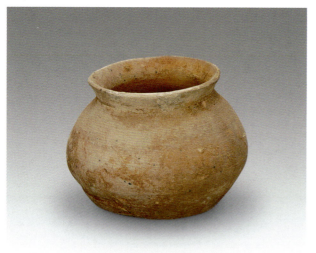

3. A型盂（11HFPM20：扰2）

4. B型盂（11HFPM30a：扰4）

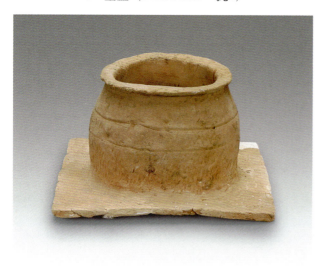

5. A型Ⅱ式井（10HTQM4：扰1）

西汉晚期墓出土陶器

1. B型提梁壶（11HFPM20：4）

2. A型灯（11HFPM20：2）

3. A型樽（11HFPM30a：2）

4. B型Ⅰ式灯（11HFPM30a：1）

5. 三足盘（11HFPM30a：3）

6. A型盆（11HFPM20：3）

西汉晚期墓出土铜器

1. E型铜镜（10HTQM11：2）

2. 铁甾（10HTQM4：扰5）

3. 滑石鼎（11HFPM20：8）

4. 滑石钫（11HFPM20：7）

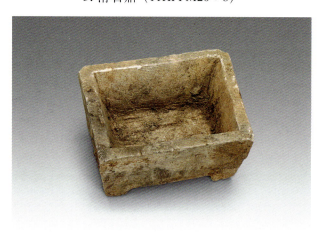

5. A型滑石暖炉（11HFPM30a：4）

西汉晚期墓出土器物

1. 滑石釜（11HFPM30a：扰12）

2. 滑石盘（11HFPM30a：扰14）

3. 滑石杯（11HFPM30a：扰13）

4. 玛瑙串饰（10HTQM7：2）

5. 串饰（10HTQM7：4—1）

6. 串饰（10HTQM7：4—2）

西汉晚期墓出土器物

1. 二炮厂M6（B型Ⅱ式木椁墓，西南－东北）

2. 二炮厂M8（土坑墓，东南－西北）

3. 二炮厂M8器物出土情况（西南－东北）

4. 二炮厂M8漆耳杯
（11HFPM8：46）出土情况

东汉二炮厂墓

1. 二炮厂M7（Aa型I式砖室墓，西南-东北）

3. 机械厂M4（Aa型I式砖室墓，北-南）

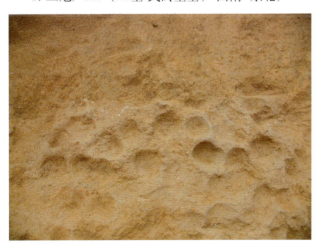

2. 二炮厂M7墓道处夯窝

4. 机械厂M4墓圹局部

东汉Aa型I式砖室墓

1. 机械厂M8（Aa型Ⅰ式砖室墓，西–东）

2. 二炮厂M14a（Aa型Ⅰ式砖室墓，东北–西南）

4. 火车站M2（Aa型Ⅱ式砖室墓，西–东）

3. 二炮厂M14b（Aa型Ⅰ式砖室墓，西南–东北）

东汉Aa型砖室墓

1. 二炮厂M30b（西南－东北）

2. 迎宾大道M3（东南－西北）

3. 庞屋队M1（西－东）

东汉Aa型Ⅱ式砖室墓

1. 精神病院M3前室器物出土情况
（Aa型Ⅱ式砖室墓）

2. 公务员小区一期M14（Aa型Ⅲ式砖室墓，西—东）

东汉Aa型砖室墓

1. 沿海铁路M1发掘前地貌

2. 二炮厂M2（东北—西南）

东汉Ａa型Ⅲ式砖室墓

1. 西南—东北

2. 侧室（西北—东南）

东汉Ab型 I 式砖室墓（二炮厂M10）

1. 东北—西南

2. 封门（西南—东北）

3. 后室壁龛（西南—东北）

东汉Ab型Ⅱ式砖室墓（公务员小区一期M18）

1. 东北–西南

2. 北侧室（东南–西北）

东汉 A b 型 Ⅱ 式砖室墓（廉乳厂 M9）

1. 西南–东北

2. 侧室（西南–东北）

东汉B型Ⅰ式砖室墓（二炮厂M5）

1. 公务员小区二期M17（C型Ⅰ式砖室墓，西—东）

3. 机械厂M1（C型Ⅱ式砖室墓，东南—西北）

2. 公务员小区二期M17穹隆顶

东汉砖室墓

 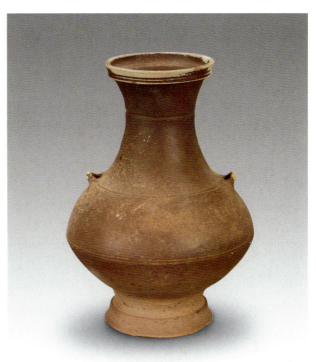

1. Ab型Ⅲ式 (11HFPM6：49)　　　　　2. Ab型Ⅲ式 (11HFPM6：56)

3. B型Ⅱ式 (11HFPM6：43)　　　　　4. B型Ⅱ式 (11HFPM6：46)

东汉二炮厂M6出土陶壶

1. B型Ⅱ式瓿（11HFPM6∶41）

2. A型Ⅴ式罐（11HFPM6∶52）

3. A型Ⅲ式罐（11HFPM6∶47）

4. A型Ⅳ式罐（11HFPM6∶51）

5. A型Ⅳ式罐（11HFPM6∶59）

6. A型Ⅳ式罐（11HFPM6∶63）

东汉二炮厂M6出土陶器

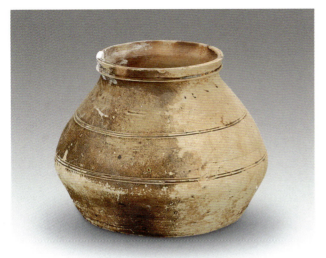

1. A型Ⅴ式罐（11HFPM6：62）

2. C型Ⅲ式罐（11HFPM6：53）

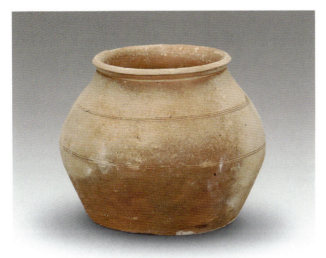

3. E型Ⅱ式罐（11HFPM6：55）

4. N型罐（11HFPM6：50）

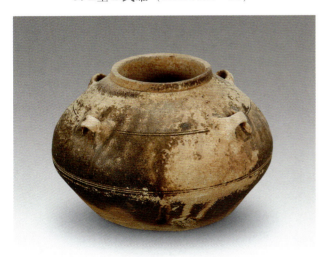

5. A型Ⅳ式四系罐（11HFPM6：60）

6. B型Ⅲ式提筒（11HFPM6：66）

东汉二炮厂M6出土陶器

1. C型盂（11HFPM6：34）

2. A型釜（11HFPM6：35）

3. B型Ⅳ式井（11HFPM6：36）

4. Ba型Ⅲ式仓（11HFPM6：31）

5. B型灶（11HFPM6：37）

东汉二炮厂M6出土陶器

1. B型陶溷（11HFPM6：69）

2. B型铜壶（11HFPM6：40）

3. A型Ⅱ式铜鐎壶（11HFPM6：44）

4. A型铜灯（11HFPM6：7）

5. E型铜镜（11HFPM6：29）

东汉二炮厂M6出土器物

1. 铜带钩（11HFPM6：39）

2. 铜削（11HFPM6：30）

3. 铜戟（11HFPM6：13）

4. 铜矛（11HFPM6：1）

5. 铜镦（11HFPM6：12）

6. A型石黛砚（11HFPM6：20）

东汉二炮厂M6出土器物

1. Ⅲ式鼎（11HFPM8：47）

2. Ab型Ⅳ式壶（11HFPM8：19）

3. Ab型Ⅳ式壶（11HFPM8：27）

4. A型鐎壶（11HFPM8：24）

东汉二炮厂M8出土陶器

1. M型Ⅰ式罐（11HFPM8：31）

2. A型Ⅲ式四系罐（11HFPM8：10）

3. A型Ⅲ式四系罐（11HFPM8：11）

4. A型Ⅳ式四系罐（11HFPM8：9）

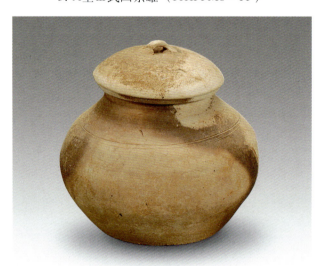

5. A型盖罐（11HFPM8：13）

5. A型盖罐（11HFPM8：17）

东汉二炮厂M8出土陶器

1. B型盖罐 (11HFPM8：12)

2. A型四耳展唇罐 (11HFPM8：28)

3. B型四耳展唇罐 (11HFPM8：16)

4. 双耳直身罐 (11HFPM8：7)

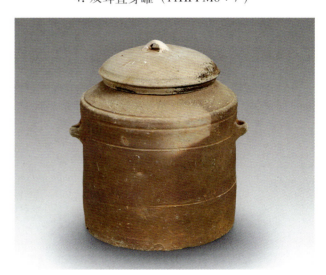

5. 双耳直身罐 (11HFPM8：4)

东汉二炮厂M8出土陶器

1. B型Ⅱ式樽（11HFPM8：30）

2. A型熏炉（11HFPM8：34）

3. 魁（11HFPM8：29）

4. 魁（11HFPM8：48）

5. B型Ⅲ式盆（11HFPM8：21）

6. B型Ⅲ式碗（11HFPM8：33）

东汉二炮厂M8出土陶器

1. B型Ⅰ式陶灯（11HFPM8：36）

2. B型Ⅷ式陶井（11HFPM8：25）

3. Bb型Ⅰ式陶仓（11HFPM8：1）

4. B型铜镳壶（11HFPM8：35）

5. D型陶灶（11HFPM8：20）

东汉二炮厂M8出土器物

1. F型铜镜（11HFPM8：37）

2. B型滑石暖炉（11HFPM8：51）

4. 玻璃珠（11HFPM8：55）

3. 玻璃珠（11HFPM8：40）

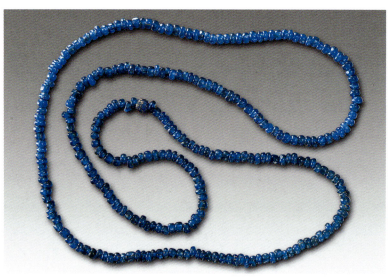

5. 玻璃珠（11HFPM8：41）

东汉二炮厂M8出土器物

1. A型Ⅲ式 (11HFPM5：38)

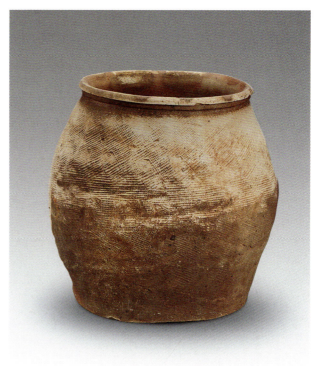

2. B型Ⅲ式 (11HFPM5：2)

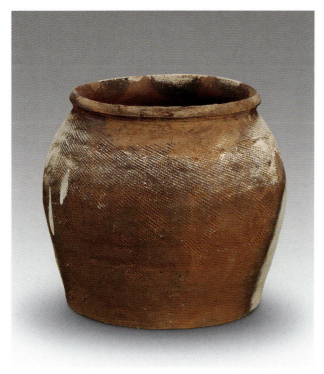

3. B型Ⅲ式 (11HFPM5：5)

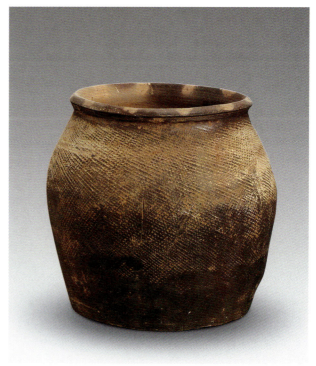

4. B型Ⅲ式 (11HFPM5：7)

东汉二炮厂M5出土陶瓷

1. A型Ⅲ式（11HFPM5：3）

2. A型Ⅲ式（11HFPM5：39）

3. A型Ⅳ式（11HFPM5：33）

4. A型Ⅳ式（11HFPM5：35）

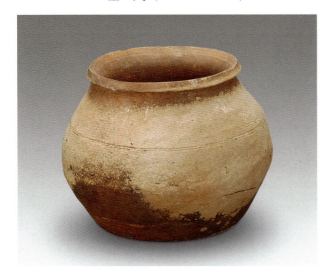

5. C型Ⅲ式（11HFPM5：28）

6. C型Ⅲ式（11HFPM5：29）

东汉二炮厂M5出土陶罐

1. C型IV式（11HFPM5：31）

2. C型IV式（11HFPM5：30）

3. C型IV式（11HFPM5：48）

4. C型IV式（11HFPM5：37）

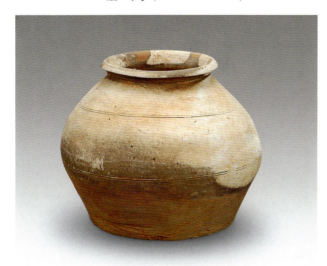

5. E型II式（11HFPM5：43）

6. E型II式（11HFPM5：45）

东汉二炮厂M5出土陶罐

1. E型Ⅲ式罐（11HFPM5：32）

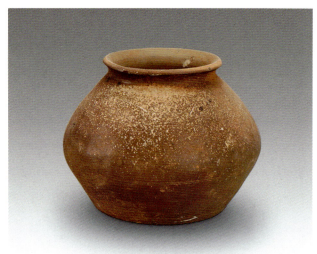

2. E型Ⅲ式罐（11HFPM5：46）

3. F型Ⅱ式罐（11HFPM5：47）

4. A型盂（11HFPM5：16）

5. B型Ⅴ式井（11HFPM5：6）

6. B型灶（11HFPM5：4）

东汉二炮厂M5出土陶器

1. B型陶灶（11HFPM5：27）

2. B型Ⅰ式铜鼎（11HFPM5：1）

3. B型铜鐎壶（11HFPM5：10）

4. B型铜樽（11HFPM5：11）

东汉二炮厂M5出土器物

1. B型熏炉（11HFPM5：12）

2. B型Ⅱ式灯（11HFPM5：8）

4. C型盆（11HFPM5：20）

3. B型盆（11HFPM5：22）

6. B型盘（11HFPM5：21）

5. B型盘（11HFPM5：19）

7. A型Ⅲ式碗（11HFPM5：13）

东汉二炮厂M5出土铜器

1. B型铜碗（11HFPM5：49）

2. A型铜镜（11HFPM5：17）

3. B型滑石暖炉（11HFPM5：15）

4. 薏苡（11HFPM5：23）

5. 银指环（11HFPM5：26）

6. 玻璃珠（11HFPM5：25）

东汉二炮厂M5出土遗物

1. Ⅲ式鼎（13HYGM7：扰2）

2. B型盒（10HJGM5：扰12）

3. 温壶（11HJYM3：5）

4. B型长颈壶（12HTLM1：扰2）

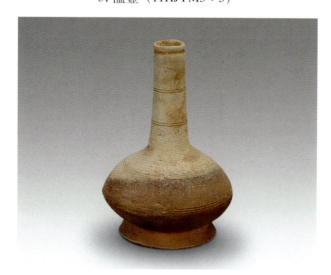

5. C型长颈壶（10HFPM2：扰5）

6. C型长颈壶（10HFPM3：扰1）

东汉墓出土陶器

1. Aa型Ⅱ式（11HFPM14b：5）

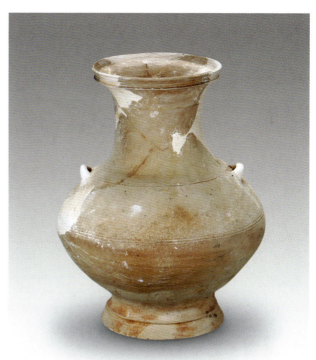

2. Aa型Ⅲ式（13HZJM8：扰1）

3. Ab型Ⅴ式（12HFPM28：扰6）

4. Ab型Ⅵ式（12HTLM1：扰1）

东汉墓出土A型陶壶

1. A型鐎壶（12HFPM28：扰7）

2. A型Ⅲ式瓮（12HFPM28：扰3）

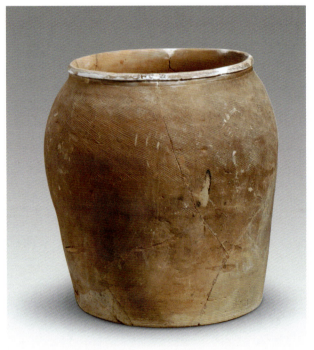

3. A型Ⅳ式瓮（10HFPM3：扰4）

4. B型Ⅲ式瓮（12HYDM3：扰1）

东汉墓出土陶器

1. B型Ⅳ式瓮（11HJYM3：6）

2. B型Ⅴ式瓮（13HYGM7：扰1）

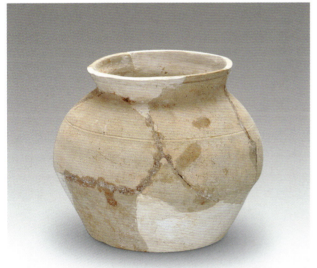

3. A型Ⅱ式罐（10HJGM5：扰13）

4. C型Ⅴ式罐（11HFLM9：扰7）

东汉墓出土陶器

1. G型Ⅱ式（11HFPM10：扰12）

2. J型Ⅰ式（11HJYM3：11）

3. J型Ⅰ式（11HFPM10：扰13）

4. J型Ⅰ式（11HFPM14b：6）

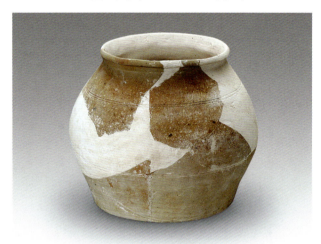

5. J型Ⅱ式（09HYGM18：扰10）

6. K型Ⅰ式（11HJYM3：12）

东汉墓出土陶罐

1. K型Ⅰ式（13HZJM8：扰2）

2. K型Ⅱ式（12HFPM28：扰5）

3. K型Ⅱ式（12HFPM28：扰2）

4. L型（10HFPM3：扰6）

5. M型Ⅰ式（13HZJM7：扰5）

6. M型Ⅱ式（09HYGM18：扰13）

东汉墓出土陶罐

1. M型Ⅱ式罐（12HFPM28：扰4）

2. A型Ⅲ式四系罐（11HJYM3：3）

3. A型Ⅲ式四系罐（09HYGM18：扰2）

4. 簋（12HTLM1：扰6）

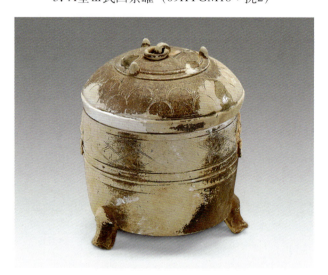

5. B型Ⅱ式樽（11HJYM3：8）

6. B型Ⅱ式提筒（11HFPM9：3）

东汉墓出土陶器

1. B型Ⅳ式提筒（11HFLM9：扰3）

2. B型Ⅳ式提筒（11HFLM9：扰4）

3. B型Ⅴ式提筒（13HZJM7：扰6）

4. 厄（11HFLM9：扰1）

5. B型Ⅰ式盆（09HYGM18：扰11）

东汉墓出土陶器

1. B型Ⅱ式盆（11HFLM9：扰6）

2. C型熏炉（11HFPM7：扰1）

3. 案（10HFPM3：扰3）

4. 圆盘（12HFPM28：扰20）

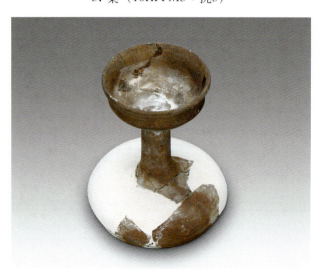

5. B型Ⅱ式灯（13HZJM1：扰4）

6. C型Ⅰ式灯（10HFPM2：扰4）

东汉墓出土陶器

1. C型Ⅱ式灯（11HFPM9：4）

2. A型碗（11HFLM11：扰2）

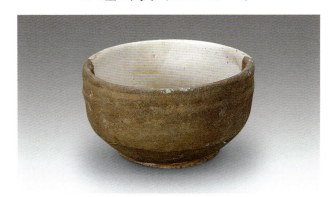

3. B型Ⅱ式碗（11HFPM10：扰2）

4. A型盂（10HTQM10：1）

5. A型盂（13HYGM2：扰2）

6. B型盂（10HJGM5：扰1）

7. Ⅱ式耳杯（12HFPM28：扰29）

东汉墓出土陶器

1. B型Ⅱ式釜（12HFPM28：扰13）

2. B型Ⅲ式釜（11HFPM24：扰3）

3. B型Ⅳ式釜（13HYGM2：扰3）

5. B型Ⅰ式屋（10HJGM10：扰3）

6. B型Ⅰ式屋（10HJGM10：扰3）

4. 甑（12HFPM28：扰14）

东汉墓出土陶器

1. Ⅰ式（11HFPM10：1）　　　　　　2. Ⅰ式（11HFPM10：1）

3. Ⅱ式（11HFLM8：扰1）　　　　　　4. Ⅱ式（11HFLM8：扰1）

东汉墓出土B型陶屋

1. B型Ⅵ式井（11HFPM14b：4）

2. B型Ⅶ式井（11HJYM3：2）

3. B型Ⅷ式井（09HYGM14：扰7）

4. B型Ⅷ式井（12HFPM28：扰1）

5. Ba型Ⅲ式仓（10HJGM5：扰5）

东汉墓出土陶器

1. Ba型Ⅲ式 (10HFPM3：扰2)

2. Bb型Ⅰ式 (13HYGM7：扰5)

3. Ba型Ⅳ式 (13HZJM4：扰1)

4. Bb型Ⅰ式 (12HTLM1：扰3)

东汉墓出土B型陶仓

1. 10HJGM10：扰2

2. 10HJGM1：扰1

3. 11HFLM8：扰2

东汉墓出土Bb型Ⅱ式陶仓

1. B型 （11HFPM14b：3）

2. B型 （09HYGM18：扰3）

3. D型 （10HJGM10：扰1）

4. E型 （11HFLM8：扰8）

5. E型 （11HFPM10：扰8）

6. F型 （11HFLM9：扰2）

东汉墓出土陶灶

1. F型陶灶（13HYGM7：扰4）

2. B型陶溷（11HFPM14b：1）

3. 筒瓦（13HZJM1：扰11）

4. 高温釉陶盘（12HFPM28：扰17）

5. B型Ⅰ式铜灯（10HFPM16：扰2）

6. B型Ⅰ式铜灯（10HJGM5：扰9）

东汉墓出土器物

1. 三足盘（13HZJM8：扰5）

2. A型Ⅲ式碗（13HYGM2：扰5）

3. A型Ⅳ式碗（11HFPM14b：7）

4. B型碗（13HYGM4a：扰6）

5. F型镜（10HFPM3：1）

6. 樽盖（13HZJM8：扰6）

东汉墓出土铜器

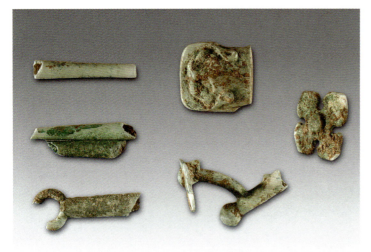

1.铜车马器：铜盖弓（09HYGM6：扰5）、衔镳（09HYGM6：扰9）、扣牌（09HYGM6：扰10）、盖弓帽（09HYGM6：扰11）

2. 研石（11HFPM9：1）

3. A、B型石黛砚（13HYGM4a：扰10、11）（上—下）

4. A型滑石暖炉（09HYGM18：扰8）

5. A型滑石锅（13HZJM1：扰10）

6. B型滑石锅（09HYGM14：扰1）

东汉墓出土器物

1. 银指环（11HFPM14a：1、2）（左一右）

2. 银串饰（11HFPM14a：5）

3. 玻璃珠（10HJGM5：扰2）

5. 玻璃珠（11HFPM14a：3）

4. 串饰（11HFPM14a：4）

东汉墓出土器物

1. 二炮厂M11壁龛（Aa型Ⅰ式砖室墓，西南—东北）

2. 公务员小区一期M5（Aa型Ⅱ式砖室墓，西北—东南）

三国Aa型砖室墓

1. 公务员小区一期M5封门里侧结构（Aa型Ⅱ式砖室墓，东南—西北）

2. 公务员小区一期M11a（Aa型Ⅱ式砖室墓）、M11b（Aa型Ⅲ式砖室墓）（南—北，左—右）

三国Aa型砖室墓

1. 公务员小区一期M15（西—东）   2. 公务员小区一期M17（东—西）

三国Aa型Ⅱ式砖室墓

1. 公务员小区一期M17残存封土堆

2. 公务员小区一期M17后壁（东-西）

三国Aa型Ⅱ式砖室墓

1. 公务员小区一期M19券顶（Aa型Ⅱ式砖室墓）
（西北-东南）

2. 公务员小区一期M19（Aa型Ⅱ式砖室墓）
（西北-东南）

3. 罗屋村M6（Aa型Ⅱ式砖室墓）器物叠压现象

4. 公务员小区一期M12（Aa型Ⅲ式砖室墓，北-南）

三国Aa型砖室墓

1. 公务员小区一期M13（东—西）

2. 公务员小区一期M16（西—东）

3. 罗屋村M7（东南—西北）

4. 庞屋队M2（东—西）

三国Ａa型Ⅲ式砖室墓

1. 沿海铁路M3（Aa型Ⅲ式砖室墓，东北—西南）　　2. 公务员小区一期M21墓道（Aa型Ⅲ式砖室墓，西北—东南）

3. 公务员小区一期M4a（Ab型Ⅱ式砖室墓）、M4b（Aa型Ⅰ式砖室墓）（南—北）

三国A型砖室墓

1. 公务员小区二期M12（Ab型Ⅰ式砖室墓，南—北）

3. 公务员小区一期M2（Ab型Ⅱ式砖室墓，北—南）

3. 公务员小区二期M12墓室（北—南）

三国A型砖室墓

1. 机械厂M6（西南-东北）

2. 罗屋村M8（西北-东南）

三国Ab型Ⅱ式砖室墓

1. 罗屋村M10封土

2. 李屋村M2（东南—西北）

三国Ab型Ⅱ式砖室墓

1. 精神病院M1（东—西）

2. 精神病院M1器物出土情况

三国Ab型Ⅱ式砖室墓

1. 公务员小区二期M9（Ab型Ⅱ式砖室墓，西北–东南）

2. 李屋村M3（B型Ⅰ式砖室墓，东南—西北）

三国砖室墓

1. 西南-东北

2. 封门内侧（西南-东北）

三国B型Ⅱ式砖室墓（火车站M1）

1. 北侧室（西北—东南）

2. 南侧室（西北—东南）

三国B型Ⅱ式砖室墓（火车站M1）

1. 罗屋村M11封土

2. 罗屋村M11（东南—西北）

三国B型Ⅱ式砖室墓

1. A型鼎（11HFLM6：扰6）

2. B型鼎（13HZJM2：扰10）

3. C型鼎（11HJYM1：28）

4. D型鼎（09HYGM19：扰6）

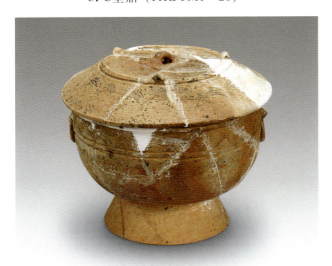

5. A型盒（11HJYM1：扰1）

6. B型盒（11HJYM1：19）

三国墓出土陶器

1. A型Ⅰ式壶（11HJYM1：6+8）

2. A型Ⅰ式壶（13HYGM13：扰7）

3. B型Ⅰ式壶（11HFLM10：扰2）

4. B型Ⅱ式壶（12HLWM6：8）

5. A型Ⅱ式壶（11HFLM6：扰5）

6. 长颈壶（11HJYM1：29）

三国墓出土陶器

1. A型（09HYGM17：扰1）

2. B型（12HLWM11：扰9）

3. C型（12HTLM3：扰4）

4. D型（09HYGM11a：6）

三国墓出土陶瓮

1. A型（12HZLM3：扰17）

2. A型（12HZLM3：扰18）

3. A型（12HLWM10：扰13）

4. B型（09HYGM8b：1）

三国墓出土陶四系瓮

1. A型（12HZLM3：扰16）

2. B型Ⅰ式（11HFPM18：扰1）

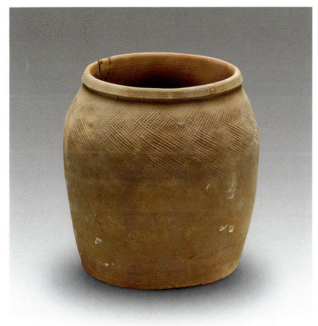

3. B型Ⅱ式（09HYGM7：扰2）

4. B型Ⅱ式（12HLWM8：扰1）

三国墓出土陶罐

1. C型Ⅰ式（11HFPM13：扰6）

2. C型Ⅱ式（13HYGM11：扰1）

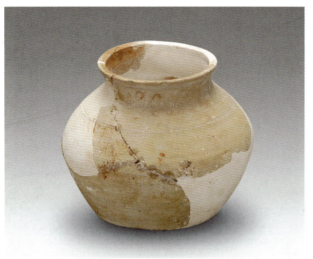

3. D型Ⅰ式（09HYGM16：扰2）

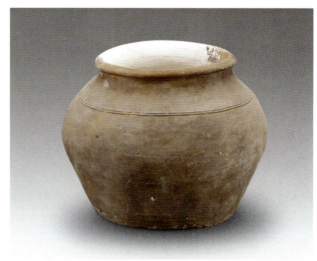

4. D型Ⅰ式（12HTLM3：扰7）

5. D型Ⅱ式（10HJGM12：扰1）

6. D型Ⅱ式（13HYGM3：扰2）

三国墓出土陶罐

1. D型Ⅲ式 (09HYGM16：扰1)

2. E型 (09HYGM8b：9)

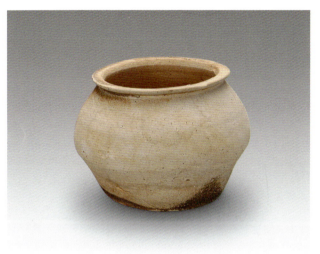

3. F型 (09HYGM8b：12)

4. F型 (12HTLM3：扰8)

5. G型 (09HYGM11a：4)

6. H型 (09HYGM8b：25)

三国墓出土陶罐

1. H型罐（12HZLM3∶扰6）

2. I型罐（13HYGM5∶扰2）

3. J型罐（12HLWM8∶扰3）

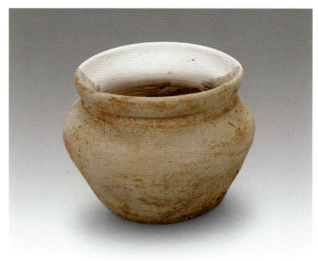

4. K型罐（13HYGM5∶扰5）

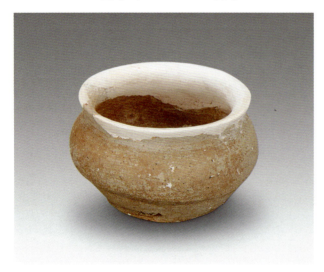

5. K型罐（11HJYM1∶21）

6. A型Ⅰ式双系罐（12HZLM1∶扰3）

三国墓出土陶器

1. A型Ⅰ式（13HTLM1：扰3）

2. A型Ⅰ式（13HTLM1：扰4）

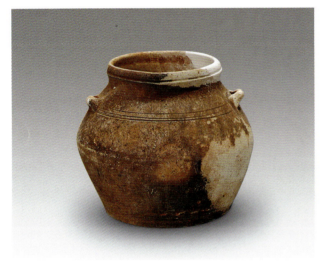

3. A型Ⅱ式（09HYGM8b：26）

4. A型Ⅱ式（12HLWM6：7）

5. A型Ⅱ式（12HLWM10：扰2）

6. B型Ⅰ式（11HJYM1：17）

三国墓出土陶双系罐

1. B型Ⅰ式（11HJYM1：7）

2. B型Ⅱ式（11HJYM2：扰8）

3. B型Ⅲ式（12HZLM5：扰8）

4. B型Ⅲ式（10HTQM1：扰2）

5. C型（10HJGM3：6）

6. D型（09HYGM8b：24）

三国墓出土陶双系罐

1. A型（13HYGM9：扰1）

2. B型（12HLWM6：12）

3. C型（11HJYM1：3）

4. C型（12HZLM1：扰7）

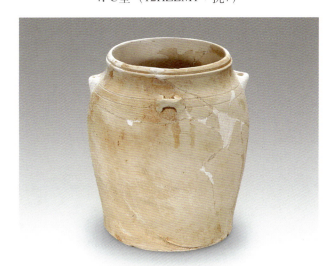

5. C型四系罐（13HZJM3：扰1）

三国墓出土陶四系罐

1. 双耳直身罐（13HTLM1：扰5）

2. 簋（13HYGM9：扰3）

3. 簋（09HYGM4b：扰2）

4. B型樽（09HYGM19：扰5）

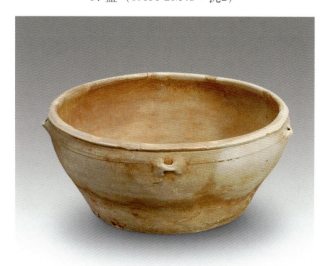

5. 四系盆（11HJYM1：18）

三国墓出土陶器

1. A型Ⅰ式案（09HYGM7：扰6）

2. A型Ⅰ式案（12HSM1：扰2）

3. B型案（09HYGM19：扰2）

4. A型卮（09HYGM8b：20）

5. B型卮（11HFLM6：扰7）

三国墓出土陶器

1. B型卮（11HFLM10：扰3）

2. A型提筒（13HYGM13：扰4）

3. A型提筒（13HYGM13：扰4）

4. A型提筒（12HZLM2：扰5）

5. B型提筒（10HJGM12：扰4）

6. C型提筒（09HYGM4a：扰2）

三国墓出土陶器

1. C型提筒（13HYGM15：扰7）

2. D型提筒（09HYGM11a：3）

3. D型提筒（09HYGM8b：扰2）

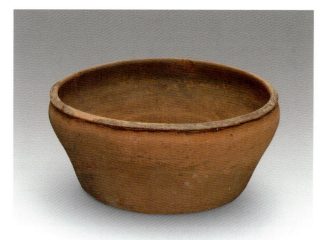

4. A型Ⅰ式盆（09HYGM11a：8）

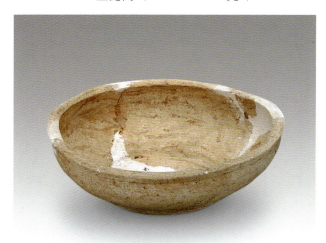

5. A型Ⅰ式盆（09HYGM19：扰9）

6. A型Ⅰ式盆（10HTQM1：扰4）

三国墓出土陶器

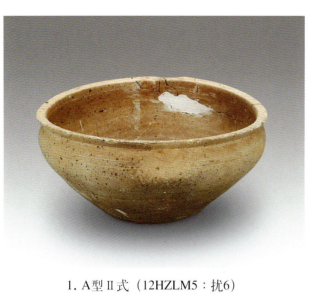

1. A型Ⅱ式（12HZLM5：扰6）

2. B型（10HJGM9：扰1）

3. C型（09HYGM15：扰3）

4. C型（10HJGM3：4）

5. D型（09HYGM15：扰6）

6. E型（12HLWM11：扰6）

三国墓出土陶盆

1. A型（13HZJM3：扰3）

2. A型（09HYGM8a：扰6）

3. B型（09HYGM20：扰3）

4. B型（11HFPM13：扰5）

三国墓出土陶钵生莲花器

1. 帐座（12HTLM2：扰1）

2. 簋（12HZLM5：扰3）

3. 魁（09HYGM4b：扰1）

4. A型锅（09HYGM8b：11）

5. B型锅（12HZLM5：扰4）

6. B型锅（12HZLM5：扰5）

三国墓出土陶器

1. A型灯（11HJYM1：25）

2. A型熏炉（09HYGM15：扰2）

3. B型灯（11HFPM13：扰2）

4. B型熏炉（11HFPM13：扰7）

5. A型耳杯（10HJGM4：扰3）

6. B型耳杯（14HYGM18：扰4）

三国墓出土陶器

1. A型盂（09HYGM8a：扰15）

2. B型Ⅰ式盂（11HFPM18：扰4）

3. B型Ⅱ式盂（13HYGM13：扰5）

4. A型碗（12HLWM6：10）

5. B型碗（09HYGM8a：扰10）

6. 盘（11HJYM1：扰5）

7. A型钵（13HTLM1：扰7）

三国墓出土陶器

1. B型钵（09HYGM8b：5）

2. A型甑（09HYGM8b：28）

3. A型釜（12HLWM7：1）

4. B型Ⅰ式釜（13HYGM5：扰9）

5. B型Ⅱ式釜（09HYGM9：扰8）

6. B型Ⅲ式釜（10HJGM9：扰2）

三国墓出土陶器

1. 11HFLM4：1

2. 11HFLM4：1

3. 13HYGM9：扰7

4. 13HYGM9：扰7

三国墓出土A型I式陶屋

1. 12HLWM11：1

2. 12HLWM11：1

三国墓出土A型Ⅱ式陶屋

1. A型Ⅱ式（13HZJM2：扰9）

2. A型Ⅱ式（13HZJM2：扰9）

3. B型（12HLWM8：扰5）

4. B型（11HFPM27：扰2-1-1）

5. B型（11HFPM27：扰2-1-2）

三国墓出土陶屋

1. 11HFPM27：扰2-2

2. 11HFPM27：扰2（正）

3. 11HFPM27：扰2（背）

三国墓出土B型陶屋

1. B型（11HFPM13：扰1）

2. C型（09HYGM2：1）

3. C型（13HYGM15：扰3）

4. C型（10HJGM4：扰1）

5. D型（09HYGM8a：扰1）

6. D型（09HYGM12：扰1）

三国墓出土陶井

1. D型井（12HTLM3：扰6）

2. E型井（12HZLM3：扰3）

3. E型井（12HZLM5：扰15）

4. A型Ⅰ式仓（09HYGM17：扰7）

5. A型Ⅱ式仓（13HZPM2：扰14）

三国墓出土陶器

1. A型Ⅱ式（12HLWM6：15）

2. A型Ⅱ式（14HYGM18：扰2）

3. B型（13HYGM15：扰1）

4. B型（11HFLM1：扰1）

三国墓出土陶仓

1. A型Ⅰ式（10HJGM3：1）

2. A型Ⅱ式（09HYGM12：1）

3. A型Ⅱ式（13HYGM15：扰2）

4. B型（11HJYM1：20）

5. C型（11HFPM27：扰1）

6. D型（12HLWM8：扰6）

三国墓出土陶灶

1. B型灶（12HLWM11：扰2）

2. B型灶（12HLWM11：扰2）

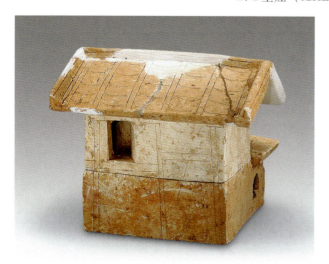

3. 囷（09HYGM7：扰4）   4. 囷（09HYGM7：扰4）

三国墓出土陶器

1. 陶溷（14HYGM18：扰1）

2. 陶溷（14HYGM18：扰1）

3. 陶溷（12HSM2：5）

4. 陶厕（09HYGM2：2）

5. 陶厕（09HYGM10：扰2）

6. 高温釉陶壶（12HLWM6：4）

三国墓出土器物

1. Ⅰ式（09HYGM8b：16）

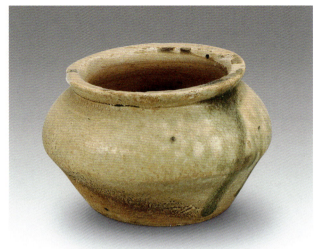

2. Ⅰ式（12HZLM5：扰11）

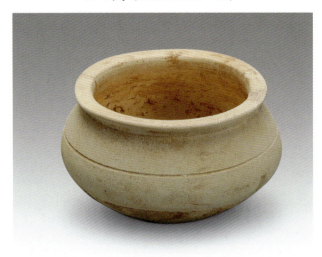

3. Ⅱ式（11HJYM2：扰1）

4. Ⅱ式（09HYGM8b：7）

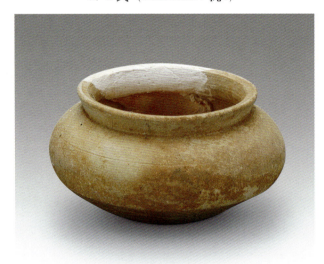

5. Ⅲ式（13HZJM6：扰3）

6. Ⅲ式（12HSM2：3）

三国墓出土A型高温釉陶罐

1. A型Ⅲ式（09HYGM8b：8）

2. B型Ⅰ式（11HJYM2：扰7）

3. B型Ⅰ式（09HYGM8b：17）

4. B型Ⅰ式（09HYGM8b：18）

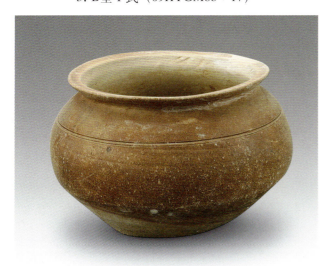

5. B型Ⅱ式（12HTLM3：扰12）

6. B型Ⅱ式（12HTLM3：扰5）

三国墓出土高温釉陶罐

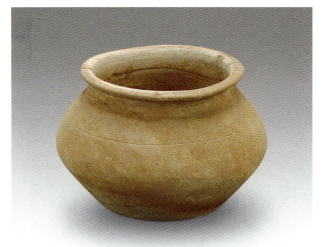

1. B型Ⅱ式（12HLWM8：扰4）

2. B型Ⅲ式（09HYGM8b：21）

3. B型Ⅲ式（09HYGM8b：27）

4. B型Ⅳ式（12HLWM6：6）

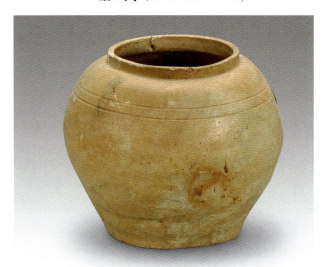

5. C型Ⅰ式（12HZLM3：扰12）

三国墓出土高温釉陶罐

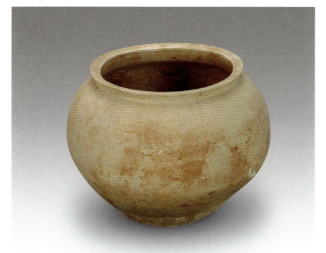

1. Ⅱ式（11HJYM1：16）

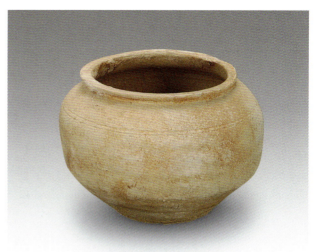

2. Ⅱ式（11HJYM1：24）

3. Ⅲ式（09HYGM8a：扰16）

4. Ⅲ式（13HZJM2：扰4）

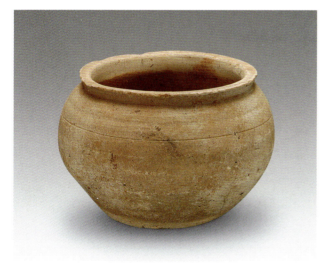

5. Ⅳ式（13HZJM2：扰1）

6. Ⅳ式（13HZJM2：扰2）

三国墓出土C型高温釉陶罐

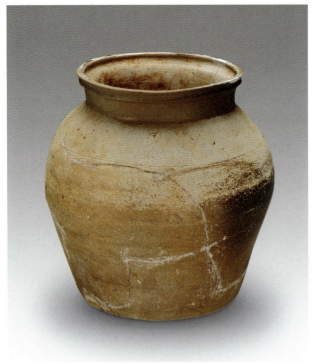

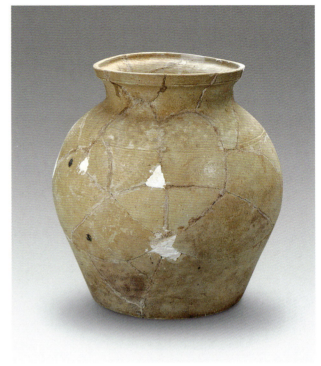

1. I式 (09HYGM11a：7)

2. I式 (12HLWM11：扰5)

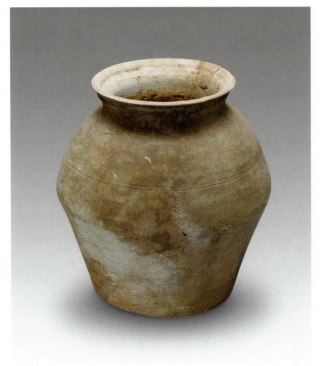

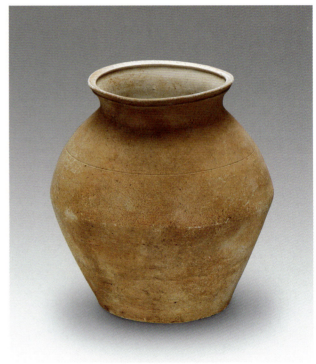

3. II式 (09HYGM8b：6)

4. II式 (09HYGM8b：2)

三国墓出土D型高温釉陶罐

1. D型Ⅲ式（11HJYM1：27）

2. D型Ⅲ式（13HZJM2：扰6）

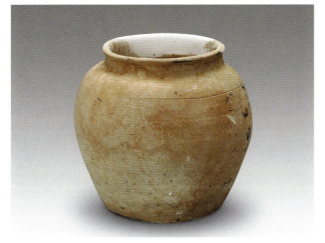

3. E型Ⅰ式（13HYGM5：扰1）

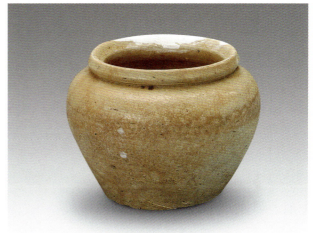

4. E型Ⅰ式（13HYGM5：扰3）

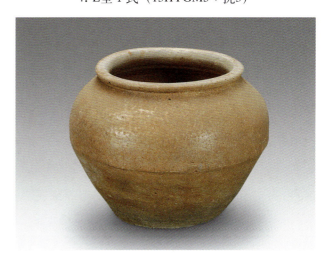

5. E型Ⅱ式（11HJYM1：30）

三国墓出土高温釉陶罐

1. E型Ⅲ式罐（12HZLM3：扰13）

2. E型Ⅲ式罐（12HZLM5：扰12）

3. 双系罐（13HZPM2：扰11）

4. 双系罐（12HLWM6：3）

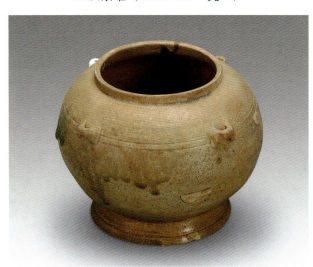

5. C型四系罐（11HJYM1：9）

三国墓出土高温釉陶器

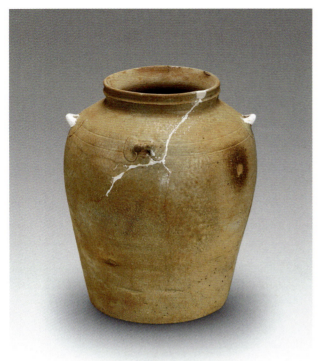

1. A型（11HJYM1：4）

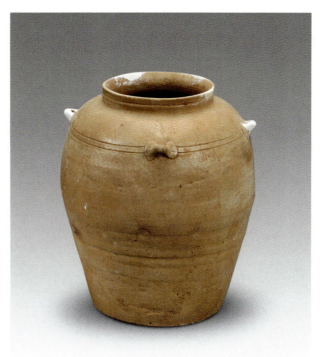

2. A型（11HJYM1：13）

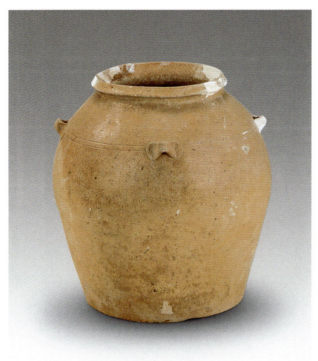

3. B型Ⅰ式（12HZLM1：扰1）

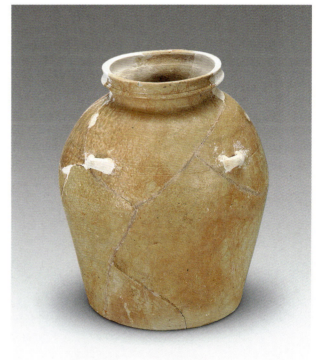

4. B型Ⅱ式（12HZLM3：扰9）

三国墓出土高温釉陶四系罐

1. 樽（12HZLM5：扰1）

2. 熏炉（09HYGM5：1）

3. A型盂（13HYGM5：扰4）

4. B型Ⅰ式盂（12HZLM2：扰2）

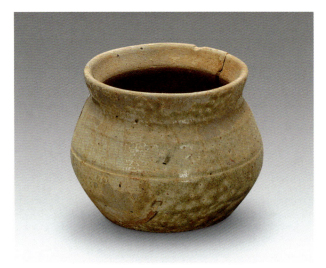

5. B型Ⅱ式盂（09HYGM17：扰4）

6. A型碗（12HLWM6：9）

三国墓出土高温釉陶器

1. A型碗（09HYGM3：扰4）

2. B型碗（09HYGM17：扰2）

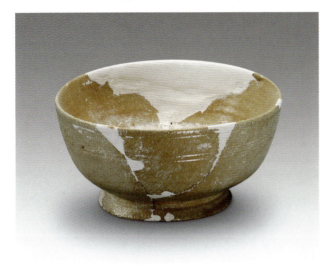

3. C型碗（09HYGM3：扰16）

4. C型碗（11HJYM1：5）

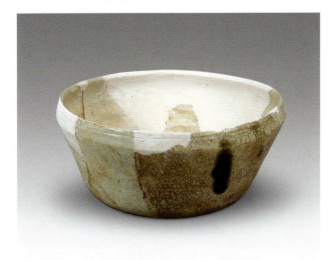

5. A型钵（12HSM1：扰7）

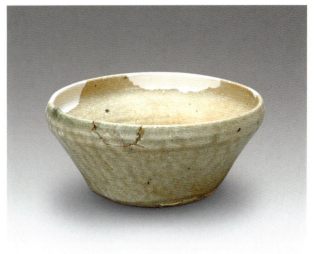

6. A型钵（09HYGM8a：扰4）

三国墓出土高温釉陶器

1. B型高温釉陶钵（12HSM1：扰6）

2. A型高温釉陶杯（09HYGM10：扰5）

3. B型高温釉陶杯（10HTQM1：扰1）

4. A型铜盆（12HTLM3：扰3）

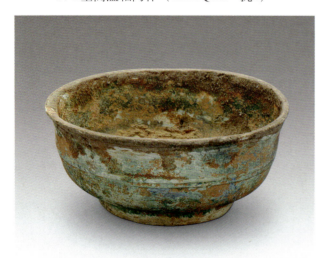

5. B型铜碗（10HJGM12：扰2）

6. 铜弩机（13HYGM5：扰11）

三国墓出土器物

2. 镦（13HYGM5：扰15）

1. 戟（13HYGM5：扰14）

3. 镦（13HYGM5：扰16）

4. 车马器：害（09HYGM17：扰6）、当卢（09HYGM17：扰8）、衔
镳（09HYGM17：扰10）、盖弓帽（09HYGM17：扰11）

5. 牌饰（12HZLM4：2）正面

6. 牌饰（12HZLM4：2）背面

三国墓出土铜器

1. B型铜镜（09HYGM19：扰1）

2. 滑石暖炉（11HFPM13：扰3）

3. A型铁剑（12HLWM6：18）

4. 滑石锅（13HZPM2：扰17）

5. 滑石锅（13HTLM1：扰8）

三国墓出土器物

1. 滑石猪（11HFPM11：扰2）

3. 玻璃珠（11HFLM4：2）

2. 漆盆残件（10HJGM3：3）

4. 蚀刻石髓珠
（09HYGM8a：扰9）

5. 琥珀串饰（09HYGM15：扰8）

6. 玛瑙耳珰（09HYGM11a：扰2）

三国墓出土器物

1. 券顶（西南—东北）

2. 封门（东北—西南）

三国二炮厂M1

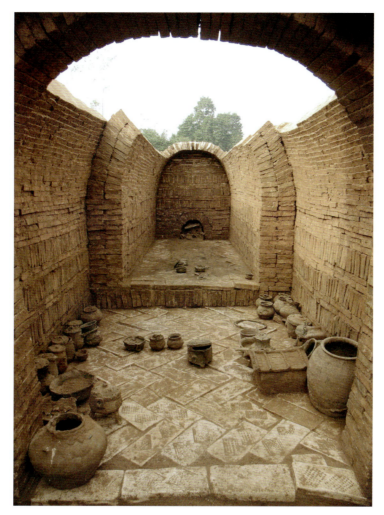

1. 墓室器物出土情况（东北—西南）

2. 棺痕（东南—西北）

三国二炮厂M1

1. 瓮 (10HFPM1：20)

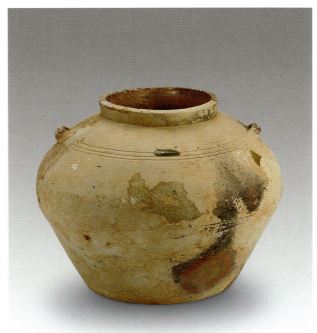

2. 双系罐 (10HFPM1：1)

3. 提筒 (10HFPM1：9)

4. 屋 (10HFPM1：49)

三国二炮厂M1出土陶器

1. 井（10HFPM1：3）

2. 灶（10HFPM1：5）

3. 仓（10HFPM1：22）

4. 甑（10HFPM1：12）

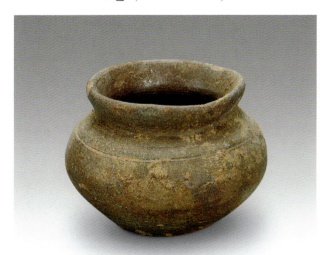

5. 盂（10HFPM1：15）

6. 盂（10HFPM1：17）

三国二炮厂M1出土陶器

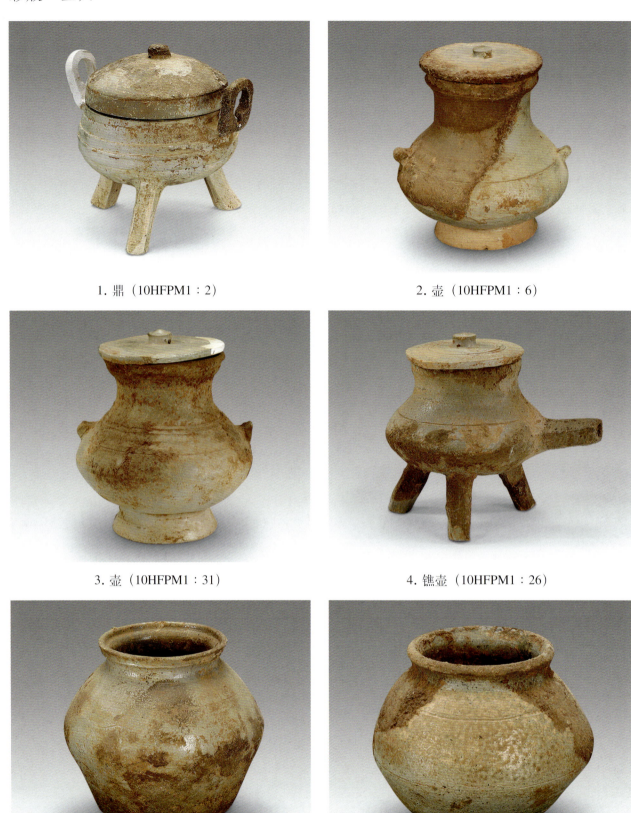

1. 鼎（10HFPM1：2）

2. 壶（10HFPM1：6）

3. 壶（10HFPM1：31）

4. 鐎壶（10HFPM1：26）

5. 罐（10HFPM1：21）

6. 罐（10HFPM1：30）

三国二炮厂M1出土高温釉陶器

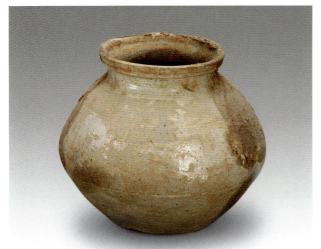

1. 罐（10HFPM1：32）

2. 罐（10HFPM1：33）

3. 罐（10HFPM1：36）

4. 双系罐（10HFPM1：14）

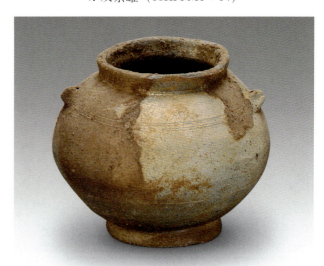

5. 双系罐（10HFPM1：35）

三国二炮厂M1出土高温釉陶器

1. 樽（10HFPM1：29）   2. 熏炉（10HFPM1：24）

3. 碗（10HFPM1：4）   4. 碗（10HFPM1：25）

5. 釜（10HFPM1：37）   6. 盂（10HFPM1：18）

三国二炮厂M1出土高温釉陶器

1. 鼎（10HFPM1：28）

2. 鐎壶（10HFPM1：23）

3. 樽（10HFPM1：19）

4. 瓿（10HFPM1：13）

三国二炮厂M1出土铜器

1. 铜碗（10HFPM1：16）

3. 铜镜（10HFPM1：44）

2. 铜碗（10HFPM1：42）

4. 漆盆残件（10HFPM1：34）

5. 银指环（10HFPM1：47）

三国二炮厂M1出土器物

1. 罗屋村M2（土坑墓，东北—西南）

2. 罗屋村M3（A型Ⅰ式砖室墓，西北—东南）

3. 罗屋村M4（A型Ⅱ式砖室墓，西南—东北）

晋墓

1. 罗屋村M5b（A型Ⅰ式砖室墓）、M5a（A型Ⅳ式砖室墓）（东南-西北，左-右）

2. 罗屋村M5a（A型Ⅳ式砖室墓）、M5b（A型Ⅰ式砖室墓）（西北-东南，左-右）

晋A型砖室墓

1. 罗屋村M5a墓道（西北–东南）　　　　2. 罗屋村M5b墓道（东南–西北）

3. 罗屋村M5a前室器物出土情况（东南–西北）

晋A型砖室墓

1. 罗屋村M5b封门（西北−东南）

3. 二炮厂M26（A型Ⅱ式砖室墓，南−北）

2. 罗屋村M1（A型Ⅱ式砖室墓，东南−西北）

4. 公务员小区一期M1（B型砖室墓，西南−东北）

晋砖室墓

1. 壶（09HYGM1：32）　　　　　2. 壶（09HYGM1：33）

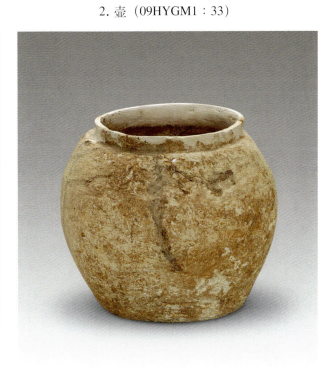

3. A型Ⅰ式罐（09HYGM1：30）　　　　4. A型Ⅰ式罐（09HYGM1：35）

晋墓出土陶器

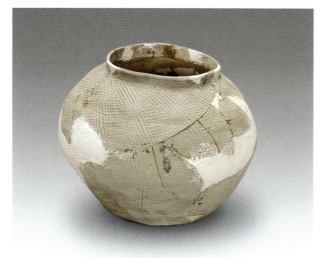

1. A型Ⅱ式（11HDM3：扰1）

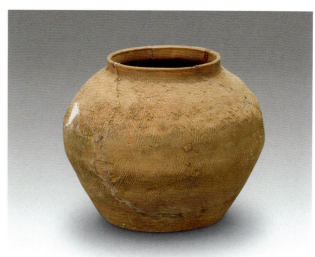

2. A型Ⅱ式（12HLWM5a：18）

3. A型Ⅱ式（12HLWM5a：22）

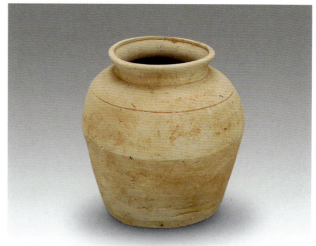

4. B型Ⅰ式（09HYGM1：12）

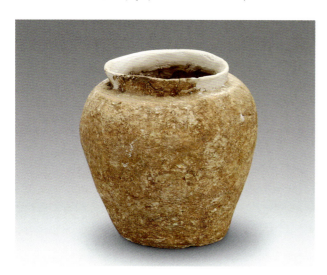

5. B型Ⅱ式（09HYGM1：16）

晋墓出土陶罐

1. B型Ⅱ式（09HYGM1：22）

2. C型（12HLWM5a：11）

3. C型（12HLWM5a：15）

4. D型（09HYGM1：21）

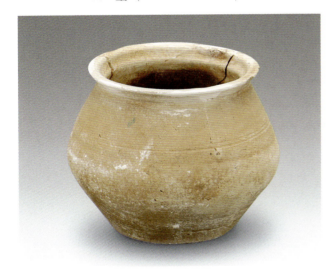

5. E型（11HDM4：扰3）

6. F型（12HLWM2：扰4）

晋墓出土陶罐

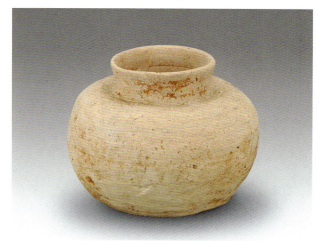

1. A型小罐（09HYGM1：3）

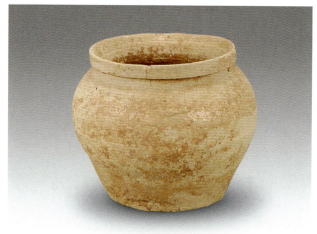

2. B型小罐（09HYGM1：4）

3. C型小罐（09HYGM1：5）

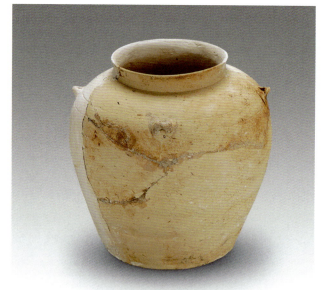

4. A型四系罐（09HYGM1：扰3）

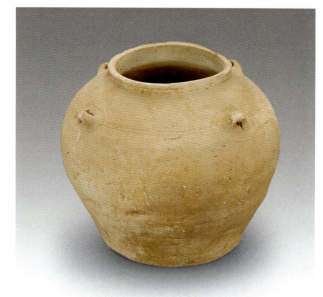

5. B型四系罐（11HDM4：扰1）

6. 圆盘（12HLWM2：扰3）

晋墓出土陶器

1. I式陶钵（09HYGM1：14）　　　　　　2. II式陶钵（09HYGM1：24）

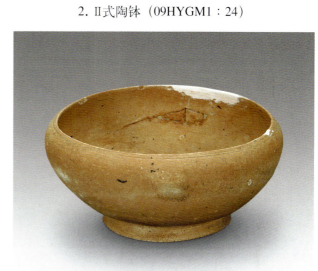

3. II式陶钵（09HYGM1：25）　　　　　　4. 高温釉陶钵（09HYGM1：34）

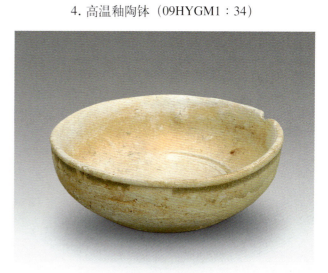

5. 陶盏（11HDM4：扰8）　　　　　　　　6. 陶盏（12HLWM5a：8）

晋墓出土器物

1. 仓（09HYGM1：2）

2. 井（09HYGM1：15）

3. 井（09HYGM1：15）

4. 鸡埘（09HYGM1：18）

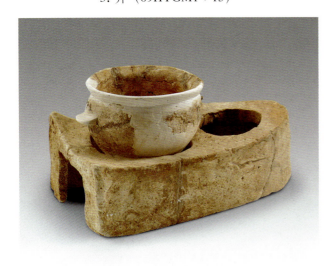

5. 灶（09HYGM1：20）

晋墓出土陶器

1. A型釜（09HYGM1：26）

2. B型釜（12HLWM5a：14）

3. 甗（12HLWM5a：12）

4. 甗（12HLWM5a：12）上部甑俯视

5. 纺轮（12HLWM3：扰5）

晋墓出土陶器

1. 盒（12HLWM5a：9＋21）

2. 壶（12HLWM5a：13）

3. 唾壶（12HLWM3：扰1）

4. A型四系罐（11HDM4：4）

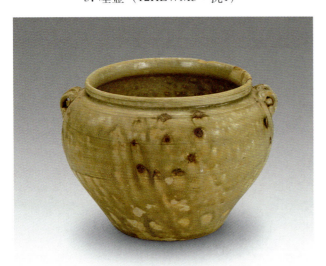

5. A型四系罐（12HLWM5a：20）

晋墓出土青瓷器

1. B型四系罐（11HDM4：9）

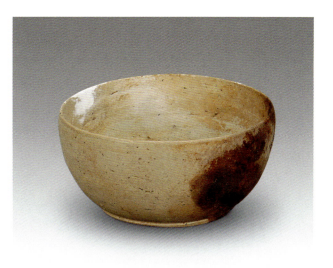

2. A型Ⅰ式碗（11HDM4：8）

3. A型Ⅰ式碗（11HDM4：7）

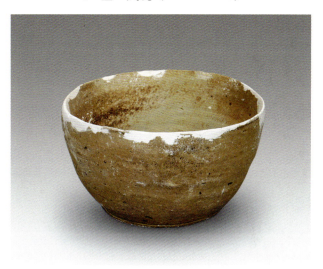

4. A型Ⅱ式碗（11HDM4：扰2）

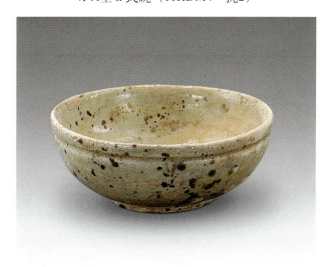

5. B型碗（12HLWM5a：17）

晋墓出土青瓷器

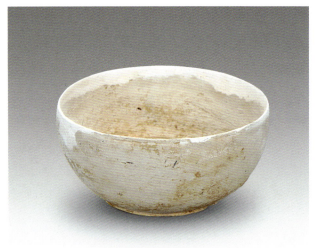

1. C型Ⅰ式（11HDM4：10）

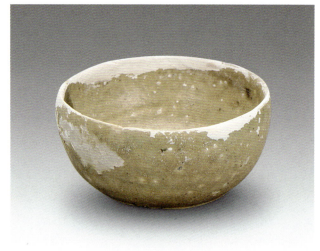

2. C型Ⅰ式（11HDM4：14）

3. C型Ⅰ式（11HDM4：扰6）

4. C型Ⅱ式（12HLWM3：扰2）

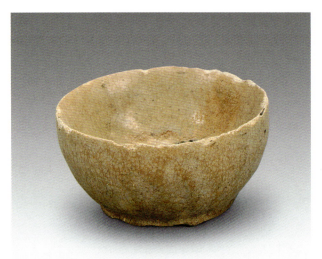

5. C型Ⅱ式（12HLWM3：扰4）

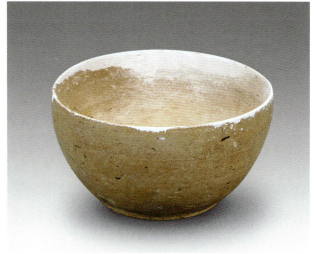

6. C型Ⅱ式（12HLWM3：扰3）

晋墓出土青瓷碗

1. 青瓷钵（11HDM4：3）

2. 青瓷虎子（12HLWM5a：10）

3. 银钗（12HLWM5b：6）

4. 石黛砚（12HLWM5b：7）

5. 玻璃珠（12HLWM5a：24）

晋墓出土器物